JN452428

양현승 · 용창선 역해

孤山 尹善道 漢詩의 譯註와 解說 1

완도군

월인

발간사

(신우철 완도군수)

우리 완도군은 한반도의 남단해역에 자리하고 있으며, 265개의 유·무인도로 구성되어 있습니다. 천혜의 자연환경과 해양성 온난한 기후 속에 옛날부터 수목이 무성하여 궁궐을 짓는데 쓰이는 목재와 귀한 짐승이 많아 국원(國苑)으로 정해지기도 했습니다. 따라서 풍족한 해산물과 육지 산물이 조화를 이루는 가운데 순후한 인심과 아름다운 풍속을 자랑으로 여기고 있는 고장입니다.

이러한 아름다운 강산 속에 깃들기를 원하여 수많은 문인일사(文人逸士)들이 우리 고장을 찾았습니다. 그 가운데도 한국문학의 대표적 시인인 고산 윤선도 선생은 보길도에 찾아들어와 시가문학의 금자탑인 <어부사시사(漁父四時詞)>를 비롯한 많은 국문시가와 한시 작품을 지은 것은 우리 고장의 커다란 긍지로 여겨야 할 문화유산이 아닐 수 없습니다.

이번에 우리 완도군의 지원 하에 고산 윤선도 문화 기념사업의 본격적 추진의 일환으로 『고산 윤선도 한시의 역주와 해설-(Ⅰ)』을 발간하게 되었음을 커다란 자랑으로 여기고자 합니다. 이는 곧 문화의 양축인 물질문화와 정신문화를 조화롭게 가꾸자 하는 우리 군정의 지침이며 후손들의 바람입니다. 무릇 문화유산은 지키고 가꿀 뿐만 아니라 그 의미가 새롭게 창조될 때 진정한 문화유산이 된다고 하겠습니다.

바야흐로 각 지방자치단체들은 각 지역을 대표하는 문화유산을 발굴하여 그 지역을 대표하는 브랜드로 양성하는데 심혈을 기울이고 있습니다. 이는 곧 관광객을 유치하여 지역 경제의 활성화를 도모하는 것에서 그치는 것이 아니라 주민들의 자긍심을 키우고 살기 좋은 지방을 건설하는데 필수 사업이라고 하겠습니다. 많은 사람들이 완도는 잘 몰라도 윤고산의 보길도는 안다고 합니다. 그만큼 문화의 힘이 크다는 것이겠습니다.

우리 완도군은 한국을 넘어 세계적인 관광 명소가 되기에 부족함 없는 천혜자원과 문화유산이 있습니다. 우리 군에서는 군민 여러분들과 지혜와 슬기를 모아 살기 좋은 완도 행복한 완도를 만들어가는 데 최선을 다할 것입니다. 이러한 차원에서 발간하게 된 『고산 윤선도 한시의 역주와 해설-(Ⅰ)』은 큰 역할을 하리라 확신합니다.

감사합니다.

2015년 2월

완도군수　신 우 철

축사

(김동삼 완도군의회 의장)

고산 윤선도(尹善道; 1587~1671)는 조선 삼대 시가인 중 시조 창작의 1인자로 380여 수의 한시와 75수의 국문 시조를 남긴 바, 양적·질적인 면에서도 한국 문학사에 우뚝한 존재로서 자리매김 되고 있습니다.

『고산유고』와 <연보>에 따르면 고산 선생은 병자호란 이듬해인 정축년(공 51세, 인조 15, 1637년) 2월 보길도에 입도(入島)한 후 7차에 거쳐 육지를 왕래하며 13년(12년 11개월)을 사는 동안 한시 54수와 <어부사시사> 40수를 남겨 한국 문학을 더욱 풍성하고 다채롭게 그 지평을 넓혔을 뿐만 아니라, 완도와 보길도를 관광의 섬이요 문학의 고장으로 업그레이드시킨 조선 최고의 시인으로 칭송되고 있습니다. 또한 그의 많은 한시와 시조 작품들이 국어와 문학 교과서에 실려 널리 애송(愛誦)되고 있습니다.

이번에 발간된 『고산 윤선도 한시의 역주와 해설-(Ⅰ)』은 고산의 한시 380여 수 가운데 1차적으로 150수를 번역하여 주석을 달고 해설을 곁들인 것으로 『고산유고』에 실린 한시와 <연보> 및 일대기의 내용을 기본 텍스트로 삼아 집필한 본격적인 고산 연구서라 하겠습니다.

특히 두 연구자들은 대학 선후배 사이로 평소 친분이 두터워 연구 분야에 폭넓은 의견 교류와 공감대가 형성된 가운데 집필이 이루어지고 있어 보다 알찬 내용으로 독자들을 감동시킬 것입니다.

용창선 박사는 어부사시사의 무대인 보길도 앞 넙도가 고향으로 어렸을 때부터 노를 젓고 김을 채취하며 고기를 잡는 등 어촌 경험도 풍부합니다. 따라서 그는 누구보다 우리 지역을 너무 훤히 꿰뚫고 있으며, 어부사시사 연구와 한시 연구 등 고산 연구에 매진하면서 교사이자 시조 시인으로 활동하고 있습니다.

양현승 박사는 고전문학을 전공했고, 고산에 대한 관심이 지대하여 남양주(고산, 왕숙천) · 해남(녹우당, 금쇄동) · 보길도(낙서재, 세연정, 동천석실, 글씐바위) 등지를 수차례 답사하면서 지역적 특색과 분위기를 파악한 후 이를 바탕으로 이론과 실제를 접목시킨 한문학에 조예가 깊은 국문학자이자 시인으로 알려져 있습니다.

따라서 고산 선생의 문학적 업적을 보다 심도 있게 조명하면서 공동 집필한 본 책자는 '관광 완도', '문화 완도'라는 구호 아래 완도 군민들의 자존심과 자긍심을 드높이고자 추진되고 있는 윤선도 문화 유적 사업에 한층 보탬이 되리라 사료됩니다.

끝으로 어려운 여건 속에서도 충실하게 연구를 거듭하고 계시는 두 연구자들께 감사와 더불어 각고면려(刻苦勉勵) 시간 속에서 탄생시킨 연구서 출간을 축하드리는 바입니다. 아울러 본 연구서 발간을 위해 애정 어린 관심 속에 예산을 배정해 주신 신우철 완도 군수님과 문화체육과 관계자 분들께도 저자들을 대신하여 깊은 감사를 드립니다. 앞으로 2권 3권의 연구서가 계속 출간되어 윤선도 문화 유적 사업이 더욱 활성화되고 바다가 아름다운 건강의 섬 완도가 대한민국 최고의 명품 군으로 발돋움 할 수 있기를 5만 5천 완도군민의 이름으로 축원합니다.

2015년 2월

완도군의회 의장　김 동 삼

〈일러두기〉

1. 이 책의 국역과 출판은 전라남도 완도군의 지원 하에 이루어졌다.
2. 이 책은 『고산유고(孤山遺稿)』의 한시 375수(권1의 367수, 권6 상의 8수) 중 1차로 82편 150수를 국역·주석·해설하였다.
3. 이 책은 서울대학교 규장각 소장본 『고산유고(孤山遺稿)』를 민족문화추진회의에서 영인한 『한국문집총간』 제91집에 실린 『고산유고(孤山遺稿)』를 저본으로 하였다.
4. 국역은 직역을 원칙으로 하였으며, 내용 파악에 도움을 줄 수 있다고 판단 경우에 한해 부분적으로 의역하였다.
5. 시가라는 특성상 함축과 압축적인 국역에서 탈피해 어미와 조사 등을 보다 폭넓게 사용하여 서술형 구문으로 독자의 이해를 도모하였다.
6. 한자어의 경우 독해에 필요한 인명·지명·관직명 등의 한자어는 ( ) 속에 병기하고, 음이 다르지만 같은 뜻의 용어는 [ ] 속에 표기하였다.
7. 원문에서 공경(恭敬)의 뜻을 나타내기 위해 띄어쓰기를 한 경우는 띄어쓰기나 대두(擡頭)를 하지 않는 대신 해당 단어의 앞에 □를 써서 표시하였다.
8. 대화 부분은 “ ”으로 표시하고, 강조 또는 혼잣말이나 마음 속 생각은 ‘ ’로 표시하였다.
9. 서명(書名)은 『 』, 작품명이나 서책의 인용 부분은 「 」으로 표시하였다.
10. 연시는 [其一], [其二] 등으로 순서대로 번호를 붙였다.
11. 주석은 원문에 나오는 지명(地名), 인명(人名), 전고(典故)를 중심으로 하여 가급적 출전을 밝히고, 난해 어구의 경우 여러 개의 뜻을 가진 경우는 본문의 내용에 이해에 도움이 되는 의미만을 밝혔다.
12. 해설은 작가의 연보를 통해 작가가 처한 창작 당시의 시대 상황과 현실, 가족 관계, 교우 관계, 조정의 정국 현황 등을 최대한 고려하되 본문의 표현 내용에 충실하도록 하였다.
13. 매 편마다 한자음을 병기하고 『고산유고』 속의 해당 작품을 도판으로 게재하여 독자들의 원시 대조와 이해에 편의를 도모하였다.

역자 서문

일찍이 중국 제(齊)나라 공치규(孔稚圭, 447~501)는 「북산이문(北山移文)」을 지어 거짓으로 산림처사를 자처하고 은일자연(隱逸者然)하며 자연을 노래하고 연하일휘를 희롱하며 진세를 벗어난 것처럼 하다가 벼슬을 가진 사자(使者)가 한 번 당도함에 정신이 아득하고 혼미하여 은둔의 뜻을 버리고 연꽃으로 만든 처사의 옷을 불태우고 은자의 옷을 찢어버리고 마차 바퀴가 빠지도록 먼지를 휘날리며 산림에서 달아나는 무리들을 향해 내처 꾸짖으며 기롱하였다.

한국 고전시가문학의 금자탑을 일구었던 문사들의 문학 중 대부분이 유배문학이라고 하는 이유는 바로 산림의 석경(石逕)과 청운의 환로(宦路)를 왕복하다가 실의 속에서 못내 산림처사를 자처하는 가운데 한중진미를 맛보고 물아일체적 경지를 노래하였기 때문이다. 공치규의 「북산이문」을 읽고 진정 소부(巢父)·허유(許由)에 비길 만한 은사가 없음을 한하고자 함이 아니다. 피세(避世)는 가능하나 망세(忘世)는 불가함이 선비의 길이기 때문이다. 연꽃처럼 처염상정(處染常淨)하는 것, 신선 냄새가 아닌 인간 냄새가 나는 한거지사(閑居之士)가 진정 은일자일 수 있기 때문이다.

지금까지 고산 윤선도는 국문시가만으로도 한국문학사에서 우뚝하여 정철(鄭澈)·박인로(朴仁老)와 함께 조선의 삼대가인으로 추앙함에 이설이 있을 수 없다. 다만 안타까운 것은 그의 국문시가 못지않은 한문시가에 대한 연구가 함께 형평을 이루지 못하여 태산을 올려다보며 정상을 올랐다고는 하나, 정상에 오르는 길에는 여러 갈래 길이 있음을 알지 못하고, 나아가 여러 갈래 길로 올라보지 못하는 안타까움이 있었다. 다행히 고산의 한

시는 자세한 연보 속에 380여 수의 한시들의 창작 시기가 차례대로 밝혀져 있어 시상의 단서를 읽어낼 수 있다. 그럼에도 국역 상의 난해성 때문에 국문시가와 함께 종횡의 얼개를 만들지 못한다는 것이었다. 예를 들어 59세에 국문시가 「산중속신곡(山中續新曲)」을 지을 무렵에 함께 쓰여진 한시 「대안(對案)」이나 「우음(偶吟)」 2수와의 관계 등을 고구하지 못함이다. 또 한편으로 안타까운 것은 항간에 단편적으로 국역된 한시들을 읽다보면, 한문 원시보다 국역시가 더 난해하여 감상은 차치하고 내용 파악마저 쉽지 않다는 점이다.

역자들은 완도군의 지원 아래 이루어진 금번의 고산 한시를 국역함에 있어 이러한 안타까움을 하나씩 해결하는데 도움이 되어보자는데 의견을 모으고, 일차적으로 『고산유고』에 수록된 82편 150수, 41세까지의 작품을 국역함에 있어 가급적 연보의 내용에 의거하고, 시상전개의 핵심 내용에 역점을 둔 해설을 매 편마다 곁들여 독자들의 감상을 돕기로 하였다. 일차적으로 82편 150여 수까지를 1차 국역 대상으로 삼은 이유는 고산의 생애 중 전반부에 해당하는 시기로, 42세에 별시에 장원급제하고 봉림(鳳林)·인평(麟坪) 두 대군의 사부가 되어 본격적으로 관직 생활을 시작하기 전까지를 전반부로 삼았기 때문이다. 이 시기 중 가장 중요한 것은 31세에 <병진소>를 올려 간신 이이첨 등의 목을 벨 것을 주장하다가 함경도 경원으로 귀양살이 가서 6년여의 유배생활과 인조반정으로 해배되어 해남으로 돌아가 거듭된 벼슬을 사양한 시기다.

그리고 국역을 함에 있어서도 비전문가라도 내용 파악에 도움을 주고 시상의 전개를 쉽게 파악할 수 있도록 어미와 조사의 사용 등을 폭넓게 사용하여 '풀어쓰기'를 위주로 국역하였다. 이를 통해 고산 문학의 정상에 오르는 새로운 길을 열어보고자 하였다. 국역의 시초를 정함에 처음에 이견이 없는 것은 아니었다. 그러나 서가에 꽂혀 있는 전문적 지식인을 위한 책도

되어야 하지만, 비전문가라도 읽고 충분히 이해할 수 있어 거실에서 읽다가 베개 삼아 베고 누울 수 있는 국역, 원시보다 더 어려운 국역시의 난독성만은 극복해 보자는 데는 의견의 일치를 보았다. 그래서 역(譯)·주(註)·해(解)를 곁들이기로 하였다. 매 편 해설과 감상을 더하는 데는 참으로 무모할 정도의 용기가 필요했다. 변혁의 한 시대를 충(忠)과 의(義)와 직(直)에 의거(용창선, 『윤선도의 한시 연구』, p.60) 14년 4개월의 유배와 19년간의 은거의 삶을 열정적으로 올곧게 살다간 선현(先賢)의 시문에 감히 일점 누가될 수 있음에 옷깃이 여며짐을 금할 수 없으니, 선배제현의 질타를 기다리며, 문풍지를 바르고 불쏘시개나 되지 말기를 바랄 뿐이다.

고산의 초기 한시에는 젊은 시절부터 자연귀의의 충심(衷心)이 전 생애를 통해 일관되게 나타나고 있음은 부정할 수 없다. 누구나 과장(科場)을 준비하는 젊은 시절에는 환로의 꿈을 접어버리기 쉽지 않다. 그러면서도 그를 끊임없이 끌어당긴 것은 선비의 길인 삼경(三逕)이었다. 그러한 그의 충심이 보길도를 찾게 했을 것이고 한시로는 표현할 수 없는 멋과 풍류를 국문시가를 통해서 마음껏 써 갔을 것이다. 공치규가 다시 살아온다손 치더라도 고산에게만은 「북산이문」을 보이지 않았을 것이다.

끝으로 본 『고산 윤선도 한시의 역주와 해설-(1)』 1차 본이 출간되어 나오기까지 도움을 아끼지 않은 완도군 신우철 군수님과 군의회 김동삼 의장님, 그리고 군청 관계자 여러분과 훌륭한 표지 그림을 그려주신 이지호 화백님께 깊은 감사를 드린다. 아울러 정성 들여 책을 꾸며준 도서출판 월인의 박성복 사장님과 최형필 상무님께도 감사의 말을 전하며, 빠른 시일에 나머지 230여 편의 한시를 역주해 한 2권도 상게할 것을 약속드린다.

2015년 2월

역자 양현승·용창선

차 례

발간사 – **신우철** (완도군수)

축사 – **김동삼** (완도군의회 의장)

일러두기

역자 서문

『고산유고』 제1권

시詩 오언(五言) : 고시(古詩) · 율(律) · 절(絶) · 집고(集古)
칠언(七言) : 고시(古詩) · 율(律) · 절(絶) · 회문(回文) · 집고(集古)

국도(國島)에서 배를 돌리며 / 自國島廻舟 ······ 10

임단(臨湍) 가는 도중에 / 臨湍道中 ······ 12

안변(安邊) 가는 도중에 우연히 읊다 / 往安邊途中偶吟 ······ 14

한가로운 봄날에 지은 즉흥시 / 閑居春日卽事 ······ 16

삼각산(三角山) 절에 노닐면서 장자호(張子浩)를 대신해 지어 성 안의 벗들에게 부치다 / 代張子浩遊三角山寺寄城中友生 ······ 18

연적(硯滴)을 노래하다. 남이 운자를 불러줌 / 詠硯滴呼韻 ······ 23

이명원(李明遠)에게 부친 집고시(集古詩) / 寄李明遠集古 ······ 25

차운(次韻)하여 장자호(張子浩)에게 답하다 / 次韻酬張子浩 ······ 33

한가로운 봄날에 지은 즉흥시 / 閑居春日卽事 ······ 41

상사(上舍) 문회보(文晦甫) 형에게 드리다. 형이 운자를 부르다 / 贈文上舍晦甫兄兄呼韻二首 ······ 44

양수재(梁秀才)에게 주다. 남이 운자를 불러줌 / 贈梁秀才呼韻 ············ 52
저물어 광진촌(廣津村)에 투숙하여 우연히 읊다 / 暮投廣津村偶吟 ······ 54
하랑(河娘)을 위한 만사(挽詞)-2수 / 挽河娘二首 ································· 56
장수재(張秀才)에게 주다. 장(張)이 운자를 부르자 빠르게 쓰다
/ 贈張秀才張也呼韻走筆 ··· 63
주부(主簿) 정지영(鄭之英)에게 주다 / 贈鄭主簿之英 ························ 67
남가회(南可晦)를 위한 만사(挽詞)-2수 / 挽南可晦二首 ······················ 70
남으로 돌아가며 지은 기행시(記行詩) / 南歸記行 ································ 74
수원(燧院)의 벽 위의 시에 차운하다 / 次燧壁上韻 ···························· 101
장수재(張秀才)의 서신에 답하다 / 答張秀才書 ································· 103
날이 갠 것을 기뻐하여 / 喜晴 ·· 109
새벽에 길을 가며 / 曉行 ·· 116
여산(礪山) 미륵당(彌勒堂)에 제하다 / 題礪山彌勒堂 ························· 118
병이 나서 은진(恩津)에 머물며 / 疾作留恩津 ·································· 121
병이 낫다 / 疾止 ··· 123
아버님 대신 차운하여 정언(正言) 강대진(姜大晉)의 시에 답하다-6수
/ 代嚴君次韻酬姜正言大晉六首 ·· 125
한벽루(寒碧樓) 벽 위 주문절(朱文節)의 시에 차운하다
/ 次寒碧樓壁上朱文節韻 ·· 137
첨지(僉知) 김형(金兄)에 대한 만사(挽詞)-2수 / 挽金僉知兄二首 ········ 139
아버님을 대신해서 지은 만사(挽詞)-2수 / 代嚴君挽人二首 ················ 144
을묘년(乙卯年, 1615년) 섣달에 남양(南陽) 큰아버님의 옛집에 가서
느낌이 있어 율시 두 수를 짓고, 또 옛날을 생각하며 세 수를 짓다
/ 乙卯臘月往南陽伯父舊宅有感吟二律又賦記得昔年日三章 ············ 150

면부(勉夫)가 면숙(勉叔)의 유배지(流配地)로 가는 것을 전송하며-오언절구
/ 送勉夫之勉叔謫所五絶 ······ 158
겸보(謙甫) 처숙부(妻叔父)의 「영회(詠懷)」 시에 차운하다-2수
/ 次韻謙甫叔丈詠懷二首 ······ 168
홍면숙(洪勉叔)에게 부치다-2수 / 寄呈洪勉叔二首 ······ 173
노방인(路傍人)에게 장난삼아 지어주다 / 戲贈路傍人 ······ 180
길주(吉州)로 가는 도중에 / 吉州途中 ······ 182
경원(慶源)에 도착하여 우사(寓舍)에 제하다-2수 / 到慶題寓舍二首 ······ 184
잠에서 깨어 어버이를 생각하며-2수 / 睡覺思親二首 ······ 188
친구를 생각하며 / 思親舊 ······ 192
정인관암(鄭仁觀巖)에 제하다-4수 / 題鄭仁觀巖四首 ······ 194
건원(乾元)을 출발하며 어떤 사람에게 지어주다-2수 / 出乾元贈人二首 ······ 202
다시 정인관암(鄭仁觀巖)에 올라-2수 / 再登鄭仁觀巖二首 ······ 206
곡수대(曲水臺)에서-3수 / 曲水臺三首 ······ 210
달을 대해 어버이를 생각하며-2수 / 對月思親二首 ······ 216
진호루(鎭胡樓)에 올라 문미(門楣)의 시에 차운하다-4수
/ 登鎭胡樓次楣上韻四首 ······ 220
낙망(樂忘)의 시에 차운하다-2수 / 次樂忘韻二首 ······ 228
매미 소리를 듣고 / 聞蟬 ······ 233
면숙(勉叔)에게 준 시의 운(韻)을 써서 낙망(樂忘)에게 답하다-2수
/ 用寄勉叔韻酬樂忘子二首 ······ 235
낙망(樂忘)의 시에 차운하다 / 次樂忘韻 ······ 242
마관(馬官) 김상윤(金相潤)에게 주다 / 贈金馬官相潤 ······ 244
낙망(樂忘)의 시에 차운하다-3수 / 次樂忘韻三首 ······ 246

낙망(樂忘)이 황산곡(黃山谷)의 「오농단억귀시(吳儂但憶歸詩)」 시에 차운한 시를 보내오니 화답하여 지어주다 / 樂忘次山谷吳儂但憶歸詩投贈索和 ······ 252
낙망(樂忘)의 시에 차운하다 / 次樂忘韻 ······ 254
계속 두통을 앓던 중 무료하여 「구가(九歌)」를 펼쳐 읽다가 느낌이 있어 앞 시의 운을 써서 시를 짓다 / 屬患頭痛無聊展讀九歌有感復用前韻 ·· 256
다시 앞 시의 운을 써서 짓다 / 復用前韻 ······ 259
계집종이 얼굴 씻는 오래된 물통을 깨뜨렸기에 / 女奚破盥面老瓦盆 ·· 261
오산(鰲山)의 장인(丈人)에게 서간을 보내다 / 簡鰲山丈人 ······ 263
집을 이룬 후 흥이 나서 / 堂成後漫興 ······ 265
꾀꼬리 소리를 듣고 「문선(聞蟬)」의 운을 써서 짓다 / 聞鶯用聞蟬韻 ······ 267
홍향제(洪享諸)가 김정(金正)에게 준 시를 보고 화운(和韻)하여 향제에게 지어주다 / 見洪享諸贈金正詩和呈享諸 ······ 269
노방인(路傍人)에게 장난삼아 지어주다 / 戱贈路傍人 ······ 271
홍헌(洪獻)의 조랑(趙娘)에게 답하다 / 答洪獻趙娘 ······ 273
일일화(一日花)를 읊다 / 詠一日花 ······ 275
「김장군전(金將軍傳)」의 뒤에 제하다-3수 / 題金將軍傳後三首 ······ 277
아우와 이별하며 지어주다-2수 / 贈別少弟二首 ······ 289
병을 앓으며 느낌이 있어 지어 보내다 / 病中遣懷 ······ 293
닭을 읊다 / 詠鷄 ······ 295
임박사(任博士)와 이평사(李評事)의 시에 차운하여 봉황대(鳳凰臺) 주인에게 봉증(奉贈)하다 / 次任博士李評事韻奉贈鳳凰臺主人 ······ 299
선일태수(善一太守)에게 차운하여 답하다 / 次韻酬善一太守 ······ 302

이경우(李景愚) 부인에 대한 만사(挽詞)-2수 / 挽李景愚內二首 ……… 305
족모(族母) 윤정랑(尹正郎) 부인에 대한 만사(挽詞) / 挽族母尹正郎內 … 309
둘째 형수 김씨(金氏)에 대한 만사(挽詞) / 挽仲嫂金氏 ………………… 311
장자호(張子浩)의 시에 차운하다 / 次張子浩韻 ……………………………… 313
새벽 비를 읊다. 옛 시에 차운하다 / 曉雨次古韻 …………………………… 315
가을밤에 우연히 읊조리다. 옛 시에 차운하다 / 秋夜偶吟次古韻 ……… 317
닭을 읊다 / 詠鷄 …………………………………………………………………… 319
작은 벼루를 노래하다 / 詠小硯 ……………………………………………… 321
차운하여 동명(東溟)에게 답하다-4수 / 次韻酬東溟四首 ……………… 323
대둔사(大屯寺)에 노닐면서 문미(門楣)의 시에 차운하다-3수
/ 遊大屯寺次楣上韻三首 …………………………………………………… 332
정자우(鄭子羽)의 시에 차운하여 황각노(黃閣老)의
송붕팔경(松棚八景)을 노래하다 / 次鄭子羽韻詠黃閣老松棚八景 …… 338
다시 차운(次韻)하다 / 再次 ……………………………………………………… 357
또 차운(次韻)하다 / 又次 ………………………………………………………… 373
차운하여 동명(東溟)에게 답하다 / 次韻酬東溟 ……………………………… 389
엄의주(嚴義州) 부인에 대한 만사(挽詞) / 挽嚴義州夫人 ……………… 391

국도(國島)[1]에서 배를 돌리며

自國島廻舟 / 在安邊滄洲公任所時, 時公年十四世○庚子.
자 국 도 회 주

/ 창주공(滄洲公 ; 養父 尹唯幾)은 임지(任地)인 안변(安邊)에 계셨다. 당시 공의 나이는 14세였다. 경자(庚子年, 1600년. 선조 33)

廻舟日暮還
회 주 일 모 환
半醉半醒間
반 취 반 성 간
一雁鳴猶去
일 안 명 유 거
斜陽山外山
사 양 산 외 산

저물녘에 배를 돌려 돌아오는데
반은 취한 듯 반은 깨어 있는 듯.
한 마리 기러기는 울며 날아가고
산 너머 산으로 해는 기우네.

---

1) 國島(국도) : 안변(安邊) 앞 동쪽 50리에 있는 섬. 지금의 강원도 통천군.

【해설】

형식은 5언 절구다. 연보에 의하면 1600년 선조 33년(庚子年) 공의 나이 14세 때 처음으로 지은 한시다. 그때 안변도호부사(安邊都護府使)였던 양부(養父) 창주공(滄洲公) 윤유기(尹唯幾)의 임지에 머물다가 동해 바다에 있는 국도를 구경하고 배를 돌려 돌아오는 장면을 그린 것이다. 연화방(현 종로구 연지동)에 살던 고산은 8세에 친부모와 헤어져 명례방(현 서울시 중구 명동 우리은행 자리) 양부에게 입적된다. 양부 윤유기는 차남으로서 해남윤씨의 가통을 이어받았고, 고산 역시 차남으로서 양자로 입적되어 해남윤씨의 가통을 어어 받게 된 것이다. 어린 시절 부모에 대한 그리움이 커서 외로움을 많이 느꼈던 탓인지 양부의 임지인 안변에 갔다가 풍광이 아름다운 국도를 유람하고 다시 안변으로 돌아오는 길에 자신의 외로운 심경을 기러기에 견주고 있다.

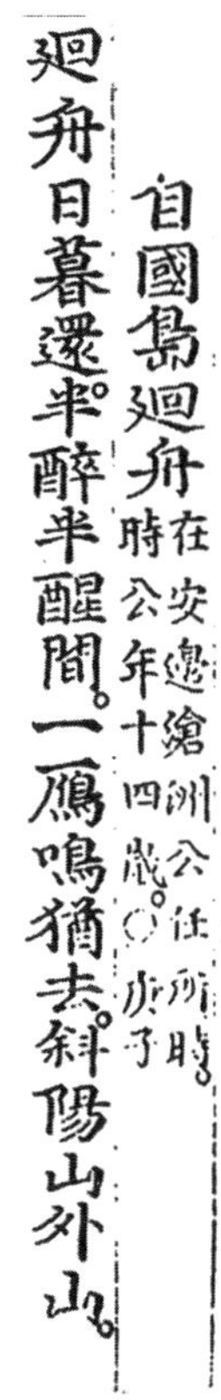
自國島迴舟 時在安邊滄洲公任所時 公年十四歲○庚子

迴舟日暮還。半醉半醒間。一鴈鳴猶去。斜陽山外山。

전반부 1·2구에서는 저녁 무렵 피곤에 지친 몸으로 귀향하는데 졸다 깨다 잠기운에 취해 있음을 그리고 있다. 후반부 3·4구에서는 배 멀미를 했거나 피곤에 지친 나머지 혼몽한 눈길 속에 멀리 날아가는 기러기를 보게 된다. 그리고 배가 나아가는 방향을 바라보니 멀찍이 육지의 첩첩이 쌓인 산들과 석양의 햇살이 너울거리는 파도 속에 들락날락하고 있다.

어린 나이에 양자로 입적되어 친부모와 헤어져 양부모 밑에서 사랑은 받고 있으나, 고향의 친부모님 생각이 나지 않을 수 없을 것이다. 더구나 해거름 녘이면 어머니 아버지 생각이 간절해지는 것은 어쩔 수 없는 것. 고향으로 가고 싶은 간절한 마음이 날개를 펼치며 훨훨 날아다니는 기러기를 등장시킨다. 흔히 새 또는 날개는 시 속에서 공간 이동의 자유를 상징하는 사물로 등장한다. 주 내용은 석양을 바라보는 감회다.

임단(臨湍) 가는 도중에

臨湍道中 / 長湍古號○同年
임 단 도 중

/ (임단은)장단(長湍)[1]의 옛 이름이다. ○같은 해(庚子年, 1600년. 선조 33. 14세)

暮色千林樹
모 색 천 림 수
秋光一嶂楓
추 광 일 장 풍
江烟橫遠抹
강 연 횡 원 말
夕雨下濛濛
석 우 하 몽 몽

온 숲에는 석양빛이 잦아들고
산봉우리 단풍나무에는 가을빛이 어리네.
물안개는 멀리 가로 질러 자욱이 깔리고
저녁 가랑비는 부슬부슬[2] 내리네.

---

1) 長湍(장단) : 현 경기도 서북부에 위치한 군.
2) 濛濛(몽몽) : 자욱한 모양. 뒤섞여 어지러운 모양.

【해설】

형식은 5언 절구다. 고산의 나이 14세 때 지은 작품으로 임단으로 가는 도중에 바라본 정경을 사실적으로 그려낸 서경시다. 많지 않은 나이에 시에 입문하는 가운데 지어진 작품으로 수작(秀作)이다.

전반부 1·2구에서는 시간적 배경과 공간적 배경이 서로 호응하고 있다. 하루의 끝인 석양과 숲이 호응을 이루고, 2구에서는 아름다운 계절의 끝인 가을과 산이 호응을 이룬다. 색채적 시각적으로는 석양의 붉은 노을과 가을의 울긋불긋한 단풍의 색채가 호응을 이룬다. 곧 작은 시간 개념인 저녁과 큰 시간 개념인 가을이 앞뒤에 호응하여 안정감을 이루고, 작은 공간인 숲[林樹]과 큰 공간인 산[嶂]이 다시 앞뒤에서 수응(酬應)하여 안정적인 구도를 형성하고 있다. 다분히 의도적이고 고심 끝에 이루어 낸 시적 형상화임을 알 수 있다.

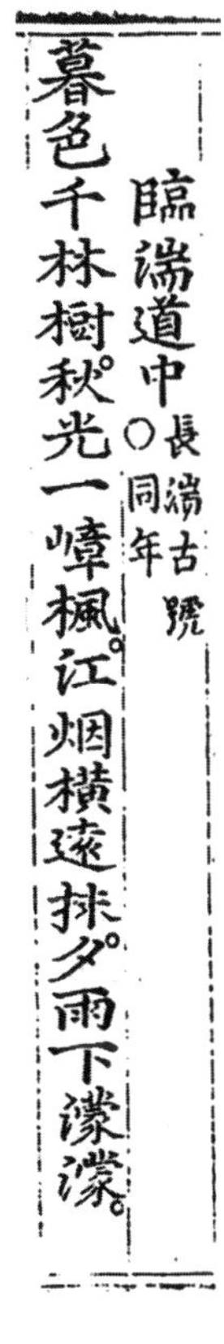
臨端道中 ○長端古號 同年
暮色千林樹。秋光一嶂楓。江烟横遠渚。夕雨下濛濛。

후반부 3·4구에서는 이러한 서경에 어울리는 또 다른 풍경을 그려내고 있으니, 원경(遠景)으로는 멀리서 자욱이 깔려오는 물안개와 가까이로는 나그네의 옷깃을 적시고 있는 저녁 가랑비다. 애상적(哀傷的)으로 감상하자면, 해는 저물어 가고 비는 부슬부슬 내리는데, 갈 길은 먼 나그네의 심정은 어떠할까? 따라서 이 시의 주 내용을 파악하기 위해서는 제목을 감안해야 한다. 제목은 '~ 도중'이다. 곧 작가는 집을 떠나 여행을 하거나 어디론 가를 향해서 가고 있다. 목적지는 아직 멀기만 한데, 강가에 물안개는 자욱이 내려앉고 날은 저물고 궂은비마저 내린다. 오늘 저녁은 또 어디서 자야하나? 착잡하기만 한 심정을 상상할 수 있다. 아름다운 경치를 감상할 수도 있지만 현실은 조금 다급한 심정일 수 있다. 주 내용은 비 내리는 늦가을의 저녁 경치와 길손의 심정이다.

안변(安邊)[1] 가는 도중에 우연히 읊다

往安邊途中偶吟 / 同年
왕 안 변 도 중 우 음

/ 같은 해(庚子年, 1600년. 선조 33. 14세)

夕陽官路暗沙塵
석 양 관 로 암 사 진
雨霽南川水色新
우 제 남 천 수 색 신
始覺關山風土近
시 각 관 산 풍 토 근
人人音語異南人
인 인 음 어 이 남 인

석양녘 큰 길[2]에는 모래 먼지 아득한데
비 개인 남쪽 시내에는 물빛이 새로워라.
비로소 변방[3]의 풍토와 가까워짐을 알겠으니
사람들의 말소리가 남쪽 사람들과 다르네.

1) 安邊(안변) : 안변도호부(安邊都護府). 함경남도 남부에 위치한 군.
2) 官路(관로) : 관청에서 닦은 큰 길. 큰 길을 두루 이르는 말.
3) 關山(관산) : 관문이나 요새 주변에 있는 산.

【해설】

형식은 7언 절구이다. 양부인 관찰공(觀察公)을 따라 부임지인 안변으로 가는 도중 얼핏 시상이 떠올라 읊은 공의 나이 14세 때의 작품이다. 사실 『고산유고(孤山遺稿)』에는 14세작으로 되어 있으나 「연보(年譜)」에는 15세작으로 기록되어 있다. 안변도호부사로 사령을 받아 아버지의 부임지인 안변으로 가는 길에서 바라본 서경과 감상을 적고 있다.

전반부 1 · 2구에서는 내용상 서로 상반되고 있는 듯한 서술을 볼 수 있다. 1구에서는 '모래 먼지가 날리고 있다' 하고, 2구에서는 '비 개인 남쪽 시냇물'이라고 하고 있는 것이다. 그러나 이것은 내용상의 어그러짐이 아니라 작가를 포함한 부임지로 향하는 행렬들의 진행을 표현하고 있다. 길을 가면서 달라지는 경물(景物), 곧 먼짓길이었다가 비가 갠 지 얼마 안 되는 길로 접어듦을 표현하고 있는 것이다. 이러한 가운데 행렬은 점차 북으로 북으로 향하고 있으니, 조금씩 풍경이 달라지고, 길가에서 만나는 사람들의 말의 억양과 사투리가 생소하게 들리기 시작한다. 이러한 달라지는 풍광에 대해서 작가와 동시대의 문신이요 학자였던 지봉(芝峯) 이수광(李睟光, 1563~1628)도 같은 장소인 안변 객관에서 지은 시구에서, 「눈과 구름이 덮인 동북쪽 국경 요새 / 스스로 한 구역을 이룬 특별한 강산이라네.」라고 쓰고 있다.

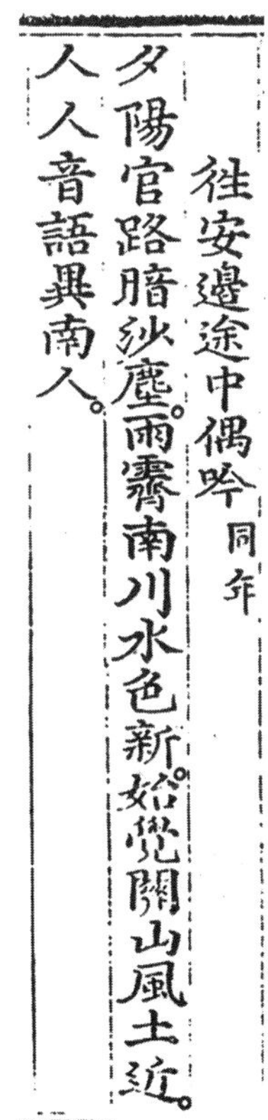
往安邊途中偶吟 同年
夕陽官路暗紗塵。雨霽南川水色新。始覺關山風土近。
人人音語異南人。

후반부 3 · 4구에서는, 타관 객지에 가면 맨 처음 느끼는 것은 만나는 사람들의 어투와 말소리가 다르다는 것이다. 곧 말을 통해서 비로소 객지에 와 있음을 맨 처음 깨닫게 되는 것을 쓰고 있다. 이런 가운데 작가는 조금씩 고향에 대한 향수와 객수를 느끼기 시작한다. 주 내용은 여행 중의 정회이다.

한가한 봄날에 지은 즉흥시

閑居春日卽事 / 回文, 辛丑
한거춘일즉사

/ 회문시(回文詩)[1] 신축(辛丑年, 1601년. 선조 34. 15세)

濛濛細雨烟山暮
몽몽세우연산모
漠漠天涯海日斜
막막천애해일사
風欞一枕高欄倚
풍령일침고난의
捲箔疎簷松落花
권박소첨송락화

부슬부슬 가랑비는 내리고 안개 낀 산이 저물어가자
넓고 아득한[2] 하늘의 끝[3] 바다 가운데 해가 기우네.
바람 부는 창가에 누웠다가 난간에 기대어도 보다가
처마에 드리워진 성긴 발을 걷으니 송화(松花)는 지고 있네.

---

1) 回文(회문) : 한문체의 한 가지로 순서대로 읽어도 글이 되고, 거꾸로 읽어도 글이 되게 쓴 글로, 회문시(回文詩)는 이와 마찬가지로 내리읽거나 치읽거나 의미가 통하는 시. 전진(前秦)의 소백옥(蘇伯玉)의 아내가 지은 먼 길을 떠난 남편을 그리워하며 지어서 쟁반에 둥글게 둘러썼다는 「반중시(盤中詩)」를 효시로 봄.
2) 漠漠(막막) : 드넓어 아득한 모양.
3) 天涯(천애) : 하늘의 끝. 곧 매우 먼 지역을 가리킴.

【해설】

형식은 7언 절구로, 주(註)에서 밝히고 있듯이 회문시(回文詩)다. 작가의 나이 15세 때 양부의 부임지인 안변에서 한가로이 지내면서 지은 시로 약관(弱冠)에도 못 미치는 나이에 시작(詩作)에 얼마나 열정을 가졌으며 고심하였는지를 짐작할 수 있다. 전반부 1·2구에서는 원경(遠景) 묘사로 안개 낀 산과 멀리 바라다 보이는 바닷가 정경을 그리고 있다. 시간적 배경은 해가 기울어 가는 저녁 무렵이다. 후반부 3·4구에서는 근경묘사와 함께 시적 자아의 행동을 묘사하고 있다. 특별히 할 일도 없이 서성이는 한가로운 모습이다. 송홧가루가 지고 있으니 늦봄이다. 이 시를 회문시로 재배열하면 다음과 같은 시가 된다.

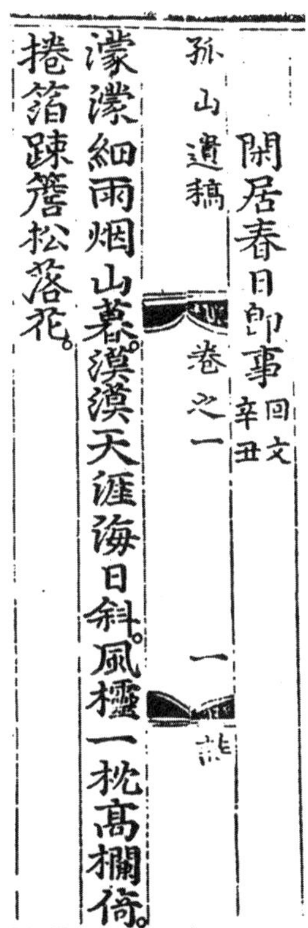
閑居春日即事 回文 辛丑
孫山遺稿 卷之一 一 詩
濛濛細雨烟山暮。漠漠天涯海日斜。風檻一枕高欄倚。
捲箔踈簷松落花。

花落松簷疎箔捲
倚欄高枕一檻風
斜日海涯天漠漠
暮山烟雨細濛濛

꽃 지는 소나무 처마에 드리워진 성긴 발을 거두고
난간에 기대었다가 높은 베개 베고 누우니 바람 한 줄기 창가에 불어오네.
해 지는 바닷가 하늘은 아득하고
저문 산에 보슬비는 부슬부슬 내리네.

내용 면에서 크게 차이가 나지 않음을 알 수 있다. 시상 전개 면에서 다만 앞 시에는 1·2구에서 원경 묘사와 3·4구의 근경 묘사가 서로 바뀌었을 뿐이다. 작가의 늦봄의 한가로운 가운데 속박 없는 유유자적(悠悠自適)하는 생활을 그려내고 있다는 점에서도 같다.

삼각산(三角山) 절에서 노닐면서 장자호(張子浩)를 대신해 지어 성 안의 벗들에게 부치다

代張子浩遊三角山寺寄城中友生 / 癸卯
대 장 자 호 유 삼 각 산 사 기 성 중 우 생

/ 계묘년(癸卯年, 1603년. 선조 36. 17세)

有山有山何崔嵬
유 산 유 산 하 최 외
漢陽之北高陽東
한 양 지 북 고 양 동
亭亭三朶碧芙蓉
정 정 삼 타 벽 부 용
聳入斗極撐青空
용 입 두 극 탱 청 공
中有數間古蘭若
중 유 수 간 고 란 야
蛇盤一逕緣溪通
사 반 일 경 연 계 통
禪房蕭灑絶纖埃
선 방 소 쇄 절 섬 애
檻外流水階前松
함 외 류 수 계 전 송
我初携杖入烟霞
아 초 휴 장 입 연 하
踏盡青峯重復重
답 진 청 봉 중 부 중
相先相後兩三人
상 선 상 후 량 삼 인
閑坐閑行幽興同
한 좌 한 행 유 흥 동
雪眉老僧迎我笑
설 미 노 승 영 아 소
夕陽樓上鳴孤鐘
석 양 루 상 명 고 종
夜向天壇月邊宿
야 향 천 단 월 변 숙
綠蘿樹下來清風
록 라 수 하 래 청 풍
恍然坐我崑崙山上最高峯
황 연 좌 아 곤 륜 산 상 최 고 봉
逈出九垓超塵籠
형 출 구 해 초 진 롱
松窓疎雨曉夢驚
송 창 소 우 효 몽 경

捲簾南北山花紅
권렴남북산화홍
東華十年採芝夢
동화십년채지몽
逸想今日輸雲節
일상금일수운공
回頭遙望紫陌人
회두요망자맥인
紫陌惟見塵濛濛
자맥유견진몽몽
君獨胡爲在泥滓
군독호위재니재
莫學空羨天邊鴻
막학공선천변홍
詩成聊附鶴南飛
시성료부학남비
白雲歌送靑雲中
백운가송청운중

산이여 산이여 어찌 그리 드높은가.[1]
한양(漢陽)의 북쪽 고양(高陽)의 동쪽.
높이 솟은 세 떨기 푸른 부용(芙蓉)[2]은
북두성[3]에 솟구쳐 들어가 푸른 창공을 떠받았구나.
그 가운데 오래 된 몇 칸의 절[4]이 있어
구불구불[5]한 길을 따라 시내에 이어졌네.
선방(禪房)은 깨끗하여 티끌[6] 하나 없고
난간 밖에는 물이 흐르고 섬돌 앞에는 소나무가 서있네.
나는 처음으로 지팡이를 짚고 안개와 노을 속으로 들어와
겹겹의 푸른 봉우리들을 모두 다 걸어보았네.
앞서거니 뒤서거니 하던 두세 사람도
한가로이 쉬다 걷다가 그윽한 흥취는 매 한가지라오.
눈썹이 하얀 늙은 스님은 빙그레 웃으며 우리를 맞아주고
석양빛 기우는 종루에서는 범종(梵鐘)소리만 외롭게 울린다오.
밤 깊어 산꼭대기[7] 달빛 아래서 자노라니
푸른 담장이 넝쿨 감긴 나무 아래로 맑은 바람이 불어오네.

나는 황홀하여 곤륜산(崑崙山) 최고봉에 올라앉은 듯
멀리 세상[8] 밖으로 나가 속세의 속박[9]을 벗어난 듯.
창밖 소나무에 내리는 성근 빗소리에 놀라 새벽꿈에서 깨어나
발을 걷으니 앞뒤로 온산의 꽃이 붉게 피었구나.
신선이 사는 곳[10]에서 지초(芝草)를 캐자하던 십년의 꿈과
탈속(脫俗)한 생각[11]을 오늘에야 구름 속에서 지팡이 짚고 이루었네.
머리를 돌려 멀리 큰길[12]에 (분주히)오고가는 사람들을 바라보니
큰길에 오직 보이는 것은 자욱한 티끌뿐이네.
그대는 어찌 홀로 속세(俗世)[13]에 남아 있어
하늘가 큰기러기[14]를 부질없이 부러워만하며 배우지는 않는가?
시가 지어지면 애오라지 남으로 날아가는 학에게 부쳐
백운가(白雲歌)[15]를 청운지사(靑雲之士)[16]들에게 보내리라.

---

1) 崔嵬(최외) : 높이 솟은 모양. 높고 큰 모양.
2) 三朶碧芙蓉(삼타벽부용) : 세 개로 늘어진 푸른 연꽃. 곧 삼각산의 세 봉우리를 아름답게 미화시킨 표현.
3) 斗極(두극) : 북두칠성.
4) 蘭若(난야) : 범어 '아란야(阿蘭若)'의 약칭으로 절을 이르는 말. 고요하여 번뇌와 번민이 없는 곳이란 뜻.
5) 蛇盤(사반) : 뱀이 똬리를 틀 듯 구불구불한 길.
6) 纖埃(섬애) : 아주 작은 티끌이나 먼지.
7) 天壇(천단) : 하늘에 제사를 올리기 위해 쌓은 제단을 말하나, 본문에서는 누대 위에 지어진 절을 말함.
8) 九垓(구해) : 구해지외(九垓之外). 하늘과 땅의 끝. 세상 밖.
9) 塵籠(진롱) : 먼지로 만든 조롱(鳥籠)이란 뜻으로, 속세의 속박을 말함.
10) 東華(동화) : 동화제군(東華帝君). 동왕공(東王公). 남자 신선의 이름으로 서왕모(西王母)의 대칭.
11) 逸想(일상) : 세속을 벗어난 사상.
12) 紫陌(자맥) : 도성(都城) 교외의 길. 일명 제맥(祭陌).
13) 泥滓(니재) : 진흙과 찌꺼기. 속세를 비유하는 말.
14) 鴻(홍) : 홍곡지지(鴻鵠之志). 원대한 포부를 비유하는 말.
15) 白雲歌(백운가) : 백운요(白雲謠). 신화상의 서왕모(西王母)가 주 목왕(周穆王)을 위해 지었다는 노래. 또는 백운인(白雲人 ; 隱士)의 노래라는 뜻으로 고승(高僧)이나 도사(道士)의 노래. 본문에서는 후자의 뜻.
16) 靑雲(청운) : 청운지사(靑雲之士). 높은 지위나 벼슬에 오른 사람.

【해설】

진문은 28구의 7언율 위주의 고시다. 장자호를 대신하여 삼각산에 있는 오래된 절에 놀러 가 하룻밤 유숙하며 느낀 정서를 속세(한양)에 있는 친구에게 보낸 공의 나이 17세 때의 작품이다. 장자호는 일명 장수재(張秀才)라 불릴 정도로 재능이 뛰어났으며, 고산과 함께 공부하던 한 동네 친구로 집은 가난했지만 얼굴이 하얗고 맑고 깨끗한 마음을 가진 서로의 마음을 알아주는 절친한 친구였다고 한다.

전체 28행의 전문은 내용상 기-승-전-결의 4개의 단락으로 나눌 수 있다. 첫째 단락은 1~8행까지로, 삼각산과 그 속에 있는 사찰의 정경 묘사로 이루어졌다. 삼각산의 위용과 높이, 위치, 마치 북두성을 뚫고 올라 푸른 하늘을 떠받들고 있는 연꽃이라고 미화시킨다(1~4행). 이어 그러한 산 속에 있는 오래된 듯한 절을 묘사하는데, 티끌 하나 없이 깨끗하다는 것과 섬돌 앞의 소나무를 묘사하고 있다.

둘째 단락은 9~18행까지로, 인근의 삼각산과 접해 있는 산들을 빠짐없이 친

代張子浩遊三角山寺寄城中友生 癸卯

有山有山何崔嵬。漢陽之北高陽東。亭亭三朶碧芙蓉。
聳入斗極撑青空。中有數間古蘭若。蛇盤一逕緣溪通。
禪房蕭灑絶纖埃。檻外流水階前松。我初携杖入烟霞。
踏盡青峯重復重。相先相後兩三人。閒坐閒行幽興同。
雪眉老僧迎我笑。夕陽樓上鳴孤鐘。夜向天壇月邊宿。
綠蘿樹下來清風。怳然坐我崑崙山上最高處。逈出九
垓超塵籠。松窓踈雨曉夢驚。捲簾南北山花紅。東華十
年揉芝夢。逸想今日輸雲筇。回頭遙望紫陌人。紫陌惟
見塵濛濛。君獨胡為在泥滓。莫學空羡天邊鴻。詩成聊
附鶴南飛。白雲歌送青雲中。

구들과 거닐어 보았다는 것과, 벗들과 작가가 느끼는 흥취는 한가지였다는 것과, 친절하게 미소로 맞아주는 노승, 석양에 울려 퍼지는 범종소리, 상쾌하게 불어오는 바람을 쐬면서 하룻밤 잤는데, 마치 곤륜산의 정상에 오른 듯, 세상의 속박을 벗어난듯하다는 감회를 적고 있다.

셋째 단락 19~22행까지로, 다음 날 새벽잠에서 깨어나 바라본 온산의 붉은 꽃을 보고 '신선이 사는 곳' 같다고 하면서 10년 동안이나 꿈꿨던 '탈속의 경지'를 느껴본다는 것이다. 여기까지의 승에서 전으로 이어지는 작가가 삼각산 사찰에서 느낀 감회의 변화를 요약하면, '그윽한 흥취(12행)' → '황홀감(17행)' → '탈속의 경지(22행)'로 점점 고조되다가 최고조에 이르렀음을 볼 수 있다.

마지막 넷째 단락 23~28행에서는, 이러한 신선의 경지와 대비되는 속세의 세계를 대비시키고 있다. 저 멀리 내려다보이는 한길 가에 분주히 오고 가는 사람들, 자욱한 티끌 같은 세상사라고 한다. 이어 그런 곳에 있는 벗을 떠올린다. 아마도 제목에서 유추할 수 있는 바, 이 벗은 '장자호(張子浩)'를 가리키는 것으로 여겨진다. 같이 벗들과 하루 삼각산 절을 찾아 호연지기를 나누기로 약속하고서는 바쁜 일상사 때문에 함께 오지 못한 벗을 생각하니 안타깝기 그지없는 것이다. 세상사를 잊을 수 있는 곳에서 시 한 수를 짓지 않을 수 없으니, 그 시 내용인즉 은일지사(隱逸之士)의 노래인 '백운가'일 것이고, 그러한 노래를 지어 저 세속잡사에 얽매여 분주히 하루하루를 살아가고, 고관대작의 꿈을 이루고자 노심초사(勞心焦思)하는 사람들[靑雲之士]에게 들려주고 싶다는 것이다. 주 내용은 삼각산 고찰(古刹)에서 느끼는 탈속의 경지라고 하겠다.

연적(硯滴)을 노래하다. 남이 운자를 불러줌

詠硯滴呼韻
영 연 적 호 운

形似仙桃落九天
형 사 선 도 락 구 천
口如鵬嘴擧波邊
구 여 붕 주 거 파 변
胸中雲夢維泓識
흉 중 운 몽 유 홍 식
麗澤多年意獨堅
려 택 다 년 의 독 견

모양은 하늘[1]에서 떨어진 선도(仙桃)[2] 같고
입은 붕새 부리[3] 같아 (부리를)들면 벼룻가에 물결이 일겠네.
가슴은 큰 연못[4] 같아서 자못 연지(硯池)[5]임을 알겠으니
벗들의 갈고 닦은 학문[6]도 여러 해이니 뜻도 오로지 굳겠네.

---

1) 九天(구천) : 하늘. 방위에 따라 나눈 아홉 하늘.
2) 仙桃(선도) : 신선이 먹었다는 복숭아.
3) 鵬嘴(붕주) : 붕새의 부리.
4) 雲夢(운몽) : 운몽택(雲夢澤). 초(楚)나라에 있는 칠택(七澤)의 하나로 9백리 사방의 큰 늪.
5) 泓(홍) : 연지(硯池)의 별칭. 벼루의 오목하게 패인 곳.
6) 麗澤(여택) : 두 못이 서로 연결되었음을 이르는 말. 뒤에 벗끼리 서로 도와 학문을 강론하고 연마함을 비유하는 말로 썼음.

【해설】

형식은 7언 절구이다. 1603년 계묘년 고산의 나이 17세 때 연적의 생김새와 효용성을 은유적으로 비유하여 읊은 영물시(詠物詩)이다. 영물시는 물건을 노래하는 것으로 그치는 것이 아니라, 그 속에 인간의 도를 담을 수 있을 때 진정 영물시가 된다는 것을 보여주는 시다. 이때는 그가 양자든 이래 외로움에서 벗어나 생활의 안정과 학문적 성숙을 더해가던 때로, 남원 윤씨에게 장가드는 즐거움과 진사 초시에 합격하여 나름의 뜻을 세우고 학문에 정진하던 시기이기도 하다.

전반부 1·2구에서는 연적의 모양이 선도 복숭아를 닮았고 주둥이는 붕새 주둥이 같은데, 부리를 들어 물을 벼루에 부으면(쏟아내면) 벼루에서 물결이 일겠다고 한다. 자못 미화와 과장이 빼어난 구절이다.

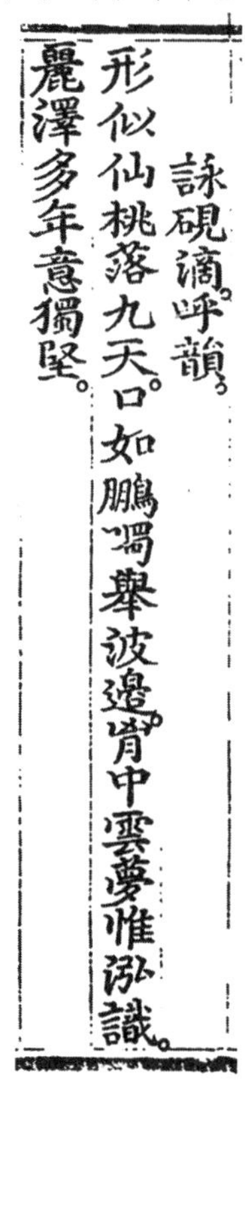
詠硯滴。呼韻。
形似仙桃落九天。口如鵬嘴擧波邊。胷中雲夢惟泓識。
麗澤多年意獨堅。

후반부 3·4구에서는 연적의 안은 연못[雲夢澤] 같이 넓고 깊으니, 예로부터 연지(硯池)라 했다는 것이다. 연지의 본뜻은 벼루의 먹물이 고이는 오목하게 패인 곳을 말하나, 본문에서는 물을 담고 있는 연적의 안을 말하고 있는 것으로 보인다. 4구에서는 중의적(重義的) 표현이 두드러지고 있는 바, 벼루에 연적의 따라 먹물을 갈아서 글씨를 쓰는 것과 벗들과 더불어 학문을 갈고 닦는 것을 하나의 표현 속에 담고 있다. 곧 벼루에 먹을 가는 것과 학문을 갈고 닦는 이미지를 일자양의(一字兩義 ; 한 글자로 두 가지의 뜻을 표현하는 것)로 형상화 하고 있다. 학문은 혼자 하는 것이 아니라 벗들과 여럿이서 함께할 때 학문의 깊이와 넓이가 깊고 넓어지는 것, 그리고 서로가 격려하면서 갈고 닦을수록 학문에 대한 굳은 의지와 벗들의 관계도 더욱 돈독해진다는 것을 암시하고 있다.

이명원(李明遠)[1]에게 부친 집고시(集古詩)[2]

寄李明遠集古 / 丁未
기 이 명 원 집 고

/ 정미(丁未年, 1607년. 선조 40. 21세)

霜威比劇 雅履何如 願言之懷 聊集古句 此正所謂 難題却
상 위 비 극 아 리 하 여 원 언 지 회 료 집 고 구 차 정 소 위 난 제 각
憶古人詩者也 可供靜中之一笑.
억 고 인 시 자 야 가 공 정 중 지 일 소

서리의 위세가 극심한데 청아(淸雅)한 기체(氣體[3])는 어떻게 지내신지요? 간절히 그리워하는[4] 마음으로 애오라지 옛 시구를 모아보았습니다. 이는 바로 이른바 '어려운 시제(詩題)에는 도리어 고인(古人)의 시구를 떠올린다.'는 것이 될 것입니다. 조용한 가운데 한 번 웃어주시기 바랍니다.

李白騎鯨飛上天(馬子才)
이 백 기 경 비 상 천
一落人間知幾年(吳植)
일 락 인 간 지 기 년
自少軒輊非常儔(韓退之)
자 소 헌 지 비 상 주
皎如玉樹臨風前(杜子美)
교 여 옥 수 림 풍 전
多生綺語磨不盡(蘇子瞻)
다 생 기 어 마 불 진
頃刻靑紅浮海蜃(韓退之)
경 각 청 홍 부 해 신
風流肯落他人後(李太白)
풍 류 긍 락 타 인 후
平生流輩徒蠢蠢(杜子美)
평 생 류 배 도 준 준
向來妙處今遺恨(朱文公)
향 래 묘 처 금 유 한
閉戶讀書眞得計(陳去非)
폐 호 독 서 진 득 계
竹簡雲披詠聖涯(崔峒)
죽 간 운 피 영 성 애
誰掬靈芬占甲第(邵謁)
수 국 령 분 점 갑 제

春秋三傳束高閣(韓退之)
춘 추 삼 전 속 고 각
孝經一通看在手(杜子美)
효 경 일 통 간 재 수
黃卷青燈興味長(吳訢)
황 권 청 등 흥 미 장
人家不必論貧富(吳澄)
인 가 불 필 론 빈 부
念昔塵埃兩相逢(韓退之)
념 석 진 애 량 상 봉
於我見子眞顔色(杜子美)
어 아 견 자 진 안 색
斥鷃區區笑此生(鄭谷)
척 안 구 구 소 차 생
長松百尺不自覺(蘇子瞻)
장 송 백 척 불 자 각
人生會合不可常(杜子美)
인 생 회 합 불 가 상
感時撫事增惋傷(杜子美)
감 시 무 사 증 완 상
別來紅葉黃花秋(蘇子瞻)
별 래 홍 엽 황 화 추
吳雲楚水愁茫茫(李群玉)
오 운 초 수 수 망 망
此日登樓看北雁(羅朋)
차 일 등 루 간 북 안
離魂不散烟郊樹(李太白)
리 혼 불 산 연 교 수
數村殘照半山陰(許渾)
수 촌 잔 조 반 산 음
一聲長笛江天暮(李賈)
일 성 장 적 강 천 모
思君攜手安能得(韓退之)
사 군 휴 수 안 능 득
行樂十分無一分(高駢)
행 락 십 분 무 일 분
長風吹月渡海來(李太白)
장 풍 취 월 도 해 래
忽到窓前疑是君(盧仝)
홀 도 창 전 의 시 군

이백(李白)은 (신선이 되어)고래 타고 하늘을 날다가[5] - 마자재(馬子才)[6]

한 번 인간 세상에 떨어진지 몇 해나 되었는가? - 오식(吳植)[7]

어려서부터 우열(優劣)[8]이 있어 평범한 무리[9]는 아니었으니 - 한퇴지(韓退之)[10]

희고 밝은 옥수(玉樹)[11]가 바람 앞에 임하였네. - 두자미(杜子美)[12]

많은 고운 말씨는 많이 내시나 갈아도 닳지 않고[13] - 소자첨(蘇子瞻)[14]

잠시 동안 단장하니[15] 바다에 신기루[16]가 떠 있는듯하네. - 한퇴지(韓退之)

풍류인들 어찌 남에게 뒤지겠으며? - 이태백(李太白)[17]

평생 동안 무리들은 부질없이 법석되네.[18] - 두자미(杜子美)

지난날 기묘한 곳도 이제 한만 남았으니 - 주문공(朱文公)[19]

문을 닫고 글 읽는 것이 진실로 좋은 계책일세. - 진거비(陳去非)[20]

서책[21]을 구름 헤치듯 펼치고 성인의 생애를 읊조리나 - 최동(崔峒)[22]

누가 영분(靈芬)[23]을 캐내어 장원급제(壯元及第)를 점칠까? - 소알(邵謁)[24]

춘추삼전(春秋三傳)[25]을 높다란 누각에 매어두고 - 한퇴지(韓退之)

효경(孝經) 한 통은 손에 두고 보네. - 두자미(杜子美)

황권(黃卷)[26]을 청등(青燈)에 비춰 보니 흥미 더욱 왕성하여 - 오기(吳祈)[27]

인가(人家)의 빈부(貧富)를 논할 필요가 없다네. - (吳澄)[28]

옛날 티끌 진 세상에서 우리 서로 만난 일을 생각하니 - 한퇴지(韓退之)

내가 그대의 진면목을 보았구려. - 두자미(杜子美)

쇠박새[29]처럼 잘고 용렬하여 이승의 삶을 비웃었으니 - 정곡(鄭谷)[30]

백척장송(百尺長松)임을 자각하지 못한 것이라네. - 소자첨(蘇子瞻)

살아가면서 자주 만날 수 없는 것은 - 두자미(杜子美)

시세(時勢)에 감회를 느끼고 일에 맞닥뜨려[31] 더욱 한스러웠기 때문이었다오. - 두자미(杜子美)

단풍 들고 국화 피던 가을에 헤어졌는데 - 소자첨(蘇子瞻)

오나라와 초나라의 산수(山水)[32]인양 시름만 아득하네. - 이군옥(李群玉)[33]

이날 누각에 올라 북으로 가는 기러기를 보니 - 나명(羅明)[34]

떠나간 혼(魂)이 안개 낀 들녘[35]의 나무에서 흩어지지 않네. - 이태백(李太白)

두어 촌락에는 노을이 지고 산그늘 반쯤 드리웠는데 - 허혼(許渾)[36]
한 번의 긴 피리 소리에 강가 하늘이 저무네. - 이가(李賈)[37]
그대를 그리며 손을 맞잡을 날이 어찌 있으리오? - 한퇴지(韓退之)
즐겁게 놀았던 것은 십분의 일도 없었네. - 고병(高駢)[38]
장풍이 달을 불어 바다를 건너와 - 이태백(李太白)
문득 창 앞에 이르니 그대인가 의심해 보네. - 노동(盧仝)[39]

---

1) 李明遠(이명원) : 이름은 이수(李晬 ; 1569～1645), 명원은 자. 조선 중기의 문신. 임진왜란 때 국왕을 호종하고 1617년 이이첨(李爾瞻) 등의 죄를 극렬히 논하고 윤선도(尹善道)등을 변호하다가 순천에 유배됨.
2) 集古(집고) : 집고시(集古詩). 옛사람의 시에서 한 구씩 모아 엮어 의미가 통하게 만든 시.
3) 雅履(아리) : 청아(淸雅)한 기체(氣體). '리(履)'는 경어(敬語)로 '기거(起居)'의 뜻으로 편지에 많이 쓰임. '기체(氣體)'는 몸과 마음의 형편이라는 뜻으로 안부를 묻는 편지에서 쓰임.
4) 願言(원언) : 간절히 그리워하는 마음.
5) 騎鯨(기경) : 당(唐)나라 시인 이백이 술에 취하여 고래를 탔다가 바닷물에 빠져 죽었다는 전설. 뒤에 이백을 이르는 말로 쓰임. 기경객(騎鯨客). 기경리(騎鯨李).
6) 馬子才(마자재) : 마존(馬存). 송(宋)나라 요주(饒州) 낙평(樂平)사람. 자재는 자. 문집이 있음.
7) 吳植(오식) : 명(明)나라 엄주(嚴州) 사람. 자는 자립(子立).
8) 軒輊(헌지) : '헌(軒)'은 앞이 높고 뒤가 낮은 수레. '지(輊)'는 앞이 낮고 뒤가 낮은 수레. 전의되어 고저(高低)·경중(輕重)·우열(優劣)을 이르는 말로 쓰임.
9) 常儔(상주) : 평범한 무리.
10) 韓退之(한퇴지) : 한유(韓愈). 당(唐)나라 문장가. 시문에 일가를 이루고, 특히 사륙변려문을 반대하고 고문(古文)부흥을 주장하여 당송팔대가의 으뜸으로 꼽힘.
11) 玉樹(옥수) : 신선이 사는 곳에 있다는 나무. 타인의 훌륭한 자제를 이르는 말. 풍채가 고결함의 비유. 두보(杜甫)의 「음주팔선가(飮酒八仙歌)」에서 「최종지는 시원한 미남자라. 희고 밝은 풍채는 옥수가 바람 앞에 섰는 듯.(宗之瀟酒美少年 皎如玉樹臨風前)」라고 노래함.
12) 杜子美(두자미) : 두보(杜甫). 당(唐)나라 시성(詩聖). 자미(子美)는 자.
13) 磨不盡(마부진) : 마이불린 날이불치(磨而不磷涅而不緇). 매우 단단한 사물은 갈아도 닳지 않고 매우 흰 것은 물들여도 검게 되지 않음. 환경의 영향을 받지 않거나 시련을 이겨냄을 비유하는 말. 『論語, 陽貨』에 「不曰堅乎, 磨而不磷, 不曰白乎, 涅而不緇」.
14) 蘇子瞻(소자첨) : 소식(蘇軾). 자첨은 자. 호는 동파(東坡). 송(宋)나라 시인. 당송팔대가의 한 사람.
15) 靑紅(청홍) : 화장. 단장함을 이름.
16) 海蜃(해신) : 신기루. 항상 허무하고 아득한 사물을 비유.
17) 李太白(이태백) : 당(唐)나라 시인 이백(李白). 태백은 자.
18) 蠢蠢(준준) : 시끄럽게 법석대는 모양.
19) 朱文公(주문공) : 송(宋)나라 주희(朱熹). 문(文)은 시호.
20) 陳去非(진거비) : 진여의(陳與義). 송(宋)나라 낙양(洛陽) 사람. 거비(去非)는 자. 강서시파(江西詩派) 삼종(三宗)의 한 사람.

21) 竹簡(죽간) : 옛날 종이를 대신해 글씨를 쓰던 댓조각. 본문에서는 서책의 뜻.
22) 崔峒(최동) : 당(唐)나라 박릉(博陵) 사람. 시에 뛰어나 대력(大曆) 십재자(十才子)의 한 사람.
23) 靈芬(영분) : 향기로운 풀. 미덕(美德)을 비유.
24) 邵謁(소알) : 당(唐)나라 소주(韶州)사람. 경사(經史)에 통달하고 시에 뛰어남.
25) 春秋三傳(춘추삼전) : 춘추(春秋)를 주석한 책. 좌씨전(左氏傳) · 공양전(公羊傳)· 곡량전(穀梁傳)을 합친 것.
26) 黃卷(황권) : 책. 서적. 책이 좀 먹는 것을 막기 위해 종이를 황벽나무 잎으로 물들인 데서 나온 말.
27) 吳祈(오기) : 미상.
28) 吳澄(오징) : 원(元)나라 숭인(崇仁) 사람. 자는 유청(幼淸).
29) 斥鷃(척안) : 쇠박새. 작은 새의 일종. 척안소붕(斥鷃笑鵬 ; 메추리가 붕새를 비웃음)에서 유래한 표현.
30) 鄭谷(정곡) : 당(唐)나라 원주(袁州) 사람. 자고(鷓鴣 ; 메추라기)를 읊은 시가 유명하여 정자고(鄭鷓鴣)로도 불림.
31) 撫事(무사) : 일에 맞닥뜨림. 또는 눈앞의 정경에 느끼어 상념에 잠김.
32) 吳雲楚水(오운초수) : 초수오산(楚水吳山). 오 · 초(吳楚) 땅의 산수.
33) 李群玉(이군옥) : 당(唐)나라 풍주(澧州)사람. 천성이 호방하여 벼슬하기를 좋아하지 않고 많은 시를 남김.
34) 羅明(나명) : 명(明)나라 복건(福建) 사람. 새를 잡아서 공납하고 백금으로 진무상(眞武像)을 주조하라는 헌종(憲宗)의 명을 극력 간하여 거두게 함.
35) 烟郊(연교) : 달빛이 몽롱하게 깔린 교외의 넓은 들판. 또는 안개가 자욱한 교외의 넓은 들판.
36) 許渾(허혼) : 당(唐)나라 윤주(潤州) 사람. 율시(律詩)에 뛰어났으며, 현실 비판에 뜻을 둔 회고시를 많이 지음.
37) 李賈(이가) : 미상.
38) 高駢(고병) : 당(唐)나라 유주(幽州) 사람. 자는 천리(千里). 봉호는 발해군왕(渤海郡王).
39) 盧仝(노동) : 당(唐)나라 제원(濟源) 사람. 벼슬에 뜻을 두지 않고 소실산(少室山)에 숨어 살았다. 일찍이 월식시(月蝕詩)로 시정(時政)을 풍자하여 한유(韓愈)에게 칭찬을 받음.

【해설】

전문 형식은 32행의 7언 고시이며 집고시(集古詩)다. 고산의 나이 21세 때의 작품으로 중국 당·송 시대를 중심으로 한 유명한 문인들의 7언의 시구를 모아 엮은 집고시(集古詩)이다.

이 시를 써서 보낸 대상자인 이명원(李明遠 ; 1569~1645)은 단순한 시우(詩友)가 아니었다. 이 시를 써서 보낸(1607년) 9년 후인 1616년에 고산이 <병진소>를 올려 함경북도 경원으로 귀양살이를 가자, 이명원은 고산의 유배를 극렬 반대하다가 전라남도 순천으로 귀양살이를 간다. 고산 보다 18살이 연상이지만 고산과 이명원은 서로의 인품을 높이 평가하고 이미 지란지교(芝蘭之交)를 맺는 지우(知友)의 관계였음을 알 수 있다. 고산이 이명원에게 보낸 이 시는 서리가 위세를 떨치던 늦가을 초겨울에 쓴 것으로 보인다. 이 집고시에 등장하는 중국의 유명 시인들은 모두 19명의 7언 시 작품 중에서 32구를 뽑아 작가가 표현하고 싶은 내용에 맞게 재배열한 것이다. 가장 많이 선별 대상이 된 작가로는 두보(杜甫 ; 6구), 한유(韓愈 ; 5구)와 소식(蘇軾 ; 5구), 이백(李白 ; 4구)이다. 나라별로는 당(唐)나라 시인이 11명, 송(宋)나라 시인이 3명, 원(元나)나라가 1명, 명(明)나라가 1명, 밝히지 못한 작가 3명 등이다. 이들 중에는 시구의 구체적인 작가를 밝히기 어려운 작가도 있어(吳祈·李賈 등) 각주에서 밝히지 못한 것이 아쉽고, 앞으로 연구 과제로 남기기로 한다. 나아가 각각의 집고의 대상이 된 시구가 속한 작가별 작품별 원전을 밝히는 것도 연구 과제의 하나로 남긴다.

예로부터 우리나라 선비들은 한문 공부를 함에 있어 경사자집(經史子集 ; 經書와 史書, 諸子百家의 文集)을 읽고 읽어 정통하는 것을 기본으로 삼았으며, 아울러 시문(詩文)에도 또한 정통하는 것을 기본으로 하였다. 이 중에서 누가 더 많은 시인의 좋은 시문과 시구를 암송하느냐는 것은 시 창작의 전고(典故)가 됨은 물론이고 당사자의 박람강기(博覽强記)를 과시할 수 있는 기준이 되기도 하였다.

이러한 각고(刻苦)의 암기가 바탕이 되어 있어야 집고시는 비로소 지을 수 있는 것이다. 따라서 이러한 집고시(集古詩 ; 또는 集句詩)는 유명 시인들 시에 정통하지 않으면 엮어내기 어렵다. 또한 작가 표현하고자 하는 내용에 걸맞다고 하여 해당 시구만 집고하는 것이 아니라, 그 시구가 담긴 전체의 내용과 작가가 표현하고자 하는 내용이 걸맞아야 최고의 집고로 평가받을 수 있기 때문에, 이 작품으로 보아 고산의 독서력과 문장을 전개하는 솜씨가 예사롭지 않음을 느낄 수 있다.

7언 32행으로 이루어진 전문의 구성은 크게 7단락으로 나뉜다. 1~8행에서는 시우(詩友) 이명원의 인품 대한 예찬이다. 첫머리(1~4행)에서 벗 이명원을 이태백에 견주면서 어려서부터 빼어났으며 외모 또한 출중했다고 말하고 있으니, 서술 내용에 의거하면 선풍도골(仙風道骨)을 지닌 것을 알 수 있다. 이어 외모뿐만 아니라 그의 언변(言辯)과 풍류 또한 남에게 뒤지지 않아 감히 남들이 범접할 수 없었다고 말하고 있다(5~8행).

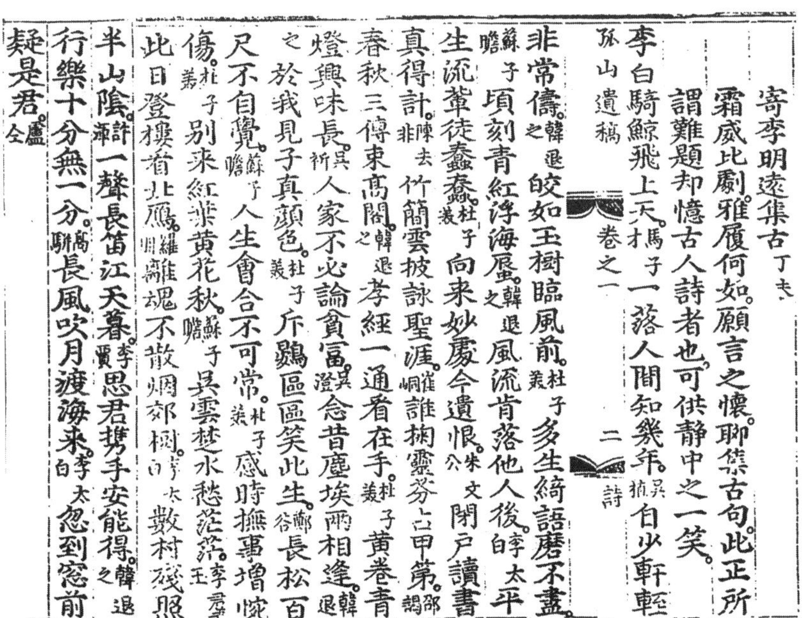
寄李明遠集古 丁未
霜威比劇雅履何如。願言之懷。聊集古句。此正所
謂難題抑憶古人詩者也。可供靜中之一笑。
李白騎鯨飛上天。馬子才 一落人間知幾年。吳摘 白少軒輊
孤山遺稿 卷之一 二 詩
非常儔。韓退之 皎如玉樹臨風前。杜子美 多生綺語磨不盡。
蘇子瞻 頃刻青紅浮海蜃。韓退之 風流肯落他人後。李太白 平
生流輩徒蠢蠢。杜子美 向來妙處今遺恨。朱文公 閉戶讀書
真得計。陳去非 竹簡雲披詠聖涯。崔峒 誰捫靈芬占甲第。鄧謂
春秋三傳束高閣。韓退之 孝經一通看在手。杜子美 黃卷青
燈興味長。吳祈 人家不必論貧富。吳澄 念昔塵埃兩相逢。韓退
之 於我見子真顏色。杜子美 斥鷃區區笑此生。鄭谷 長松百
尺不自覺。蘇子瞻 人生會合不可常。杜子美 感時撫事增惋
傷。杜子美 別來紅葉黃花秋。蘇子瞻 吳雲楚水愁茫茫。李群玉
此日登樓看北雁。羅鄰 離魂不散烟郊樹。李太白 數村殘照
半山陰。許渾 一聲長笛江天暮。李賈 思君攜手安能得。韓退之
行樂十分無一分。高駢 長風吹月渡海來。李太白 忽到窓前
疑是君。盧仝

둘째 단락(9~12행)에서는 아마도 이명원이 지금쯤 과시(科試 ; 科擧)에 열중하고 있을 것이라고 하면서 머잖아 장원급제를 기대할 수 있을 것이라고 한다. '지난날 기묘한 곳도 이제 한만 남았으니(9행)'라는 표현은 작가와 이명원이 주문공의 오묘한 학문의 세계에 대해 열띤 논쟁을 벌였으나, 채 끝을 맺지 못한 아쉬움을 말하고, 아쉬움을 남긴 채로 문을 닫고 글을 읽자고 한다. 그리하여 과거에서 장원급제하여 이름을 높이 드날릴 수 있는 날을 기다린다는 것이다.

셋째 단락(13~16행)에서는 작가의 근황을 벗에게 말하고 있으나, 이 속에는 은연 중 '이렇게 살아가자'는 내용도 암시되어 있다. 『춘추삼전』은 멀리하면서 『효경』만은 손에서 놓지 않고 있다는 것이다. 우선은 집안에서 효도만은 하고 싶다는 것이다. 그리고 요즈음은 책을 읽는 재미에 푹 빠져 있다고 한다. 그러니 생활을 함에 있어 '인가(人家)의 빈부(貧富)'는 논의할 것이 없다고 한다. 학문하는 선비에게 가난이란 당연한 것이라는 것이다(「貧者, 士之常也」).

넷째 단락(17~20행)에서는 지난날 이명원의 인물과 사람됨을 잘 알아보지 못한 것을 회상하는 내용이다. 홍진(紅塵 ; 번거롭고 속된 세상)에 묻혀서 작은 이끝[利]을 가지고 다투지는 않았더라도 속인(俗人)이 안목으로 잘못 판단한 것은 메추리가 홍곡(鴻鵠)을 비웃고 해바라기가 낙락장송을 몰라본 것처럼 어리석은 일이었다는 것이다.

다섯째 단락(21~29행)에서는 자주 만나지 못한 아쉬움과 언젠가는 만날 수 있기를 바라는 마음을 적고 있다. 서로 간에 시사(時事)와 무사(撫事)에 휩쓸려 살아가노라니 엊그제 헤어진 것이 단풍 드는 가을이었는데, 벌써 몇 해가 흘렀는가? 만나보지 못하는 마음은 시름만 가득하고, 오늘따라 유난히 벗이 그리워 누각에 올라 저무는 해와 날아가는 기러기를 보니 애틋한 마음이 더 가슴에 사무친다는 것이다. 마지막 단락(30~32행)에서는 다시 즐겁게 놀았던 지난날을 회상하니 너무 짧았고, 불어오는 바람 속에서 벗을 그리워하는 모습을 쓰면서 마무리 하고 있다.

차운(次韻)하여 장자호(張子浩)에게 답하다

次韻酬張子浩 / 同年
차 운 수 장 자 호

/ 같은 해(丁未年, 1607년. 선조 40. 21세)

昔我負笈遊京華
석 아 부 급 유 경 화

是時年纔過志學
시 시 년 재 과 지 학

蓬篳寥寥誰肯屈
봉 필 요 요 수 긍 굴

杕杜吟來還自責
체 두 음 래 환 자 책

白晳少年來叩門
백 석 소 년 래 고 문

驚喜塵埃有此客
경 희 진 애 유 차 객

與語乃知同里閈
여 어 내 지 동 리 한

膠漆交情俄頃密
교 칠 교 정 아 경 밀

友不如己在子損
우 불 여 기 재 자 손

得近朱藍於我益
득 근 주 람 어 아 익

明朝曳履到君家
명 조 예 리 도 군 가

短几殘編橫小榻
단 궤 잔 편 횡 소 탑

環堵蕭條席爲戶
환 도 소 조 석 위 호

誰知中有峩洋曲
수 지 중 유 아 양 곡

傍人莫笑衣似漆
방 인 막 소 의 사 칠

未害氷壺貯秋月
미 해 빙 호 저 추 월

霏霏瓊屑日之夕
비 비 경 설 일 지 석

樽酒論文歸意絶
준 주 론 문 귀 의 절

呼兒揭篋出佳什
호 아 게 협 출 가 집

紙上珠璣盈數軸
지 상 주 기 영 수 축

丹山逸鳳舞雲霄
단산일봉무운소

滄海群龍較頭角
창해군룡교두각

回溪垂翅竟何事
회계수시경하사

始信朝家網不窄
시신조가망불착

匡廬磨杵與我同
광려마저여아동

兩箇黃冠暎山色
량개황관영산색

吾伊聲雜石龕前
오이성잡석감전

布穀杜宇啼南北
포곡두우제남북

捲簾淸曉思浩然
권렴청효사호연

靜坐共論牛山木
정좌공론우산목

時登危峀爽襟懷
시등위수상금회

更向源泉觀不息
갱향원천관불식

一朝回步入塵籠
일조회보입진롱

聯袂重遊那可得
련메중유나가득

如今又作兩地分
여금우작량지분

別懷難堪長惻惻
별회난감장측측

北風其凉歲云暮
북풍기량세운모

遙望長安江水隔
요망장안강수격

春秋寺裏獨坐時
춘추사리독좌시

伐木丁丁山向夕
벌목정정산향석

夢中見之夢中別
몽중견지몽중별

了了容顏空在目
료료용안공재목

欲鼓氷硯訴相思
욕고빙연소상사

壁上靑燈乍明滅
벽상청등사명멸

離心何處正鬱陶
리 심 하 처 정 울 도
午夜禪窓霜月白
오 야 선 창 상 월 백
人間百事摠浮雲
인 간 백 사 총 부 운
共榻又負前年約
공 탑 우 부 전 년 약
西來黃耳掛詩筒
서 래 황 이 괘 시 통
三復少慰情懷惡
삼 부 소 위 정 회 악
山川豈能阻神交
산 천 기 능 조 신 교
肝膽曾將孤劒說
간 담 증 장 고 검 설
我有一言可贈君
아 유 일 언 가 증 군
須惜崢嶸頭上白
수 석 쟁 영 두 상 백
吁嗟寸草劇夭夭
우 차 촌 초 극 요 요
無限春暉難報答
무 한 춘 휘 난 보 답

옛날에 내 책 상자를 메고[1] 한양에서 유학한 것은
나이 겨우 열다섯[2]을 지났을 때였네.
가난하고[3] 쓸쓸한 집이니 누가 찾아오겠는가마는
체두편(杕杜篇)[4]을 읊다가 도리어 자책했네.
그런데 명석(明晳)[5]한 소년이 찾아와 문 두드리니
진세(塵世)에 이런 손님이 있나하고 놀라 기뻤네.
말을 나누다가 같은 동네임을 알고
친밀하게[6] 사귀는 정이 갑자기 깊어졌었지.
자기만 못한 사람을 벗으로 삼았으니 그대에게는 손해였으나
가까운 주람(朱藍)[7]을 얻었으니 내게는 이익이었네.
이튿날 신발을 끌고 그대의 집을 찾아갔더니
작은 궤안(几案)에 헤진 책[8]에 작은 걸상은 비껴 있었네.

담장 안은 쓸쓸하고 멍석으로 문을 가렸으나
누가 아양곡(峩洋曲)[9]이 있음을 알리오.
사람들아, 그의 옷이 검다고 웃지 마소
빙호(氷壺)에 가을 달을 담기에는 해될 것이 없었다오.[10]
옥가루 같은 눈이 부슬부슬 내리는 저녁에
동이 술을 나누며 글을 논했으니 돌아가려는 생각도 끊겼다오.
아이 불러 상자를 들어 아름다운 시편[11]을 꺼내는데
종이 위에는 주옥(珠玉)같은 시를 쓴 두루마리[12]가 가득하네.
단산(丹山)의 빼어난 봉황은 구름 하늘서 춤추는 듯하고
푸른 바다 뭇 용들이 두각(頭角)을 견주는 듯하였네.
회계(回溪) 땅에서 날개를 숙임[13]은 끝내 무슨 일인가?
비로소 조정의 (인재 등용의)그물이 성글음을 믿겠네.
여산(廬山)에서 나와 함께 학문을 갈고 닦으면[14]
두 개의 황관(黃冠)[15]에 산색이 비치리.
나와 그의 글 읽는 소리는 석감(石龕)[16] 앞에 퍼지고
뻐꾸기와 두견새는 남과 북에서 울어댔었네.
맑은 새벽 주렴 걷고 호연지기(浩然之氣)를 생각하며
고요히 앉아 함께 우산목(牛山木)[17]을 논하리.
때로 산 위에 오르니 가슴이 시원하고
다시 샘물을 바라보며 쉼 없이 흐름을 바라보았네.
하루아침에 발길을 돌려 진세(塵世)로 들어갔으니
소매를 나란히 하고 어찌 또 놀 수 있으리오.
만약 지금 다시 두 곳으로 나뉘게 된다면
이별의 슬픔 견디기 어려워 오래도록 슬프리라.
북풍이 몰아치니 한 해가 저무는데
멀리 장안엔 강물이 막혀있음을 보겠네.
춘추사(春秋寺)에 홀로 앉아 있노라니

쩌렁쩌렁 나무 베는 소리[18]에 산은 이미 저물어가네.
꿈속에 만나고 꿈속에 이별하니
또렷한 얼굴 모습 공연히 눈에 어리네.
언 연적 두드려 그리움 마음을 하소연하려 하니
벽 위 청등(靑燈)만이 문득 깜빡거리네.
이별한 마음 어디서나 답답한데
한밤중 선방(禪房)의 창에는 서리어린 달빛만 희구나.
인간세상 모든 일이 뜬구름 같은데
책상을 함께 하자던 예전의 약속 또 저버렸네.
서쪽에서 황이(黃耳)[19]가 시통(詩筒)[20]을 걸고 오니
몇 번 읽자 불안한 마음 다소 위안 되네.
산천은 어찌 정신적인 사귐마저 막는가?
일찍이 속마음이야 한 자루 칼을 두고 말했지.
나 그대에게 전할 만한 한 마디 말이 있으니
모름지기 가는 세월[21]과 머리 위 백발이 애석하다는 것이네.
아아! 부모님을 걱정하는 마음[22]은 아름답기만 한데[23]
부모의 은혜에 보답하기 어려워라.[24]

1) 負笈(부급) : 책 상자를 등에 짐. 독서량이 많음을 형용. 외지에 가서 공부함.
2) 志學(지학) : 학문에 뜻을 둠. 15세를 일컬음. 지학지년(志學之年).
3) 蓬蓽(봉필) : 쑥대나 싸리로 엮어 만든 문. 자기 집을 겸손하게 이르는 말.
4) 杕杜(체두) : 체두편(杕杜篇). 『시경(詩經)』 당풍(唐風)의 편명으로, 「한 그루 팥배나무 / 푸른 그 잎 우거졌네. / 외톨이는 외롭네 / 세상에 사람 없기야 없으랴만 / 동기 같은 이 다시 없음이여」라고 하며 형제 없는 고독을 노래함.
5) 白晳(백석) : 피부가 희고 깨끗함을 이르는 말.
6) 膠漆(교칠) : 아교와 옻칠. 사귀는 사이가 매우 친밀하여 서로 떨어질 수 없는 관계를 비유하는 말. 교칠교(膠漆交).
7) 朱藍(주람) : 주색(朱色)과 남색(藍色). 서로 다른 유파(流波)를 비유한 내용이나, 본문에서는 '주(朱)'는 「近朱者赤, 近墨者黑」, '남(藍)'은 「靑出於藍」의 뜻으로 벗의 영향을 받음을 의미.
8) 殘編(잔편) : 잔편단간(殘編斷簡). 일부분이 빠지거나 떨어져 나간 완전하지 못한 서적. 본문에서는 '위편삼절(韋編三絶 ; 가죽끈으로 묶은 책이 많이 보아서 세 편이나 떨어짐)'의 의미로 공부를 열심히 하고 있음을 의미.

9) 峩洋曲(아양곡) : 거문고의 곡조. 서로를 잘 알아주는 지기지우(知己之友)를 의미. 춘추시대 백아(伯牙)가 타고 그의 벗 종자기(鍾子期)가 들었다는 아양곡(峩洋曲)을 가리킨다. 백아가 거문고[琴]을 타면서 고산(高山)에 뜻을 두자 종자기가 「높고 높기가 마치 태산과 같도다.(峩峩兮若泰山)」라 하였고, 또 유수(流水)에 뜻을 두자 「넓고 넓기가 마치 강하와 같도다.(洋洋兮若江河)」라고 했다는 고사에서 유래.
10) 氷壺秋月(빙호추월) : 얼음 담은 옥호(玉壺)와 가을 달. 청렴결백한 마음 비유.
11) 佳什(가집) : 아름답게 잘 지은 시가(詩歌). 가집(嘉什).
12) 詩軸(시축) : 시를 쓴 두루마리.
13) 回溪垂翅(회계수시) : 회계(回溪) 땅에서 날개를 늘어뜨림. '수시(垂翅)'는 '수익(垂翼)'과 같은 뜻으로, 새가 날개를 늘어뜨림. 사람이 일시적으로 좌절을 겪고 침체해 있는 모습을 이름. 후한(後漢) 건무(建武) 3년에 풍이(馮異)와 적미(赤眉)가 회계에서 격전을 치룬 고사에서 이름.
14) 磨杵(마저) : 마저작침(磨杵作針). 오랫동안 정진하면 성공하게 됨을 비유하는 말. 이백(李白)이 젊어서 여산(廬山)에서 쇠공이를 갈아서 바늘을 만드는 노파를 보고 포기했던 학업을 끝마친 데서 유래함. 마저성침(磨杵成針).
15) 黃冠(황관) : 대껍질로 만든 관. 도사(道士)가 쓰는 관. 또는 도사.
16) 石龕(석감) : 돌로 만든 감실(龕室). 신상(神像)이나 신주(神主)를 봉안함.
17) 牛山木(우산목) : 우산(牛山)의 나무. 손상을 당한 훌륭한 물건을 비유하는 말. 『맹자(孟子)』「고자(告子)」에 「우산의 나무는 일찍이 아름다웠다. 대국(大國 ; 濟나라)의 교외에 있어 나뭇꾼들이 도끼와 자귀로 벌목을 하니 아름답다고 할 수 있겠는가?(牛山之木 嘗美矣 以其郊於大國也 斧斤伐之 可以爲美乎).」라고 함에서 유래.
18) 伐木丁丁(벌목정정) : '정정(丁丁)'은 도끼로 나무 찍는 소리 형용. 두보(杜甫)의 시 「제장씨은거(題張氏隱居)」에 「봄 산길을 벗 없이 홀로 찾아 가나니, 벌목소리 쩡쩡하다 산은 다시 고요해지네.(春山無伴獨相求, 伐木丁丁山更幽)」.
19) 黃耳(황이) : 진(晋)나라 육기(陸機)가 기르던 명견(名犬)의 이름. 육기의 고향 오도(吳都)와 낙양(洛陽)과의 사이를 오가면서 편지를 전했다고 함.
20) 詩筒(시통) : 시를 써서 넣은 죽통.
21) 崢嶸(쟁영) : 세월이 자꾸 쌓이는 모양.
22) 寸草(촌초) : 부모에 대한 자식의 보잘 것 없는 효심을 이르는 말.
23) 夭夭(요요) : 매우 아름답고 예쁜 모양.
24) 春暉(춘휘) : 촌초춘휘(寸草春暉). 한 치의 작은 풀은 봄볕의 큰 은혜에 보답하기 어려움. 곧 자신은 부모의 은혜를 1만분의 1도 갚지 못함을 비유.

【해설】

전문 56구의 7언 고시다. 차운하여 절친한 벗인 장자호(張子浩)에게 답한 이 시는 고산의 나이 21세 때 지은 회인시(懷人詩-사람을 생각하는 시)로, 열다섯 살 소년 시절에 만난 한 동네 친구인 장자호와의 우정과 그의 청렴결백한 성품 그리고 뛰어난 문장을 칭송하면서 이별 이후의 그리움을 주된 내용으로 다루고 있다.

56행에 달하는 장시인 전문의 내용은 크게 7단락으로 나뉜다. 첫째 단락 1~10행에서는 벗 장자호와 처음의 만남을 중심으로 쓰고 있다. 만날 당시의 당시 작가의 상황과 나이, 형편 등을 말하고, 장자호가 먼저 작가의 집을 방문했다는 내용이다. 그런데 첫 만남부터 작가는 장자호가 자기보다 훨씬 빼어난 범상한 사람이 아님을 알아본다.

둘째 단락 11~16행에서는 작가가 벗의 집을 방문한 내용과 소회를 쓰고 있다. 가난한 살림이지만 책을 손에서 놓지 않고, 넓고 깊은 학식과 맑고 청렴한 고상한 인품의 소유자라는 것을 강조하면서, 그러니 더욱 자신과는

次韻酬張子浩 同年
昔我貧笈遊京華。是時年纔過志學。蓬蓽寥寥誰肯屈。
扶杖吟來還自責。白晳少年來叩門。驚喜塵埃有此客。
與語乃知同里閈。膠漆交情俄頃密。友不如己在子損。
得近朱藍於我益。明朝曳履到君家。短几殘編橫小榻。
環堵蕭條席為戶。誰知中有義洋曲。傍人莫笑衣似漆。
未害氷壺貯秋月。霏霏璚屑日之夕。樽酒論文歸意絕。

孤山遺稿 卷之一 三 詩

呼兒揭篋出佳什。紙上珠璣盈數軸。丹山逸鳳舞雲霄。
滄海群龍較頭角。回溪垂翅竟何事。始信朝家網不窄。
迺廬磨杵與我同。兩箇黃冠暎山色。吾伊聲雜石龜前。
布穀杜宇啼南北。捲簾清曉思浩然。靜坐共論牛山木。
時登危峀發襟懷。更向源泉觀不息。一朝回步入塵籠。
聯袂重遊那可得。如今又作兩地分。別懷難堪長惻惻。
壯風其琮歲云暮。遙望長安江水隅。春秋(自註寺名)寺裏獨
坐時。伐木丁丁山向夕。夢中見之夢中別。了了容顏空
在目。欲敲氷硯訴相思。壁上青燈乍明滅。離心何處正
鬱陶。午夜禪窓霜月白。人間百事揔浮雲。共榻又負前
年約。西來黃耳掛詩筒。三復少慰情悽惻。山川豈能阻
神交。肝膽曾將孤劍說。我有一言可贈君。須惜崢嶸頭
上日。吁嗟寸草劇夭夭。無限春暉難報答。

옛 중국의 백아절현(伯牙絶絃)의 고사만큼이나 지기지우(知己之友)하는 사이가 되었음을 말하고 있다.

셋째 단락 17~24행에서는 구체적으로 사귄 이야기를 말하고 있다. 눈 내리는 저녁이면 동이 술을 마시며 글을 논하고, 아름다운 시편을 꺼내 보이니, 한 마리 봉황이 춤을 추는 것 같고 쌍용이 다투는 듯 하다고 하면서, 이런 인재가 아직까지 조정에 등용되지 못하고 있는가 하면서 안타까움을 말하고 있다.

넷째 단락 25~32행에서는 두 사람이 서로 의지하고 격려하면서 학문에 열중하고 있는 모습과 시간이 나면 함께 산천을 유람하면서 호연지기를 길렀던 모습을 그리고 있다. 포기하거나 좌절하지 않고 열심히 하다보면 언젠가는 뜻을 이룰 날이 있을 것이라는 것이다.

다섯째 단락 33~46행에서는 두 사람이 하루아침에 갑자기 헤어지게 된 것을 쓰고 있다. 호연지기를 기르던 벗이 진세(塵世)로 갔으니, 그 슬픔과 그리움을 감당하기 어렵다는 것이다. 작가 자신은 홀로 적막한 산사에 남아 있어 꿈속에도 그리워하면서 오매불망(寤寐不忘) 그리워하는 마음만이 가득하다는 것이다.

여섯째 단락 47~52행에서는 조용히 생각해보니, 인간만사가 모두 뜬 구름 같다고 하면서 회자정리(會者定離)의 평범한 진리 속에 벗과의 헤어짐을 수긍하여 받아들이고, 다만 서신을 주고받는 연락만은 끊기지 않았으니 마음과 정신의 사귐은 결코 변치 않을 것이라고 다짐하고 있다.

일곱째 마지막 단락 53~56행에서는 마지막으로 하고 싶은 말을 전하면서 끝내고 있다. 하고 싶은 말은 다름 아닌, 무상히 흘러가는 세월 속에 오직 하나 이루지 못한 것은 부모님의 은혜에 보답하지 못한 것이 안타깝다는 것이다. 여기서 작가가 생각하는 부모님의 은혜에 보답하는 길은 무엇일까. 과거에 장원급제하여 입신양명하는 것도 하나의 방법이리라. 작가는 구체적으로 밝히고 있지 않다. 다만 사대부가의 자제들이라면 응당 그랬을 것이다. 주 내용은 지기지우였던 절친한 벗을 그리는 마음이다.

한가로운 봄날에 지은 즉흥시

閒居春日卽事 / 回文. 戊申
한 거 춘 일 즉 사

/ 회문시(回文詩). 무신년(戊申年, 1608년. 선조 41. 22세)

隆隆樂境閑中是
융 융 락 경 한 중 시
擾擾塵區一似籠
요 요 진 구 일 사 롱
紅蘂艶花濃浥露
홍 예 염 화 농 읍 로
碧絲烟柳細搖風
벽 사 연 류 세 요 풍
東家酒伴詩催興
동 가 주 반 시 최 흥
北浦漁舡雨壓篷
북 포 어 강 우 압 봉
宮羽弄時悠意得
궁 우 롱 시 유 의 득
斷雲孤嶼杳歸鴻
단 운 고 서 묘 귀 홍

커다란 즐거움의 경지는 한가함 속에 있나니
시끄러운[1] 세상은 조롱(鳥籠)과 같구나.
고운 꽃의 붉은 꽃술은 이슬에 흠뻑 젖고
안개 속 푸른 실버들은 바람에 하늘거린다.
동쪽 집의 술친구는 시흥(詩興)[2]을 돋우고
북쪽 포구의 고깃배는 뜸을 덮어[3] 비를 막네.
궁우(宮羽)[4]을 즐기니 유원(悠遠)[5]함이 느껴지는 때
조각구름 떠 있는 외로운 섬으로 기러기는 아득히 돌아가네.

---

1) 擾擾(요요) : 어지러운(소란한) 모양.
2) 詩興(시흥) : 시를 짓고 싶은 마음. 또는 시에 대한 흥취.
3) 壓篷(압봉) : 뜸을 덮음. 배나 수레 등을 덮어서 비・바람・햇빛을 막는 것.
4) 宮羽(궁우) : 궁(宮)음과 우(羽)음. 본문에서는 가락이나 리듬. 또는 노래.
5) 悠遠(유원) : 마음이 탁 트임. 유쾌함.

【해설】

전문 형식은 7언 율시다. 고산의 나이 22세 때 한가로운 봄날 즉흥적으로 읊은 회문시다. 회문시는 이와 마찬가지로 내리읽거나 치읽거나 의미가 통하는 시다. 내용은 한적시(閑適詩-한가로움을 노래한 시)로, 15세 때 양부를 따라 안변에 갔을 때 쓴 동일 제명의 회문시 「한거춘일즉사(閑居春日卽事)」와 함께 내용도 유사한 작품이다.

전반부 1·2구에서는 봄날의 한가로움에서 느끼는 마음의 여유를 쓰고 있다. 사람들과 더불어 바쁘게 살아가는 일상 속에서는 자신이 얼마나 세속잡사에 얽매여 있는 줄을 못 느끼지만, 잠시라도 마음의 영일(寧日)을 갖는 여유 속에서 바라본 세상사는 새장[鳥籠] 속에 갇혀 지낸다는 사실을 깨닫게 한다. 3·4구에서는 여유가 있으니 평소에는 그냥 스쳐 지나쳤던 사물들이 색다른 모습으로 다가온다. 아름다운 줄 몰랐던 꽃들의 아름다움과 바람에 하늘거리는 실버들이 자신에게 무언가 말을 걸어오는 것 같다.

후반부 5·6구에서는 금상첨화(錦上添花)격으로 창수시(唱酬詩)를 주고받는 벗까지 있으니 더욱 안락하고 즐거운 나날이었음을 알 수 있다. 이와 같은 추측은 작가의 연보에 의하면 이 시를 짓는 2, 3년 동안 비교적 편안한 시간들을 보낸 것으로 보이기 때문이다. 7·8구에서는 그러한 편안한 마음을 음악과 기러기를 등장시켜 서경에 의탁하고 있다. 17세에 장가들고, 18, 19세에 연이어 향시와 승보시(陞補試)에 장원하고, 21살에 첫아들을 보는 등 마음에 여유와 한가로움을 느꼈던 것 같다. 이 시는 같은 해 얼마 후 4월에 양모(養母)의 상(喪)을 당하기 직전에 지은 것으로 여겨진다.

이 시를 회문시로 재배열하면 다음과 같다.

鴻歸杳嶼孤雲斷(홍귀묘서고운단) 기러기 돌아가는 아득한 섬에 외로운 구름도 끊기고

得意悠時弄羽宮(득의유시롱우궁) 뜻을 얻어 유유자적 할 때 노래를 흥얼거리네.

篷壓雨舡漁浦北(봉압우강어포북) 뜸을 덮은 비에 젖은 고깃배는 북쪽 포구에 있고

興催詩伴酒家東(흥최시반주가동) 흥을 재촉하는 시의 벗은 동쪽 술집에 있네.

風搖細柳烟絲碧(풍요세류연사벽) 바람은 가는 버들을 흔드니 안개 속 푸른 실가지요

露浥濃花艶蘂紅(노읍농화염예홍) 이슬 젖은 예쁜 꽃의 꽃술은 더욱 붉네.

籠似一區塵擾擾(농사일구진요요) 새장 같은 이 세상은 먼지만 날리는데

是中閑境樂隆隆(시중한경극융륭) 이러한 한가로운 경지에서 즐거움은 더욱 크네.

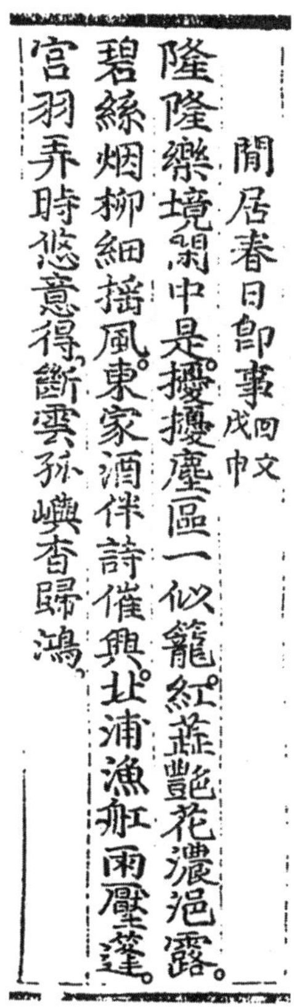
閒居春日卽事 回文 戊申
隆隆樂境閑中是擾擾塵區一似籠紅蕊艶花濃浥露
碧絲烟柳細搖風東家酒伴詩催興北浦漁舡雨壓蓬
宮羽弄時悠意得斷雲孫嶼杳歸鴻

이 회문시 역시 내용상 큰 차이는 없다. 다만 원작의 1·2구에 배치했던 주제구가 7·8구로 자리 바꿈을 했을 뿐이다. 이보다 먼저 지은 동일 제명의 시가 마음에 다소 불만족했던 것일지도 모른다. 한문(漢文)을 안고 누웠다가 한문을 안고 다시 일어나야 하는 선비들에게는 낮이나 밤이나 경사자집(經史子集)을 비롯한 한문과 한시 속에서 생활해야 한다. 조금은 지루한 일과 속에서 파한(破閑 ; 심심풀이)으로 했던 것이 회문시를 짓거나 파자시(破字詩 ; 한자를 깨뜨리고 나누어 수수께끼처럼 내용과 의미를 희학적으로 표현하는 시), 또는 집고시(集古詩)를 짓는 것이었을 것이다.

상사(上舍)[1] 문회보(文晦甫) 형에게 드리다. 형이 운자를 부르다

贈文上舍晦甫兄兄呼韻 / 二首 同年
증문상사회보형형호운

/ 2수, 같은 해(戊申年, 1608년. 선조 41. 22세)

[其一]

百歲如風燈
백세여풍등
泰山何日登
태산하일등
汨沒塵埃裏
골몰진애리
寬處見未曾
관처견미증
吾兄風骨高
오형풍골고
天外鳳騫騰
천외봉건등
下視世間事
하시세간사
心如結夏僧
심여결하승
蓬蒿企長松
봉호기장송
馬牛固難憑
마우고난빙
行止豈必天
행지기필천
於人公不能
어인공불능
曳輪歸故山
예륜귀고산
垂釣寒潭澄
수조한담징

한평생이 바람 앞 등불같이 위태로우니
태산(泰山)을 어느 날에나 오르리오.
티끌 같은 세상에 빠져 있으면
드넓은 곳을 일찍이 보지 못한다오.

우리 형은 풍채와 골격이 고상하여
하늘 밖 봉황처럼 날아오르셨네.
아래로 세상사를 굽어보시더라도
마음은 수도승(修道僧)[2] 같으소서.
쑥이 낙락장송(落落長松)이 되기를 바라지만
마우(馬牛)처럼 부족하니 참으로 기대하기 어렵다오.
행하고 멈춤이 어찌 하늘만의 뜻이리오
사람들에게 공정(公正)하기는 더욱 어렵다오.
(벼슬에 물러나거든)수레 끌고 고향으로 돌아가
차고 맑은 연못에 낚시나 드리우소서.

---

1) 上舍(상사) : 생원이나 진사.
2) 結夏僧(결하승) : 여름 결제(結制 ; 夏安居)에 들어가는 승려. 곧 스님들이 도를 이루겠다는 초심(初心)을 잃지 않는 결연한 의지와 다짐을 의미. 본문에서는 벼슬길에 나서는 문회보(文晦甫) 형님에게 관리로서의 마음 자세를 당부하는 내용.

【해설】

2수로 된 연시 중 제1수로 14구의 5언 고시다. 고산의 나이 22세 때 쓴 이 작품은 제목에 병기한 원주(原註 ; 兄呼韻)에 의하면, 문회보가 직접 운자를 불러 주고 작가에게 시 한 수를 부탁하여 지은 것으로 볼 수 있다. 그리고 문회보는 작가와 성균관 유생시절에 만난 고결한 인품의 소유자였는데, 작가보다 먼저 벼슬을 제수 받아 벼슬에 오른 것으로 여겨진다. 그래서 벼슬살이를 하면서 지녀야 할 마음 자세를 부탁받아 쓴 시로, 내용은 존경하는 문회보가 벼슬길에서 가져야 할 마음과 자세를 당부하는 내용이다.

전반부 1·2구에서 사람의 길지 않은 한평생도 풍전등화처럼 온갖 위태로운데, 하물며 앞으로 이제 시작하여 높은 자리에 오르기까지의 환해풍파(宦海風波 ; 벼슬길에서 겪어야 하는 험한 바람과 파도)는 얼마나 심하겠느냐 것이다. 3·4구에서는 벼슬에 오르기 전까지 아직 보지 못했던 드넓은 세상을 지위가 높아지면서 보게 될 것이라고 말한다. 5·6구에서는 이제 풍골이 고상하여 뜻을 이룬 봉황새처럼 높이 날아올랐다고 말하며, 풍채와 인품에 걸맞는 지위를 얻었다는 것을 찬양하고 있다.

후반부 7·8구에서는 높은 지위에 올라 세상을 내려다보는 위치에 있더라도 마음만은 수도승처럼 가져달라는 것이다. 사람은 누구나 처음 벼슬길에 올랐을 때는 백성을 사랑하고 임금에게 충성을 다하겠다는 높고 거룩한 뜻을 가지나, 그러한 초심과 결연한 의지도 현실의 명리(名利)에 눈이 어두워지면 망각할 수 있다는 것을 경계하고 있다. 9·10구에서는, 누구나 낮은 벼슬의 지위에 있으면서도 꿋꿋하게 역경과 시련을 이겨내는 사표(師表)가 될 인물[落落長松]이 되기를 바라는데, 그러기 위해서는 우마(牛馬) 같은 믿지 못할 사람들을 더욱 경계하라는 것이다.

11·12구에서는 벼슬길에서 나아가고 물러남을 잘하라는 것과 모든 사람들에게 공평하게 대해 공평무사(公平無私)해야 함을 강조하고 있다. 흔히 벼슬아치들이 자신의 욕심을 이겨내지 못하고, 나아가고 물러남을 소홀히 하였다가 불의를 저지르게 되면 '이것도 하늘의 뜻이다'라고 하면서 하늘

을 핑계 삼고 있는데, 다 부질없는 일이며, 아울러 가장 어려운 것은 공평하게 사람을 대하면서 사심(私心)을 경계하는 것은 더욱 어려운 일이라고 말하고 있다. 13 · 14구에서는 벼슬길을 무사히 마친 후에 고향으로 돌아가 연못에 낚시를 드리우면서 노후(老後)를 잘 마치기를 당부하고 바라는 마음을 쓰고 있다.

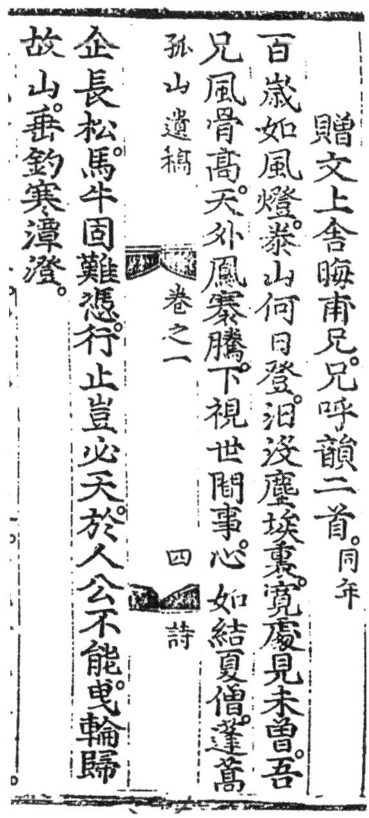
贈文上舍晦甫兄。兄呼韻二首。同年
百歲如風燈。黍山何日登。汨沒塵埃裏。寬處見未曾。吾
兄風骨高。天外鳳騫騰。下視世間事。心如結夏僧。蓬蒿
孤山遺稿 卷之一 四 詩
企長松。馬牛固難憑。行止豈必天。於人公不能。曳輪歸
故山。垂釣寒潭澄。

[其二]

與兄淸話共明燈
여 형 청 화 공 명 등
怳如九層臺上登
황 여 구 층 대 상 등
吾兄吾兄稷契(설)徒
오 형 오 형 직 도
比之管仲吾何曾
비 지 관 중 오 하 증
霖雨商家在幾日
림 우 적 가 재 기 일
龍蟠泥中雲未騰
용 반 니 중 운 미 등
英雄有時亦如此
영 웅 유 시 역 여 차
南去北來行脚僧
남 거 북 래 행 각 승
明朝世事兩茫茫
명 조 세 사 양 망 망
一枕蝴蝶知難憑
일 침 호 접 지 난 빙
高談傑句子可無
고 담 걸 구 자 가 무
看劒引盃吾亦能
간 검 인 배 오 역 능
紫陌風塵勿回首
자 맥 풍 진 물 회 수
白鷗萬里江波澄
백 구 만 리 강 파 징

형과 더불어 밝은 등불 아래 청담(淸談)을 나누니
황홀하기 마치 구층의 누대(樓臺)에 오른 듯하네.
나의 형 나의 형은 직설(稷契)[1]의 무리이거늘
내 어찌 거듭 관중(管仲)[2]에 견주리오.
흡족히 내리는 비[3]로 백성들의 집을 적셔줄 날은 그 언제런가
용이 진흙 속에 서려[4] 구름을 타지 못했네.
영웅도 또한 때가 있음이 이와 같으니
남북을 오가는 행각승(行脚僧)[5] 같구려.
내일 아침의 세상의 일이야 두 사람 다 아득하니

한 차례 꾸는 호접몽(胡蝶夢)[6]에는 의지하기 어려운 줄 알겠네.
고상한 말씀 훌륭한 싯구(詩句)[7] 그대에게도 없겠는가마는
칼을 보며 잔을 듦은[8] 나 역시 잘 한다오.
한양의 대로(大路)에[9] 날리는 먼지에 머리를 돌리지 마소
흰 갈매기 나는 만 리 길에 강물이 맑다오.

---

1) 稷契(직설) : 요순(堯舜) 때의 두 명신(名臣)인 직(稷)과 설(契). 직(稷)은 농업을 설(契)은 교육을 맡아 봄.
2) 管仲(관중) : 춘추시대 제(齊)나라의 현상(賢相). 포숙아(鮑叔牙)와의 우정으로 관포지교(管鮑之交)가 있음.
3) 霖雨(임우) : 장맛비. 본문에서는 '흡족한 비' 곧 선정(善政)을 의미.
4) 龍蟠(용반) : 용이 몸을 서림. 영웅이 뜻을 얻지 못하여 세상에 숨어 있음.
5) 行脚僧(행각승) : 불도 수행을 위해 정처 없이 돌아다니는 중.
6) 胡蝶(호접) : 호접지몽(胡蝶之夢). 장자(莊子)가 꿈에 나비가 되어 피아(彼我-그와 나)의 분별을 잊고 물아일체(物我一體)의 경지에서 즐겁게 놀았다는 고사(故事).
7) 高談傑句(고담걸구) : 고상한 이야기와 썩 잘 지은 시구(詩句).
8) 看劍引盃(간검인배) : 칼을 보면서 술을 마심. 때를 기다림의 의미.
9) 紫陌(자맥) : 서울의 도로. 한양 땅.

【해설】

전문 2수로 된 연시 중 제2수로 14구의 7언 고시다. 제1수와 운자는 같으나 제1수가 형 문회보의 부탁에 의해 벼슬자리에서의 경계해야 내용을 시로 표현한 것이라면, 제2수는 제1수와 같은 운자를 쓰되 평소 존경하는 형 문회보와 하룻밤을 같이 지내며, 더더구나 운자를 불러주고 시까지 지어달라는 부탁을 받았으니, 지란지교(芝蘭之交)의 분위기 속에 아름다운 사귐에 대한 감회를 쓴 시다.

전반부 1·2구에서는 호형호제(呼兄呼弟)하는 형과 하룻밤을 지내니 등불도 더욱 밝게 빛나, 황홀한 기분이 마치 9층 누대에 오른 듯 하다고 하면서 즐거운 마음을 쓰고 있다. 3·4구에서는 앞선 제1수에서 신화적 인물의 명재상 직(稷)이나 설(契)감에 해당하는 형을 한 등급 아래 인물인 관중(管仲)에 비교한 것이 못내 마땅치 않았다는 소회를 쓰고 있다. 5·6구에서는 그러한 형이 벼슬에 올라갔을 때의 선정(善政)에 대한 기대를 '흡족한[霖雨 ; 장맛비]'에 견주어 도탄에 빠진 백성들을 구제해 주기를 바란다고 하면서, '용이 여의주를 물고 승천'하기에는 아직 때가 이르지 못했기 때문이라고 한다.

후반부 7·8구에서는 아직 때를 만나지 못한 형 문회보를 '행각승(行脚僧)'같다고 비유한다. 이 내용은 형 문회보가 지방 하급 관리로 여기저기 임지(臨地)를 떠도는 모습을 형용한 것이다. 9·10구에서는 두 사람이 마주하여 세상사 이야기를 나누는 오늘 밤의 아름다운 사귐과 다짐도 날이 밝은 내일이면 다 호접몽에 해당하는 공허(空虛)한 것인 줄은 알겠다는 것이다. 그리고 11·12구에서는 형이라고 해서 오늘밤과 같은 좋은 밤에 어찌 작가에게만 시 한 수를 지어달라고 부탁하고, 자신은 시 한 수도 짓지 않은 것은 묵묵히 때를 기다리는 마음이기 때문일 것이라고 하면서, 자신도 때를 기다리는 것은 잘 할 수 있다고 말한다. 곧 자신도 머잖아 문회보 형처럼 관직에 나갈 날을 기다리고 있노라는 것이다. 13·14구에서는 마지막으로 형에게 부탁하는 말로 끝맺고 있는데, 한양 대로를 활보하면서 세상잡사와 속인들의 명리(名利)를 다투며 이전투구(泥田鬪狗)하는 것들에 대해서는 관여하지 말고 마음은 흰 갈매기 나는 맑은 강물처럼 가져달라는 것이다. 선비가 벼슬을 하면 양반이 되지만, 여의치 않으면 언제든지 헌 신짝처럼 내던져 버리고 맑은 강가에서 낚싯대를 드리우는 청렴결백한 선비로 돌아가자는 것이다. 주 내용은 지란지교하며 우의(友誼)를 나누는 심회이다.

與兄清話共明燈。怳如九層臺上登。吾兄吾兄稷契徒。
比之管仲吾何曾。霖雨商家在幾日。龍蟠泥中雲未騰。
英雄有時亦如此。南去北來行脚僧。明朝世事兩茫茫。
一枕蝴蝶知難憑。高談傑句子可無。看劍引盃吾亦能。
紫陌風塵勿回首。白鷗萬里江波澄。

양수재(梁秀才)에게 주다. 남이 운자를 불러줌

贈梁秀才呼韻 / 同年
증 양 수 재 호 운

/ 같은 해(戊申年, 1608년. 선조 41. 22세)

梁家秀才曰子浩
양 가 수 재 왈 자 호
被體以褐懷寶玉
피 체 이 갈 회 보 옥
長松落落立遠峯
장 송 락 락 립 원 봉
上有孤鶴下琥珀
상 유 고 학 하 호 박
龍鍾於世悔有耳
용 종 어 세 회 유 이
今日幸聽峩洋曲
금 일 행 청 아 양 곡
憑君莫謂久無事
빙 군 막 위 구 무 사
良弼不曾棄聖辟
량 필 불 증 기 성 벽

양씨 가문의 수재(秀才)를 자호(子浩)라고 불렀는데
베옷을 입었지만 보옥(寶玉)을 품었다네.
낙락장송(落落長松)처럼 먼 봉우리에 서 있으니
위에는 외로운 학이 있고 아래로는 호박(琥珀)이 있다네.
실의(失意)[1] 하여 회한(悔恨)이 있을 뿐이더니
오늘 다행히 아양곡(峩洋曲)[2]을 들었다오.
청컨대 그대는 오랫동안 일 없다고 말하지 마오
어진 신하[3]는 성군(聖君)[4]에게 버려진 적이 없다오.

---

1) 龍鍾(용종) : 실의(失意)한 모양. 영락한 모양.
2) 峩洋曲(아양곡) : 춘추시대 거문고의 명인 백아(伯牙)가 연주를 하였다는 곡명. 그의 벗 종자기(鍾子期)만이 알아들었으므로, 지음(知音) 곧 마음이 서로 통하는 벗의 뜻으로 쓰임. 백아절현(伯牙絶絃)의 고사가 있음.
3) 良弼(양필) : 양좌(良佐). 어질고 재능이 있는 보좌나 신하.
4) 聖辟(성벽) : 성군(聖君). 성후(聖后).

【해설】

진문 8구의 7인 율시다. 다른 사람이 운자(韻字)를 부르자 양자호의 미덕(美德)을 찬양하여 양수재에게 준 칭양시(稱揚詩)로 고산의 나이 22세 때 지은 작품이다. 전반부 1·2구에서 양씨 가문의 수재로 양자호라는 사람을 소개한다. 이름은 자호(子浩)라고 부르는데, 비록 벼슬은 하지 못했지만[體褐 ; 베옷을 입음], 보옥같은 듯 높은 이상과 고결한 품성을 간직한 인물이라고 한다. 3·4구에서는 양자호의 풍채를 먼 산봉우리에 서 있는 낙락장송에 비유한다. 낙락장송은 위에 학(鶴)이 날고 그 뿌리에는 호박(琥珀)이란 보물이 있다고 칭송한다. 2구에서의 보옥이 4구에서 호박으로 구체화되면서 양자호가 아름다운 품성을 지닌 인물이라고 극찬한다.

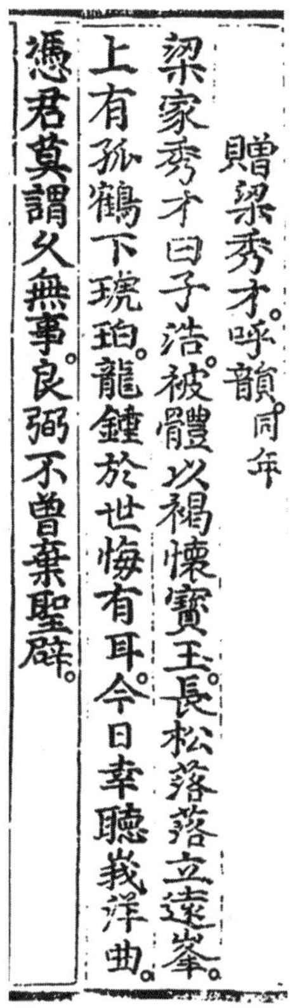

贈梁秀才。呼韻 同年

梁家秀才曰子浩。被體以褐懷寶玉。長松落落立遠峯。

上有孤鶴下琥珀。龍鍾於世悔有耳。今日幸聽峩洋曲。

憑君莫謂久無事。良弼不曾棄聖辟。

후반부 5·6구에서 용종(龍鐘 ; 실의한 사람, 세상에 쓰이지 못한 사람)하여 회한(悔恨)을 품고 있는 사람은 앞서 말한 양자호가 아닌 작가 자신이다. 그런 가운데 작가와 같은 처지에 있는 양자호와 동병상련(同病相憐)을 느끼며, 아양곡(峩洋曲)을 연주하고 이것을 알아들은 백아(伯牙)와 종자기(鍾子期)의 관계에다 비유한 것이다. 이른바 지음(知音)이고 지기지우(知己之友)다. 7·8구에서는, 그렇게 서로 처지가 비슷하니, 작가에게 '오랫동안 일이 없다' 곧 '벼슬 하나도 하지 못하는 사람'이라고 핀잔주지 말라는 것이다. 왜냐하면 어진 신하는 임금의 부름이 없어 벼슬을 하지 못한다거나 벼슬이 낮다고 하여 임금을 저버리지 않는 법이기 때문이라고 한다. 주 내용은 지기(知己)를 만난 소회(所懷)이다.

저물어 광진촌(廣津村)[1]에 투숙하여 우연히 읊다

暮投廣津村偶吟 / 경술년(庚戌年, 1611년. 광해군 3. 24세)
모 투 광 진 촌 우 음

淨洗蘿葍菜
정 세 라 복 채
爛煮土蓮羹
란 자 토 연 갱
猶言無饌物
유 언 무 찬 물
深感主人情
심 감 주 인 정

무[2]와 채소를 깨끗이 씻고
토란[3]국도 잘 끓였네.
외려 찬 없다고 말을 하니
주인의 정에 깊이 감사한다오.

---

1) 廣津村(광진촌) : 경기도 광주에 있던 촌락.
2) 蘿葍(나복) : 나복(蘿蔔). 무.
3) 土蓮(토련) : 토란(土卵).

【해설】

형식은 5언 절구다. 고산 나이 24세 때 지은 것으로, 길을 가다가 날이 저물자 광진촌(廣津村)에서 유숙(留宿)하며, 저녁 식사를 대접받은 소감을 쓴 것으로, 농촌의 소박한 인심과 주인의 따뜻한 정을 그린 한정시(閑情詩)이다. 전반부 1 · 2구에서의 표현은 내용만큼이나 깔끔하고 담백하다. 무와 야채를 깨끗이 씻어 내고 토란국을 맛깔스럽게 잘 끓여 내왔다는 것이다. 길을 가다가 해가 저물어 하룻밤 유숙을 청한 나그네에게 주저 없이 빈 방을 내주고, 또 저녁밥을 못 먹었을 것이라고 생각하고 소박하지만 정갈하게 차려 내놓은 시골 밥상을 눈앞에 그리기는 어렵지 않다. 특별히 맛이 좋았다거나 시장이 반찬이어서 맛있게 먹었다는 등 미사여구를 쓸 필요가 없다.

후반부 3 · 4구에서도 특별한 다른 말은 없다. 다만 밥상을 들여놓으며 하는 주인장의 말 한마디가 전부다. '별찬은 없으나 맛있게 드십시오.'하는 주인장의 겸손한 한 마디의 말이 눈앞의 밥상을 진수성찬보다 더 빛나게 한다. 그러니 호롱불 앞에 밥상을 받아든 나그네는 먼 길을 걸어온 하루의 피로가 싹 가실 수밖에 없고 그저 시골 촌부의 순박하고 따뜻한 인심에 감동할 수밖에 없었을 것이다. 더 이상 무슨 말이 필요할 것인가.

"주인장 계시오?"

"아니, 어둔 밤에 누추한 곳을 찾아오시니 어인 일이십니까?"

"길을 가다가 하룻밤 신세를 질 수 있을까요?"

"시골이라 방이 허름합니다만 어서 안으로 드시지요. 아직 저녁도 못 드셨겠네요. 반찬은 없습니다만 곧 안사람에게 저녁 밥상을 올리게 하겠습니다."

"감사합니다. 이렇게 불쑥 찾아들어 신세를 지게 되었습니다."

얼마 오래지 않은 지난날에 우리네 백성들이 살았던 모습이다.

暮投廣津村偶吟 庚戌

淨洗蘿蔔菜。爛煮土蓮羹。猶言無饌物。深感主人情。

하랑(河娘)을 위한 만사(挽詞) - 2수

挽河娘二首 / 代製, 辛亥
만 하 낭 이 수

/ 대신 지음, 신해년(辛亥年, 광해군 3. 1611년. 25세)

[其一]

早歲入高門
조 세 입 고 문
終身戀主恩
종 신 연 주 은
肥甘有四子
비 감 유 사 자
歡笑足諸孫
환 소 족 제 손
壽考天斯報
수 고 천 사 보
幽貞世永言
유 정 세 영 언
貧居何用恨
빈 거 하 용 한
此可詑鄕村
차 가 이 향 촌

어린 나이에 훌륭한 가문으로 시집와서
일평생 가장(家長)의 은혜를 사모했네.
네 아들이 있어 맛있는 음식으로 키우고
많은 손자들과 웃고 살았네.
장수(長壽)한[1] 것은 하늘의 보답이요
고결한 절조(節操)[2]는 세상에서 길이 말하리.
가난하게 살았더라도 어찌 한탄하였겠는가?
이만한 모습이면 시골에서 자랑할 만한 것이리라.

1) 壽考(수고) : 장수(長壽)함.
2) 幽貞(유정) : 고결하고 굳은 절조(節操).

【해설】

형식은 2수로 된 연시 중 제1수로 5언 율시다. 연보에 의하면 무신년(戊申年, 1608년. 22세) 4월에는 양모(養母) 구씨(具氏)가 54세를 일기로 돌아가시고, 다음 해인 기유년(己酉年, 1609년. 23세)에는 생모인 순흥(順興) 안씨(安氏)가 돌아가신다. 일년을 사이에 두고 두 어머님이 모두 별세하는 슬픔과 거상(居喪) 등으로 2년여 동안의 시작(詩作)은 거의 하지 못한 것으로 보인다. 본 작품은 두 어머니의 거상을 마친 후 다시 친조모 하씨(河氏) 할머니의 부음(訃音)을 듣고 지은 연시 두수 중 첫 번째 작품으로 죽음을 애도한 만가(挽歌)이다.

해남 윤씨 가문의 족보에 의하면 하씨 할머니는 남편 윤의중(1524～1590)에게 어린 나이에 시집와서 자식을 낳지는 못한 것으로 보인다. 그러나 남편의 사랑은 변함이 없었고, 윤의중의 두 번째 부인인 임씨에게서 낳은 세 아들과 또 다른 자식이 하나 있었다. 전반부 1～4행에서는 이러한 가운데서도 하씨 할머니가 부덕(婦德)이 지극하여 비록 후처 소생이기는 하나 네 아들들을 잘 길러냈음을 구체적으로 그리고 있다.

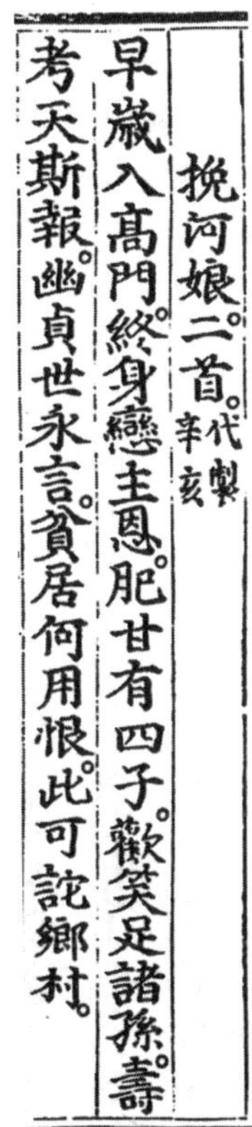
挽河娘二首。代製 辛亥
早歲入高門。終身戀主恩。肥甘有四子。歡笑足諸孫。壽考天斯報。幽貞世永言。貧居何用恨。此可詫鄉村。

후반부 5～8행에서는 하씨 할머니가 장수하였으며 여자로서 품행에 조금도 흐트러짐이 없었으니, 설령 집안이 가난하였다손 치더라도 꿋꿋하게 가난을 원망하거나 한탄하지 않고 살림을 잘 꾸려갔다고 한다. 이러한 하씨 할머니의 절행(節行)과 덕행(德行)은 향촌에서는 보기 드문 것이어서 길이길이 입에 오르내리며 칭송될 것이라고 한다. 비록 자식을 낳지는 못했으나 변함없는 부녀자의 도리를 목격한 작가에게는 여러 가지 면에서 교훈적 의미를 지닌 사람이었음을 알 수 있다.

[其二]

大娘先夫子
대 낭 선 부 자
余之從祖父
여 지 종 조 부
余於大娘事
여 어 대 낭 사
所識非其粗
소 식 비 기 조
來墍自小少
래 기 자 소 소
律身視規矩
율 신 시 규 구
惟知敬巾櫛
유 지 경 건 즐
不學歌金縷
불 학 가 금 루
中年失所天
중 년 실 소 천
沒齒良自苦
몰 치 량 자 고
粧鏡網蟲老
장 경 망 충 로
故衣啼痕腐
고 의 제 흔 부
劬勞長兒女
구 로 장 아 녀
黽勉事織組
민 면 사 직 조
福善豈徒言
복 선 기 도 언
享年終罕仵
향 년 종 한 오
賦命固難備
부 명 고 난 비
何須恨貧窶
하 수 한 빈 구
有子至七人
유 자 지 칠 인
諸孫且十數
제 손 차 십 수
顧我亦何悲
고 아 역 하 비
老漏垂阿堵
노 루 수 아 도
古人盡凋謝
고 인 진 조 사

無與語及古
무 여 어 급 고

할머니[1]의 돌아가신 남편[2]은
나의 종조부(從祖父)[3]이시다.
나는 할머니의 일을
알고 있는 바가 적지 않다네.
어렸을 때 가난한 집에 시집 와서[4]
몸가짐을 법도[5]에 맞게 하였네.
오직 삼가며 용모[6]를 단정히 할 줄 알았고
노래나 사치하는 것[7]은 배우지 않았네.
중년에 남편[8]을 잃고
한평생[9] 실로 고생을 겪었으니
화장대엔 거미[10]가 늙어가고
옛 옷은 눈물 자국에 썩어갔네.
지치도록 일하여[11] 자식들을 기르고
부지런히[12] 길쌈도 했나니
착한 자가 복을 받는다는 말이 어찌 빈 말이랴?
보기 드문[13] 장수를 누렸다네.
장수(長壽)[14]는 누렸으나 본디 다 갖추기 어려우니
어찌 가난을 한탄하였겠는가?
자식이 있어 일곱 명에 이르고
손자 또한 십 수 명이라.
생각해 봄에 내 또한 무엇을 슬퍼하겠는가?
늙은이의 눈물이 눈[15]에 드리웠네.
옛 사람들이야 모두 늙어 죽었으니[16]
더불어 옛 일 말하기 어렵구려.

1) 大娘(대랑) : 남의 부인을 높여 부르는 말.
2) 先夫子(선부자) : 죽은 남편.
3) 從祖父(종조부) : 할아버지의 형이나 아우. 본문에서는 생가 조부인 이견당(理遣堂) 윤의중(尹毅中).
4) 來墍(내기) : 흙으로 지은 집에 옴. 곧 가난한 집으로 시집옴. '기(墍)'는 풀로 이엉을 얹고 흙으로 벽을 바름.
5) 律身規矩(율신규구) : 율기(律己). 몸가짐을 법도에 맞게 함. '규구(規矩)'는 법. 본보기. 규범.
6) 巾櫛(건즐) : 수건과 빗. 세수하고 머리 빗는다는 뜻으로 용모를 단정히 함.
7) 金縷(금루) : 금으로 짠 실이라는 뜻으로, 사치함을 말함.
8) 所天(소천) : 하늘 같이 여기며 의지하는 사람을 이르는 말로 임금·아버지·남편 등을 이름. 본문에서는 남편의 뜻.
9) 沒齒(몰치) : 한평생. 생애(生涯). 몰세(沒世). 종신(終身).
10) 網虫(망충) : 망충(網蟲). 거미.
11) 劬勞(구로) : 힘들게 일하여 피곤함. 일에 지침.
12) 黽勉(민면) : 부지런히 힘씀.
13) 罕伍(한오) : 짝할 만한 사람이 드묾.
14) 賦命(부명) : 생명을 부여함. 하늘이 부여한 생명.
15) 阿堵(아도) : 아도(阿睹). 눈동자.
16) 凋謝(조사) : 초목이 시들어 떨어짐. 조령(凋零).

【해설】

형식은 2수로 된 연시 중 제2수로 진문 24구의 5언 고시다. 고산의 증조부[尹衢 ; 1492∼1549]에게는 아들이 셋인데, 홍중 · 의중 · 공중이 그들이다. 고산의 친조부 윤의중은 아들이 셋으로 유심 · 유기 · 유순이 있다. 고산의 양부(養父)인 윤유기가 양자로 입적하여 해남 윤씨의 가통을 잇고, 윤유심의 둘째 아들 윤선도가 다시 양자로 입적하여 대를 이었으니, 윤의중은 고산의 친조부이지만 족보상으로는 종조부가 된 것이다. 따라서 대랑[大娘 ; 하씨 할머니]은 친조모이지만 종조모라 부른 것이다.

족보에 의하면 하씨 할머니(1611년 4월 5일 사망)의 남편은 이견당(理遣堂) 윤의중(尹毅中 ; 1524∼1590)으로 벼슬이 형조 · 공조 · 예조판서 · 지중추부사(知中樞府事) 등을 역임한 명문거족이다. 증조부인 윤의중에게는 두 부인이 있으니 첫째 부인이 하씨로 슬하에 자식이 없었고, 둘째 부인인 임씨에게 유심 · 유기 · 유순의 세 아들이 있었다.

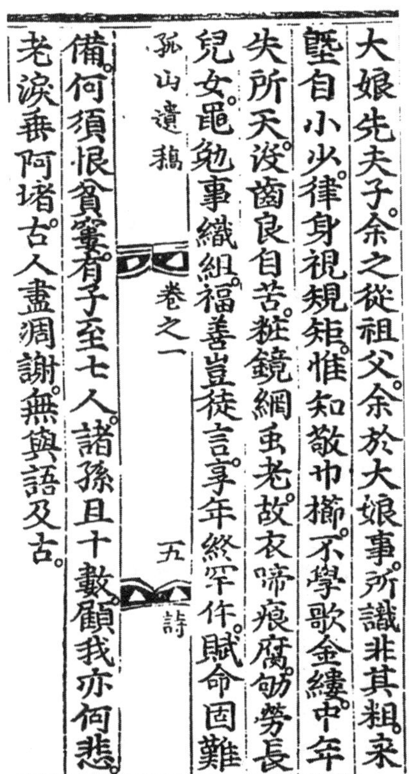
大娘先夫子。余之從祖父。余於大娘事。所識非其粗。來塈自小少。律身視規矩。惟知敬巾櫛。不學歌金縷。中年失所天。沒齒良自苦。粧鏡網蛛老。故衣啼痕腐。劬勞長兒女。黽勉事織組。福善豈徒言。享年終罕仵。賦命固難備。何須恨貧窶。有子至七人。諸孫且十數。顧我亦何悲。老淚垂阿堵。古人盡凋謝。無與語及古。

孤山遺稿 卷之一 五 詩

제1수에 이어 본문에서는 보다 구체적으로 하씨 할머니의 일대기를 시의 형식을 빌려 요약적으로 서술하고 있다.

전반부 1∼4구에서는 작가와 하씨 할머니와의 관계를 자세하게 쓰면서, 누구보다도 하씨 할머니의 행적을 잘 알고 있다고 한다. 5∼8구에서는 시집 온 직후부터 젊은 시절의 이야기를 쓰고 있는데, 하씨 할머니가 예의범절과 부덕을 지닌 요조숙녀임을 말하면서, 늘 용모를 단정히 하고 사치하지 않은 검소한 사람이었다고 한다. 9~12구에서는 중년의 하씨 할머니의 생활을 쓰고 있는데, 무엇보다도 남편이 먼저 죽었다는 것과, 남편이 죽은 후 가정을 꾸려 가기 위해 힘들게 고생하는 모습으로 화장 거울에는 거미가 집을 지어 늙어갔다는 것은 곧 화장을 하지 않았다는 것이며, 시집오면서 입었던 고운 옷들도 눈물 자국에 낡아갔다고 말하고 있다.

후반부 13~16구에서는 홀로 길쌈을 하는 등 자식들을 반듯하게 키워가는 과부로서 힘든 생활을 하였으니, 하늘이 무심하지 않아 수복(壽福)은 받아 장수했다는 것을 말하고 있다. 17~20구에서는 무릇 사람이 누릴 수 있는 최고의 복을 오복(五福)이라 했으니, 오복을 다 누린 사람은 없다고 하면서, 가난하고 자식은 많았으니, 숫자로 말하면 아들이 일곱이고 손자는 십여 명이 넘었다고 한다. 21~24구에서는 마지막으로 작가가 슬퍼하는 이유를 쓰고 있는데, 무엇보다도 그런 하씨 할머니의 고생스러웠으나 아름다운 살아온 이야기를 함께 나눌 사람들이 모두 죽어가고 없다는 것이다. 그만큼 하씨 할머니가 장수했다는 것이며, 할머니의 삶이 잊혀져 가는 것이 안타깝다는 것이다. 주 내용은 하씨 할머니의 고생스러웠으나 아름다운 삶과 죽음에 대한 애도이다.

장수재(張秀才)에게 주다. 장(張)이 운자를 부르자 빠르게 쓰다

贈張秀才張也呼韻走筆
증 장 수 재 장 야 호 운 주 필

夜坐畵爐灰
야 좌 화 로 회

吟詩子忘回
음 시 자 망 회

莫爲魚藏珠
막 위 어 장 주

莫爲兒廢雷
막 위 아 폐 뢰

靑天改容待
청 천 개 용 대

明月入簾催
명 월 입 렴 최

落鴉俄滿紙
락 아 아 만 지

碧海長鯨摧
벽 해 장 경 최

耽看忘酒味
탐 간 망 주 미

侍兒苦暖盃
시 아 고 난 배

詞林秉筆輩
사 림 병 필 배

擾擾堪一哀
요 요 감 일 애

龍門百斛鼎
용 문 백 곡 정

復見一手擡
부 견 일 수 대

天然荷出水
천 연 하 출 수

不似柳爲桮
불 사 류 위 배

見子見子詩
견 자 견 자 시

胸中雲霧開
흉 중 운 무 개

我素悅奇貨
아 소 열 기 화

木瓜博瓊瑰
목 과 박 경 괴

밤 화롯가에 앉아 재에 그림을 그리며
시를 읊는 그대는 돌아가는 것도 잊었구려.
물고기의 뱃속에 숨겨진 진주도 되지 말고
아이 놀라게 하는 쓸데없는 우레도 되지 말게나.
좋은 세상[1]은 감동하여[2] 기다리고
밝은 달도 과장(科場)에 들기[3]를 재촉하네.
아름다운 글씨[4]는 잠깐 사이에 지면에 가득하니
힘 있는 필체는 푸른 바다에 큰 고래가 솟구치는 것 같네.
즐겁게 바라보노라 술맛을 잊으니
시동(侍童)은 술잔을 데우느라 애쓰네.
사림(詞林)[5]의 붓을 잡은 무리들이여
소란을 떨며[6] 온통 문장을 다듬어야[7]만 하리.
용문(龍門)의 백 곡(斛)을 담는 큰 솥[8]을
한 손으로 치켜듦을 다시 보는 듯하고,
자연스레 연꽃이 물 밖으로 나오는 듯하니
버들가지 결어서 만든 술잔과는 비슷하지도 않네.
그대를 보고 그대의 시를 보면
가슴 속의 구름과 안개가 걷힌 듯하니,
내 평소에 진기한 물품을 기뻐하나니
모과(木瓜)를 주고 커다란 옥(玉)을 얻은 것이로다.

1) 靑天(청천) : 맑게 갠 하늘. 밝고 아름다운 세계를 비유.
2) 改容(개용) : 용모를 고침. 감동된 표정을 지음.
3) 入簾(입렴) : 과거에서 시험관이 시험장에 들어가 채점하는 일. 또는 그 일을 맡은 시험관. 본문에서는 과거에 응시함의 뜻으로 해석.
4) 落鴉(낙아) : 평사낙안(平沙落雁). 백사장의 기러기들이 날고 선회하듯 글씨가 아름다움.
5) 詞林(사림) : 시인이나 문인들의 사회.
6) 擾擾(요요) : 어수선하고 소란스러운 모양.
7) 一哀(일애) : '애(哀)'는 '애고(哀叩)', 곧 갖은 노력을 기울여 문장을 다듬는 것을 비유.
8) 百斛鼎(백곡정) : 백곡중기(百斛重器). 곡식 1백 휘를 담을 만큼 큰 그릇. 대임(大任)을 감당할 만한 인물이라는 뜻. '1곡(斛)'은 열 말[斗].

【해설】

형식은 전문 20행의 고시다. 내용으로 보자면 지우(知友)인 장수재(張秀才)가 운자를 부르자 즉석에서 작가 고산이 읊고, 이것을 장재수가 받아쓴 것으로 보인다. 즉석에서 쓴 시로 보기에는 상징과 함축, 암시적 표현이 두드러져 내용 파악에 다소 어려움이 있는 시다. 1~4구에서 먼저 계절은 겨울밤으로 여겨진다. 화로를 사이에 두고 두 벗이 마주 앉아 긴 겨울밤에 술을 마시며 이야기꽃을 피우다가 운자를 내며 자기가 받아 쓸 것이니 시 한 수 짓기를 청한다. 벗인 장수재는 작가가 시상을 가다듬기를 기다리며 화로의 꺼져 가는 재에 부젓가락으로 무엇인가를 그리거나 쓰면서 끄적거리고 있는 모습을 상상할 수 있다. 밤이 깊어 가는데 집에 가는 것도 잊고 우선 첫머리에 벗 장수재가 빼어난 능력자란 것을 말하고 있다. 그러니 그 재능을 '물고기 배 속에 있는 진주'처럼 감추지도 말고 훗날 높이 되거든 '아이들이나 놀라게 하는' 권능(權能)을 함부로 쓰지도 말하라고 당부한다.

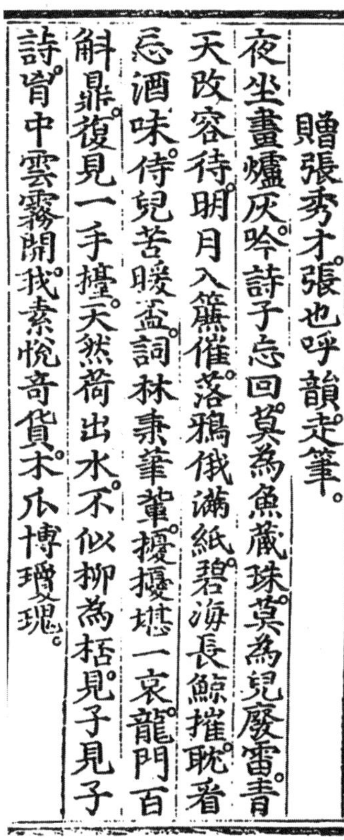
贈張秀才張也呼韻走筆。
夜坐畫爐灰吟詩子忘回莫為魚藏珠莫為兒廢雷青
天改容待明月入簾催落鴉俄滿紙碧海長鯨擢耽看
忘酒味侍兒苦暖盃詞林隶筆輩擾擾堪一哀龍門百
斛鼎復見一手擡天然荷出水不似柳為栝見子見子
詩肯中雲霧開我素愧奇貨未放博瓊瑰。

5~8구에서는 머잖아 장재수가 청운(青雲)에 높이 오를 것이란 것을 말하는데, 좋은 세상에 장수재 같은 빼어난 인물이 과거에 응시하기를 기다리고 있다고 말한다. 곧 과거 보기를 은근히 권하는 것이다. 장수재의 필체(筆體)와 필력(筆力)이 아름답고 힘 있음을 백사장에 내리는 가마귀[鴉/雁]와 큰 고래[鯨]가 푸른 바다에서 솟구쳐 오름에 비유적으로 묘사하고 있다.

9~12구에서는 부르는 시를 받아쓰고

있는 장수재의 모습에 심취하여 술이 식어가는 줄도 모르는 모습을 묘사하고, 시를 짓고 글씨께나 쓴다는 뭇 시인이나 문사들이 장수재의 필체를 본다면 놀라서 소란을 떨어야 할 것이라고 말한다. 13~16구에서는 과거에 응시하면 반드시 과거에 장원 급제하여 나라의 대임(大任)을 맡을 인물이라고 칭송하고 있다. 이러한 그의 사람됨은 억지로 노력하여 그렇게 된 것이 아니라 태어날 때부터 자연적으로 하늘로부터 받고 난 것이라는 것을 '연꽃'과 '버들가지를 결어서 만든 술잔'에 비유하여 극찬한다.

마지막 17~20구에서는 지우(知友)인 장수재와 마주하고 있노라면 마음속의 모든 근심과 걱정과 비루(鄙陋)한 마음이 사라지고 시원하게 뻥 뚫리는 듯한 기분을 느끼니, 곧 호연지기를 함께 나눌 수 있다는 것이다. 그러니 장수재와 같은 벗을 마주할 수 있는 것은 시중에 흔하고 하찮은 모과를 주고 진귀한 옥구슬을 얻은 듯하다고 한다. 주 내용은 지기지우(知己之友)인 장수재의 인품과 학식에 대한 예찬과 사귐의 즐거움이다.

주부(主簿)[1] 정지영(鄭之英)에게 주다

贈鄭主簿之英 / 辛亥
증 정 주 부 지 영

/ 신해(辛亥年, 1611년. 광해군 3. 25세)

無兒無室又無奴
무 아 무 실 우 무 노
千里飄零一老軀
천 리 표 령 일 로 구
肉食誰憐飢有色
육 식 수 련 기 유 색
鶉衣不耐雪侵膚
순 의 불 내 설 침 부
文王發政先煢獨
문 왕 발 정 선 경 독
伊尹若推思匹夫
이 윤 약 추 사 필 부
策馬試從安上去
책 마 시 종 안 상 거
如君合入鄭監圖
여 군 합 입 정 감 도

자식도 없고 집도 없고 종도 없이
천 리를 떠도는[2] 하나의 늙은 몸.
고기 먹는 자 그 누구가 주린 낯빛을 불쌍타 하리
헤진 옷[3]은 살갗을 침노하는 눈도 막지 못 하네.
문왕(文王)[4]은 정치를 폄에 외로운 사람[5]을 우선으로 하였고
이윤(伊尹)[6]이 만약 추천하였다면 (외로운)필부(匹夫)를 생각하였으리라.
말을 채찍질하여 안상문(安上門)[7]으로 따라가 본다면
그대 같은 사람은 정감도(鄭監圖)[8]의 그림에 들어감이 합당하리.

---

1) 主簿(주부) : 조선시대 내의원 · 사복시 · 한성부 등 여러 관아의 낭관(郎官-상서를 보좌하여 정무에 참여함) 벼슬의 하나.
2) 飄零(표령) : 신세가 딱하게 되어 떠돌아다님.
3) 鶉衣(순의) : 군데군데 기운 해진 옷. 누더기. 메추라기는 꽁지가 없기 때문에 이르는 말. 순의곡면(鶉衣穀面) ; 낡은 의복과 앙상한 얼굴.

4) 文王(문왕) : (B.C.185?~135?) 주(周)나라 무왕(武王)의 아버지. 이름은 창(昌). 태공망(太公望)을 모사(謨師-책략을 쓰는 스승)로 삼고, 국정을 바로잡아 융적(戎狄-서쪽과 동쪽 오랑캐)을 토벌(討伐)하여 선정(善政)을 베풂.
5) 煢獨(경독) : 형제나 자식이 없는 사람. 의지할 곳 없는 외로운 사람.
6) 伊尹(이윤) : "누구를 섬긴들 임금이 아니며, 누구를 부린들 백성이 아니랴." 한 말로 유명한 은(殷)나라의 어진 재상. 이름은 지(摯). 탕왕(湯王)을 도와 하(夏)나라의 걸왕(桀王)을 쳐서 천하를 평정함.
7) 安上(안상) : 안상문(安上門). 송(宋)나라 서울에 있던 문 이름.
8) 鄭監圖(정감도) : 정협도(鄭俠圖). 정협의 유민도(流民圖). 정협은 송나라 복주(福州)사람으로 광주 사법참군(光州司法參軍)을 지낸 뒤 경사(京師)로 돌아와 안상문(安上門)을 지키다가 유민도(流民圖)를 그려 바치며 신법(新法)의 폐해를 지적함.

【해설】

형식은 7언 율시다. 주부 벼슬을 하다가 물러나 가난하고 외로운 처지에 있는 정지영(鄭之英)이라는 사람을 읊은 시다. 전반부 1~4구에서는 현재의 정지영의 처지를 사실적으로 그려내고 있다. 사고무친(四顧無親)하여 유민(流民)이 된 정지영도 한 때는 관복을 어엿하게 차려 입은 주부로서 정사(政事)를 돌보던 관리였다. 그러나 지금은 오고 갈데없는 처량한 신세라는 것이다. 이것은 곧 정지영이 청렴결백한 관리였음을 역설적으로 강조하면서, 그가 만약 공직에 있을 때 여타의 관리들처럼 가렴주구하고 축재(蓄財)를 하였다면 그럴 리는 없다는 것이다.

후반부 5·6구에서는 문왕(文王)같은 성군(聖君)이 다스리고 이윤(伊尹) 같은 명재상이 보필하는 정치라면 정지영 같은 유민을 그냥 놔둘 리 없다는 것이다. 그러니 정지영을 안상문(安上門)으로 들어가게 하여, 정협(鄭俠) 같은 애민(愛民)의 마음을 가진 관리들의 눈에 띠게 하여, 유민들의 실상을 그린 그림이라도 그리게 하여 임금께 알리고 싶다는 것이다. 전반부에서는 주부 정지영이 공직에 있을 때 청렴결백한 관리라는 사실을 강조하고 있다면, 후반부에서는 그런 청렴결백한 관리들이 벼슬자리에서 물러난 후 안정된 생활을 할 수 있도록 나라에서 돌보아 주어야 한다는 것이다. 공직자들이 청렴결백하게 공무를 수행하게 하려면 노후나 퇴직 후의 생활을 보장해 주는 제도를 마련해야 공직자들이 부정 불의한 일들과 연루되지 않고 소신껏 국가와 나라를 위해 복무(服務)할 수 있다는 것을 지적하고 있음이니, 5백 년이 지난 후에도 이 시가 함축하고 있는 의미와 가치는 결코 적다고 할 수 없다.

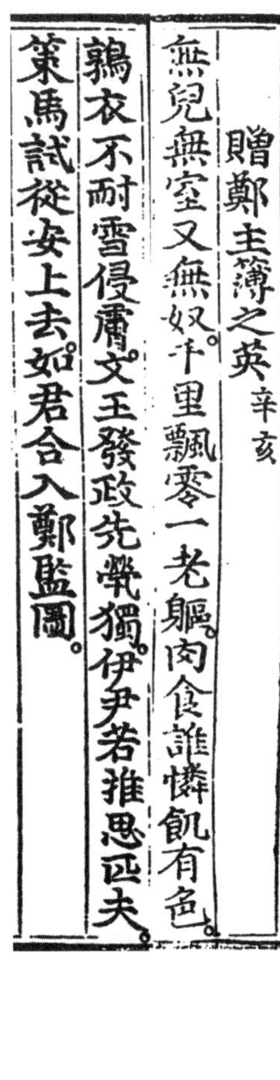
贈鄭主簿之英 辛亥
無兒無室又無奴。千里飄零一老軀。肉食誰憐飢有色。
鶉衣不耐雪侵膚。文王發政先煢獨。伊尹若推思匹夫。
策馬試從安上去。如君合入鄭監圖。

남가회(南可晦)를 위한 만사(挽詞) - 2수

挽南可晦二首 / 同年
만 남 가 회 이 수

/ 같은 해(辛亥年, 1611년. 광해군 3. 25세)

[其一]

吾子出儒林
오 자 출 유 림
蒼天若有心
창 천 약 유 심
人看仁義事
인 간 인 의 사
鬼泣鳳凰音
귀 읍 봉 황 음
弱冠還埋玉
약 관 환 매 옥
長途孰斷金
장 도 숙 단 금
孤兒只三尺
고 아 지 삼 척
我淚更霑襟
아 루 갱 점 금

그대가 유림(儒林)에 나온 것은
푸른 하늘도 마치 무슨 생각이 있었던 듯하였네.
사람들은 그대가 인의(仁義)로 일삼는 것을 보았고
귀신도 울고 봉황도 노래하였네.
도리어 약관(弱冠)에 옥골(玉骨)을 묻었으니
먼 저승길에 누가 친구[1]가 되어 주리오.
홀로 남은 아이는 키가 단지 석자[2]밖에 되지 않으니
나는 눈물을 흘려 옷깃을 적시네.

---

1) 斷金(단금) : 날카롭기가 쇠붙이도 자를 만함. 우정이 매우 깊거나 한마음으로 협력함을 이르는 말.

2) 三尺(삼척) : 3자 길이. 본문에서는 나이가 예닐곱 살임을 뜻함.

【해설】

전체 2수로 된 연시 중 제1수로 형식은 5언 율시다. 약관(弱冠)의 나이에 세상을 떠난 옥골선풍(玉骨仙風)의 친구 남가회(南可晦)의 죽음을 애도하는 만사(挽詞)다. 고산 역시 22세 4월에 양모 능성 구씨가 돌아가셨고 23세 8월에는 생모인 순흥 안씨를 잃어 25세 10月에 탈상했다. 이런 슬픔을 간직하고 있던 때라 아끼는 친구의 죽음이 더더욱 서글프게 느껴졌을 것이다.

전반부 1~4구에서는 아끼는 벗의 인품을 칭송하고 있다. 아름다운 선비의 출현은 곧 하늘의 뜻이었다고 한다. 그의 구체적인 행실은 모든 일에 인의(仁義)로 일관하였고, 이것을 본 사람들은 칭송을 아끼지 않았으며, 귀신도 울고 봉황새마저도 그의 인품에 노래를 불렀을 정도라고 하고 있다.

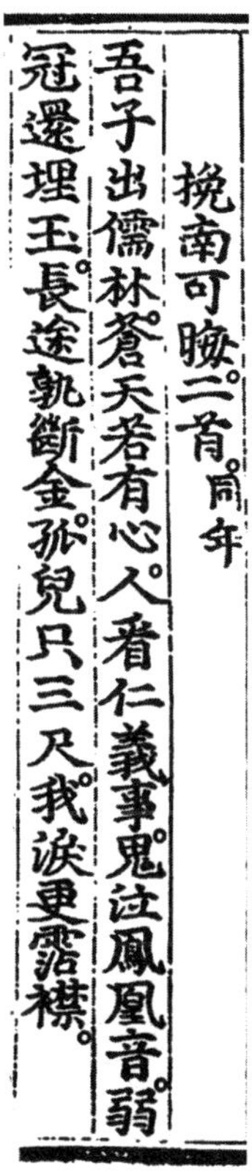

挽南可晦。二首。同年
吾子出儒林。蒼天若有心。人看仁義事。鬼泣鳳凰音。弱
冠還埋玉。長途孰斷金。孤兒只三尺。我淚更霑襟。

후반부 5~9구에서는 약관의 나이에 요절한 것과 그에 대한 슬픈 심정을 쓰고 있다. 전반부에서 망자의 인품과 공직에 대한 자세를 칭송하였다면, 후반부에서는 가정사를 구체적으로 말하여 죽음의 안타까움을 쓰고 있다. 요절(夭折)이라는 말의 이면에는 부모와 부인과 자식들에 대한 다 하지 못한 망자의 슬픈 내용이 함축되어 있기 때문이다. 그리고 두고 떠나야 하는 친한 벗들과의 관계도 아울러 떠올리지 않을 수 없다. 이제 가면 돌아올 수 없는 머나먼 저승 황천길을 함께해 줄 벗 하나 없이 외로이 떠났다고 말하며, 더욱 슬픈 것은 이제 예닐곱 살밖에 되지 않은 어린 자식을 남겨두고 떠나는 마음이 오죽했겠느냐는 것이다. 그러니 보는 이로 하여금 눈물을 흘리지 않을 수 없는 것이다. 주 내용은 아끼던 선비 남가회의 빼어난 인품과 요절에 대한 슬픔이다.

[其二]

有生則有死
유 생 즉 유 사
長短皆天耳
장 단 개 천 이
有形必有命
유 형 필 유 명
貴賤非人事
귀 천 비 인 사
全而乘化歸
전 이 승 화 귀
逝者何恨矣
서 자 하 한 의
吾人未忘情
오 인 미 망 정
涕泣望蒿里
체 읍 망 호 리

삶이 있으니 곧 죽음이 있는 것이고
장수(長壽)와 요절(夭折)은 모두 하늘에 매어있을 뿐이다.
형체가 있으면 반드시 운명이 있는 것이니
귀천(貴賤)은 사람이 관여할 일이 아니라네.
온전하게 살다가 자연의 조화에 순응하여[1] 돌아가는 것이니
떠나는 사람이 무엇을 한탄하겠는가.
우리들만 잊지 못할 정이 있어
눈물 흘리며 무덤[2]을 바라보네.

---

1) 乘化(승화) : 자연의 조화에 순응함.
2) 蒿里(호리) : 태산(泰山) 남쪽에 있는 산. 죽은 사람을 매장하던 곳이라고 전하며, 묘지나 저승을 두루 이르는 말로 쓰임.

【해설】

선체 2수로 된 연시 중 제2수도 형식은 5언 율시다. 제1수에서 이어 아끼던 벗의 요절의 슬픔을 인생이라는 보편적 질서와 대자연의 조화 속에 다시 관념적으로 읊고 있다. 전반부 1~4구에서는 이러한 사람의 생(生)과 사(死), 그리고 운명(運命)은 모두 하늘의 소관 사항이지 인간이 어찌할 바가 아니라고 말하면서 숙명론적 인생관이 나타나 있다. 곧 '생사(生死)는 유천(由天)이요, 부귀(富貴)는 유명(由命)이라, 죽고 사는 것은 하늘로 말미암고 부귀는 운명에 말미암는다.'는 것이라고 하며 애써 아끼는 사람의 안타까운 요절을 우주와 인생이라는 큰 하늘의 법칙과 질서 속에 받아드리려고 한다.

후반부 5~8구에서는 망자(亡者)는 이승에서의 삶이 온전한 삶을 살다가 자연의 조화에 순응하여 죽었다는 것을 강조하고, 그러니 무슨 여한(餘恨)이 있겠으며 한탄할 것도 없었을 것이라고 한다. 죽음을 당연하게 여기기보다는 망자의 살아서의 삶이 제1수에서 말하는 것처럼 인의(仁義)로 살다가 죽은 것이라는 것을 강조하는 표현이다. 이렇듯이 망자에 대해서 의연하고자 했던 것은 마지막 7·8구의 내용을 강조하고자 하는 억양의 수법임을 알 수 있다. 곧 살아남아 있는 자들이 눈물을 흘리며 슬퍼하는 것은 '미처 잊지 못하는 정(情)' 때문이라고 한다. 이승에서 저승으로 오고가는 죽음을 바라보는 것은 바라보는 사람이 어떤 태도로 보느냐에 따라 다양하게 느껴지고 나타난다. 그렇다손 치더라도 살아서 맺은 아름다운 정만큼은 어느 누구도 함부로 떼려야 뗄 수 없는 것이고, 그것이 남아 있는 자들을 더욱 안타깝게 한다는 것이다. 주 내용은 아끼던 젊은 유자(儒者)의 요절에 대한 슬픔이다.

有生則有死。長短皆天耳。有形必有命。貴賤非人事。全
而乘化歸。逝者何恨矣。吾人未忘情。涕泣豈爲異。

남으로 돌아가며 지은 기행시(記行詩)

南歸記行 / 同年
남 귀 기 행

/ 같은 해(辛亥年, 1611년. 광해군 3. 25세)

萬曆紀年三十九
만 력 기 년 삼 십 구
斗柄揷子日有七
두 병 삽 자 일 유 칠
修琴賣藥吾事畢
수 금 매 약 오 사 필
遙念庭闈向南國
요 념 정 위 향 남 국
到家知有拜慶喜
도 가 지 유 배 경 희
分袂詎堪鴒原別
분 메 거 감 영 원 별
征馬迢迢渡漢水
정 마 초 초 도 한 수
離魂不散靑門北
리 혼 불 산 청 문 북
廣陵山廬夜正中
광 릉 산 려 야 정 중
利富峴上已昏黑
이 부 현 상 이 혼 흑
禦虎有命何須憂
어 호 유 명 하 수 우
爲用東坡解僮僕
위 용 동 파 해 동 복

(→ 1일, 1～12행)

만력(萬曆) 기원으로 삼십구 년 되던 해[1]
북두성(北斗星)[2]의 자루가 북쪽을 가리키는[3] 달의 이렛날에
거문고를 고치고 약초(藥草)을 파는[4] 내 일을 마치고
멀리 부모님[5]을 생각하며 남국(南國)[6]으로 향하였네.
집에 이르러 부모님의 문후를 여쭙는[7] 기쁨 있음은 알고 있지만
헤어져야 하는 형제[8]간의 이별을 어찌 견디리오?
나그네가 탄 말이 멀리 한강을 건너니

나그네의 마음[9]이 청문(靑門)[10] 북쪽에서 흩어지질 않네.
광릉(廣陵)의 산 속 오누막에 밤은 바로 깊어
이부현(利富峴) 고개도 이미 어둠속에 캄캄해졌네.
호랑이를 막아내는 명령(命令)[11]이 있으니 어찌 근심하랴
동파(東坡)의 말을 써서[12] 몸종을 달래보리라.

(→ 1일, 1~12행)

---

1) 萬曆紀年三十九(만력기년삼십구) : 만력(萬曆)은 명(明)나라 신종(神宗)의 연호. 기년(紀年)은 신종의 즉위년인 1573(癸酉)년이며, 삼십구년은 1611년(辛亥)임.
2) 斗柄(두병) : 북두칠성(北斗七星) 중 다섯째 별부터 일곱째 별로써 자루를 이루는 형(衡)·개태(開泰)·요광(搖光) 세 별을 말함.
3) 揷子(삽자) : 자방(子方 ; 북쪽)을 가리킴. 곧 음력 11월을 말함.
4) 修琴賣藥(수금매약) : 거문고를 고치고 약초(藥草)를 팖. 산에 사는 은자(隱者)가 약초를 캐서 도회지에 내다팔고 거문고를 고쳐가지고 다시 산으로 들어간다는 뜻으로, 본문에서는 고산 선생이 해남으로 가기 전에 한양에서 할 일들을 총칭함.
5) 庭闈(정위) : 안채. 흔히 부모가 계신 곳.
6) 南國(남국) : 남쪽 나라. 본문에서는 작가가 가려고 하는 전라남도 해남을 말함.
7) 拜慶(배경) : 배가경(拜家慶). 부모를 오랫동안 떠나 있다가 돌아와 문후(問候)하는 것을 이르는 말.
8) 鴒原(영원) : 척령재원(脊鴒在原) 또는 척령원(脊鴒原)의 준말. 할미새가 들판에 있음. 원래 물새인 할미새가 본거지를 잃고 들판에 산다는 데서, 형제간에 어려움이 생겨도 서로 구제해 줄 수 없음을 이르는 말. 영(鴒)은 '척령(鶺鴒)' 또는 '척령(脊令)'으로 할미새. 날 때는 울고 걸을 때는 몸을 흔들어 동족의 급난(急難)을 구한다는 데서, 형제간에 우애하여 어려움을 서로 구제해 줌을 비유.
9) 離魂(이혼) : 먼 타향을 떠도는 나그네. 나그네의 마음.
10) 靑門(청문) : 한(漢)나라 장안성(長安城)의 남동쪽에 있는 문의 이름으로, 도읍지의 동문을 두루 뜻함. 본문에서는 한양의 동대문(東大門) 곧 한양을 의미.
11) 禦虎有命(어호유명) : 호랑이를 조심하라고 알려주는 관리들의 신호.
12) 爲用東坡(위용동파) : 송(宋)나라 소동파(蘇東坡 ; 蘇軾)가 호랑이를 조심하라는 관리들에게 '나에게는 범을 제어할 하늘의 명이 있다'라고 하였다는 시의 구절을 호랑이를 무서워하는 종들에게 말해서 안심시켜보겠다는 의미.

【해설】

전문 형식은 122구 854자의 7언 고시다. 고산은 25세(1611년) 10월 생모(순흥 안씨)의 탈상을 마치고 11월 해남으로 내려간다. 해남은 어초은공(漁樵隱公 ; 윤효정, 고산의 5대조) 때부터 복거(卜居)한 후 이미 5대가 되었고 선대조의 분묘(墳墓)와 구업(舊業)이 있는 곳이다. <남귀기행>은 장편 기행시로 한양에서 해남까지 고향을 찾아 가면서 보고 느낀 내용을 기록하고 있는데, 여행의 경로 · 지명 · 날씨 · 목적 · 정경 · 인정과 풍속 · 대화 · 당시의 감회 등을 기록해 기행문의 요소들을 두루 갖추고 있다.

이 글의 구성은 크게 서사(1~6구), 본사(7~120), 결사(121~122)로 나뉜다. 한양에서 해남까지의 일정은 한양에서 경기도(1~36구)까지 3일, 충청도(37~56구) 3일, 전라도(57~122구) 6일 등 총 12일 간의 기록이다.

서사를 겸한 여행 첫날에는 한 동안 떠나 있을 것에 대비하여 이것저것을 준비하는 모습과 해남에 가서 부모님을 뵙는 기쁨과 한양의 형제들과 떨어져 지내야 하는 이별의 아쉬움이 교차하는 마음을 쓰고 있다. 이어 한강을 건너 이부현 고개 근방 광릉 산속에서 1박을 하는 데, 깊은 산속이라 호랑이를 걱정하는 하인들을 달래는 내용을 소동파의 고사를 인용하고 있다. 첫날의 여정은 한양에서 광릉을 거쳐 이부현 고개 아래 까지다.

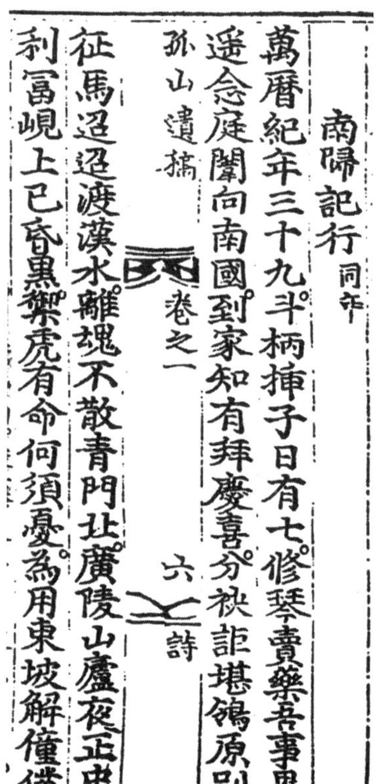

南歸記行 同年

萬曆紀年三十九。斗柄揷子日有七。修琴賣藥吾事畢。
遙念庭闈向南國。到家知有拜慶喜。分袂詎堪鴒原別。

孤山遺稿 卷之一 六 詩

征馬迢迢渡漢水。離魂不散靑門北。廣陵山廬夜正中。
刹冨峴上已昏黑。禦虎有命何須憂。爲用東坡解僮僕。

明朝往展伯母墓
명 조 왕 전 백 모 묘
墓傍三環悲白結
묘 방 삼 환 비 백 결
神道松楸長幾尺
신 도 송 추 장 기 척
顧我復我如昨日
고 아 복 아 여 작 일
人煩馬殆早投宿
인 번 마 태 조 투 숙
水邊孤村名不識
수 변 고 촌 명 불 식

(→ 2일, 13~18행)

問程曉出龍仁境
문 정 효 출 용 인 경
平川荒壟重重隔
평 천 황 롱 중 중 격
人言素草店尚遠
인 언 소 초 점 상 원
路過陽城日已沒
로 과 양 성 일 이 몰
癡僮笑汝憶蠟炬
치 동 소 여 억 랍 거
東嶺慇懃出明月
동 령 은 근 출 명 월
眼明茅屋倚山阿
안 명 모 옥 의 산 아
依舊長橋跨寒碧
의 구 장 교 과 한 벽

(→ 3일, 19~26행)

다음 날 아침 큰어머니 묘소에 성묘(省墓)하고[13]
무덤가를 세 차례 돌다보니 온갖 슬픔이 맺히네.
산소 이르는 길[14]의 소나무 개오동나무는 몇 자나 자랐는데
나를 돌보고 또 돌보아주신 은혜[15]는 어제 같구나.
사람도 괴롭고 말도 지쳐 일찍이 투숙하니
물가 외딴 마을 이름도 알 수 없네.

(→ 2일, 13~18행)

길을 물어 새벽에 용인(龍仁) 경계를 나서니

평천(平川)의 거친 언덕 겹겹이 막혀있네.
사람들은 소초(素草)[16] 객점이 아직 멀다고 말 하는데
양성(陽城) 길을 지나는데 날은 이미 저물었네.
못난 종은 (길이 어두워)밀초[17] (켤)생각을 하는 나를 웃는데
동쪽 산마루에 은근히 달이 떠오르네.
초가집들이 산언덕에 의지한 것을 보니 눈이 번쩍 뜨이는데
긴 다리는 예전처럼 한벽(寒碧)[18]에 걸쳐있네.

(→ 3일, 19~26행)

---

13) 自註) : 『예기(禮記)』에 이르기를 '묘를 살피고 들어간다'라고 하고, 그 주(註)에 '전(展)은 성(省)이다'라고 하였다(記曰, 展墓而入, 註,展省也).
14) 神道(신도) : 묘도(墓道). 혼령이 다닌다는 무덤 앞의 길.
15) 顧我復我(고아복아) : 고복(顧復). 돌보고 또 돌봄. 자식을 양육함을 이르는 말. 고복지은(顧復之恩).
16) 自註) : 소초(素草)는 객점 이름이다(店名).
17) 蠟炬(납거) : 납촉(蠟燭). 밀초.
18) 自註) : 한벽(寒碧)은 소초(素草)다.

【해설】

둘째 날은 남양주의 큰어머니 묘소에 들러 먼 길을 떠나기 전에 성묘를 하며 슬픔에 잠긴다. 본문에서 큰어머니[伯母]는 고산의 생모인 순흥 안씨로 고산이 8세에 작은 숙부에게 양자를 든 이후부터 그는 친부모를 백부(伯父)・백모(伯母)라고 부른다. 무덤가의 소나무 개오동나무는 몰라보게 자랐는데, 어머니의 사랑은 돌아가시고 안 계셔도 변함이 없다고 한다. 나무의 이미지를 이용하여 '나무는 고요하고자 하나 바람이 그치지 않고, 자식은 봉양하고자 하나 어버이는 기다려 주지 않는다(樹欲靜而風不止, 子欲養而親不待也,『漢詩外傳』)의 구절을 연상시킨다. 본격적인 여정의 첫날이어서인지 사람도 지치고 말도 지쳐 이름도 모르는 곳에서 하루 여장을 푼다.

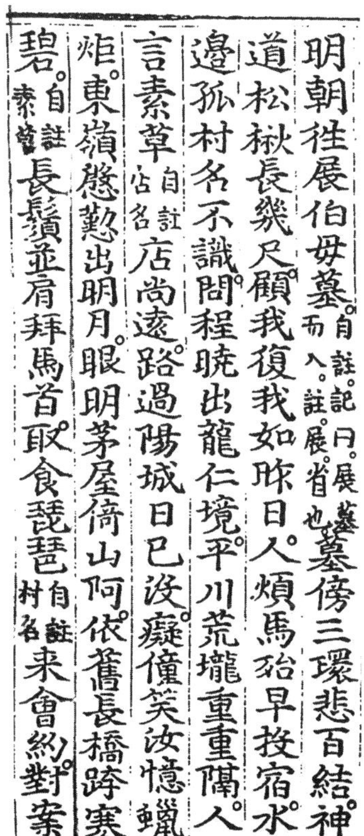
明朝往展伯母墓自註記曰展墓而入註展省也墓傍三環悲百結神道松楸長幾尺顧我復我如昨日人煩馬殆早投宿水邊孤村名不識問程曉出龍仁境平川荒壠重重隅人言素草自註店名店尚遠路過陽城日已沒癡僮笑汝憶蠟炬東嶺憖憖出明月眼明茅屋倚山阿依舊長橋跨寒碧自註素草長鬚並肩拜馬首取食琵琶自註村名来會約對案

셋째 날의 여정은 용인, 평천, 양성을 거쳐 소초[한벽]까지 임을 알 수 있다. 길가는 사람들에게 목적지인 소초까지가 얼마나 남았느냐고 물으니 아직 멀었다고 답한다. 가야 할 언덕들은 눈앞에 첩첩하고 날은 벌써 저물어 오기 시작한다고 하여 조급한 마음을 암시하고 있다. 길이 어두우니 불이라도 밝혀야겠다고 말하는 나를 보고 하인들은 웃는데, 그런데 반갑게도 동산에서 둥근 달이 떠오른다. 달빛 아래 군데군데 촌락들의 희미한 등불들이 반갑기만 하다. 이쯤인가 저쯤인가 마음이 바쁜데 소초로 들어가는 긴 다리가 보인다. 계절은 한 겨울이라 춥고 길은 어둡고 몸은 피곤한 가운데 소초 객점을 찾아 들어간다는 내용이다.

長鬚並肩拜馬首
장 수 병 견 배 마 수
取食琵琶來會約
취 식 비 파 래 회 약
對案愁歇手膠匙
대 안 수 헐 수 교 시
敧枕德坪風射壁
의 침 덕 평 풍 사 벽

(→ 4일, 27~30행)

是日陌上逢高軒
시 일 맥 상 봉 고 헌
云是嶺南新方伯
운 시 영 남 신 방 백
僕從揚揚馬如飛
복 종 양 양 마 여 비
前隊朱衣鳴畵角
전 대 주 의 명 화 각
丈夫得志豈易得
장 부 득 지 기 이 득
願蘇顚崖百萬億
원 소 전 애 백 만 억
石逕拖氷車峴背
석 경 타 빙 차 현 배
玄黃拒地鞭無力
현 황 거 지 편 무 력
卸鞍弓院見庶姑
사 안 궁 원 견 서 고
姑家夫子情款曲
고 가 부 자 정 관 곡
細酌軟語永今夕
세 작 연 어 영 금 석
馬粟掩牢奴飯白
마 속 엄 뢰 노 반 백

(→ 5일, 31~42행)

수염 긴 사람들과 나란히[19] 말머리에서 절을 하고
비파(琵琶)[20]에서 식사하며 돌아오는 길에 다시 만나자고 약속했네.
수헐(愁歇)[21]에서 밥상을 받으니 (추워서)손에 숟가락이 붙고
덕평(德坪)[22]에서 베개 베고 누우니 바람이 벽을 때리네.

(→ 4일, 27~30행)

이날 큰 길에서 높다란 수레를 만났는데

영남(嶺南)으로 부임하는 신임 관찰사(觀察使)라네.
하인들은 의기양양하고 말은 나는 듯한데
앞 대열은 붉은 옷을 입고 화각(畵角)[23]을 부는구나.
장부의 뜻을 얻기가 어찌 쉬우랴?
원컨대 벼랑 위[24] 억만 백성들을 소생시켜 주소서.
차현(車峴)의 뒷길은 빙판 깔린 돌길이니
병든 말이[25] 땅에 버티니 채찍도 소용없네.
궁원(弓院)[26]에서 안장을 풀고 서고모님[27]을 뵈니
고모부와 사촌들이 정성스럽게 대해주네.[28]
약간의 술 단란한 얘기로 오늘 밤은 길어지고
말은 마굿간에서 좁쌀을 먹고 종은 흰 쌀밥을 먹네.

(→ 5일, 31~42행)

---

19) 並肩(병견) : 어깨를 나란히 함. 같은 반열(班列)의 사람들임을 뜻함.
20) 自註) : 비파(琵琶)는 마을 이름이다[村名].
21) 自註) : 수헐(愁歇)은 객점 이름으로 소초(素草)에서 30리 거리다(店名去素草三十里). 현 충남 천안시 서북구 직산읍 수헐리.
22) 自註) : 덕평(德坪)은 객점의 이름으로 수헐(愁歇)에서 50리 거리다(店名去愁歇五十里). 덕평(德坪)은 '덕평(德平)의 오기인 듯. 청주(淸州)에 있던 지역.
23) 畵角(화각) : 서강(西羌)에서 전해진 관악기. 대나무나 가죽을 사용하여 죽통(竹筒) 모양으로 만드는데, 겉에 채색그림이 있음. 소리가 우렁차 군중(軍中)이나 제왕의 순행에 쓰임.
24) 顚崖(전애) : 우뚝 솟은 절벽. 또는 벼랑 위.
25) 玄黃(현황) : 말이 병든 모양. 또는 병든 말.
26) 自註) : 궁원(弓院)은 마을 이름이다(里名).
27) 庶姑(서고) : 서출(庶出)인 고모(姑母).
28) 款曲(관곡) : 정성스럽게 대하여 줌.

【해설】

넷째 날은 소초 비파촌(琵琶村)을 출발하여 30리 거리인 수헐(愁歇)에서 점심을 먹고 다시 50리 거리인 덕평(德坪)에 이르는 여정을 단 4행으로 짧게 쓰고 있다. 고산은 아침 출발을 앞두고 함께 유숙했던 노인들과 말머리에서 어깨 나란히 작별 인사를 나누며 상경할 때 다시 만나자고 약속한다. 음력 11월 10일 천안 수헐리에서 점심을 먹는데, 손에 숟가락이 붙는다고 하여 추위가 극심함을 말하고, 덕평 객점에서 잠자리에 드니 겨울바람이 벽을 치는 소리가 들린다.

다섯째 날은 덕평(德坪)을 출발하여 차현(車峴-車嶺)을 거쳐 궁원(弓院)에 이르는 여정을 서술하고 있다. 전반부에서는 도중에 영남으로 부임하는 관찰사 행렬을 목격한 모습이다. 높다란 수레와 말들, 의기양양한 하인들의 모습, 그리고 붉은 옷에 화각(畵角)을 부는 화려한 대열을 구경한다. 새로운 관찰사에게 도탄(塗炭)에 빠진 백성들을 구제해 주기 바라는 마음속의 부탁을 통해 고산의 애민사상이 잘 드러나 있다.

후반부에서는 눈과 얼음으로 빙판진 차령고개를 넘는 어려움을 묘사하고 있다. 빙판의 돌길에 가파른 고개 길을 넘는 어려움이 사실적으로 묘사되고, 공주 북쪽 40리 지역에 있는 궁원에서 여장을 풀고 서고모(庶姑母)와 고모부 그리고 사촌들의 환대를 받았다는 내용이다.

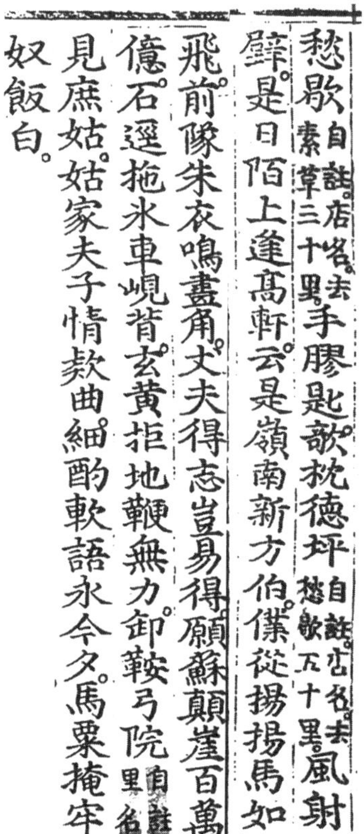
愁歇(自註。店名。去素草三十里。)手膠匙歃枕德坪(自註。店名。去愁歇五十里。)風射
壁。是日陌上逢高軒。云是嶺南新方伯。僕從揚揚馬如
飛。前隊朱衣鳴畫角。丈夫得志豈易得。願蘇顛崖百萬
億。石逕拖氷車峴背。玄黃拒地鞭無力。御鞍弓院(自註。里名)
見庶姑。姑家夫子情款曲。細酌軟語永今夕。馬粟掩牢
奴飯白。

西窓桂影喚人行
서 창 계 영 환 인 행
錦水沙際星初入
금 수 사 제 성 초 입
編航臥板誰解此
편 항 와 판 수 해 차
馳過江心如踏陸
치 과 강 심 여 답 육
向來正見波溢岸
향 래 정 견 파 일 안
豈意今朝斂幽壑
기 의 금 조 렴 유 학
寄語河伯莫浪誇
기 어 하 백 막 랑 과
造物由來喜變易
조 물 유 래 희 변 역
雞龍之山甚佳麗
계 룡 지 산 심 가 려
此行恨不花時節
차 행 한 불 화 시 절
尼山縣前松影斜
니 산 현 전 송 영 사
後寺村落炊烟滅
후 사 촌 락 취 연 멸
江南風土喜不遠
강 남 풍 토 희 불 원
處處人家有脩竹
처 처 인 가 유 수 죽

(→ 6일, 43~56행)

서창의 계수나무그림자가 나그네 갈 길을 재촉하니
비단 물결 백사장에 별빛이 드네.
누가 널판 깔아 배다리를 엮어 놓았나
육지를 밟듯 강 가운데를 말 타고 지나가네.
지난 번 올 때는 물결이 언덕까지 넘치는 것을 보았는데[29]
오늘 아침에는 깊은 골짜기처럼 어찌 물이 빠졌는가?
하백(河伯)에게 말하노니 물결을 자랑치 마소[30]
조물주는 원래 변화를 좋아한다오.
계룡산(雞龍山)은 매우 아름답지만

이번 여행은 꽃피는 시절이 아니라서 한스럽도다.
이산현(尼山縣)[31] 앞 소나무 그림자는 기울고
후사(後寺)[32] 마을에서는 밥 짓는 연기 사라지네.
강남의 풍토가 멀지 않아 기쁘니
인가 곳곳에는 긴 대가 자라나네.

(→ 6일, 43~56행)

29) 自註) : 올 때에는 가을 (장마로)물이 불어나 며칠 동안 길이 막혔다(來時秋水正漲, 阻水數日).

30) 河伯莫浪誇(하백막랑과) : 황하물이 불어나자 황하의 수신(水神) 하백이 혼자서 기뻐하고 으스댔다는 고사. 『장자(莊子)』 추수편(秋水編).

31) 尼山縣(이산현) : 공주 지역 아래 있던 현.

32) 自註) : 후사(後寺)는 마을 이름이다(里名).

【해설】

여섯째 날의 일정은 궁원(弓院)을 출발하여 계룡산을 지나 이산현(尼山縣) 후사촌(後寺村)까지다. 서고모 댁에 들러 환대를 받으며 모처럼 여독(旅毒)을 잘 풀고 서둘러 새벽길을 나선다. 전반부에서는 강을 건너는데 배다리를 놓아 마치 평지를 가듯이 말을 타고 건널 수 있었다고 한다. 아울러 지난 번 이 강을 건널 때가 생각해내고 지금은 계절이 겨울이기도 하지만 물이 빠져 강바닥의 골짜기가 드러나 보일 정도로 물이 없다고 한다. 그러면서 『장자(莊子)』 추수편(秋水編)이 생각난 것이다. 하백이 황하의 물이 넘실거리자 혼자 기뻐하고 으스댔다는 것인데, 그런 하백도 늘 잘난 척 할 수는 없다는 것이니, 이유는 무릇 자연을 지배하는 조물주는 변화를 좋아하기 때문이라고 한다.

후반부에서는 계룡산과 인근 마을을 지나가며 본 감상을 적고 있다. 먼저 명승지인 계룡산은 꽃 피는 봄에 감상해야만 제 모습을 볼 수 있는데, 지금은 겨울이어서 황량하기까지 한 모습을 보게 되어 안타깝다고 한다. 이어 계룡산을 내려와 인근 마을에 다다르니 날도 저물어 가고 농가에서 밥 짓는 연기가 하늘로 피어올라 사라지는 모습이 보인다. 그리고 겨울이지만 점차 주위의 경관이 남쪽임을 느끼게 한다. 그 중에서도 남녘에서 자라는 대나무가 눈에 띠게 많이 보인다고 한다. 점차 남으로 내려오면서 느껴지는 변화하는 풍경들을 사실적으로 묘사하여 여정의 공간 이동을 구체적으로 표현하고 있다.

西窓桂影喚人行。錦水沙際星初入。編航卧板誰解此。馳過江心如踏陸。向来正見波溢岸。自註。来時秋水止漲阻水數日。豈意今朝斂幽壑。寄語河伯莫浪誇。造物由来喜變易。雞龍之山甚佳麗。此行恨不花時節。尼山縣前松影斜。後寺自註。里名村落炊烟滅。江南風土喜不遠。處處人家有脩竹。

曙色熹微失觀眞
서 색 희 미 실 관 진
夕燈明滅知白瀆
석 등 명 멸 지 백 독
朱家婆婆庶母母
주 가 파 파 서 모 모
及烏深情海不及
급 오 심 정 해 불 급
珍烹玉粒勸加餐
진 팽 옥 립 권 가 찬
細問寒溫勞行役
세 문 한 온 로 행 역

(→ 7일, 57～62행)

大野無邊參禮南
대 야 무 변 삼 례 남
阡陌縱橫田衍沃
천 맥 종 횡 전 연 옥
江天漠漠雁聲遠
강 천 막 막 안 성 원
晚雨霏霏人去急
만 우 비 비 인 거 급
神傾意豁兩佳士
신 경 의 활 양 가 사
徉旅邂逅金溝邑
양 려 해 후 금 구 읍
聯衾晤語百憂失
연 금 오 어 백 우 실
始信新知樂莫樂
시 신 신 지 락 막 락

(→ 8일, 63～70행)

새벽빛이 희미하니 관진사(觀眞寺)[33]는 볼 수 없고
저녁 등불 깜빡이니 백독리(白瀆里)[34]임을 알겠네.
주가(朱家)[35]같은 인정 많은 할머니들과 여러 아주머니들
두루 사랑하는 까마귀 같은[36] 마음은 바다보다도 깊어라.
맛 좋은 음식과 흰 쌀밥을 더 먹으라 권하며
여행길의 추위와 더위와 수고로움을 자세히도 묻네.

(→ 7일, 57～62행)

삼례(參禮)[37] 남쪽은 끝없이 너른 들판이며

밭두렁[38]은 종횡으로 뻗어있고 옥답이 펼쳐졌네.
강과 하늘은 마마한데 기러기 소리 멀어지고[39]
저녁 비는 부슬부슬[40] 내려 발걸음을 재촉하네.
마음과 뜻이 서로 투합(投合)하는[41] 아름다운 두 선비를
금구읍(金溝邑) 여관(旅館)에서 우연히 만났네.
나란히 이불 덮고 마주 대해 이야기하니 온갖 시름 사라져
새로 사귀는 즐거움이 더없는 즐거움인 줄을 비로소 알겠네.

(→ 8일, 63~70행)

---

33) 自註) : 관진(觀眞)은 절 이름이다(寺名).
34) 自註) : 백독(白瀆)은 마을 이름이다(里名).
35) 朱家(주가) : 주가탈급(朱家脫急). 한대(漢代)의 협사(俠士)인 주가(朱家)가 의협심이 강하여, 남의 궁핍이나 곤액을 벗어나게 해준 고사.
36) 及烏深情(급오심정) : 오애(烏愛). 어떤 사람을 사랑하면 그 사람과 관계있는 사람이나 사물까지도 사랑한다는 말. 애옥급오(愛屋及烏).
37) 自註) : 삼례(參禮)는 역 이름이다(驛名).
38) 阡陌(천맥) : 밭이랑. 밭 사이의 좁은 길을 두루 이르는 말.
39) 自註) : 11월에 기러기 소리가 들리는 것은 풍토(風土)가 다른 것이다(仲冬有雁聲風土之異也).
40) 霏霏(비비) : 비나 눈이 부슬부슬 오는 모양.
41) 神傾意豁(신경의활) : 마음과 뜻이 잘 맞아 투합(投合)함. '경활(傾豁)'은 의기(意氣)·가치관 등이 서로 투합함을 이름.

【해설】

일곱 째 날은 후사촌에서 하룻밤을 숙식한 후 출발하여 관진사(觀眞寺)를 지나 백독(白瀆)에 이르는 일정을 쓰고 있다. 주 내용은 여행길에 만난 사람들의 후덕(厚德)한 인심과 인정이다. 어둑어둑한 새벽에 길을 떠난 탓으로 관진사를 보지 못하고 그냥 지나치고 하루 종일 걸어 저녁이 되어서야 백독에 도착한다. 그런데 백독리 마을 아주머니들이 나그네를 맞아주는 인심과 인정이 어찌나 따뜻한지 중국 한 대(漢代)의 협사(俠士)인 주가(朱家)로부터 비롯한 주가탈급(朱家脫急)의 고사를 연상케 한다는 것이다.

여덟째 날은 전라북도 삼례(參禮)를 거쳐 금구(金溝)까지 가는 여정이다. 먼저 삼례에서 금구에 이르면서 지나치며 본 드넓은 들녘을 묘사하고, 저녁 무렵에는 비를 맞았다고 한다. 그 중에서도 숙소에서 처음 만난 사람들과 속마음을 털어놓고 대화를 나누다보면 평생의 지기(知己)라도 만난 것처럼 반가울 수밖에 없다. 그리고 그런 즐거움은 늘상 있는 것이 아니니, 서로가 여행 중의 객고(客苦)를 허심탄회하게 털어놓다보니 금방 사람의 됨됨이를 알 수 있고, 가까이하고 친하게 지내고 싶은 사람을 만날 수 있다. 그런 가운데 '아하! 여행의 즐거움과 의미는 이런 것이로구나.' 하고 느꼈다는 것이다.

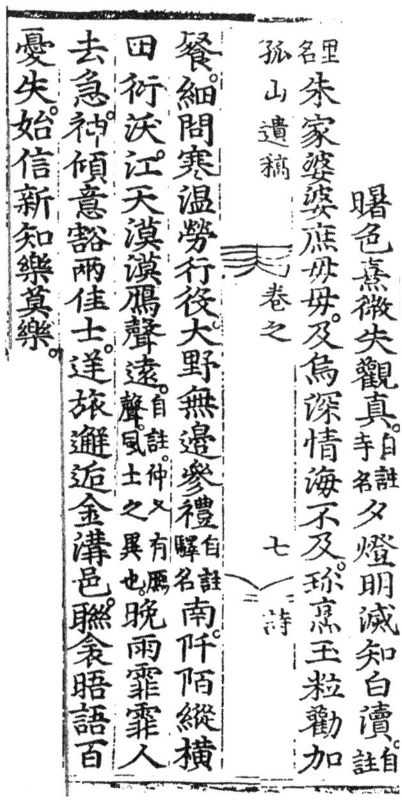
曙色熹微失觀眞。(自註 寺名) 夕燈明滅知白瀆。(自註 里名) 朱家婆婆庶毋毋。及烏深情海不及。孫烹玉粒勸加餐。細問寒溫勞行役。大野無邊參禮(自註 驛名) 南。阡陌縱橫田衍沃。江天漠漠鴈聲遠。(自註 仲秋有鴈聲風土之異也) 晩雨霏霏人去急。衲傾意豁兩佳士。逢旅邂逅金溝邑。聯衾晤語百憂失。始信新知樂莫樂。

孤山遺稿 卷之七 詩

馬兀殘夢路幾許
마 올 잔 몽 로 기 허
老堠呈身告四十
노 후 정 신 고 사 십
俯郊孤縣抱荷池
부 교 고 현 포 하 지
堤上新軒亦奇絶
제 상 신 헌 역 기 절
回看井邑入長谷
회 간 정 읍 입 장 곡
寂歷斜陽掛踈木
적 력 사 양 괘 소 목
蝴蝶分明到白蓮
호 접 분 명 도 백 연
覺來身在川源驛
각 래 신 재 천 원 역
誰將礮車載滕六
수 장 포 거 재 등 륙
招得封姨同作厄
초 득 봉 이 동 작 액
飄飄淅淅並遮莫
표 표 석 석 병 차 막
蘆嶺層途强登陟
노 령 층 도 강 등 척
萬谷喧轟沸笙鐘
만 곡 훤 굉 비 생 종
千峯照耀粧珠玉
천 봉 조 요 장 주 옥
箇箇奇景動幽興
개 개 기 경 동 유 흥
無乃山靈娛遠客
무 내 산 령 오 원 객
爇薪炙衣古長城
설 신 자 의 고 장 성
客堂新泥星漏屋
객 당 신 니 성 루 옥

(→ 9일, 71~88행)

안장[42] 위의 어렴풋한 꿈[43]속에 남은 길을 헤아려보니
낡은 이정표[44]가 모습을 드러내 40리라 알려주네.
굽어보이는 들녘의 외진 마을은 하지(荷池[45])를 품었는데
제방 위의 새로 지은 정자가 또한 기이한 절경이네.
정읍(井邑)을 돌아보며 장곡(長谷)으로 들어가니

쓸쓸하고 텅빈 들녘[46]에 지는 해는 성긴 나무에 걸려있네.
꿈속에서 나비가 되어[47] 분명 백련동(白蓮洞)[48]에 이르렀건만
깨어보니 몸은 천원역(川源驛)[49]에 있도다.
누가 먹구름[50] 속에 눈[51]을 싣고 와
눈보라[52]를 불러와 함께 재앙을 만들었나?
회오리바람이 불고 눈보라가 몰아쳐 함께 길을 막아도
노령(蘆嶺)의 층층 길을 애쓰며 오르고 또 올랐네.
일만 골짜기는 생황(笙簧)과 종소리로 떠들썩하고[53]
일천 봉우리는 주옥으로 단장한 듯 밝게 빛나네.
낱낱의 기이한 경치는 그윽한 흥을 일으키니
산신령이 먼 길 가는 나그네를 기쁘게 함이 아니런가?
옛 장성(長城)에서 장작 태워 옷 말리니
새로 흙을 바른 객실에는 별빛이 스며드네.

(→ 9일, 71~88행)

---

42) 馬兀(마올) : 마올(馬杌) 또는 마올자(馬兀子). 마올은 등받이가 없는 네모진 큰 의자로 '말 안장'의 뜻. 또는 마올자는 말을 탈 때 딛고 오르는 도구로 본문에서는 계속되는 여행 중임을 뜻함.
43) 殘夢(잔몽) : 어렴풋하고 어수선한 꿈.
44) 老堠(노후) : 낡은 이정표.
45) 自註) : 하지(荷池)는 태인(泰仁)이다.
46) 寂歷(적력) : 초목의 잎이 시들어 떨어져 드문드문함. 쓸쓸하고 텅 빈 모양.
47) 蝴蝶(호접) : 호접지몽(胡蝶之夢). 허황된 일이나 몽롱한 꿈을 비유하는 말.
48) 自註) : 고향의 지명(家鄕地名). 해남 백련동.
49) 川源驛(천원역) : 정읍현 남쪽 25리에 있었던 역.
50) 礮車(포거) : 포거운(砲車雲). 폭풍을 몰고 온다는 먹구름.
51) 滕六(등륙) : 전설상 설신(雪神)의 이름. 눈[雪]을 이르는 말.
52) 封姨(봉이) : 전설상 풍신(風神)의 이름. 시문에서는 바람의 뜻으로 쓰임.
53) 喧轟(훤굉) : 요란한 수레 소리.

【해설】

아홉째 날은 외딴 고을 하지(荷池-신대인)를 지나 정읍(井邑) · 천원역(川源驛)을 거쳐 전라남 · 북도를 가르는 노령(蘆嶺)을 넘어 장성(長城)에 이르는 여정이다. 전반부에서는 각 지역의 대표적인 경관을 하나씩 묘사하고 있다. 아침 일찍 출발해서인지 아직 잠이 덜 깬 가운데 말 위에서 졸면서 앞으로 얼마나 남았는가 헤아려보는데 문득 빛바랜 낡은 이정표가 눈에 보인다. 하지를 지나면서 본 새로 지은 길가의 정자와 정읍을 지나 장곡으로 들어가면서 바라본 쓸쓸하고 텅 빈 들녘에 지는 해 등을 묘사하고 있다. 말 안장 위에서 잠깐 졸았는지 설핏 꾼 꿈속에서 자신은 나비가 되어 이미 고향인 해남 백련동에 피어 있는 하얀 연꽃 속을 날아다녔는가 싶었는데, 깨어나 보니 천원역이라고 한다. 한시라도 빨리 고향 해남에 가고 싶은 마음의 표현이다.

馬兀殘夢路幾許。老堠呈身告四十。俯郊孫縣抱荷池。(自註 泰仁) 堤上新軒亦奇絶。回看井邑入長谷。寂歷斜陽掛疎木。蝴蝶分明到白蓮。(自註 家鄕地名) 覺来身在川源驛。誰將礮車載滕六。招得封姨同作厄。飄飄淅淅並遮莫。蘆嶺層途強登陟。萬谷喧轟沸笙鐘。千峯照耀粧珠玉。箇箇奇景動幽興。無乃山靈娛遠客。爇薪灸衣古長城。客堂新泥星漏屋。

후반부에서는 눈 폭풍 속에 넘는 노령 고개의 험난한 여정을 자세하게 묘사하고 있다. 먼저 먹구름이 짙게 깔리더니 이내 눈이 쏟아지듯 내리는데, 바람까지 거세게 몰아붙여 고개를 들 수 없고 앞뒤를 분간할 수 없으니 이런 재앙이 따로 없다는 것이다. 눈보라를 몰아오는 바람소리는 모든 골짜기에서 생황을 불어대고 종소리가 울려 퍼지는 듯하다고 한다. 그러나 잠시 후 일순간에 내린 눈으로 하늘과 땅이 은빛 세상으로 바뀌어 주옥으로 단장한 새로운 세상이 나타난 것이다. 하느님의 도술(道術)인가 산신령의 마술(魔術)이라고나 할까? 조물주는 눈보라의 재앙 끝에 이토록 아름다운 눈에 덮인 은세계(銀世界)를 보여 주려고 일부러 눈폭풍을 몰아치게 한 것이라는 것이다. 이런 홀연홀몰(忽然忽沒)하는 절경은 여행 중의 나그네가 아니면 도무지 맛볼 수 없는 모습이라고 한다. 이렇게 일희일비(一喜一悲)하는 악전고투 끝에 노령고개를 넘어 목적지인 장성 여관에 도착한다. 급히 장작불을 피워 옷을 말리고 저녁밥을 먹고 객방에 누웠더니 별빛이 창문을 통해 스며든다고 묘사하고 있다.

旌碑突兀外邊路
정 비 돌 올 외 변 로
潘婦勁節令人式
반 부 경 절 령 인 식
倚天無等望中出
의 천 무 등 망 중 출
朝日照之分縷脉
조 일 조 지 분 루 맥
他時莫作生客看
타 시 막 작 생 객 간
會待秋風蠟我屐
회 대 추 풍 랍 아 극
笑語供罷餘杭人
소 어 공 파 여 항 인
嘿坐燈前記所歷
묵 좌 등 전 기 소 력
曲直溪山六十里
곡 직 계 산 육 십 리
長短畵屛三百疊
장 단 화 병 삼 백 첩

(→ 10일, 89~98행)

高堂生目歸意忙
고 당 생 목 귀 의 망
屈指餘程早發夕
굴 지 여 정 조 발 석
錦城城南江可憐
금 성 성 남 강 가 련
月出迎人好顔色
월 출 영 인 호 안 색
行行忽憶去年約
행 행 홀 억 거 년 약
暮宿茅山處士室
모 숙 모 산 처 사 실
茅山處士何所爲
모 산 처 사 하 소 위
杜門讀書人謂拙
두 문 독 서 인 위 졸

(→ 11일, 99~106행)

정문(旌門)과 비석(碑石)은 외변로(外邊路)[54]에 우뚝하니
반씨댁(潘氏宅) 며느리의 굳은 절개[55]는 예(禮)를 갖추게 하네.
크고 웅장한[56] 무등산(無等山)[57]은 시야(視野) 속아 솟아올라
아침 햇살이 비추자 능선들이 실타래처럼 갈라지네.

나중에는 낯선 나그네 되어 바라보지만 않을 것이고
가을바람 불기를 기다려 내 나막신에 밀칠하고[58] 오르리라.
여항(餘杭)[59] 사람들과 담소를 마친 뒤
말없이 등불 앞에 앉아 지나 온 길을 더듬어보네.
굽었다 곧은 시내와 산길이 육십 리요
길고 짧은 그림의 병풍이 삼백 첩을 지난 듯하네

(→ 10일, 89～98행)

부모님이 눈에 선해 돌아갈 마음 바쁘니
남은 여정 손꼽아 헤아려보며 일찍 숙소(宿所)를 떠났네.[60]
금성(錦城)[61] 성의 남쪽 강물은 예쁘기만 하고
월출산(月出山)[62]은 아름다운 낯빛으로 사람을 맞아주네.
길을 가다가 문득 지난해의 약속을 생각하고
날 저물자 모산(茅山)[63]의 처사(處士) 집에서 묵었네.
모산 처사는 어찌하고 계시는지
문을 닫고 책만 읽는데 사람들은 쓸모없다고 말한다오.

(→ 11일, 99～106행)

---

54) 自註) : '외변로(外邊路)' 3자는 지명(地名)이다.

55) 潘婦勁節(반부경절) : 반씨댁(潘氏宅) 최씨 부인(崔氏婦人)의 굳은 절개. 현 전라남도 장성군 서삼면 송현리 내연마을에는 최씨 부인의 정절을 기리는 자연석으로 된 비석이 있으며, 이 마을 반씨 집으로 시집 온 최씨 부인이 임진왜란 당시 왜군의 겁탈에 항거하며 죽음으로 절개를 지킨 것을 기리는 내용이 적혀 있음.

56) 倚天(의천) : 의천발지(倚天拔地). 하늘에 기대어 서고 땅을 짚고 일어선다는 뜻으로, 매우 크고 웅장함을 형용한 말.

57) 自註) : 무등(無等)은 지명(地名)이다.

58) 蠟我屐(납아극) : 납극(蠟屐). 나막신에 밀을 칠함. 진(晉)나라 원부(阮孚)가 한가로이 나막신에 밀을 칠한 고사에서, 유유자적한 생활을 이르는 말.

59) 自註) : 여항(餘杭) 두 글자는 지명(地名)이다.

60) 發夕(발석) : 유숙한 곳에서 떠남.

61) 錦城(금성) : 현 전라남도 나주시의 옛 이름.

62) 自註) : 월출(月出)은 산명(山名)이다. 현 전남 영암군에 있으며, 기암괴석이 많아 남쪽의 소금강(小金剛)이라 불림.

63) 自註) : 모산(茅山)은 지명(地名)이다. 현 전라남도 영암군 신북면에 있음.

【해설】

열흘째 날은 장성을 출발하여 무등산 근방 여항(餘杭)에서 숙식하며 지난 열흘간의 여정의 자취를 더듬어보는 내용이다. 아침에 장성 객관(客館)을 나서서 길을 가다가 마을 어귀에 선 붉은 정문(旌門)과 비석을 보게 된다. 정려(旌閭)의 주인공은 반씨댁(潘氏宅) 며느리인 최씨(崔氏) 부인이다. 임진왜란 당시 왜병들의 겁탈에 항거하다가 죽음으로써 절개를 지킨 것을 상상하니, 그 높은 절의가 보는 이로 하여금 절로 머리를 숙이게 한다. 잠시 예를 표하고 장성을 벗어나니 동남쪽으로 우뚝 솟은 무등산과 아침 햇살에 빛나고 있는 무등산이 거느리고 있는 수많은 산자락들이 눈에 들어온다.

지금은 바쁜 길이니 그냥 지나치지만 올 가을에는 꼭 한 번 여유롭게 저 산을 올라가 보리라고 다짐한다. 걸음을 재촉하여 하루를 다시 걸어 여항에서 여장을 푼다. 주위 사람들과 간단하게 담소를 나눈 뒤 묵묵히 등불 앞에 앉아 지나온 여정을 떠올려 본다. 오늘만 해도 넓고 좁은 시냇물과 굽이굽이 산길을 돌아온 것이 육십 리 길이다. 지나온 풍경들을 그림으로 그렸다면 삼백 폭 병풍에 담을 것이리라. 점점 고향 해남에 가까이 다가갔음을 느끼게 하는 시상이다.

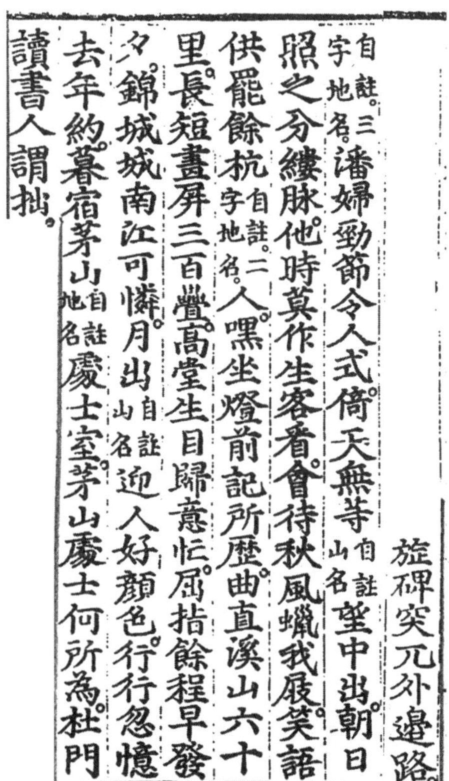
旌碑突兀外邊路。自註三字地名潘婦勁節令人式。倚天無等自註山名望中出。朝日照之分縷脉。他時莫作生客看。會待秋風蠟我屐。笑語供罷餘杭自註二字地名人。嘿坐燈前記所歷。曲直溪山六十里。長短畫屏三百疊。高堂生日歸意忙。屈指餘程早發夕。錦城城南江可憐。月出自註山名迎人好顏色。行行忽憶去年約。暮宿茅山自註地名處士室。茅山處士何所爲。杜門讀書人謂拙。

열 하루째 날은 부모님이 눈에 삼삼하고 고향이 얼마 남지 않아 밤부터 출발을 서

두른다. 나주를 지나 월출산을 지나고 모산(茅山)에서 마지막 밤을 지나면 고향에 이르게 된다. 고향에 다가올수록 눈에 익은 산천들이 반겨주는 듯하다. 그런데 모산에서는 지난해에 다시 오마하고 약속했던 처사의 집이 문득 생각난다. 그 처사는 어떤 사람인가. 두문불출하고 책만 읽는 선비인지라 마을 사람들로부터 쓸모없는 사람이라고 핀잔을 받고 있는 사람이다. 과시(科試)를 공부하는 것도 아니고 오직 수양과 수신을 위해 책을 읽는 것이니 '남산골샌님'처럼 옆 사람들이 그 처사의 공부를 알아 줄 리 만무하다. 그러나 고산 자신만은 그 선비를 높게 평가하고 있음을 알 수 있다.

淸晨繫馬月南寺
청 신 계 마 월 남 사

堂有畵佛庭有塔
당 유 화 불 정 유 탑

暝渡雙橋雨淋腦
명 도 쌍 교 우 림 뇌

雲暗幽谿費墒埴
운 암 유 계 비 적 식

少焉又聞松檜鬧
소 언 우 문 송 회 료

西南大風飜坤軸
서 남 대 풍 번 곤 축

簸冠凍骨百不辭
파 관 동 골 백 불 사

但願重雲一掃撤
단 원 중 운 일 소 철

到得家前夜已久
도 득 가 전 야 이 구

門外宿鳥驚剝啄
문 외 숙 조 경 박 탁

小弟踉蹡越門限
소 제 양 장 월 문 한

季妹婭奼語羅幕
계 매 아 타 어 라 막

倚閭陟岵今幾時
의 려 척 호 금 기 시

疾病飢寒疑始釋
질 병 기 한 의 시 석

幽人從此莫遠遊
유 인 종 차 막 원 유

遠遊亦勿過時復
원 유 역 물 과 시 복

(→ 12일, 107～122행)

맑은 새벽 월남사(月南寺)[64]에 말을 매니

법당(法堂)에는 화불(畵佛)이 있고 뜰에는 탑이 있네.

저물어 쌍교(雙橋)[65]를 건너는데 빗방울이 머리에 떨어지고

먹구름 어두운 깊은 시내에 진흙이 질퍽거리네.

잠시 후 또 소나무 전나무 흔들리는 소리 시끄럽게 들리더니

서남쪽에서 불어오는 큰 바람이 지축을 뒤흔드네.

갓을 까불리고 뼈를 얼려도 백 번 마다하지 않겠으나

다만 겹겹이 싸인 구름만은 한 번에 쓸어버리고 싶네.[66]
집 앞에 이르자 밤은 이미 깊었고
문 밖에서 자던 새도 놀라게 문을 똑똑 두드리니,[67]
작은 아우 비틀거리며[68] 문지방을 넘어오고
막내 여동생 아양 떨며[69] 비단 휘장 속에서 웅얼거리네.
부모의 자식 기다림[70]과 자식의 부모 그리는 마음[71]이 지금까지 얼마인가?
질병과 기한이 비로소 풀린 듯하네.
유인(幽人)[72]들이여! 이제부터 먼 데로 노닐지 말고
멀리 노닐거든 때를 넘겨 돌아오지 마시게나.

(→ 12일, 107～122행)

64) 自註) : 월남사(月南寺)는 절 이름[寺名]이다. 현 전라남도 강진군 성전면 소재.
65) 自註) : 쌍교(雙橋)는 다리 이름[橋名]이다.
66) 自註) : 먹구름에 길이 어두워 가기가 매우 어려웠으므로 이런 생각을 한 것이다(雲黑路暗, 行邁甚艱, 故有此意).
67) 剝啄(박탁) : 의성어. 방문객의 발소리나 문을 두드리는 소리.
68) 踉蹡(양장) : 갈지자로 비틀거리며 걷는 모양. 걸음이 느린 모양.
69) 婭姹(아타) : 요염한 자태를 형용하는 말. 아양 떠는 소리.
70) 倚閭(의려) : 의려지망(倚閭之望). 의문(倚門). 부모가 문에 기대어 자식이 돌아오기를 애타게 기다림.
71) 陟岵(척호) : 아버지를 그리워함을 이르는 말. 『시경(詩經) 위풍(魏風)』 <척호편(陟岵篇)>.
72) 幽人(유인) : 은사(隱士). 은거하는 사람.

【해설】

월 이튿날 째 마지막 날 여행의 기록이다. 전반부에서는 전날의 숙소인 모산을 출발해서 집에 이르기까지의 여정을 제시한다. 강진의 월남사에 들려 잠시 쉬면서 가람의 이모저모를 구경한다. 묘사는 간단하게 법당의 화불과 마당 가운데 탑이 서 있다고 한다. 강진만을 돌아 해남으로 길을 잡는데 벌써 날이 저물고 쌍교에 이르자 비가 내려 진흙이 질퍽거린다. 비만 내리는 것이 아니라 바람까지 세차게 불어 갓이 벗겨지고 한겨울 비바람에 한기가 뼛속 까지 스민다. 설상가상으로 짙은 구름이 끼어 앞길을 분간할 수 없다. 마음은 벌써 고향집에 다 왔는데 날씨가 짓궂게 하니 짜증이 난다. 고향집이 지척인데 자꾸 길이 더디어지니 원망스럽기 까지 해 구름이라도 한 번 휘저어 쓸어버리고 싶다고 한다.

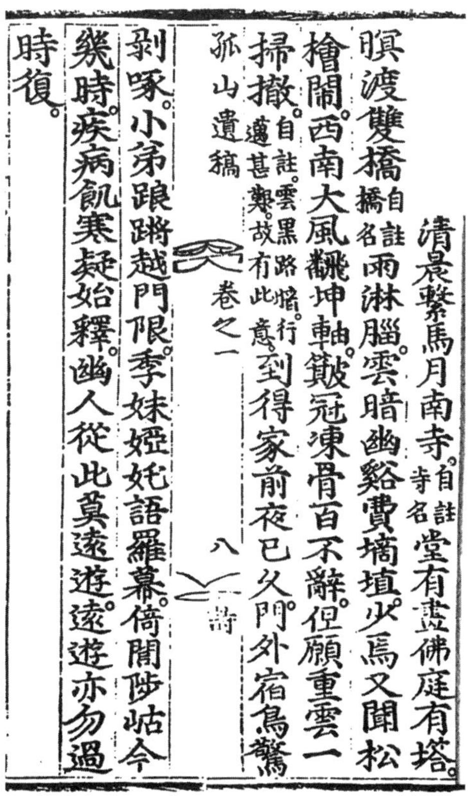

清晨繫馬月南寺。自註寺名 堂有盡佛庭有塔。
暝渡雙橋自註橋名 雨淋腦。雲暗幽谿費墻埴少焉又聞松
檜鬧。西南大風飜坤軸。皺冠凍骨百不辭。但願重雲一
掃撤。自註。雲黑路暗。行邁甚艱。故有此意。到得家前夜已久。門外宿鳥驚
孤山遺稿 卷之一 八 詩
剝啄。小弟踉蹡越門限。季妹娙奼語羅幕。倚閒陟岵今
幾時。疾病飢寒疑始釋。幽人從此莫遠遊。遠遊亦勿過
時復。

후반부에서는 당도한 해남 고향집에서의 상봉의 장면과 감회를 묘사하고 있다. 시작은 대문에서부터다. 잠든 새들도 깨날 만큼 대문을 똑똑 두드린다. 식구들이 놀라 허둥지둥 반기는 모습을 묘사하는데, 대표적으로 어린 남동생과 여동생의 모습을 그리고 있다. 어린 남동생은 잠결에 비틀거리며 문지방을 넘어오고, 막내 여동생은 반갑기는 하나 수줍어서 선뜻 나오지 못하고 이불 속에서 아양을 떨며 웅얼거리만 하고 있다. 무엇보다도 헤어져 있는 동안 부모로서 자식을 기다리고, 자식으로서 부모를 그리워한 마음들은 얼마였는가를 헤아려 본다. 그리고 이렇게도 반기는 부모와 가족들을 보니 지금까지 한양에서 해남까지 천 리 길을 열흘 넘게 걸어온 고생들이 눈 녹듯이 사라짐을 느낀다는 것이다. 마지막 2행은 결사로서의 의미를 지니고 있는데, 밤이 깊어 집에 당도하지 말라는 것이 아닌, 가족들과 오랫동안 헤어져 있지 말라는 뜻으로 풀이된다. 설령 멀리 헤어져 있더라도 너무 오래되지는 말고 적당한 기일이 되면 집으로 돌아가 가족들과 함께 하라는 의미이다.

수원(燧院)[1]의 벽 위의 시에 차운하다

次燧壁上韻
차 수 벽 상 운

節當流火別山庄
절 당 유 화 별 산 장
千里歸時雪滿裳
천 리 귀 시 설 만 상
何日脫身於世路
하 일 탈 신 어 세 로
閑看天地替陰陽
한 간 천 지 체 음 양

7월[2] 절기(節氣)를 당해서 산장(山庄)을 떠났더니[3]
천 리 길 돌아갈 때에는 흰 눈이 옷에 가득하네.
어느 날에나 세상길에서 몸이 벗어나
천지(天地)의 음양(陰陽)이 바뀌어 감을 한가로이 볼거나.

1) 燧院(수원) : 전라남도 영암군 북쪽 25리에 있었던 역원(驛院).
2) 流火(유화) : 대화성(大火星)이 음력 7월에 서쪽으로 옮겨감을 이르는 말. 7월의 더위가 물러가고 가을이 다가올 때를 이르는 말로 쓰임.
3) 신해년(辛亥年, 1611년, 25세)에 고산은 서울에서 전라남도 해남으로 돌아감.

【해설】

형식은 7언 절구다. 앞의 시 「남귀기행(南歸記行)」에서 시상(詩想)이 이어지는 시다. 전반부 1·2구에서는 긴 시간 동안 먼 거리를 바쁘게 다녔음을 다잡아 쓰고 있다. 곧 지난 7월 여름부터 눈이 오는 겨울에 이르기까지 먼 길을 다녔음을 계절 배경의 변화를 통해 쓰고 있다. 지금이야 고속철도와 버스가 있으니 한나절이면 당도할 수 있는 서울에서 해남까지의 거리이지만, 당시에는 짧게는 10일에서 15일 이상을 말을 타거나 걸어가야 하는 거리이다. 그것도 따뜻한 계절이 아닌 눈보라가 몰아치는 추운 겨울에 먼 거리를 왕복해야 하는 것은 보통의 일이 아닐 수 없다. 이유야 어떻든 가야만 하는 길이었고 만만치 않은 여정인 것이다.

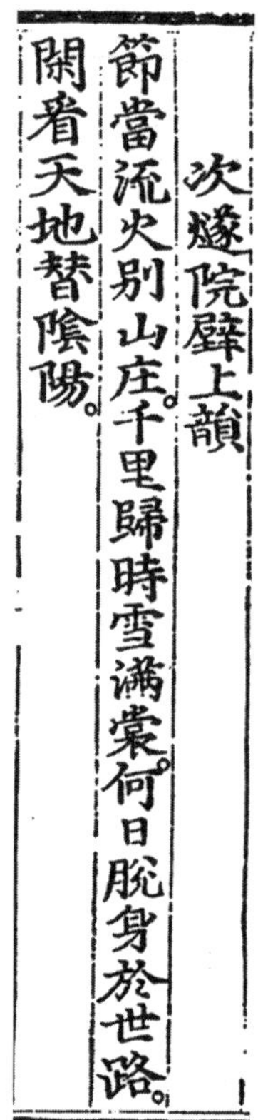

次燧院壁上韻

節當流火別山庄。千里歸時雪滿裳。何日脫身於世路。

閒看天地替陰陽。

후반부 3·4구에서는 그러한 자신의 세사에 얽매여 바쁘게 움직여야 했던 지난 몇 달 간의 행적을 돌아보면서 자신이 살고자 하는 생활의 모습을 제시하고 있다. 곧 세사(世事)에 얽매이지 않고 한가롭게 살아가면서 봄 여름 가을 겨울의 절기가 바뀌어 감을 여유 있게 바라보고 느낄 수 있는 생활을 하고 싶다는 것이다. 우리가 흔히 바쁘게 살 때, '시간 가는 줄 몰랐다.'고 하는 표현이 여기에 해당한다 하겠다. 행복할 때와 불행할 때의 시간의 흐름에 대한 인식은 다르다. 그러나 이 시에서는 행복과 불행에 의한 양분법이 아니라 절기가 변하고 철 따라 변화하는 새싹과 푸른 녹음과 붉은 단풍, 그리고 눈에 덮인 하얀 세상의 경물을 완상(玩賞)할 수 있는 시간적인 여유로운 생활을 하고 싶다는 마음을 표현하고 있는 시다. 주 내용은 바쁜 일상에서 벗어나 여유롭게 살아가고 싶은 마음이다.

장수재(張秀才)의 서신에 답하다

答張秀才書 / 壬子
답 장 수 재 서

/ 임자년(壬子年, 1612년. 광해군 4. 26세)

- 張書五字押韻 其中有曰, '采采芙蓉花 非公誰第一' 又
장 서 오 자 압 운 기 중 유 왈 채 채 부 용 화 비 공 수 제 일 우
曰, '想無場中饌 送我庭中啄 云云.'
왈 상 무 장 중 찬 송 아 정 중 탁 운 운

- 장수재(張秀才)가 보내 온 서신에 오언시가 있었는데, 그 중 「아름다운 부용꽃,[1] 공이 아니면 누가 제일이리요?」라고 한 것이 있고, 또 「장중(場中)에 찬이 없을 것이라 생각하고, 나의 뜰에 모이 쪼아 먹고 있는 닭을 보내노라.」라고 하였다.

芝眉久不接
지 미 구 부 접
思想分外別
사 상 분 외 별
動靜今何如
동 정 금 하 여
流火正爍玉
유 화 정 삭 옥
龍鐘侍親闈
용 종 시 친 위
無恙奉几席
무 양 봉 궤 석
頃得草袍榮
경 득 초 포 영
斯須樂耳目
사 수 락 이 목
雨露及淺根
우 로 급 천 근
激烈歌爾極
격 렬 가 이 극
少無求名意
소 무 구 명 의
前言君可憶
전 언 군 가 억
況乃荒拙語
황 내 황 졸 어

誰使人擊節
수 사 인 격 절
第二而過望
제 이 이 과 망
君何願第一
군 하 원 제 일
隻鷄十行書
척 계 십 행 서
感君意松栢
감 군 의 송 백
世故喜掣(철)肘
세 고 희 주
松關迄未啄
송 관 흘 미 탁
聊將願言懷
료 장 원 언 회
萬一付短筆
만 일 부 단 필
惟尊心諒之
유 존 심 양 지
若爲盡書札
약 위 진 서 찰
七月十三日
칠 월 십 삼 일
相識紅塵客
상 식 홍 진 객

귀한 얼굴[2] 오랫동안 보지 못하고
특별했던 이별을 생각합니다.
요사이 근황(近況)은 어떠하신가요?
7월[3]의 더위는 바로 옥(玉)도 녹일 듯합니다.
(저는)연로(年老)하신[4] 부모님[5] 모시고
별 탈 없이 부모님 계신 자리[6]를 받들고 있습니다.
요새 초포(草袍)의 영예[7]를 얻었으니
남의 평판(評判)[8]이나마 즐겁습니다.
(그러나)비와 이슬은 얕은 뿌리를 적시는 것뿐이니
훙분한 감정을 노래로 더듬거린[9] 것일 뿐입니다.
(제가)어릴 때부터 명예를 구할 뜻이 없다고

예전에 한 말을 그대는 기억할 것입니다.
하물며 거칠고 졸렬한 말루
누가 사람들로 하여금 감탄(感歎)[10]케 하겠습니까?
둘째가는 것도 지나친 바램인데
그대께서는 어찌하여 일등하기를 원합니까?[11]
(그대가 보내 준)닭 한 마리[12]와 열 줄의 글
그대의 송백(松柏)[13]같은 뜻에 감사드립니다.
사람들은 방해하기[14]를 좋아하는데
아직 벼슬길[15]은 두드리지도 못했습니다.
애오라지 심회(心懷)를 말씀드리고 싶어
만분의 일이나마 졸렬한 문필로 부쳐 보내드리오니
오직 높으신 마음으로 해량(海諒)하시기 바랍니다.
어찌 서찰로 다하겠습니까?
7월 13일에
서로 잘 아는 번거롭고 속된 세상의 나그네로부터

---

1) 采采芙蓉花(채채부용화) : 아름다운 부용꽃. 본문에서는 좋은 시문을 이르는 말.
2) 芝眉(지미) : 영지(靈芝)처럼 난 눈썹. 편지에서 상대방의 얼굴을 높여 부르는 말.
3) 流火(유화) : 대화성(大火星)이 음력 7월에 서쪽으로 옮겨감을 이르는 말로 본문에서는 늦더위를 이르는 말.
4) 龍鐘(용종) : 노쇠한 모양. 연로한 모양.
5) 親闈(친위) : 부모가 있는 내실. 전의되어 부모나 시부모를 이르는 말로 쓰임.
6) 几席(궤석) : 안석과 방석. 또는 자리.
7) 草袍榮(초포영) : 지식이나 학식이 없는 사람이 얻은 영예. 초포(草袍)는 초포(草包)의 뜻으로, 풀이나 짚을 담는 가마니. 곧 재주와 학식이 없고 행실이 거친 사람을 비유하는 말. 이 시를 지은 해(壬子年, 1612년, 26세)에 고산은 한양에 있으면서 봄에 진사시(進士試)에 일등으로 합격한 것을 말함.
8) 耳目(이목) : 본문에서는 남의 주의나 관심을 의미. 복시(覆試)에 써낸 「모설방고산(冒雪訪孤山)」 시가 세상에 유명해진 것에 대한 겸손의 표현.
9) 爾極(이극) : '극(極)'은 '말을 더듬거린다'의 의미.
10) 擊節(격절) : 감탄하면서 매우 칭찬함.
11) 서언에서 인용한 글에서 장재수가 고산에게 「공이 아니면 누가 제일이리요?(非公誰第一)」이라고 한 것에 대한 겸사의 답문.

12) 隻鷄(척계) : 척계두주(隻鷄斗酒). 닭 한 마리와 술 한 말. 단출하게 차린 술과 안주를 이르는 말. 척계준주(隻鷄樽酒). 본문에서는 고산이 초시와 복시에 합격한 것에 대한 축하의 뜻으로 장재수가 보내 준 선물을 말함.
13) 松柏(송백) : 소나무와 잣나무[松柏]는 일반적 의미의 지조나 절개의 의미가 아니라, '송백지무(松柏之茂 ; 늘 푸르고 싱싱함을 비유)'로 변함없는 우의(友誼)을 말함. 『詩經, 小雅』 天保에 「如松柏之茂, 無不爾或承」.
14) 掣肘(철주) : 팔꿈치를 끌어당김. 곧 곁에서 방해함. 견제함.
15) 松關(송관) : 사립문. 은거지를 암시하기도 하나, 본문에서는 문맥상 '험난한 벼슬길로 들어서는 관문'으로 해석. 원(元)나라 야율초재(耶律楚材)의 <過憂國新安縣詩>에 「昔年今日渡松關, 車馬崎嶇行路難」.

【해설】

형식은 전문 26구의 5언 고시다. 고산의 한시 375여 수중에서 그의 죽마고우이자 지기(知己)였던 장자호(張子浩 ; 張秀才)가 표제어에 나타난 것만으로도 5수이다. 그 만큼 가깝게 지내면서 어떤 때는 형편상 헤어져 떨어져 있기도 하고, 함께 유람하기도 하고, 또는 장자호가 참석 못하면 대신 유람하기도 하면서 서로를 독려하고 추켜 세워주면서 정신과 학문의 발전을 도모하는 견인차 역할을 했던 것으로 여겨진다. 본 작품 역시 친구에게 답하는 편지투의 시로 26구의 5언 고시다. 이 시를 지어 보낼 때가 고산이 26세였고, 장자호와는 17세 때 만났으며 청렴결백하고 우정 깊은 얼굴이 흰 천재소년 장자호와의 인연이 10년 동안 지속되고 있음을 알 수 있다. 또 친구간에 마음 씀씀이를 알 수 있으며, 서로 간 감사와 그리운 마음을 담고 있음을 읽을 수 있다. 고산의 나이 26세 때의 작품이다.

먼저 서두에서(1~6행) 헤어진 후 만나지 못하는 아쉬운 마음과 간단하게 서로의 근황을 묻고 있다. 7월의 늦더위가 대단한 가운데 자신도 부모님을 모시고 별 탈 없이 잘 지내고 있음을 말하고 있다. 이어 7~10행에서는 자신이 근간에 초시(初試) 진사시에 급제한 것과 복시(覆試)에서 지은 시문「모설방고산(冒雪訪孤山)」시가 세상에 유명해진 것을 겸사(謙辭)로 알리고 있다. 그러나 그 시도 비와 이슬처럼 얕은 뿌리나 겨우 적실 정도여서 과분한 평판을 받고 있다는 것으로, 서투른 문장으로 '더듬거린 것'일 뿐이라고 한다.

11~14행에서는, 그러나 이 시 역시 본인이 어려서부터 벗 장수재에게 누차에 걸쳐 말했듯이 명예를 구하려고 한 것이 아님을 말하고 있다. 거칠고 졸렬한 말을 한 것인데 우연히 사람들이 무릎을 치고 감탄하고 있다는 것이다. 이어 15~18행에서는 시의 서문에 인용하고 있듯이 벗 장수재가 본인에게 '세상에서 제일'이라고 극찬한 것에 대해 '둘째가는 것도 지나친 바람'이라고 하면서 다시 겸사를 하면서, 축하의 뜻을 전해 온 것에 대해 사의(謝意)를 표하고 있다. 고사를 인용한 것이지, 꼭 닭 한 마리를 보내주

었다는 것은 물론 아니다. 그러면서 변함없는 장수재의 우정[松柏]에 대해서 다시 한 번 감사해 하고 있다.

19~24행에서는 이제 과거에 합격했으니 자신이 벼슬살이 할 것을 전제로 하고, 환해(宦海)의 어려운 풍파를 '세상의 인심이 헐뜯고 방해하기를 좋아하니' 걱정된다는 것과, 아직 벼슬길에는 들어가지도 못했다는 것을 말하고 있다. 본문에서 시어 '송관(松關)'의 의미를 '은거지'로 해석함은 문장의 맥락상 앞뒤가 맞지 않는다. 따라서 '우국(憂國)'의 뜻이 가미된 환해풍파(宦海風波)의 세계로 들어간다는 의미로 해석함이 옳다. 이어 벼슬살이를 앞 둔 마당에 벗 장수재에게 할 말이 무척 많은데, 짧은 답장의 편지와 필력이 모자라 다하지 못함을 아쉬워하고 있다. 만분의 일도 다 쓰지 못하는 자신의 마음을 널리 해량하여 달라고 쓰고 있다.

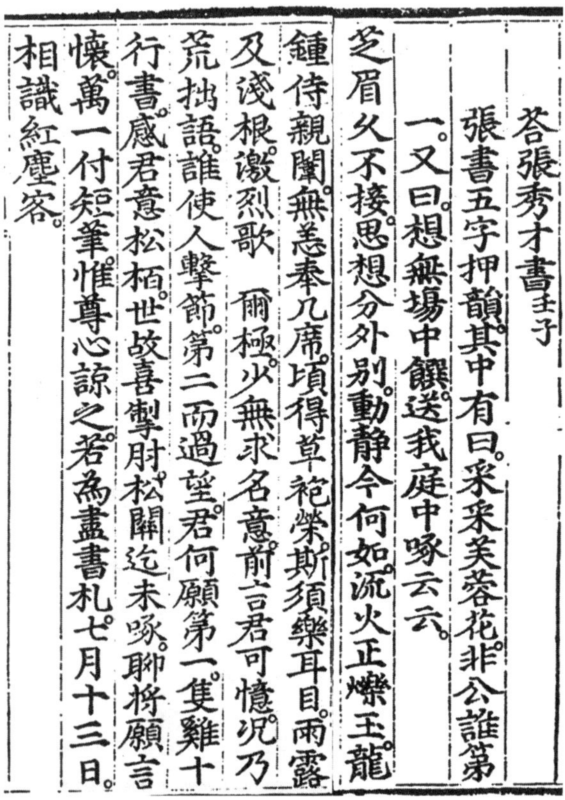
答張秀才書壬子
張書五字押韻。其中有曰。釆釆芙蓉花。非公誰第
一。又曰。想無塲中饌。送我庭中啄云云。
芝眉久不接。思想分外別。動靜今何如。流火正爍玉。龍
鍾侍親闈。無恙奉几席。頃得草花榮。斯須樂耳目。雨露
及淺根。激烈歌 爾極少。無求名意。前言君可憶。况乃
荒拙語。誰使人擊節。第二而過望。君何願第一。隻雞十
行書。感君意松栢。世故喜掣肘。松關迄未啄。聊將願言
懷。萬一付短筆。惟尊心諒之。若爲盡書札。七月十三日。
相識紅塵客。

마지막 25~26행에서는 편지를 쓴 일시와 필자 자신을 '홍진의 나그네[紅塵客]'라고 표현하여 다시 한 번 겸사로 마무리하고 있다. 주 내용은 벗의 축하의 글에 대한 답신으로 쓴 편지투의 시로 감사와 겸사의 내용이다.

날이 갠 것을 기뻐하여

喜晴 / 同年
희 청

/ 같은 해(壬子年, 1612년. 광해군 4. 26세)

春王正月歲壬子
춘 왕 정 월 세 임 자
雨雪連旬陰氣獰
우 설 연 순 음 기 영
日月隱沒物皆晦
일 월 은 몰 물 개 회
雲霧痞塞天彭脝
운 무 비 색 천 팽 형
夾鐘吹灰蓂五凋
협 종 취 회 명 오 조
北來高風誰使令
북 래 고 풍 수 사 령
幽人曉起拭兩目
유 인 효 기 식 양 목
境落褰擧乾坤淸
경 락 건 거 건 곤 청
俄然東嶺出曦御
아 연 동 령 출 희 어
閭巷老弱先覩爭
여 항 노 약 선 도 쟁
宇內氣象何所似
우 내 기 상 하 소 사
大亂之餘遭太平
대 란 지 여 조 태 평
叢叢萬類悅者幾
총 총 만 류 열 자 기
不暇細說吾略評
불 가 세 설 오 략 평
懸鶉背上得朝陽
현 순 배 상 득 조 양
翁媼共賀綿襖生
옹 온 공 하 면 오 생
歡顔何用突兀屋
환 안 하 용 돌 올 옥
破廬牀乾聞鼾聲
파 려 상 건 문 한 성
農夫往田耒耜便
농 부 왕 전 뢰 사 편
行客登途車馬輕
행 객 등 도 차 마 경

汲泉處處濯衣裳
급 천 처 처 탁 의 상

布席家家乾粟秔
포 석 가 가 건 속 갱

霧捲埃宿起棹謳
무 권 애 숙 기 도 구

山明水麗添遊情
산 명 수 려 첨 유 정

道人晒藥架邊立
도 인 쇄 약 가 변 립

樵父腰鎌林下行
초 부 요 겸 림 하 행

深堂病夫亦灑然
심 당 병 부 역 쇄 연

揭簾高枕神魂醒
게 렴 고 침 신 혼 성

仙鶴飄飄不愁濕
선 학 표 표 불 수 습

振翮雙飛天外鳴
진 핵 쌍 비 천 외 명

起訪階前桃李樹
기 방 계 전 도 리 수

南枝北枝芳意萌
남 지 북 지 방 의 맹

俯瞰庭中綠萋萋
부 감 정 중 록 처 처

寸草共被春暉榮
촌 초 공 피 춘 휘 영

皇天捲雨有何勞
황 천 권 우 유 하 로

而使六合歡意盈
이 사 륙 합 환 의 영

嗚呼
오 호

不獨六合歡意盈
불 독 륙 합 환 의 영

天色安寧天氣亨
천 색 안 녕 천 기 형

임자년(壬子年) 정월[1] 봄은

눈비가 열흘이나 계속 되어 음기(陰氣)[2]가 사나웠네.

해와 달이 사라지고 만물이 다 어둡고

구름 안개가 한 곳에 몰려[3] 꽉 막히고 하늘은 부풀었네.[4]

2월[5]이라 절기(節氣)가 변하고[6] 명협(蓂莢)[7] 잎이 다섯 잎이나 졌는데도[8]

북녘에서 불어오는 센 바람은 누가 시켰는가?
유인(幽人)이 새벽에 일어나 두 눈을 씻고 바라보니
경계에서 떨어진 외진 곳에도 높이 들린 하늘과 땅은 맑도다
잠깐 사이에 동쪽 산마루 해가 솟아오르자
마을 거리에서는 노인과 아이들이 먼저 보려고 다투네.
우주의 기상은 무엇과 흡사한가?
큰 난리 뒤에 태평성대을 만난 듯하네.
빽빽한 삼라만상 중에 기뻐할 자는 몇일까?
자세히 말할 겨를 없으니 내가 대략 평하리라.
해진 옷 걸친[9] 등 위에 따뜻한 아침볕을 얻으니
노인들은 솜옷 생겼다고 함께 기뻐하네.
기쁜 얼굴로 어찌 우뚝 솟은 집[10]에 앉아만 있으리오?
허물어진 집 높다란 침상에 코고는 소리 들리네.
농부는 밭에 나가 농삿일[11]을 바로 시작하고
나그네는 길에 오르니 마차소리 경쾌하네.
곳곳에서 우물 길어 옷을 빨고
집집마다 멍석 펼쳐 곡식을 말리네.
안개 걷히자 먼지 잦아들고 뱃노래 들리기 시작하니
산도 밝고 물도 아름다워 노닐 마음이 더해지네.
도인(道人)은 선약(仙藥)을 말리려고 시렁 가에 서 있고
나무꾼은 낫을 차고 숲으로 가네.
깊은 방의 병든 이도 또한 씻은듯하여
발을 걷고 고침(高枕) 베니 정신이 깨는구나.
선학(仙鶴)은 훨훨 날아 날개 젖을 근심 없이
날개 치며 쌍쌍이 날아 하늘 밖에서 우네.
일어나서 섬돌 앞 도화(桃花) 이화(李花)를 찾으니
남쪽가지 북쪽가지 꽃 피우려 싹이 트네.

뜰을 굽어보니 푸른 풀은 무성하고
작은 풀도 봄볕의 광영(光榮)을 입었구나.
하늘이 비 거둠에 무슨 수고 있으랴
천지사방에 기쁨이 가득하도다.
아!
천지사방에 기쁨이 넘칠 뿐만 아니라
하늘빛도 평안하고 하늘 기운도 형통하도다.

---

1) 春王(춘왕) : 정월(正月)을 이르는 말. 춘추(春秋)에 수록된 노(魯)나라 12공(公)의 원년(元年)에 모두 춘왕정월(春王正月)이라 쓴 것에서 유래.
2) 陰氣(음기) : 어둡고 침침하거나 쌀쌀한 기운.
3) 痞塞(비색) : 기혈 따위가 한 곳에 몰려 통하지 않음.
4) 彭脝(팽형) : 팽창함. 또는 팽창한 모양.
5) 夾鐘(협종) : 십이율(十二律)의 하나. 음률(音律)에 속하며, 십이지(十二支)의 묘(卯), 십이월(十二月)의 2월.
6) 吹灰(취회) : 절기(節氣)가 변하는 것을 이르는 말. 옛날에 갈대[葭]를 태운 재를 율관(律管)에 채워두고서, 재가 바람에 날리는가를 살피어 절기를 측정한 데에서 유래한 말.
7) 협(莢) : 명협(蓂莢). 요(堯)임금 때 났다는 전설상의 상서로운 풀. 초하루부터 보름까지 하루에 한 잎씩 났다가, 열엿새부터 그믐까지 한 잎씩 떨어지고, 작은 달에는 마지막 한 잎이 시들기만 하고 떨어지지 않았다 함. 이것으로 날짜를 계산했음으로 역협(曆莢)이라고도 함.
8) 五凋(오조) : 명협(蓂莢) 잎 다섯 개가 시들어 떨어짐. 즉 2월 20일이 지났음을 의미.
9) 懸鶉(현순) : 옷이 해어져 너덜너덜함을 비유하는 말. 메추라기의 털이 얼룩덜룩하고 꽁지에 털이 없는 모습이 마치 해진 옷을 입은 듯하여 이르는 말.
10) 突兀屋(돌올옥) : 높이 솟은 집. 우뚝 솟은 집.
11) 耒耜(뇌사) : 쟁기질. 땅을 갈아 곡식을 심는 일. 곧 농사.

【해설】

형식은 38구의 7언 고시다. 선문은 내용 전개상 크게 도입과 본사와 결말의 3단 구조로 되어 있으며, 작게는 9개의 단락으로 나뉜다. 먼저 도입 부분의 첫째 단락(1～6행)에서는 절기로는 봄이 되었지만 더디게 오는 봄을 말하고 있다. 계속되는 눈비와 구름과 안개가 걷히지 않아 만물이 음산하고 하늘이 폐색(閉塞)되어 2월 하순(양력으로는 3월 말경)이 되었건만 봄이 올 기미가 보이지 않음을 통해 봄을 기다리는 마음을 노래하고 있다. 둘째 단락(7～10행)에서는, 어느 날 아침 일어나 눈을 씻고 바라보니 동쪽 산마루에 해가 오르자 하늘과 땅이 밝게 빛나고 따뜻한 봄볕이 온 천지에 가득했다. 이러한 봄을 맞이하여 즐거워하는 사람들의 모습을 '노인과 아이들이 먼저 보려고 다투기까지 한다.'고 구체적으로 묘사하고 있다. 셋째 단락(11～14행)에서는 하루아침에 변한 우주의 기상을 보고 마치 '큰 난리 뒤에 태평성대를 만난 듯하다.'고 하면서 기뻐하지 않는 자가 누가 있겠는가? 그러나 자세히 말할 길 없으니 작가 자신이 대략적으로 평하겠다고 한다. 셋째 단락 까지가 도입에 해당한다.

본사에 해당하는 15행부터는 봄을 맞이한 농촌 사람들과 자연의 모습을 구체적으로 묘사하고 있다. 넷째 단락(15～18행)에서는 추운 겨울이 지나고 따뜻한 봄볕을 받아 기뻐하고 있는 노인들의 모습을 '해진 옷'과 '솜옷'에 비유하고, 춘곤(春困)을 못 이겨 코를 골면서 낮잠 자는 모습을 제시하고 있다. 다섯째 단락(19～22행)에서는 봄 농사일을 시작하는 농부들이 모습, 경쾌한 나그네의 마차 소리, 겨우내 묶었던 빨래를 내다 빠는 빨래터 모습, 앞마당 가득히 묵인 곡식을 봄볕에 말리는 모습 등 소박하면서도 바쁘게 움직이는 농촌의 모습을 구체적으로 묘사하고 있다. 이어 여섯째 단락(23～26행)에서는 앞개에 안개 걷히자 배를 몰고 고기잡이 나가는 어부들의 모습, 이를 바라보는 이는 노닐고 싶은 춘흥(春興)이 절로 일어나며, 도사(道士)는 선약(仙藥)을 말리기 위해 시렁 가에 서성이고, 나무하러 산으로 가는 나무꾼의 모습 등이다. 일곱째 단락(27～30행)에서는 이러한 만물이 소생하고 약동하는 봄을 맞이했으니 병든 사람도 병이 낫고, 봄볕을 쐬고자 발을 걷고 높은 베개 베고 누우니 하늘 가로 날개 치며 날아가는 선학의 한가로운 정경이 눈에 펼쳐진다고 한다. 여덟째 단락(31~36행)에서는 베개 베고 누웠다가 일어나서 뜰로 내려서니 도화 이화는 가지마다 싹이 돋고 어느새 파란 풀이 무성하게 자라난 것을 보았다고 한다. '작은 풀도 봄볕의 광영을 입었다' 함은 비록 하찮은 백성들에게도 임금의 성은이 고루 미침을 중의적(重義的)으로 비유한다. 이어 우순풍조(雨順風調)함이니 이는 곧 임금의 은덕이 태평성대를 이루었다는 것이다.

결사에 해당하는 2구(37~38행)의 첫머리는 '오호(嗚呼) / 아!'의 감탄사로 시작하면서 파격을 이루는데, 시조의 기법이 가미된 것으로 여겨진다.

喜晴 同年

春王正月歲壬子。雨雪連旬陰氣擰。日月隱沒物皆晦。
雲霧痞塞天彭脝。炎鐘吹灰蕡五凋。北來高風誰使令。
幽人曉起拭兩目。境落褰擧乾坤清。俄然東嶺出曦御。

孫山遺稿 卷之一 九 詩

閭巷老弱先覩爭。宇內氣象何所似。大亂之餘遭太平。
叢叢萬類悅者幾。不暇細說吾略評。懸鶉背上得朝陽。
翁媼共賀綿襖生。歡顏何用突兀屋。破廬牀乾聞鼾聲。
農夫往田耒耜便。行客登途車馬輕。汲泉處處濯衣裳。
布席家家乾粟秔。霧捲埃宿起棹謳。山明水麗添遊情。
道人晒藥架邊立。樵父腰鐮林下行。深堂病夫亦灑然。
揭簾高枕神魂醒。仙鶴飄飄不愁濕。振翮雙飛天外鳴。
起訪階前桃李樹。南枝北枝芳意萌。俯瞰庭中綠萋萋。
寸草共被春暉榮。皇天捲雨有何勞。而使六合歡意盈。
嗚呼不獨六合歡意盈。天色安寧天氣亨。

다시 한 번 봄 기운이 천지사방에 넘친다는 것과 천색(天色)과 천기(天氣)가 평안하고 형통하다는 것으로 끝맺고 있다.

추운 겨울을 지나 봄을 맞이한 농촌과 사람과 자연의 모습을 대비 호응시키면서 봄을 맞이한 환희심(歡喜心)의 노래가 주 내용이다. 그러나 아무리 자연이 약동하고 소생하는 봄을 맞이했다손 치더라도, 정작 작가의 마음이 편치 못하면 아름다운 자연도 무의미할 수 있다. 이 시를 쓰던 해(壬子年, 1612년, 광해군 4, 26세)는 고산에게 여러 모로 인생의 행로가 바뀌는 전환점이 되는 해이다. 무엇보다도 과거 초시와 복시에 합격해서 청운지지(青雲之志)가 활짝 열린 해라는 점을 감안하면, 여느 해와 같은 예사로운 봄이 아니고 봄빛이 아니었을 것이다. 득의(得意)의 기쁨으로 바라보는 봄빛이고 새로운 각오로 새 출발을 암시하는 해라는 점을 감안하면 이 시의 의미는 남달랐을 것이다.

새벽에 길을 가며

曉行(효행) / 同年

/ 같은 해(壬子年, 1612년. 광해군 4. 26세)

恩津縣背野無際(은진현배야무제)
客子曉行無月時(객자효행무월시)
店火是非欺遠眼(점화시비기원안)
睡魔進退困勞廝(수마진퇴곤로시)
東西南北星能告(동서남북성능고)
道路橋梁馬自知(도로교량마자지)
遙想高堂秋夢覺(요상고당추몽각)
昧兒安否苦相思(매아안부고상사)

은진현(恩津縣)[1]을 뒤에 두고 나아가니 들판은 탁 트였는데
나그네는 달도 없는 새벽길을 가네.
멀리 보이는 주막 불빛은 긴가 민가 눈을 속이고
극심한 졸음은[2]는 오락가락하며 종마저 피곤하네.
동서남북은 별들이 알려주고
도로(道路)와 교량(橋梁)은 말이 저절로 알고 있네.
멀리 생각하니, 부모님은 가을 꿈에서 깨어나시어
못난 자식의 안부 생각에 마음 괴로워하시리라.

1) 恩津縣(은진현) : 현 충청남도 논산군 은진면.
2) 睡魔(수마) : 극심한 졸음을 마력(魔力)에 비유하는 말.

【해설】

전문의 형식은 7언 율시다. 새벽에 길을 떠나 끝없이 펼쳐진 은진현(恩津縣) 들판을 지나면서 감상을 적은 시다. 앞서 살펴본 「남귀기행(南歸記行)」처럼 고된 여정 속에 느끼는 괴로움을 시로 달래고 있음을 볼 수 있다. 전반부 1·2행에서는 여정의 구체적 시간과 공간 배경을 적고 있어, 은진현을 출발한 시각은 아직 동도 트기 전 새벽 별만이 반짝이는 이른 새벽임을 알 수 있다. 오늘 하루 가야할 길이 만만치 않음을 암시하고 있다. 3·4행에서는 점점 멀어지는 주막의 불빛을 묘사하여 속도감과 진행감이 나타나고, 말고삐를 붙잡고 터벅터벅 길을 가는 하인은 새벽잠이 깨지 않아 졸음을 이겨내며 힘들게 걸어가고 있는 모습을 사실적으로 그려내고 있다.

후반부 5·6행에서는 다시 동 트기 전 사방이 캄캄하다는 것을 강조하고 있는데, 동서남북의 방향은 별을 보아야 알 수 있고, 길과 다리는 말이 저절로 알고 가고 있다 하니 중국 고사 노마지지(老馬之智)를 떠올리게 한다. 3·4행이 근접 묘사라면 5·6행은 원경묘사를 통해 여정의 힘든 모습을 그려내고 있다. 7·8행에서는 문득 떠오르는 고향의 부모님을 생각한다. 노인들은 새벽잠이 없는 편이니 지금쯤 고향의 부모님도 새벽잠에 깨어나시어 멀리 떠난 자식 걱정을 하고 계시리라. 잠자리는 편안한지, 끼니는 굶지나 않는지 이래저래 못난 자식 걱정에 한시도 편하실 날이 없으리라.

고산 선생 연보에 따르면 고산 선생은 한양과 해남을 10여 차례 이상 왕래했음을 알 수 있다. 유배 생활로 북쪽 끝 함경도 경원과 삼수 땅을 비롯해 전국 팔도를 다녀야 했으니, 여정의 고단함을 시를 통해 표현할 수밖에 없었을 것이다.

曉行 同年

恩津縣背野無際。客子曉行無月時。店火是非欺遠眼。
睡魔進退困勞廝。東西南北星能告。道路橋梁馬自知。
遥想高堂秋夢覺。眯兒安否苦相思。

여산(礪山) 미륵당(彌勒堂)에 제하다

題礪山彌勒堂 / 同年
제여산미륵당

/ 같은 해(壬子年, 1612년. 광해군 4. 26세)

息馬礪山郡
식마려산군
朝日正杲杲
조일정고고
路傍坐石像
로방좌석상
兀然形色老
올연형색로
茅屋垂紙錢
모옥수지전
布衣巾覆腦
포의건복뇌
不識何人施
불식하인시
求福可知道
구복가지도
神乎苟其靈
신호구기영
余亦有所禱
여역유소도
願得神妙醫
원득신묘의
親痾卽淨掃
친아즉정소
康寧坐高堂
강녕좌고당
受慶遐壽考
수경하수고
兒孫滿庭下
아손만정하
點頭荅寒燠
점두답한욱

여산군(礪山郡)[1]에서 말을 쉬게 하니
아침 햇살이 참으로 밝기도 하여라.[2]
길가에 석상이 자리하고 있는데
우뚝이 솟았고[3] 형색은 늙었네.

초가집에 지전(紙錢)을 드리우고
베옷을 입히고 두건을 씌웠구나.
누가 시주(施主)[4]한 줄은 모르겠으나
복(福)을 빌었음을 알겠네.
신(神)이시여! 참으로 영험하시다면
나 또한 기도드릴 바가 있습니다.
원컨대 신묘한 의술(醫術)을 얻어
어버이의 병환을 즉시 깨끗이 낫게 하소서.
건강한 모습으로 고당(高堂)에 앉아
경사로이 장수[5]를 누리시게 살펴주소서.
아들과 손자들은 뜰아래 가득 차서
머리를 끄덕이며[6] 문안인사[7] 받게 하소서.

1) 礪山郡(여산군) : 현 전라북도 익산시 여산면.
2) 杲杲(고고) : 햇빛이 밝은 모양.
3) 兀然(올연) : 우뚝 솟은 모양.
4) 施主(시주) : 보시(布施) 하는 사람에 대한 경칭.
5) 遐壽(하수) : 나이가 많음. 장수함. 점.
6) 點頭(점두) : 머리를 끄덕임. 허락이나 찬성·이해를 나타냄.
7) 寒燠(한오) : 춥고 더움. 괴로움과 즐거움. 안부를 묻는 인사말.

【해설】

전문 형식은 16구로 된 5언 고시다. 앞선 작품 「효행(曉行)」에 이어지는 여정(旅程)의 연속임을 알 수 있는 시다. 이 시는 크게 전반부(1~8행)와 후반부(9~16행)로 나뉜다. 앞의 시와 1·2행을 통해서 볼 때 무언가 매우 바쁜 행보(行步)임을 알 수 있다. 3~6행에서는 쉬고 있는 길가에 미륵당(彌勒堂)이 있어 그 안에 모셔져 있는 미륵불을 살펴본다. 미륵불 모습 묘사를 통해 주위 사람들이 복을 빌고 치성(致誠)드리는 곳이 분명하다고 생각한다. 7·8행에서는 자신의 속마음을 드러낸다. '진정으로 미륵보살이 영험이 있다면 나도 치성드릴 것이 있다'는 것이다.

후반부에서는 자신이 빌고자 하는 치성의 내용으로 이루어져 있다. 이 내용을 통해서 왜 신새벽에 바쁘게 길을 가야 하는 이유를 알 수 있다. 9·10행에서는 이유가 다름 아닌 어버이의 건강에 대한 걱정과 근심임을 쓰고 있다. '아(痾)'는 병중에서도 고질병이거나 오래된 숙병(宿病) 또는 병세가 점점 악화되어 가는 것을 의미한다. 따라서 지금 고산은 부모님의 병세가 회복되지 못하다거나 위급하다는 기별을 받아 걸음을 재촉하고 있음을 알 수 있다. 11~16행에서는 그리하여 건강하게 장수하시며 복을 누리시게 해달라는 소원의 내용을 쓰고 있다. 고당에 앉아 장수하시면서 뜰에 가득 찬 아들과 손자들의 아침저녁 문안 인사를 받으시고 고개를 끄덕이며 흡족해 하시는 모습을 길이길이 보고 싶다는 것이다.

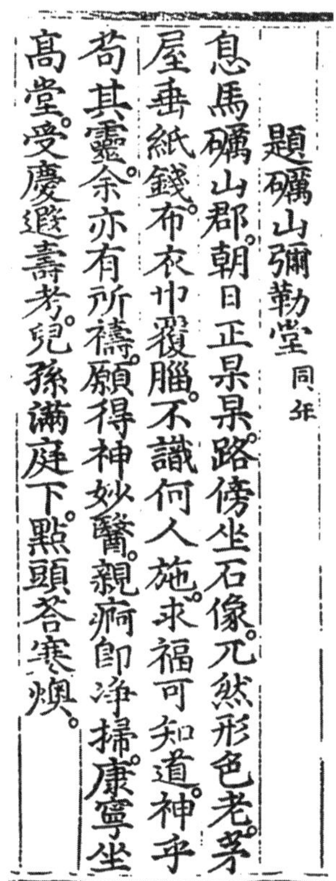
題礪山彌勒堂 同年

息馬礪山郡。朝日正杲杲。路傍坐石像。兀然形色老。茅屋垂紙錢。布衣巾覆腦。不識何人施。求福可知道。神乎苟其靈。余亦有所禱。願得神妙醫。親痾卽淨掃。康寧坐高堂。受慶邀壽考。兒孫滿庭下。點頭答寒燠。

주 내용은 어버이의 강녕(康寧)에 대한 바람이다.

병이 나서 은진(恩津)에 머물며

疾作留恩津 / 同年
질작유은진

/ 같은 해(壬子年, 1612년. 광해군 4. 26세)

援衾伏枕髮鬅鬙
원금복침발붕승
寒勢纔收熱便乘
한세재수열편승
千以高山遮故里
천이고산차고리
五過長夜伴孤燈
오과장야반고등
夢中煎藥家人謹
몽중전약가인근
窓外傳更野月能
창외전경야월능
心欲奮飛扶杖出
심욕분비부장출
凌兢氣色似秋蠅
능긍기색사추승

이불을 당기고 베개에 엎드리니 머리는 흐트러지고[1]
한기(寒氣)가 겨우 가시자마자 다시 열이 나네.
천 겹 높은 산이 고향 길을 막았는데
닷 새 동안 긴긴 밤을 외로운 등불과 짝했네.
꿈속에서 집사람은 조심스레 약을 달이고
창 밖 들녘의 달은 능히 시간을 전해주네.
마음속으로야 병을 떨치고 날 것[2] 같아 지팡이 짚고 나서고자 하나
추위에 벌벌 떠는[3] 기색은 가을날 파리 같구나.

1) 鬅鬙(붕승) : 머리털이 흐트러진 모양.
2) 奮飛(분비) : 날개를 펼쳐 높이 낢. 본문에서는 병을 떨치고 기운을 차림을 뜻함.
3) 凌兢(능긍) : 추위에 벌벌 떪.

【해설】

전문 형식은 7언 율시다. 이 시는 고산의 나이 26세 때 쓴 작품으로 여행 도중 병이 나서 5일 동안 은진에 머무르며 병 중의 감회를 쓴 시다. 여정(旅程)을 중심으로 작품의 게재 순서를 본다면 앞 선 작품 24. 「효행(曉行)」의 앞에 두는 것이 맞을 것 같다. 전체 내용은 병중에 있는 자신의 모습과 심회를 사실적으로 쓰고 있다.

전반부 1·2행에서는 오한(惡寒)과 발열(發熱)이 반복되고 있는 모습을 쓰고 있다. 추워서 이불을 당겨 덮는가 싶으면 금방 열이 오르고, 열이 올라 이불을 걷으면 다시 추워서 벌벌 떨고 있다는 것이다. 그러니 행색은 상투가 빠져 머리털은 흐트러지고 옷매무새도 엉망이라는 것이다. 3·4행에서는 몸이 아파 앓고 누웠으나 하루라도 빨리 고향으로 가야 하는데, 그러지 못하니 고향길이 한 없이 멀게만 느껴지는 것을 적고 있다. 그렇게 앓아누워 있기를 무려 닷새 동안이나 하고 있다는 것이다. '천 겹의 산'이 고향과의 심리적 공간이고 거리 의식이라면, '닷새'는 멈추어 있어야 하는 심리적 시간이고 시간에 대한 인식이다.

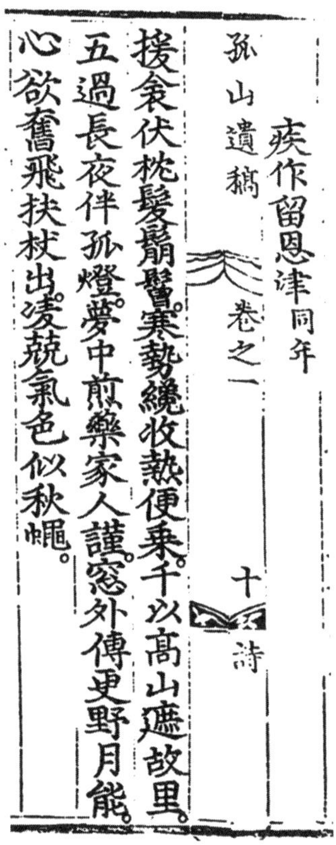
疾作留恩津 同年

孤山遺稿 卷之一 十 詩

擁衾伏枕髮鬅鬙。寒勢纔收熱便乘。千以高山遮故里。五過長夜伴孤燈。夢中煎藥家人謹。窓外傳更野月能。心欲奮飛扶杖出。凌兢氣色似秋蠅。

후반부 5·6행에서는 다시 '집안'의 상황과 '창 밖'의 시간을 대비시키며 빨리 가야하는 바쁜 여정을 달을 들어 제시하고 있다. 빨리 약을 먹어 병을 떨치고 일어나서 가야 하는 길은 멀기만 한데, 허송세월하고 있어야만 하는 바쁜 마음을 창 밖의 달이 알려주고 있는 것이다. 7·8행에서는 다시 '마음'과 '몸'을 대비시키고 있다. 주 내용은 병중 심회(病中心懷)이다.

병이 낫다

疾止 / 同年
질 지

/ 같은 해(壬子年, 1612년. 광해군 4. 26세)

不有疾痛苦
불 유 질 통 고
誰識平居樂
수 식 평 거 락
鷄聲與晨光
계 성 여 신 광
莫非娛耳目
막 비 오 이 목

병들어 아파했던 괴로움이 없었다면
누군들 아프지 않는 평소의 즐거움을 알리오.
닭 울음과 새벽빛까지도
눈과 귀를 즐겁게 하지 않음이 없다네.

【해설】

형식은 5언 절구다. 살아 있는 모든 사람은 병고와 건강의 반복 속에 살아간다. 계속되는 병마나 계속되는 건강 속에 있는 사람은 드물다. 그러니 건강할 때는 병마를 생각하여 조심해야 하고, 병마 속에 있을 때는 건강에 대한 희망을 잃어서는 안 된다는 잊고 살기 쉬운 진리를 쓰고 있는 시다. 본 작품은 고산이 고된 여정 속에 노독(路毒)이라도 난 것일 것이다. 편안한 여행일 때는 모르지만 급한 일로, 더구나 부친이 병환에 있다는 기별을 듣고 가야하는 길은 마음을 서두르게 되니, 무리한 일정 속에 걸음을 재촉하였을 것이고 노독이 나는 것은 당연한 것이다. 전반부 1·2행에서는 고(苦)와 낙(樂)이라는 두 글자를 대비시키면서 삶의 평범한 진리를 일깨운다. 괴로움은 병에서 오는 것이고 즐거움은 건강에서 말미암은 것인데도, 건강에 대한 고마움을 모르고 병마를 경계하여 조신(操身)하지 못한다면 어느새 방만(放漫)해지는 것이 당연한 진리임을 알아야 한다는 것이다.

후반부 3·4행에서는 병을 앓고 난 다음의 마음의 쾌차(快差)를 구체적으로 쓰고 있다. '닭 울음'과 '새벽빛'은 다시 고산 선생이 가던 길을 재촉해 아침 일찍 서둘러 가고 있음을 말한다. 며칠 동안 가지 못했던 길을 가야하니 서두를 수밖에 없는 것이다. 그러면서 병후에 마음이 상쾌하니 눈에 보이는 모든 것 귀에 들리는 모든 것이 다르게 보인다. 곧 병후의 아름답게 보이는 세상의 물상에 대한 감회를 담백하게 쓰고 있다. 고산은 『소학(小學)』을 평생 공부하면서 삶의 지침으로 삶기도 했지만, 건강에 대한 염려와 관심이 많아 의약·복서(점)·음양·지리에 대한 책들도 모두 곁들여 통하여 훤히 알고 있었다. 『고산연보(孤山年譜)』의 기록에도 있지만 부모님 사망 이후 자신의 건강에 대한 염려가 깊어지면서 경서(經書) 이외의 생활학문에도 심혈을 기울여 연구했던 것으로 보인다.

疾止 同年

不有疾痛苦。誰識平居樂。雞聲與晨光。莫非娛耳目。

아버님 대신 차운하여 정언(正言) 강대진(姜大晉)의 시에 답하다 - 6수

代嚴君次韻酬姜正言大晉六首 / 甲寅
대 엄 군 차 운 수 강 정 언 대 진 육 수

/ 갑인년(甲寅年, 1614년. 광해군 6. 28세)

[其一]

寒碧領仙景
한 벽 령 선 경
爲樓淸且豪
위 루 청 차 호
能令忘寵辱
능 령 망 총 욕
可以渾山毫
가 이 혼 산 호
長瀨聲容好
장 뢰 성 용 호
羣峯氣象高
군 봉 기 상 고
沉痾難濟勝
침 아 난 제 승
携賞豈言勞
휴 상 기 언 로

한벽루(寒碧樓)는 선경의 으뜸으로
누각은 청아(淸雅)하고도 호방(豪放)하네.
능히 총애(寵愛)와 치욕(恥辱)도 잊게 하고
온 산의 초목(草木)들과도 하나가 되네.
긴 여울은 소리와 모양도 좋고
뭇 봉우리는 기상도 높네.
고질병(痼疾病)이라 고치기는 어렵지만
손잡고 구경함에 어찌 힘들다고 말하리오.

【해설】

전문은 5언 율시로 6수의 연시 중 첫째 수이며, 6수 모두 동일 운(韻)을 사용하고 있다. 고산은 26세 되던 12월에 생부(生父) 부정공(副正公) 윤유심(尹唯沈) 공이 돌아가시자 거상(居喪) 중인 관계로 시작(詩作)을 멈추었다가, 1년 여 후인 28세 되던 2월에 탈복(脫服)한 후에야 다시 시를 쓴다. 한벽루는 조선시대 청풍 관아에 딸린 누각으로, 당시에 지어진 <청풍 한벽루(淸風 寒碧樓)>라는 한시만 해도 무려 35편 이상이 전해질 정도로 유명한 명승경지였다.

전반부 1·2구에서 한벽루 경승을 극찬하고 있다. 선경 중에 으뜸이며 모양은 청아·호방하다고 기술하고 있다. 3·4구에서는 이렇게 아름다운 곳에서라면 속세의 애증(愛憎)과 오욕(汚辱)마저도 잊을 만하니 호연지기(浩然之氣)가 절로 생겨나며, 누각은 또한 주위의 산세(山勢)며 초목과도 잘 어울려 조화를 이루고 있다고 하면서, 자연 속에 혼연일치가 되는 누각의 절경을 서술하고 있다.

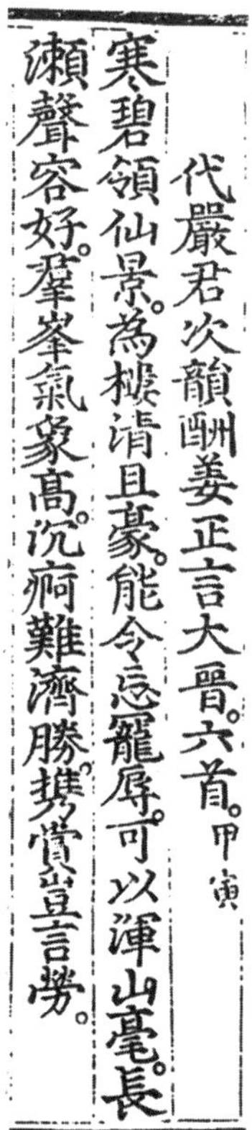
代嚴君次韻酬姜正言大晉。六首。甲寅
寒碧領仙景。爲樓淸且豪。能令忘寵辱。可以渾山毫。長瀨聲容好。羣峯氣象高。沉痾難濟勝。携賞豈言勞。

후반부 5·6구에서는 한벽루 주위의 경관을 노래하고 있다. 한벽루에 올라 하늘을 올려다보고 땅을 굽어본 소감을 다시 쓰고 있고, 7·8구에서는 이러한 아름다운 산수경관을 찾아 즐기는 자신의 성미는 고질병과 같아 어쩔 수 없다고 하면서, 손잡고 오르는 수고로움도 명승경지를 즐기는 기쁨에는 견줄 바가 못 된다고 한다. 아름다운 산수자연을 만나기도 쉽지는 않지만, 아름다운 산수 속에 노닐면서 호연지기를 맛보면서 아름다운 시로 노래할 수 있는 시인을 만나기는 더욱 어려운 일이다. 주 내용은 한벽루의 명승과 완상(玩賞)의 즐거움이다.

[其二]

寄語賀島潭
기 어 하 도 담
今日客英豪
금 일 객 영 호
島潭吾不見
도 담 오 불 견
欲見子揮毫
욕 견 자 휘 호
奇勝眞何狀
기 승 진 하 장
與此孰爲高
여 차 숙 위 고
早晩刺(척)舟去
조 만 주 거
吾亦不辭勞
오 역 불 사 로

도담(島潭)[1]에게 경하(慶賀)의 말을 전하노니
오늘의 나그네는 영웅호걸(英雄豪傑)이라.
도담(島潭)을 내가 보지는 못했으나
그대의 휘호(揮毫)[2]는 보고 싶도다.
기묘한 경치를 참으로 무어라고 썼을까?
여기와 더불어 어디가 더 뛰어날까?
조만(早晩)[3] 간에 나도 배 저어[4] 가리니
내 또한 (도담을 구경하는)수고로움을 마다하지 않으리.

---

1) 島潭(도담) : 충청북도 단양의 도담삼봉(島潭三峰).
2) 子揮毫(자휘호) : 그대의 휘호. '그대[子]'는 정언 강대진을 말함.
3) 早晩(조만) : 머지않아. 앞으로 얼마 안 가서.
4) 刺舟(척주) : 척선(刺船). 배를 저음.

【해설】

연시 6수 중 둘째 수로 형식은 5언 율시다. 아버지를 대신하여 강대진의 시에 화답하여 쓴 시이니만큼 정언 강대진을 지칭하는 호칭 등을 아버지의 입장에서 쓰면서 자신의 시상을 전개하고 있다. 전반부 1·2구에서 도담(島潭)의 경치를 노래한 시를 부쳐 온 정언 강대진을 영웅호걸이라고 하면서 한껏 치하하고 있다. 곧 도담을 노래한 강대진의 시가 매우 빼어난 절조(絶調)이니 도담에게는 경하(慶賀)할 일이라고 하고 있다. 3·4구에서 (고산의 양부) 윤유기 자신이 아직 도담을 찾아가지 못해서 보고는 싶지만, 그보다 먼저 강대진 일필휘지했을 시구를 먼저 보고 싶다고 한다. 1·2구에 이어 빼어난 경치도 경치지만 강대진이 분명 아름다운 시를 짓는 것으로만 그치지 않고 누각에 그 시를 적어 편액으로 걸어 놓았을 것이라고 단정하고, 그 웅혼한 필체도 보고 싶다는 것을 강조하고 있다.

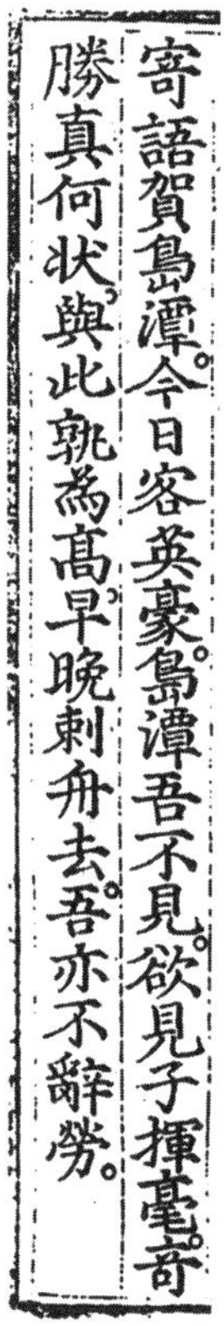

寄語賀島潭。今日客英豪。島潭吾不見。欲見子揮毫。奇勝真何狀。與此孰為高。早晚刺舟去。吾亦不辭勞。

후반부 5·6구에서는, 강대진의 시의 내용만으로 추측해 보건데, 최고의 경승(景勝)이라고 했으니, 내가 더 뭐라고 형용할 수 있겠는가? 아무리 추측을 해보아도 다른 더 좋은 곳을 찾기 어려울 것이라고 한다. 그러니 다른 어느 곳과도 비교할 곳이 없으리라고 자신의 소감을 적고 있다. 7·8구에서는 그런 아름다운 곳이니 비록 힘들더라도 자신도 배를 저어 가 조만간 꼭 찾아가 보겠다고 한다. 제1수에 이어진 시임을 감안하면, 한벽루(寒碧樓)에 오른 다음 아직 도담삼봉을 찾아가기 전에 도담삼봉 절경(絶景)을 구경하기 전의 기대와 설레임을 노래하고 있다. 곧 강대진이 부쳐 온 도담삼봉 절경을 노래한 시를 읽고 자신도 조만간 탐승(探勝) 길에 오르겠다는 것이다. 조선의 개국공신인 정도전(鄭道傳)이 이곳의 경치에 매료되어 자신의 호를 도담삼봉에서 따와 삼봉(三峰)이라 하였다 하니, 이곳의 경치가 얼마나 절승임을 알겠다.

[其三]

羣峯整容立
군 봉 정 용 립
羽客雜人豪
우 객 잡 인 호
玉色明雙眼
옥 색 명 쌍 안
蓬心無一毫
봉 심 무 일 호
江流淸已極
강 류 청 이 극
禽鳥韻猶高
금 조 운 유 고
玄圃何能滕
현 포 하 능 등
今除夢想勞
금 제 몽 상 로

뭇 산봉우리들 바르게 서 있는 모습은
신선(神仙)[1]과 영웅호걸이 한데 뒤섞여 있는 듯하네.
옥빛이 두 눈을 밝게 하니
털끝만큼의 봉심(蓬心)[2]도 없어졌네.
강물은 흘러 맑기가 이미 극에 이르렀고
새소리의 운치(韻致)는 여전히 높기만 하네.
현포(玄圃)[3]를 어찌하면 오를 수 있을까 하는
몽상(夢想)의 수고로움을 이제 떨쳐버리려네.

---

1) 羽客(우객) : 신선이나 방사(方士)를 이르는 말. 본문에서는 신선의 뜻.
2) 蓬心(봉심) : 쑥이 우거진 것처럼 지식이 부족하여 사리에 통달하지 못함을 비유하는 말.
3) 玄圃(현포) : 곤륜산(崑崙山) 정상에 있다는 신선의 거처. 기이한 풀과 괴이한 암석이 많다고 함.

【해설】

연시 6수 중 제3수로 형식은 5언 율시다. 제2수에 이어 배를 타고 물 가운데 있는 도담삼봉에 오른 소감을 쓴 시로 여겨진다. 전반부 1·2구에서는 도담삼봉에 올라 보니 강물로 속세와 절연(絶緣)도 하였거니와 눈 아래 둘러 있는 뭇 산들의 모습이 정연(整然)하여 신선과 영웅호걸들이 즐비하니 늘어선 것 같다고 한다. 3·4구에서는 더구나 강물은 옥빛 같아서 보는 사람의 눈을 밝고 맑게 할뿐더러 마음속의 몽매(蒙昧)한 것 까지를 깨끗이 씻어 주어 자연히 사리에 통할 것 같다는 것이다. 마음속에 그리는 데로 보이기도 하지만 눈에 보이는 것이 워낙 맑고 밝은 자연이니 비록 무지몽매한 사람이라도 이런 자연 속에서는 심안(心眼)이 밝아져서 천문(天文)과 지리(地理)를 자연 통달할 것 같다고 한다.

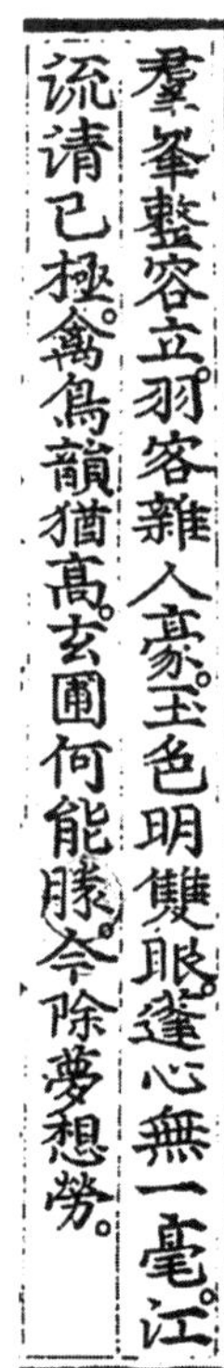
疊峯整容立羽客雜人豪。玉色明雙眼。蓬心無一毫。江
流清已極。禽鳥韻猶高。玄圃何能勝。今除夢想勞。

후반부 5·6수에서는 강과 새소리를 대비시켜 노래하고 있다. 강물은 맑기가 극에 이르렀고, 새들이 드높이 지저귀며 부르는 노래 소리에는 운치(韻致)가 있다. 눈과 귀에 보이고 들리는 것이 세속의 저 편에 있는 자연의 것들이니 듣고 보는 사람의 마음이 자연과 한 몸 한 마음의 경지에 이르렀음을 쓰고 있으니, 물아일체(物我一體) 물심일여(物心一如)의 경지다. 7·8구에서는, 그 중에서도 깨달은 것은 무엇일까? 지금껏 찾아보고 싶고 찾아가고 싶은 곳은 곧 신선들이 산다고 하는 선계(仙界)였는데, 문득 바로 지금 발을 딛고 있는 이곳이 선계가 아니겠는가. 그러니 이런 곳을 놔두고 또 다른 별천지(別天地)를 찾아 헤맸던 몽상(夢想)의 시간들이 어리석기만 했다는 것이다. 4구에서 말하고 있는 '봉심(蓬心)'의 내용의 일단을 암시하고 있으니 봉심은 곧 몽상(夢想)이었다는 것이다. 천국과 극락이 따로 있으리오. 마음에 한 욕심을 떨쳐버리면 내 자신이 곧 신선이고 내가 있는 곳이 선계(仙界)라는 것이다. 주 내용은 도담삼봉에 올라 명승경지를 바라본 감상이다.

[其四]

清風始誰作
청풍시수작
相地人應豪
상지인응호
洲渚淨如玉
주저정여옥
江流澄鑑毫
강류징감호
秀峯仙侶會
수봉선려회
橫嶂畵屛高
횡장화병고
坐覺心神爽
좌각심신상
何嫌眼力勞
하혐안력로

'청풍(淸風)'이라 누가 처음 이름 지었는가

지세(地勢)를 보아하니[1] 사람들도 응당 호걸(豪傑)이리라.

강가의 모래톱[2]은 옥처럼 깨끗하고

흐르는 강물은 털끝을 비칠 만큼 맑도다.

빼어난 봉우리는 신선들이 모인 듯하고

비껴선 가파른 산봉우리들은 그림 속의 병풍처럼 높네.

앉아서 심신이 상쾌(爽快)함을 깨달으니

어찌 안력(眼力)의 수고로움을 꺼려하리오.

---

1) 相地(상지) : 풍수지리에서 지세(地勢)를 살피고 길흉을 판단하는 일.

2) 洲渚(주저) : 강 가운데의 모래톱.

【해설】

연시 6수 중 제4수로 형식은 5언 율시다. 제1수에서 노래한 한벽루(寒碧樓)와 제2수에서 노래한 도담삼봉(島潭三峰)이 있는 지명 '청풍(淸風)'을 들어 전반부 1·2구에서 청풍(淸風)이라 처음 명명(命名)한 이가 누구일까라고 시작하고 있다. 그러면서 그곳에 사는 사람들의 인성(人性)과 품성(品性) 또한 자연환경의 영향을 받는 것이니, 지세(地勢)를 살피니 영웅호걸들일 것이라고 하고 있다. 곧 이곳 사람들의 인성도 이름 청풍의 뜻이 '맑고 부드러운 바람'이니, 청풍처럼 '맑고 부드러울 것'이라고 한다. 3·4와 5·6구는 주변 경관을 구푸리고 올려다보는 모습으로 대비시키고 있으니, 먼저 3·4구에서는 머리를 굽어 아래로 보이는 물가 모래톱의 깨끗함과 맑은 강물을 노래하여 아름다운 청풍의 자연을 구체적으로 노래하고 있다. 물이 맑으니 물가의 모래톱도 옥처럼 깨끗하고, 강물의 맑기가 털끝을 비출만하다고 한다.

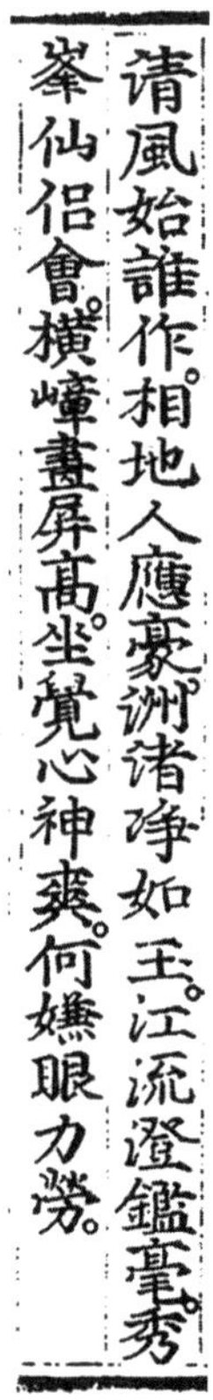

淸風始誰作。相地人應豪。洲渚淨如玉。江流澄鑑毫。秀峯仙侶會。橫嶂畵屛高。坐覺心神爽。何嫌眼力勞。

후반부 5·6구에서는 고개를 들어 눈에 들어오는 뭇 산들을 노래하고 있다. 산들은 야산의 나지막한 산들이 아니고 쭉쭉 솟아오르는 품세가 속세를 절연하고 의연하니 신선들의 모습 같고, 그 사이사이로 비껴선 절벽과 단애들은 마치 병풍 속의 그림 같다고 한다. 모두 하나같이 맑고 의연하며 꿋꿋하여 영웅호걸들의 기상이 서려 있다고 한다. 7·8구에서는 이런 물과 산을 바라보고 있노라니 자연 몸과 마음이 상쾌해짐을 깨달으니, 볼수록 감탄이 절로 나와, 아무리 바라보아도 눈이 피곤한 줄을 모르겠다고 한다. 자연을 이루는 것이 무엇인가. 산과 물과 들이다. 그곳에 풀과 나무가 자라고 산새가 울고 뭇 곤충들이 철따라 울음을 달리한다. 가슴 탁 트이는 들은 없지만 높은 산과 맑은 물만으로도 심신이 상쾌해짐을 깨달을 수 있는 것이다.

[其五]

山如論妙理
산 여 논 묘 리
瀨必角淸豪
뢰 필 각 청 호
制作煩誰手
제 작 번 수 수
新奇細入毫
신 기 세 입 호
烟霞知潤色
연 하 지 윤 색
魚鳥自卑高
어 조 자 비 고
小邑雖無事
소 읍 수 무 사
斯爲應接勞
사 위 응 접 로

산은 신묘(神妙)한 이치를 논하는 것 같고
여울은 필시 청아(淸雅)하고 호방(豪放)함을 다투는 듯하네.
만들어내느라 누구의 손이 번거로웠을까
그 신기함이 붓끝에 자세히도 들어왔네.
안개와 노을은 더욱 빛나게[1] 할 줄을 알고
물고기와 새들은 스스로 오르내리네.
작은 고을이라 비록 일은 없을 것이나
(유람객을)응접(應接)하느라 응당 수고로우리라.

1) 潤色(윤색) : 다듬어서 더욱 빛나게 함.

【해설】

연시 6수 중 제5수로 형식은 5언 율시다. 전반부 1·2구에서는 솟아 있는 산들과 흐르는 물에 대해서 노래하고 있다. 한 폭의 풍경화 같은 산수자연을 정중동(靜中動)-동중정(動中靜)의 자세로 옮겨 가며 묘사하고 있다. 먼저 산들을 자세히 살펴보니, 뾰쪽뾰쪽 하늘을 향해 솟아오른 품이 조물주에게 올라가서 무엇인가 이치를 따져가며 하소연 하는 듯 하다고 한다. 그리고 물이 흐르는 소리를 자세히 듣노라니 물줄기들이 서로 누가 더 청아한 소리를 내는 가를 호방한 소리를 내며 흐르는 가를 다투는 것 같기도 하다고 한다. 3·4구에서는 이런 천태만상(千態萬象) 천변만화(千變萬化)하는 자연의 모습을 만들어 낸 조물주의 손은 얼마나 번거로웠겠느냐는 것이다. 그리고 이런 자연의 모습을 한 폭의 그림에 비유하여 다시 강조하고 있다. 자세히 하나도 빠뜨리지 않고 그려 넣을 것은 모두 그려 넣은 한 폭의 완전한 그림이라고 한다.

후반부 5·6구에서는 다시 산수화 그림 속에 동적(動的)묘사를 가미하고 있으니, 흩어졌다 모이고 엷어졌다 짙어지는 안개와 노을, 그리고 누가 오라해서 오는 것이 아니고 가라해서 가는 것이 아닌 '스스로 왔다가 스스로 가고[自去自來]', '저절로 높이 날았다가 저절로 낮게 나는[自卑自高]' 물고기와 새들이 있다고 한다. 7·8구에서는 이런 자연 속에 살아가는 사람들의 모습을 노래하고 있다. 작은 고을이 별다른 일이 있을 수는 없겠으나, 평화로운 일상사 가운데도 '명승경치를 유람하러 온 유람객들을 응접'하느라고 수고로울 것이라고 한다. 전반부에서는 '산수자연을 만들어 내느라 조물주가 번거로웠을 것이라'고 하고, 후반부에서는 '이런 자연을 찾아드는 사람들을 맞이하느라고 고을 사람들이 수고로울 것'이라고 하여 조물주의 일과 인간의 일을 대비시키고, 정적인 산수 자연과 그 속의 새와 물고기의 동적 이미지를 중첩시키며 시상을 전개해가는 필력이 감탄을 자아내게 하고 있다.

山如論妙理。瀨必角淸豪。制作煩誰手。新奇細入毫。烟
霞知調色。魚鳥自卑高。小邑雖無事。斯爲應接勞。

[其六]

經年占仙境
경 년 점 선 경
身病意猶豪
신 병 의 유 호
暮靄噓青氣
모 애 허 청 기
晴鷗曬白毫
청 구 쇄 백 호
江山較奇勝
강 산 교 기 승
花卉亂低高
화 훼 란 저 고
爾輩沮歸計
이 배 저 귀 계
還忘作吏勞
환 망 작 리 로

오래도록[1] 선경(仙境)을 차지하니
몸은 병들었어도 뜻은 오히려 호쾌(豪快)해라.
저녁 안개는 봄날의 기운을 내뿜고
개인 뒤 물새는 흰 털을 볕에 쬐네.
강산은 수려한 경치[2]를 견주고
화초들은 높고 낮게 어지러이 피었네.
너희들이 돌아갈 계획을 막으니
도리어 벼슬살이 노고를 잊겠네.

1) 經年(경년) : 경년누월(經年累月). 오랜 시간이 지남을 형용하는 말.
2) 奇勝(기승) : 수려한 경치.

【해설】

연시 6수 중 마지막 제6수로 형식은 5언 율시다. 이 시를 지을 무렵을 전후해서 고산 선생은 진사시(進士試)에 일등으로 합격하고(26세), 복시(覆試)에 써낸 「모설방고산(冒雪訪孤山)」 시가 세상에 유명해지는 행운과, 아들 의미(義美)가 출생하는 기쁨을 맞이하나, 생부(生父) 부정공(副正公)이 돌아가시자 27개월 동안 거상(居喪)을 치른다. 29세 되던 해 2월에 탈복(脫服)을 마치자 다시 성균관 유생으로 입교한다. 거상 중 1년 여 붓을 멈춘 고산 선생은 탈복과 함께 다시 시를 쓰기 시작하는 것을 볼 수 있는데, 양부(養父 ; 嚴君)를 대신해서 차운한 시가 6수로 된 본 작품이다.

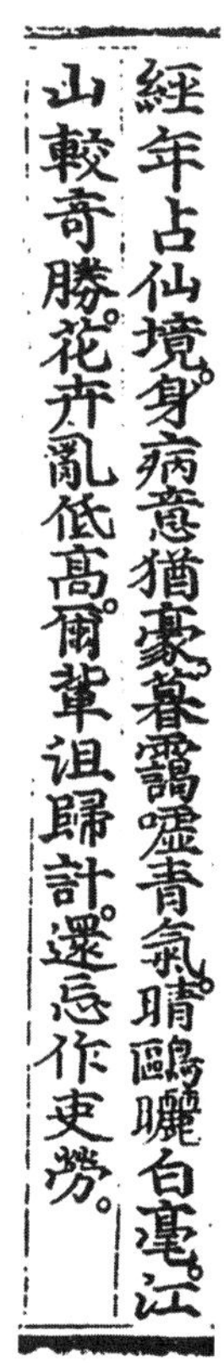

經年占仙境。身病意猶豪。春露虛青氣。晴鷗曬白毫。江山較奇勝。花卉亂低高。爾輩徂歸計。還忘作吏勞。

전반부 1·2구에서는, '오래도록 선경(仙境)을 차지했다' 함은 굳이 긴 시간이 아니라 바쁜 가운데, 곧 '몸이 병들었다' 함에서 '뜻은 오히려 호쾌(豪快)해라'라고 표현하고 있다. 3·4구에서는 추측컨대, 이 해 봄 2월에 탈상(脫喪)을 마쳤는데, 시절은 봄을 맞이했으니 산천경개 유람 길을 떠났음이 분명하다. 그리하여 봄을 맞이한 서경을 '아지랑이'와 봄 비 갠 뒤에 흰 날개를 말리고 있는 '강변의 물새'를 대비적으로 표현하고 있다.

후반부 5·6구에서는 강산은 수려함을 다투는 것 같고, 높고 낮은 꽃들은 뒤꿈치를 들어 아름다움을 뽐내고 있는 것 같다고 표현하고 있다. 춘삼월 호시절(春三月好時節)에 온갖 꽃들이 일제히 피어나는 백화제방(百花齊放)이니 기분이 어찌 호쾌하지 않겠는가? 7·8구에서는 아무리 강산경개가 좋아도 이별을 고하고 돌아가야 할 신세임을 제시하고 있다. 앞으로 해야 할 일들, 그 중에서도 벼슬길로 들어서야 하는 것은 썩 마음 내키는 일이 아니지만 어찌 할 수 없음을 말하고 있다. 주 내용은 아름다운 자연의 예찬과 이별의 아쉬움이다.

한벽루(寒碧累) 벽 위 주문절(朱文節)[1]의 시에 차운하다

次寒碧樓壁上朱文節韻
차 한 벽 루 벽 상 주 문 절 운

千般景象醒人眼
천 반 경 상 성 인 안
晨啓軒窓至暝烟
신 계 헌 창 지 명 연
誰識二儀淸淑意
수 식 이 의 청 숙 의
山川持向此間傳
산 천 지 향 차 간 전

온갖 종류의[2]의 철 따라 변하는 경치[3]가 사람의 눈을 깨우니
새벽에 창을 여니 저녁에 끼였던 밤안개[4]가 밀려오네.
누가 알리오, 하늘과 땅[5]의 맑고 화창한[6] 뜻을
산천이 가져다가 이곳에 전해 주는 줄을.

---

1) 朱文節(주문절) : 주열(朱悅). ?~1287. 고려 충렬왕 때의 문신. 이름을 열(悅). 문절은 그의 시호(諡號). 능성(綾城) 사람으로 문장에 능하고 글씨가 뛰어남.
2) 千般(천반) : 천종(千種). 여러 가지.
3) 景象(경상) : 경물(景物). 계절에 따라 달라지는 경치.
4) 暝烟(명연) : 저녁에 끼는 안개.
5) 二義(이의) : 하늘과 땅. 음(陰)과 양(陽). 해와 달.
6) 淸淑(청숙) : 맑고 화창함.

【해설】

형식은 7언 절구다. 이 시는 고산의 나이 28세(1614년. 광해군 6) 때의 작품으로 한벽루 벽 위에 편액으로 걸린 주문절(朱文節)의 시를 보고 차운하여 쓴 시다. 전반부 1·2구에서 철따라 변하는 경물이 사람의 눈을 놀라게 한다고 한다. 우리가 흔히 쓰는 말로, '아니 벌써 봄이 왔는가? 아직 겨울바람이 차가운데 양지쪽에서는 파릇파릇 새싹이 움트고 있음을 발견할 때 하는 말들이다. 창을 열어 밖을 보니 어제 저녁에 끼었던 안개가 뿌옇게 내려앉아 흐릿한 가운데도 봄기운이 느껴진다.

후반부 3·4구에서는 문득 계절이 변화하는 것을 보고, 천지의 음양(陰陽)이 바뀌는 것을 알아차린다고 한다. 하늘에서 음양의 기운이 바뀌고 난 다음에라야 땅 위의 산천에서 초목이 싹트고 화창한 봄기운을 느낄 수 있다는 것을 아는 사람은 별반 없다는 것이다.

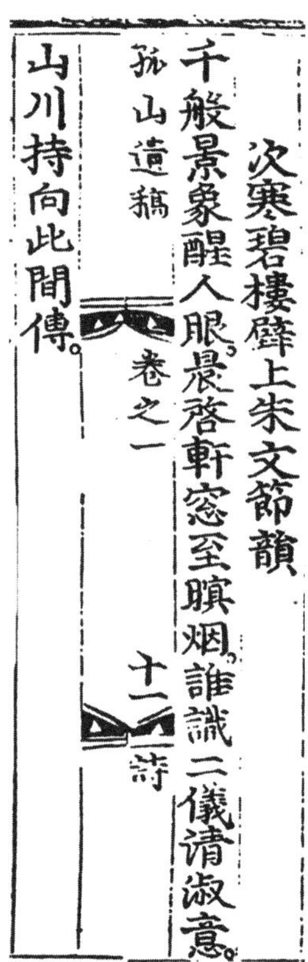

次寒碧樓壁上朱文節韻

千般景象醒人眼。晨啓軒窓至瞑烟。誰識二儀淸淑意。山川持向此間傳。

孤山遺稿 卷之一 十二 詩

일찍이 조선 초 좌의정을 지낸 하륜(河崙)은 「한벽루기(寒碧樓記)」라는 글에서 주문절(朱文節)과 관련하여 「청풍(淸風)과 한벽(寒碧)의 이름은 듣기만 하여도 사람의 뼈를 서늘케 한다. 다른 날에 적송자(赤松子)를 따라 함께 유람할 계획이 있어 다시 죽령 길을 지나게 된다면, 당연히 그대를 위해 한 번 한벽루에 올라 주문절의 시를 읊으며, 그 사람을 생각해 보리라.(淸風之號, 寒碧之名, 問之尙能 使人骨冷, 他日徜能遂赤松共遊之計, 再過竹嶺之路, 則當爲君一入以登, 詠文節之詩, 想見其人)」이라 하였으니, 한벽루에 있는 주문절의 글은 예사로운 글이 아니었음을 알 수 있다. 주 내용은 한벽루에서 느끼는 계절의 변화에 대한 감회이다.

첨지(僉知)[1] 김형(金兄)에 대한 만사(挽詞) - 2수

挽金僉知兄二首 / 名克惺. 公姊夫 ◯乙卯
만 김 첨 지 형

/ 이름은 김극성(克惺)이고, 공의 자부(姊夫)이다. ◯을묘년(乙卯年, 1615년. 광해군 7. 29세)

[其一]

人皆有一死
인 개 유 일 사
無似子之喪
무 사 자 지 상
後事終誰主
후 사 종 수 주
初亡乃客堂
초 망 내 객 당
偏親獨撫斂
편 친 독 무 렴
病婦不離床
병 부 불 리 상
年位天俱嗇
연 위 천 구 색
於斯益痛傷
어 사 익 통 상

사람은 모두 한 번 죽는 것이지만
형의 죽음과 같은 것은 또 없으리.
뒷일은 끝내 누가 주관(主管)하리오
초상(初喪)[2] 지내는 곳은 객당(客堂)[3]이네.
홀어머니 혼자서 염습(殮襲)[4]하고
병든 아내는 침상에서 일어나지도 못하네.
나이와 지위(地位)에 하늘이 인색(吝嗇)하였으니
이에 더욱 마음이 아프고 쓰라리네.

---

1) 僉知(첨지) : 조선 때 중추부(僉知中樞府事)의 정삼품 당상관의 관직.

2) 初亡(초망) : 초상(初喪). 사람이 죽어서 장사 지낼 때까지의 일. 전의되어 사람의 죽음을 이르기도 함.
3) 客堂(객당) : 손님을 접대하는 방이라는 뜻이나, 본문에서는 집에서 죽지 못하고 객사(客死)한 사람의 시신은 안채로 들이지 않고 바깥 행랑채에서 초상을 치러야 한다는 풍속을 따름을 의미.
4) 撫歛(무감) : 원문에서는 '무감(撫歛)'을 문맥상 '무렴(撫斂)'의 오기로 여기고, 곧 '염습(殮襲)으로 해석함. 곧 죽은 사람의 몸을 씻은 뒤 수의(壽衣)를 입히고 염포(殮布)로 묶는 일.

【해설】

2수로 된 연시의 제1수로 형식은 5언 율시다. 사람의 죽음을 애노하는 만사(挽詞)는 망자(亡者)의 죽음이 특별한 의미로 다가올 때 더욱 슬프게 느껴진다. 전반부 1·2구에서 이것을 암시하고 있다. 인간은 모두 한번 나고 한 번 죽기 마련이다. 그러나 매부인 김형(김첨지)의 죽음은 어디에 비교할 데가 없어 더욱 안타깝다고 한다. 3~6구에서 이러한 안타깝고도 슬픈 내용을 구체적으로 밝히고 있다. 3·4구에서는 김 첨지가 후사(後嗣 ; 대를 잇는 자식)가 없이 죽었으며, 객지에서 객사(客死)했음을 알 수 있다. 곧 상주(喪主)가 없으니 초상을 주관할 사람이 없는 것이고, 집에서 죽은 것이 아닌 객지에서 죽은 것이다. 예로부터 객사(客死)한 시신은 집 안으로 들이지 못하고 객당(客堂)에서 상례(喪禮)를 치루는 것이 전해 오는 풍습이다.

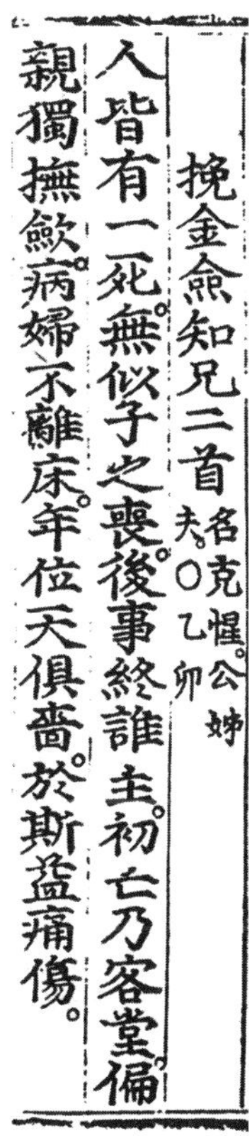
挽金僉知兄二首 名克惺。公姊夫○乙卯
人皆有一死。無似子之喪。後事終誰主。初亡乃客堂。偏親獨撫斂。病婦不離床。年位天俱嗇。於斯益痛傷。

후반부 5·6구에서는 구체적으로 초상을 치루는 모습을 쓰고 있다. 망자에게는 오직 홀어머니와 부인이 있을 뿐이다. 그런데 부인은 남편의 죽음에 충격을 받아서인지 병이 들어 자리에서 일서지도 못하고, 홀어머니 한 사람만이 시신을 거두어 염습을 하고 있다고 쓰고 있다. 7·8구에서는 망자의 안타까운 일생을 요약하여 제시하고 있다. 첫째는 젊은 나이에 요절(夭折)했음을 알 수 있고, 둘째는 아직 벼슬도 높이 오르지 못했음을 알 수 있다. 이것에 대해 하늘이 유독 이 망자에게만 인색했기 때문이라고 한다. 그러니 주위 사람들의 마음을 더욱 안타깝고 쓰라리게 한다. 곧 후사 없는 죽음, 객사함, 홀어머니의 염습, 병들어 누워 있는 부인, 젊은 나이에 요절함, 아직 벼슬도 낮음 등을 구체적으로 열거하고 있다. 주 내용은 망자의 죽음에 대한 슬프다 못해 쓰라린 비통한 심정을 쓰고 있다.

[其二]

職無展抱年還短
직 무 전 포 년 환 단
何意斯人遽至斯
하 의 사 인 거 지 사
逆旅飯含奴作主
역 려 반 함 노 작 주
舊家香火孰終尸
구 가 향 화 숙 종 시
慈闈夜哭隣人痛
자 위 야 곡 린 인 통
病婦深悲神鬼知
병 부 심 비 신 귀 지
分我葭莩情甚篤
분 아 가 부 정 심 독
不堪收淚瀉哀辭
불 감 수 루 사 애 사

벼슬길 포부도 펴보지 못하고 나이마저 단명(短命)했으니
이 사람이 갑자기 이 지경에 이른 것은 무슨 뜻인가?
여관(旅館)[1]에서 반함(飯含)[2]은 종이 주관했다는데
고향집 제사[3]는 누가 끝까지 신위(神位)[4]를 모실 것인가?
홀어머니의 밤샘 통곡에 이웃들도 애통해 하고
병든 아내의 깊은 슬픔은 귀신도 알겠네.
나와는 가까운 친척[5]으로 정이 매우 두터웠으니
흐르는 눈물을 견디지 못하고 애사(哀辭)를 쓰네.

---

1) 逆旅(역려) : 여관. 객사(客舍).
2) 飯含(반함) : 상례(喪禮)에서, 염습(殮襲)할 때 죽은 사람의 입에 구슬・쌀・자개・옥 따위를 물리는 일. 반옥(飯玉). 반주(飯珠).
3) 香火(향화) : 제사.
4) 尸(시) : 신주(神主). 신상(神象). 위패(位牌).
5) 葭莩(가부) : 가부지친(葭莩之親). 갈대 줄기의 안쪽에 붙어 있는 아주 얇고 흰 막. 친척관계가 소원하거나 무덤덤함, 또는 일반적으로 친척의 뜻으로 쓰임.

【해설】

2수로 된 연시의 제2수로 형식은 7언 율시다. 전반적 내용은 제1수와 별반 다르지 않다. 전반부 1·2구에서 망자의 급작스런 죽음에 대한 충격과 아픔을 말하고 있다. 더구나 이제 막 벼슬길에 올라 아직 포부도 제대로 펴지 못한 채 젊은 나이에 요절했으니, 아무리 생각해도 납득이 가지 않는다. '인명(人命)은 재천(在天)이요, 부귀(富貴)는 운명(運命)이라' 생각하려 해도, 예견하지 못한 죽음이 가져다주는 충격은 감당키 어렵다는 것이다. 3~6구에서는 제1수에 이어 구체적으로 죽게 된 경위와 슬퍼하는 홀어머니와 부인의 모습을 그려내고 있다. 3·4구에서는 객사(客死) 순간에 임종할 가족이 없었으니 모시고 가던 종이 반함(飯含)을 할 수밖에 없었다는 것과, 시신이 고향으로 돌아와 초상은 치렀으나, 앞으로 제사는 누가 모시느냐는 것이다. 곧 후사(後嗣)가 없음을 암시하고 있다.

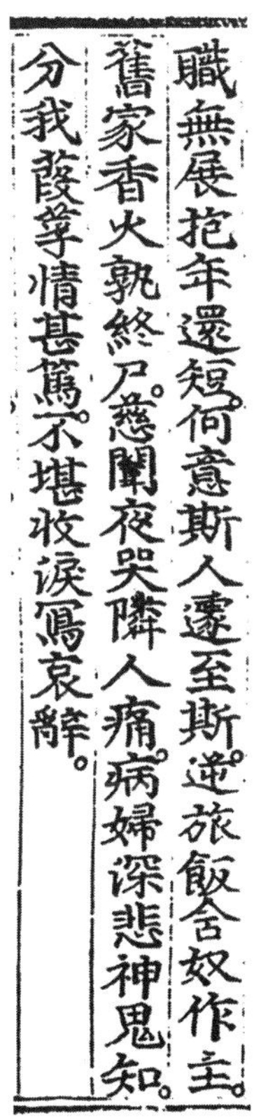
職無展抱年還短何意斯人遽至斯逆旅飯含奴作主
舊家香火孰終尸慈闈夜哭隣人痛病婦深悲神鬼知
分我葭莩情甚篤不堪收淚寫哀辭

후반부 5·6구에서는 자식의 주검을 앞에 두고 밤을 새워 통곡하는 홀어머니의 모습과 병든 아내의 슬퍼하는 모습을 묘사하면서, 이 슬퍼하는 모습은 죽은 혼령도 알 것이라고 한다. 그리고 7·8구에서는 작가 고산 선생과 망자의 관계를 밝히면서 더욱 슬퍼할 수밖에 없음을 말하고 있다. 원주(原註)에서도 밝히고 있듯이, 망자와 고산 선생과는 처남 매제 간의 관계로 매우 돈독한 교분을 쌓아왔음을 알 수 있다. 그러니 이제 혼자 남은 누이동생은 앞으로 어떻게 살아갈 것인가. 가슴이 답답하고 앞길이 막막할 수밖에 없으니, 슬픔 다음에 오는 걱정과 근심에 흐르는 눈물도 닦지 못하고 더욱 안타까워 할 수밖에 없다. 주 내용은 김첨지의 죽음에 대한 애도(哀悼)이다.

아버님을 대신해서 지은 만사(挽詞) - 2수

代嚴君挽人二首 / 同年
대 엄 군 만 인 이 수

/ 같은 해(乙卯年, 1615년. 광해군 7. 29세)

[其一]

芝蘭二三代方茂
지 란 이 삼 대 방 무
琴瑟五十年有餘
금 슬 오 십 년 유 여
爲貴共誇因子後
위 귀 공 과 인 자 후
宜家有識結縭初
의 가 유 식 결 리 초
蘇州沉痛誠非達
소 주 침 통 성 비 달
莊叟狂歌亦太虛
장 수 광 가 역 태 허
寄語高堂老君子
기 어 고 당 노 군 자
樂天知命遣單居
락 천 지 명 견 단 거

지란(芝蘭)[1]은 이삼 대에 걸쳐 한창 무성(茂盛)하고
금슬(琴瑟)[2]은 오십 년 하고도 또 몇 년이나 지났네.
자식 잘됨으로 인해 귀히 됨을 함께 자랑했고
혼인(婚姻)[3] 초부터 가정이 화목해야[4] 함을 알았다네.
소주(蘇州)가 침통해 한 것[5]은 실로 통달한 것이 아니었고
장자(莊子)의 광가(狂歌)[6] 또한 너무 현묘(玄妙)[7]한 것이었네.
고당(高堂)의 늙은 군자에게 말씀드리나니
천명(天命)을 알아 기꺼이 따르며[8] 홀로 살아가소서.

---

1) 芝蘭(지란) : 지란옥수(芝蘭玉樹). 우수한 자제(子弟)를 비유하는 말.
2) 琴瑟(금슬) : 금슬조(琴瑟調). 금과 슬의 연주가 조화를 이룸. 부부 사이가 화목함을 비유.
3) 結縭(결리) : 어머니가 시집가는 딸에게 향영(香纓)을 매어 주며 경계의 말을 전해주는 일종

의 의식. 결혼을 이른 말로 쓰임.

4) 宜家(의가) : 가정이 화목함. 집안이 화목함.
5) 蘇州沈痛(소주침통) : 위소주(韋蘇州)의 깊은 슬픔. 위(韋)는 당(唐)나라 위응물(韋應物)을 이르는 말이며, 위소주는 위응물이 소주자사(蘇州刺史)를 지냈기 때문에 이르는 말. 위응물의 부인이 16세에 시집 와서 36세에 죽었는데, 위응물이 그의 시 속에서 부인을 슬퍼하는 내용의 시를 많이 지었음을 말함.
6) 莊叟狂歌(장수광가) : '장수(莊叟)'는 '장자(莊子)'. 장자가 그의 아내가 죽자 다리 뻗고 앉아 질그릇을 두드리며 불렀다는 노래.
7) 太虛(태허) : 고요하고 도리나 기예가 깊어서 매우 미묘함.
8) 樂天知命(낙천지명) : 지명낙천(知命樂天). 하늘이 정하여 준 명운의 한계를 알고 순응하여 자신의 처지를 즐겁게 여김.

【해설】

전문은 연시 2수 중 제1수로 형식은 7언 율시다. 아버지를 대신하여 어떤 사람의 죽음을 애도하는 만시(挽詩)로, 고산의 나이 29세 때 쓴 시다. 사용된 전고(典故)로 미루어 보건데 부귀영화를 누리다가 죽어간 어떤 사람의 부인의 죽음을 애도하고 남은 남편을 위로하는 내용이다. 전반부 1·2구에서는 자손이 번창하고 부부의 금슬이 좋았음을 말하고 있다. 아들 손자 대에 이르기 까지 많은 자손들이 효도하고 청운의 뜻을 펼치며 고관대작의 지위에 올라 있음을 알 수 있다. 그리고 부부는 50년이 넘도록 함께 금슬 좋게 한세월을 보냈음을 알 수 있다. 3·4구에서는 다시 자손이 잘 되었음으로 부모가 자식이 귀하게 되었음을 자랑했다는 것과 4구에서는 망자(亡者)인 부인은 집안의 화목, 곧 가화만사성(家和萬事成)을 결혼 초부터 으뜸으로 알고 행했다는 것으로, 망자의 부덕(婦德)을 칭송하고 있다.

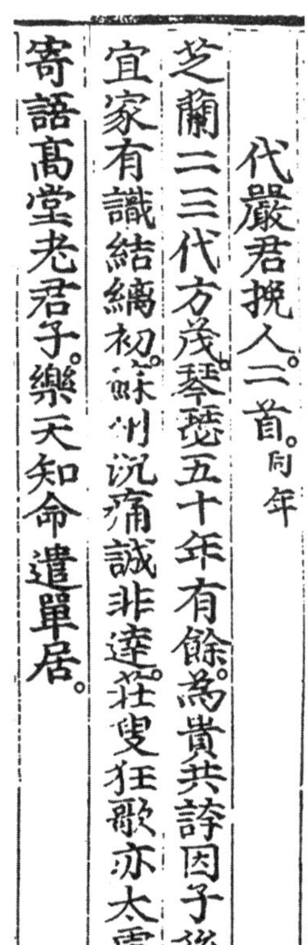
代嚴君挽人二首。同年
芝蘭二三代方茂。琴瑟五十年有餘。爲貴共誇因子後。
宜家有識結縭初。蘇州況痛誠非達。莊叟狂歌亦太虛。
寄語高堂老君子。樂天知命遣單居。

후반부 5·6구에서는 중국의 고사에서 부인의 죽음을 대하는 두 사람의 일화를 들고 있으니, 하나는 당(唐)나라 위응물(韋應物)의 고사로 부인의 죽음을 지나치게 슬퍼했다는 것이 주 내용인데, 이것에 대해서 작가 고산은 '통달한 사람의 태도가 아니다[非達]'라고 비판하고 있으니, 통달의 내용은 다름 아닌 '인간은 한 번 태어나면 한 번 죽는 것'이라는 평범한 진리를 깨닫지 못하고 지나치게 슬퍼한 것은 잘못 된 것[哀而不悲]이라는 것이다. 다른 하나 장자(莊子)의 고사를 들어, 장자가 부인이 죽었는데 질그릇을 두들기며 노래[狂歌]를 부른 것은 지극히 현묘(玄妙)한 경지에서야 가능한 것이니, 또한 적절치 않다는 것이다. 7·8구에서는, 그렇다면 지금 부인의 죽음을 맞이한 남편, 곧 고당(高堂)의 노군자(老君子)은 어떤 태도를 지녀야 하는 가에 대한 의견을 제시하고 있다. 다름 아닌 '천명(天命)을 알아 기꺼이 따르며 홀로 살아 가소서'라고 하고 있어, 아버지를 대신한 만사이므로, 고산이 아닌 아버지의 입장에서 할 수 있는 위로의 말이다. 자손이 번창하고 효도 받으며 천명을 다해 죽음을 맞이했으니, 이는 죽고 사는 천명이라고 한다. 위로 중에서도 가장 적극적인 위로라고 하겠다.

[其二]

生無所愧沒爲寧
생 무 소 괴 몰 위 녕
況復康寧壽考幷
황 복 강 녕 수 고 병
夫子青衫官縱薄
부 자 청 삼 관 종 박
郎君列鼎養殊榮
낭 군 열 정 양 수 영
身隨人事萍曾散
신 수 인 사 평 증 산
魂往靈帷涕自橫
혼 왕 령 유 체 자 횡
點檢舊遊多鬼錄
점 검 구 유 다 귀 록
觀居斯世若爲情
관 거 사 세 약 위 정

살아서 부끄럼 없으면 죽어서 편하리니
하물며 다시 강녕(康寧)하고 장수(長壽)를 겸했음이라.
지아비는 청삼(青衫)[1]으로 벼슬은 비록 낮았지만
자제는 성찬(盛饌)[2]으로 극진한 봉양의 영광이 특별했네.
몸은 인사(人事)[3]를 따라 부평초(浮萍草)처럼 흩어지니
혼이 떠난 빈소(殯所)[4]에서 눈물이 절로 흐르는구나.
옛 친구를 점검해보면 이미 귀신의 명부(名簿)[5]에 오른 사람 많으니
이 세상사는 것을 바라보는 심정은 어떠할꼬?

---

1) 青衫(청삼) : 당대(唐代)에 8품이나 9품의 관원이 입던 옷. 낮은 관직을 두루 이르는 말.
2) 列鼎(열정) : 음식을 담은 솥을 늘어놓음. 작위(爵位)의 높낮이에 따라 늘어놓은 솥의 수가 정해져 있음. 본문에서는 성찬(盛饌 ; 풍성하게 잘 차린 음식)의 뜻으로 쓰임.
3) 인사(人事) : 인정(人情)과 사리(事理). 본문에서는 생자필멸(生者必滅 ; 생명 있는 것은 반드시 죽음)을 의미.
4) 靈帷(영유) : 영위(靈幃). 영장(靈帳). 영당(靈堂) 안에 친 휘장. 곧 빈소(殯所 ; 상여가 나갈 때까지 관을 넣어두는 방)를 말함.
5) 鬼錄(귀록) : 죽은 사람의 성명을 기록한 저승의 명부.

【해설】

전문 형시은 연시 2수 중 제2수로 7언 율시다. 제1수에 이어 전반부에서는 망자에 대한 애도를 표하고, 후반부에서는 죽음에 대한 관조(觀照)의 자세를 피력해 산자에 대한 위로를 대신하고 있다. 전반부 1·2구에서는 망자의 살아서의 삶이 남부러울 것이 없다고 말하고 있다. 하늘 우러러 한 점 부끄러움 없이 살아오면서 몸에 병 없이 강녕하였고, 거기다가 장수까지 하였으니 더 이상 무엇을 바라겠는가? 주위 사람이 보기에도 만족스런 삶이었고 천수(天壽)를 다한 죽음이었다는 것을 강조하고 있다. 3·4구에서는 부덕(婦德)을 잘 지켰음을 쓰고 있다. 지아비의 벼슬이 비록 낮아도 아이들과 더불어 효도하며 극진히 섬겼다. 망자의 아름다운 생애를 기리고 자식들도 효도하는 사람으로 교육도 잘 시켰음을 함축하고 있다.

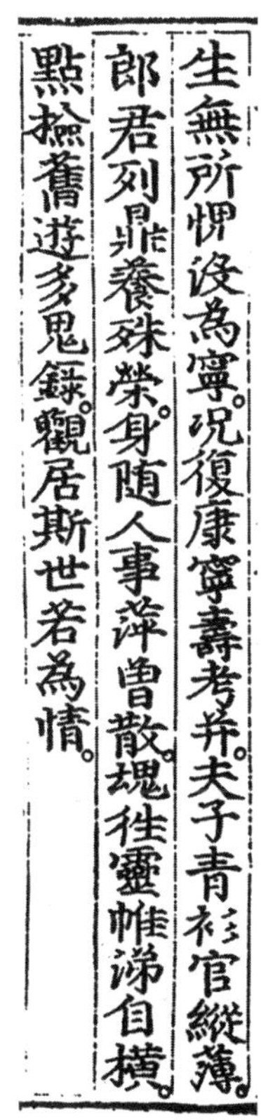
生無所愧沒為寧。況復康寧壽考幷。夫子青衫官縱薄。
郎君列鼎養殊榮。身隨人事萍曾散。魂往靈帷涕自横。
點檢舊遊多鬼錄。觀居斯世若為情。

후반부 5·6구에서는 망자의 죽음을 혼(魂)과 백(魄), 영(靈)과 육(肉)으로 나누어 생자필멸(生者必滅)이라는 피해 갈 수 없는 진리를 밝힌 가운데 슬픔을 노래하고 있다. 육신[魄]은 인사(人事)를 따라 부평초처럼 흩어지고, 혼령(魂靈)은 빈소(殯所)에 머물다가 저승으로 떠나니, 살아남은 자는 슬픔에 눈물을 흘리고 있다고 한다. 아무리 인생이 덧없고 허무하다 하더라도, 떠난 자에 대한 살아남은 자의 슬픔은 어찌할 수 없는 것임을 말하고 있다. 7·8구에서는 살아오는 동안 경험했던 수많은 사람들의 죽음을 떠올리게 한다. 옛날에 함께 사귀던 수많은 사람들도 이미 저승의 명부에 이름을 올리고 떠났듯이 거역할 수 없는 살고 죽는 세상사를 바라보며 살아가는 사람들의 정(情)은 어떤가? 하고 끝을 맺고 있다. 삶을 초월 달관하고자 해도 마음대로 뜻대로 되지 않는 것임을 암시하고 있다. 주 내용은 망자에 대한 애도와 가족에 대한 위로이다.

을묘년(乙卯年, 1615년)[1] 섣달에 남양(南陽) 큰아버님[2]의 옛집에 가서 느낌이 있어 율시 두 수를 짓고, 또 옛날을 생각하며 세 수를 짓다

乙卯臘月, 往南陽伯父舊宅有感, 吟二律, 又賦記得昔年日 三章
을 묘 랍 월 왕 남 양 백 부 구 택 유 감 음 이 율 우 부 기 득 석 년 일 삼 장

[其一]

來到琶村舍
래 도 파 촌 사
爺孃舊所居
야 양 구 소 거
廚存冪酒處
주 존 멱 주 처
壁有課奴書
벽 유 과 노 서
顧復如將見
고 복 여 장 견
瞻依竟是虛
첨 의 경 시 허
曾知泣近婦
증 지 읍 근 부
不覺淚盈裾
불 각 루 영 거

파촌(琶村)[3] 옛집에 이르니
부모님[4]께서 옛날에 사시던 곳이다.
부엌에는 술 담그셨던 곳이 있고
벽에는 연습 삼아 쓴 글씨[5]들이 붙어 있네.
돌보고 길러 주신 은혜,[6] 금방이라도 뵐 것 같건만
우러러 보고 의지하려[7] 해도 이제는 아니 계시네.
(사내가)울면 여자에 가깝다는 말은 일찍이 알고 있건만
나도 모르게 흐르는 눈물이 옷깃을 적시네.

---

1) 乙卯年(을묘년) : 1615년. 광해군 7. 29세.
2) 伯父(백부) : 본문에서는 '큰아버님'은 고산 선생의 생부(生父)이신 부정공(副正公) 윤유심

(尹唯深)을 가르킨다. 고산 선생이 8세에 둘째 숙부인 양부(養父) 관찰공(觀察公) 윤유기(尹唯幾) 공에게 양자로 들어갔으므로, 생부를 큰아버님이라고 부름.

3) 琵村(피촌) : '비파촌(琵琶村)'으로 여겨짐. 시 「남귀기행(南歸記行)」 제28행 '비파(琵琶)'의 자주(自註)에 '촌명(村名)'이라고 하였고, 고산의 한시에 자주 보임.
4) 爺孃(야양) : 야낭(爺娘). 부모.
5) 課奴書(과노서) : 과서(課書)와 노서(奴書). 과서는 글씨를 연습한 것이며, 노서는 남의 글씨를 모방한 개성 없는 서체를 말함.
6) 顧復(고복) : 돌보고 또 돌봄. 자식을 양육함을 이름. 고복지은(顧復之恩).
7) 瞻依(첨의) : 우러러 보고 의지함. 윗사람에 대한 경의(敬意)를 나타냄.

【해설】

전문은 5언 율시 2수와 5언 절구 3수로 구성된 연시이고, 그 중 율시 2수 중 제1수다. 전반부 1·2구에서는 부모님이 예전에 사시던 파촌 옛집을 찾아갔음을 말하고 있다. 본인이 나서 자란 곳은 아니지만 부모님의 고향이란 것만으로도 정감(情感)이 다를 수밖에 없다. 3·4구에서는 파촌 옛집의 이곳저곳을 묘사하고 있다. 부엌에는 술을 담가 익히던 곳으로 여겨지는 곳도 보이고, 벽에는 아버님이 어릴 적 연습 삼아 쓰던 붓글씨들이 예전 그대로 붙어있다.

후반부 5~8구에서는 돌아가시고 지금은 계시지 않은 부모님 생각에 눈시울을 적시는 내용이 표현되고 있다. 5·6구에서는 못난 자식 걱정에 밤낮이 없으셨던 부모님을 생각하니, 금방이라도 집에 계셔 방문을 열고 나와 반겨 줄 것만 같은데, 방문은 끝내 열리지 않는다. 그래서 옛 선현들의 '나무는 고요하고자 하나 바람이 멈추지 않으며, 자식은 부모를 봉양하고자 하나 부모는 기다려 주지 않는다(樹欲靜而風不止, 子欲養而親不待也)'라고 했던 말이 실감난다. 7·8구에서는 효도 한 번 제대로 하지 못했는데 돌아가시고 아니 계신 부모님 생각에 흐르는 눈물이 옷깃을 적신다고 한다. 어려서 울 때마다, 부모님들이 '우는 것은 여자들이나 하는 거야, 사내가 울면 여자가 되는 것이야.'라고 하시면서 울음을 달래주시던 말씀들이 다시 떠오른다는 것이다. 부모님이 사시던 옛집에 대한 감상과 돌아가신 부모님 생각에 대한 회한(悔恨)의 정서가 주 내용이다.

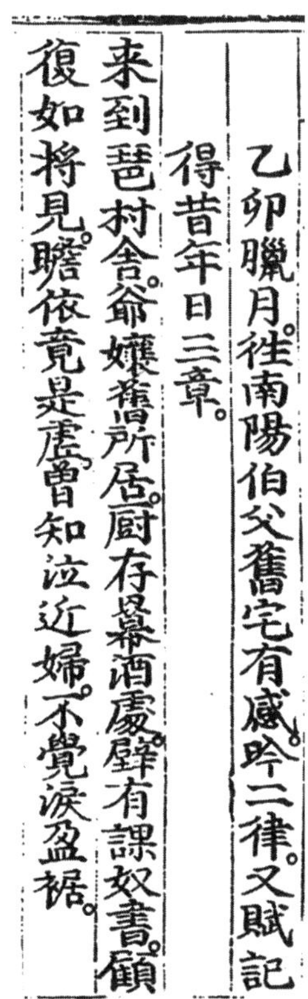
乙卯臘月。往南陽伯父舊宅有感。吟二律。又賦記得昔年日三章。

来到琶村舍。爺孃舊所居。廚存曩酒處。壁有課奴書。顧復如將見。瞻依竟是虛。曾知泣近婦。不覺淚盈裾。

[其二]

昔我先夫子
석 아 선 부 자
移家到海濱
이 가 도 해 빈
尋常成好事
심 상 성 호 사
八九有芳隣
팔 구 유 방 린
桑梓渾依舊
상 재 혼 의 구
松楸總已新
송 추 총 이 신
那堪聞慶老
나 감 문 경 로
復作夜臺人
복 작 야 대 인

옛날 내 돌아가신 아버지께서[1)]
집을 옮겨 물가[2)]에 이르셨다.
항상 남을 열심히 잘 섬겨[3)]
열에 여덟 아홉은 친한 이웃이었다.
고향[4)]은 모두 옛 모습 그대로인데
묘지[5)]는 다들 새롭구나.
어찌 우리 노인이 행복한 노인이었다는 말을 들으리오?
무덤[6)] 속의 사람이 된 것을.

1) 先夫子(선부자) : 돌아가신 아버지. 선고(先考). 선친(先親). 본문에서는 생부(生父)인 부정공(副正公) 윤유심(尹唯深)을 말함.
2) 海濱(해빈) : 바닷가. 본문에서는 연보에 따르면 바닷가 보다는 한강(漢江) 변 현 경기도 양주 고산(현 남양주시 수석동)으로 보는 것이 옳음.
3) 好事(호사) : 열심히 남을 도움. 잘 섬김.
4) 桑梓(상재) : 뽕나무와 가래나무. 옛날 담장 아래 심어 자손에게 전하여 생계에 이바지하게 한 데서 유래하여, 고향이나 고향의 부로(父老)들을 이르는 말로 쓰임.
5) 松楸(송추) : 소나무와 개오동나무. 무덤가에 많이 심기 때문에 무덤의 별칭 또는 부모의 무덤을 이르는 말.
6) 夜臺(야대) : 무덤. 저승.

【해설】

전문은 5언 율시 2수와 5언 절구 3수로 구성된 연시이고, 그 중 율시 2수 중 제2수다. 제1수에 이어 제2수에서도 백부의 구택에 대한 감회를 적고 있다. 전반부 1 · 2구에서는 현재의 위치와 자리 잡게 된 내력을 간단하게 쓰고 있다. 지금의 집으로 옮기게 된 것은 돌아가신 아버님께서 옮기신 것인데, 위치는 물가[海濱]라 하고 있다. 3 · 4구에서는 아버님이 이웃들에게 늘 덕을 베풀며 좋은 관계를 유지하셨음을 말하고 있다. 옛말에 '덕을 베풀면 외롭지 않아 반드시 좋은 이웃이 있다(德不孤必有隣)'이란 말을 떠올리게 한다. 곧 자손이 잘 되려면 조상들의 음덕(蔭德)이 있어야 함을 말할 뿐만 아니라, 당사자에게는 '어떻게 살아야 할 것인가?'에 대한 물음에 대한 답의 일단을 조상들의 삶의 모습을 회고하면서 자득(自得)하는 과정이다. 열에 여덟 아홉은 좋은 이웃을 두셨다는 측면을 강조한 것은 현재의 고산 자신이 과거에 급제하고 벼슬길에 오르게 된 데에는 아버님을 비롯한 누대(累代)에 걸친 조상님들의 음덕의 결과라는 감사와 함께 추원보본(追遠報本)의 자세를 말하고 있다.

후반부 5 · 6구에서는 고향집을 살펴 본 감회를 적고 있다. 고향집은 예전의 모습 그대로인데 새로 만든 무덤이 보인다. 옛 노래에 '산천(山川)은 의구(依舊)한데, 인걸(人傑)은 간데 없다.'라는 말과 다름없다. 안타깝게도 이미 아버님께서는 황천(黃泉)에 불귀(不歸)의 객(客)이 되셨다. 높은 벼슬과 자식들의 출세도 의미 없는 허무한 것이 되고 말았다는 것이다. 생각해보면 효도 한 번 제대로 해보지도 못했는데 곁을 떠나신 것에 대한 안타까움과 그리움이 북받쳐 온다. 주 내용은 옛집에서 느낀 감회와 부모님에 대한 그리움이다.

昔我先夫子。移家到海濱。尋常成好事。八九有芳隣。桑
梓渾依舊。松楸總已新。那堪聞慶老。復作夜臺人。

[其三]

記得昔年日
기 득 석 년 일
兒嘗自外來
아 상 자 외 래
調羹慈母急
조 갱 자 모 급
炊飯大人催
취 반 대 인 최

옛 일들이 생각나네.[1]
어릴 적 밖에서 돌아오면
어머니는 급히 국의 간을 맞추시고[2]
아버지는 밥부터 어서 지으라고 재촉하셨네.

[其四]

記得昔年日
기 득 석 년 일
兒嘗自外歸
아 상 자 외 귀
大人問寒燠
대 인 문 한 욱
慈母與新衣
자 모 여 신 의

옛 일들이 생각나네.
어릴 적 밖에서 돌아오면
아버지는 추운가 따뜻한가를 물어보셨고
어머니는 새 옷을 내주셨네.

[其五]

記得昔年日
기 득 석 년 일
兒嘗自外還
아 상 자 외 환

怡怡家慶畢
이 이 가 경 필
侍坐北堂間
시 좌 북 당 간

옛 일들이 생각나네.
어릴 적 밖에서 돌아오면
기뻐하며[3] 어버이께 문안 인사 올리고 나서
어머니 옆에 모시고 빙 둘러 앉았었네.

---

1) 記得(기득) : 기억함. 잊지 않음.
2) 調羹(조갱) : 국의 간을 맞춤. 요리함을 두루 이르는 말.
3) 怡怡(이이) : 기뻐서 좋아하는 모양. 형제끼리 화목한 모양.

【해설】

전문은 5언 율시 2수와 5언 절구 3수로 구성된 연시이고, 그 중 절구 제3·제4·제5수이다. 제1·2수에 이어 세 수에서도 백부의 구택에서 느낀 감회의 단상(斷想)을 동일한 시상 구조 속에 쓰고 있다. 이 3수에 대한 감상은 단상들의 차이에도 불구하고 내용의 중복을 피하기 위해 묶어서 함께 하기로 한다.

전술한 바와 같이 3수 모두 1·2구의 내용은 '옛일들이 생각나네, 어릴 적 밖에서 돌아오면'으로 동일하다. 아이들이 밖에서 돌아왔을 때 '배고프겠구나?' 하시고 서둘러 음식을 챙겨 주시는 부모님(3수), '춥겠구나?(4수)' 하시고 옷을 챙겨 주시는 부모님, '별일 없었니?(5수)' 하시고 곁에 두고 기색을 살피시는 부모님의 모습. 모두 다 애지중지 알뜰살뜰 키워주셨던 자식에 대한 사랑을 미각(味覺 ; 음식)과 촉각(觸覺 ; 의복)의 감각적 표현을 통해 구체적으로 제시하고 있다.

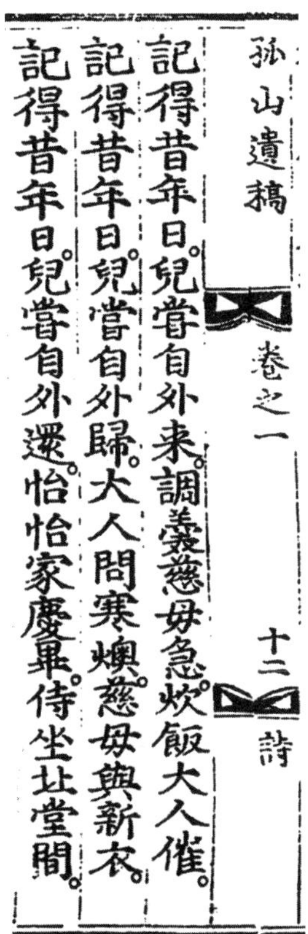
孤山遺稿 卷之一 十二 詩

記得昔年日。兒嘗自外來。調羹慈母急。炊飯大人催。

記得昔年日。兒嘗自外歸。大人問寒燠。慈母與新衣。

記得昔年日。兒嘗自外還。怡怡家慶畢。侍坐北堂間。

5수에서 아이들이 어려서부터 밖에 출타했다가 집에 돌아와서 부모님께 반드시 집에 돌아왔음을 알리는 것은 『소학(小學)』 명륜편(明倫篇)에 「밖에 나갈 때는 반드시 나간다고 여쭙고 나가며, 돌아와서는 반드시 얼굴을 보여 드린다.(出必告 反必面)」의 실행을 의미하는 것이다. 그리고 오순도순 어머니를 중심으로 빙 둘러 앉아서 낮에 밖에서 재밌게 놀았던 이야기며, 서당에 가서 배웠던 공부한 내용을 이야기 하는 것이 과거 우리 조상들의 통례였던 것이다. 주 내용은 어린 시절의 부모님의 사랑에 대한 회상이다.

면부(勉夫)가 면숙(勉叔)의 유배지(流配地)로 가는 것을 전송하며 - 오언절구

送勉夫之勉叔謫所五絶
송 면 부 지 면 숙 적 소 오 절
/ 丙辰 ○勉夫洪茂業字, 勉叔洪茂績字

/ 병진(丙辰年, 1616년. 광해 8. 30세) ○면부(勉夫)는 홍무업(洪茂業)의 자이고, 면숙(勉叔)은 홍무적(洪茂績)[1]의 자이다.

[其一]

陽春正屬蘇羣槁
양 춘 정 속 소 군 고
何事鶺鴒原上飛
하 사 척 령 원 상 비
聖主應憐憔悴客
성 주 응 련 초 췌 객
東風許作一行歸
동 풍 허 작 일 행 귀

따뜻한 봄이라 마침 시든 초목들이 살아나는 때를 당하여
무슨 일로 할미새[2]는 들판 위에서 나는가?
어진 임금께서 응당 초췌한 나그네[3]를 불쌍히 여겨
봄바람이 불면 일행(一行)[4]이 함께 돌아오는 것을 허락하시리라.

---

1) 洪茂績(홍무적) : 1577(선조 10)~1656(효종 7). 조선 중기의 문신. 자는 면숙(勉叔), 호는 백석(白石). 성혼(成渾)의 문인. 본문에서는 인목대비(仁穆大妃) 폐모론(廢母論)에 반대하다가 거제도로 유배됨을 말함.
2) 鶺鴒原(척령원) : 척령재원(鶺鴒在原). 척령은 할미새. 형제간의 우애를 비유하는 말로, 할미새가 들에서 날 때는 울기를 그치지 않고 걸을 때는 늘 꽁지를 흔드는 모습이 마치 급난(急難)을 알리는 모습과 같다 하여, 형제간에 위급하거나 어려울 때 서로 돕는 것을 비유하는 말로 쓰임. 본문에서는 아우 홍무업이 형 홍무적의 유배지로 감을 의미.
3) 憔悴客(초췌객) : 야위고 파리한 나그네. 본문에서는 귀양 간 홍무적(洪茂績)을 지칭함.
4) 一行(일행) : 본문에서는 홍무적・홍무업 형제를 말함.

【해설】

5수로 된 연시 중 제1수로 형식은 7언 절구다. 면숙(勉叔) 홍무적(洪茂績)은 당대의 간신 이이첨(李爾瞻)의 사주를 받은 일파들이 인목대비(仁穆大妃 ; 선조의 계비, 永昌大君의 생모) 폐모론을 상주하자 극간하다가 거제도로 유배가고, 1년 후 그의 아우 면부(勉夫) 홍무업(洪茂業)이 유배지를 찾아가는 것을 보고 형제간의 우애를 칭송하여 지은 송별시다. 전반부 1·2구에서는 만물이 소생하는 따뜻한 봄날[陽春]을 대비적 배경으로 설정하고, 봄날의 들판에 나는 형제간의 우애를 상징하는 할미새 고사[鶺鴒在原]를 들어 홍무적·홍무업 형제의 아름다운 우애를 암시한다.

후반부 3·4구에서는 두 형제의 우애가 이렇듯이 아름다우니 필시 임금께서도 초췌한 유배객을 불쌍히 여겨 봄바람이 불 듯 성군의 은총이 내려 유배에서 풀려날 것이라고 긍정적인 예측을 하며 끝맺고 있다. 그러나 역사적으로 광해군의 폭정은 그치지 않고 계속되었으며, 이런 가운데 목숨을 구걸하지 않고 옳음을 위해 상소한 홍무적에 대한 심리적인 지지를 암시하고 있다고 하겠다. 이러한 암묵적 지지는 같은 해 12월에 고산 선생 또한 행동으로 보이니, 당시 성균관 유생이던 고산 선생은 당시의 간신인 이이첨(李爾瞻) 등 집권 세력의 죄상을 격렬하게 규탄하는 <병진소(丙辰疏)>를 올려 이듬해 함경도 경원으로 유배 간다는 사실이 이를 뒷받침하고 있다. 주 내용은 『시경(詩經)』의 <소아(小雅) 상체(常棣)>에 「죽을 위급에 처해서도 형제를 매우 염려하며 들판 진펄 가리지 않고 형제를 구한다.(死喪之威, 兄弟孔懷, 原隰裒矣, 兄弟求矣)」는 구절처럼 형 홍무적의 유배지를 향해 위로와 안부를 전하러 가는 동생 홍무업의 돈독한 우애가 주된 내용을 이루고 있다.

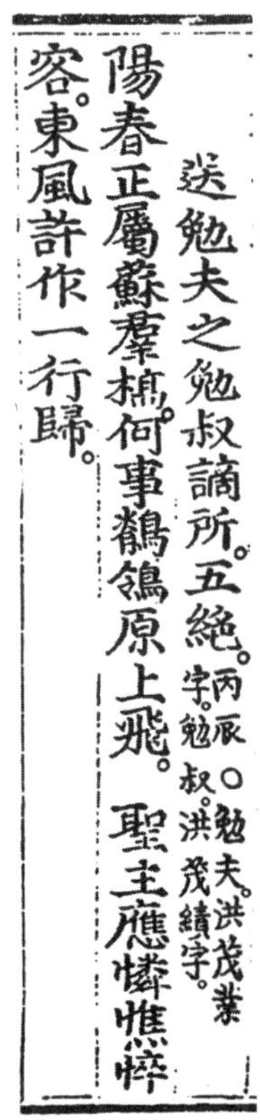
送勉夫之勉叔謫所。五絶。丙辰○勉夫。洪茂業字。勉叔。洪茂績字。
陽春正屬蘇羣槁。何事鶺鴒原上飛。聖主應憐憔悴客。東風許作一行歸。

[其二]

梅也先生甚愛之
매야선생심애지
盆中手種短長枝
분중수종단장지
逢君應問花消息
봉군응문화소식
爲報淸香似昔時
위보청향사석시

매화를 선생은 몹시 사랑하여
화분에 손수 몇 가지 심으셨지.
그대를 만나면 응당 꽃소식 물을 것이니
맑은 향기는 옛날과 같다고 알려주시게.

【해설】

5수로 된 연시 중 제2수로 형식은 7언 절구다. 귀양지에 있는 형님 홍무적을 찾아가는 동생 홍무업에게 무슨 말로 안부를 전할 것인가? 불의에 굴하지 않고 현실에 야합(野合)하지 않고 꿋꿋하게 지조와 절개를 지켰다고, 그리고 그 지조와 절개를 변치 말라는 등 홍무업을 기리는 인품을 직설적으로 글로 표현하기에는 부족하다 할 수밖에 없다. 전반부 1·2구에서는 이러한 말과 글로 다 할 수 없는 홍무업의 인품을 단 한 줄의 글로 표현한 것이 다름 아닌 '선생은 매화를 몹시 사랑하였다'라는 표현이다. 매화는 예로부터 사군자(四君子)의 으뜸이었고, 군자(君子)는 유교에서 지향하는 이상적 덕목을 지닌 인간상이니, 매화를 사랑하였다는 것은 바로 홍무업이 지향하는 이상적 인품을 상징적으로 보여 주면서, 그것을 지키다가 귀양살이를 하고 있음을 작가는 잘 알고 있다는 암묵적 지지이다.

후반부 3·4구에서는 그러한 인품을 지닌 홍무적이 아우인 홍무업을 만나면 응당 '매화가 시들지 않고 잘 크고 있느냐?'고 매화 소식을 물을 것이니, '맑은 향기 예전그대로'라고 알려 주라고 한다. 곧 유배지에 가 있어도 그가 지향하는 삶의 덕목들은 '주위 사람들이 모두 잘 알고 있노라.'고 전해 달라는 것이다. 매화의 별칭이 빙자옥질(氷姿玉質)이고, 매화 향기를 일러 암향(暗香)이라 하였으니, 그대 지금은 비록 유배지에서 있으나, 언젠가는 그대의 지조와 절개가 매화의 향기처럼 번져나가 알아줄 날이 있을 것이란 것을 암시하고 있다. 1615년(광해군 7) 거제도에 유배되어 있던 홍무적은 1년 후 귀양지에서 동생 홍무업의 방문을 받았고, 그 후 형제가 함께 돌아오지 못하고, 귀양생활 9년만인 인조반정(1623년)으로 정권이 바뀌자 석방되어 창녕현감·진천현감·김제군수·공주목사 등을 역임하게 된다. 주 내용은 유배 중인 홍무업의 인품에 대한 찬미(讚美)다.

梅也先生甚愛之。盆中手種短長枝。逢君應問花消息。
為報清香似昔時。

[其三]

洪君兄弟愛芳香
홍 군 형 제 애 방 향
一樹寒梅置草堂
일 수 한 매 치 초 당
應念去年春雪後
응 념 거 년 춘 설 후
花邊相對屬(촉)淸觴
화 변 상 대 청 상

홍군 형제가 꽃향기를 사랑하여
한매(寒梅) 한 그루를 초당(草堂)에 두었지.
응당 생각나려니, 지난 해[1] 봄눈이 내린 뒤
꽃 가에 마주 앉아 맛있는 술[2] 따르던 것을.

---

1) 去年(거년) : 본문에서는 1615년(乙卯). 광해군 7. 고산 29세.
2) 淸觴(청상) : 맛있는 술을 이르는 말.

【해설】

5수로 된 연시 중 제3수로 형식은 7언 절구다. 면숙(勉叔) 홍무적(洪茂績)은 고산 선생보다 10년이나 연상(年上)이다. 그리고 아우 홍무업도 고산 선생보다는 7, 8살 연상이나, 고산 선생과 의기투합(意氣投合)하여 망년지교(忘年之交)를 나누었을 것으로 여겨진다.

전반부 1·2구에서는 홍무적·홍무업 두 형제가 함께 매화를 사랑했노라고 말하고 있다. 호사스럽지 않은 나지막한 초당의 서재에 앉아 두 형제와 함께 술잔을 권하는 모습이 그려지고 있다. 무릇 문인화(文人畵)에서는 형사(形似 ; 형태를 닮게 그림)보다는 사의(寫意 ; 그리는 사람의 내용이나 정신을 표현하는 것)를 중시하는 것이니, 매화 같은 삶, 곧 「매화는 추위의 고통을 이겨내야 맑은 향기가 피어나고, 사람은 간난(艱難)을 만나서야 그 절개가 드러난다.(梅經寒苦發淸香, 人逢艱難顯其節)」한 것을 본받고자 함이다. 천민 출신의 시인으로 종2품 가의대부(嘉義大夫) 작위까지 받은 유희경(劉希慶)이 홍무적·홍무업 형제를 초청하여 조매(早梅-일찍핀 매화)를 완상했다는 기록과 침류대(枕流臺)에서 다시 성대한 시회를 열고 두 형제와 여러 사람을 초청하여 조매를 감상했다는 내용이 『수창시속록(酬唱詩續錄)』에 실려 전하고 있다.

洪君兄弟愛芳香。一樹寒梅置草堂。應念去年春雪後。
花邊相對屬淸觴。

후반부 3·4구에서는 유배 가기 전 정답게 앉아 맑은 술잔을 나눈 것이 문득 생각난다고 하면서 유배지의 친우를 그리워하는 모습을 표현하고 있다. 봄눈이 어지럽게 날리는 창밖을 보고 봄이 가까웠음을 알 수도 있으려니와, 춘래불사춘(春來不似春)을 말하며, 간신배들로 어지러워진 정국(政局)을 보면서 나라와 나랏님, 백성을 걱정했던 지난날을 회상하고 있음을 알 수 있다. 주 내용은 귀양살이 하고 있는 벗에 대한 그리움이다.

[其四]

去年分手悲何奈
거 년 분 수 비 하 내
此日相逢樂更加
차 일 상 봉 락 갱 가
夜雨寒燈蕭瑟處
야 우 한 등 소 슬 처
還應忘却在長沙
환 응 망 각 재 장 사

지난해 이별의 슬픔은 어떠했던가?
오늘 (형제가)만나게 된다면 즐거움은 또한 더하리니.
밤비 내리고 등불은 차가운 처량한[1] 곳
(그대들이)장사(長沙)에[2] 있다는 것도 도리어 잊으리라.

---

1) 蕭瑟(소슬) : 쓸쓸한. 처량한.
2) 長沙(장사) : 장사부(長沙傅). 한나라 가의(賈誼)를 이르는 말. 가의가 문제(文帝) 때 장사왕(長沙王)의 태부(太傅)로 좌천되었기 때문에 이르는 말. 본문에서는 유배지를 이름.

【해설】

5수로 된 연시 중 제4수로 형식은 7언 절구다. 앞 시 세 수에 이어 유배간 홍무적과 아우 홍무업의 상봉의 순간의 기쁨을 상상하며 지은 시다. 전반부 1·2구에서 먼저 지난해에 유배를 떠나던 날 형제가 슬퍼했던 순간을 말한다. 어느새 세월이 흘러 벌써 1년여의 시간이 지났고, 형이 그리워 천리 길을 멀다 않고 형을 찾아 나선 동생과 만나니 얼마나 기쁘겠는가? 보지 않아도 그 기쁨은 멀리 있는 작가 고산 선생도 알만하다는 것이다. 시간적으로 지난해와 오늘, 상황으로는 이별과 만남, 심정적으로는 슬픔과 기쁨을 대비시키면서 상봉에 대한 간절한 소망이 표현되고 있다.

후반부 3·4구에서는 유배지에서의 형제 상봉의 모습을 떠올려 본다. 작가가 있는 곳의 오늘처럼 밤비가 추적추적 내리고 벽 가운데 희미한 등불이 차갑게 가물거리고 있겠지. 처량한 밤비 소리가 창문을 두드리는데, 마주 앉은 형과 동생은 귀양지[長沙]에 있다는 것도 잊고 만단정회(萬端情懷)를 나누고 있겠지. 그대들의 즐거운 상봉을 상상하고 있는 작가도 마치 내일인 것처럼 생각할 수 있겠다. 그러다보니 문득 천리 만 리나 떨어진 귀양지에 있는 벗이 옆에 있는 것처럼 느껴진다. 밤비와 밤비 내리는 소리의 청각적 현상과 희미한 등불에서 연상되는 시각적 현상이 만들어 내는 처량함과 쓸쓸함이라는 분위기가 상봉의 기쁨과 대비되면서 멀리 떨어진 귀양지의 형제들과 한양에 있는 작가 세 사람이 심적으로 교류하고 있음을 알 수 있다. 불현듯 느껴지는 벗에 대한 그리움이 극에 이르자 벗이 유배지에 있다는 것도 잊을 만큼 그리움이 솟구친다. 지란지교(芝蘭之交)의 사귐은 속된 것이 아닌 것이란 것을 실감케 해준다. 주 내용은 유배지에 있을 형제 상봉의 기쁨과 벗에 대한 그리움이다.

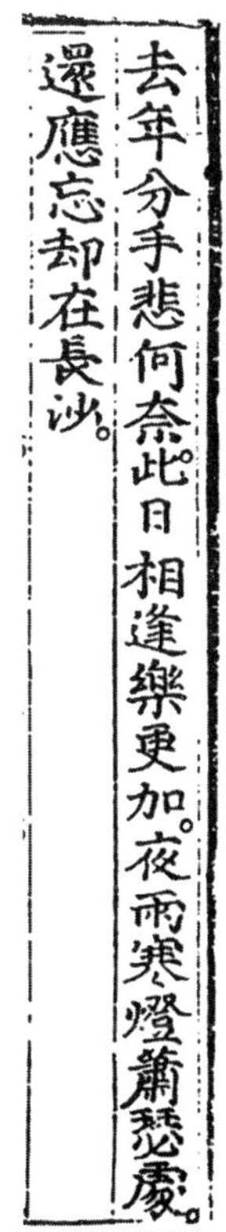
去年分手悲何奈。此日相逢樂更加。夜雨寒燈蕭瑟處。
還應忘却在長沙。

[其五]

吾君友愛得之天
오 군 우 애 득 지 천
此日鴒原淚到泉
차 일 령 원 루 도 천
誰送靈龜言碧落
수 송 령 귀 언 벽 락
不教腸斷越江邊
불 교 장 단 월 강 변

그대 형제의 우애는 하늘에서 얻은 것이니
오늘 할미새[1]의 눈물이 구천(九泉)에 이르겠네.
누가 신령한 거북을 보내 하늘에 호소하랴[2]
애끊는 슬픔으로 강을 넘지 못하게 하겠는가.[3]

1) 鴒原(영원) : 척령재원(鶺鴒在原). 44시 주 2) 참조.
2) 靈龜言碧落(영귀언벽락) : 신령한 거북을 하늘에 보내 호소함. 슬픔을 호소할 곳이 없다는 뜻. 한유(韓愈)가 자식을 잃은 벗 맹교(孟郊)의 슬픔을 위로한 시 「맹동야실자(孟東野失子)」에 의거한 표현. '碧落(벽락)'은 '하늘 또는 푸른 하늘'.
3) 越江邊(월강변) : 강을 넘어감. 당(唐)나라 유종원(柳宗元)이 아우 유종일(柳宗一)과 이별하면서 지은 「별사제종일(別舍弟宗一)」에 의거한 표현으로, 형제간 이별의 아픔을 이름.

【해설】

전문은 5수로 된 연시 중 세5수로 형식은 7언 절구다. 시인 아니 예술가가 예술적 영감(靈感)에 사로잡혀 표현하고 싶은 감정이 극에 이르면 어떻게 표현할까? 홍무적·홍무업 형제간의 처절하리만치 아름다운 우애를 바라본 고산 선생은 고조된 마음을 달리 표현할 길이 없었다. 그래서 1구에서 이들 형제의 우애를 '하늘이 낸 것'이라고 한다. 마치 효자를 극찬할 때 '하늘이 낸 효자[出天之孝]'라 하는 것과 다르지 않고, 중국의 전고(典故)를 들어 말하고 있다. 2구에서 척령재원(鶺鴒在原)의 고사가 그러하고, 3구의 한유(韓愈)의 「맹동야실자(孟東野失子)」의 시구를 끌어옴이 그러하고, 4구의 유종원(柳宗元)의 「별사제종일(別舍弟宗一)」의 시구가 그러하다.

요약하자면, '척령재원'의 고사를 통해서는 형제간의 우애를, 한유의 「맹동야실자」 시구를 통해서는 형제간 이별의 슬픔을 자식을 잃은 부모의 슬픔에 비유하고 있고, 「별사제종일」 시구에서는 진정으로 형제간의 이별의 슬픔이 없게 해달라는 간절한 소망을 표현해내고 있다. 1·2·3구에서 공히 등장하는 것은 '하늘'이다. 1구의 하늘은 곧 '인간이 지향해야 할 보편적 도리'로서의 하늘의 길[道]이다. 2구에서의 할미새의 눈물이 마땅히 땅 위에 떨어져야 하나 도리어 하늘[九泉]에 떨어진다고 하여 순리(順理)와 천리(天理)가 뒤집힌 원망(怨望)의 하늘이다. 이렇게 인간 세상에 벌어지고 있는 천부당만부당한 일을 호소할 곳이 없으니 신령한 거북에게 시켜 하늘에라도 호소하고 싶다는 것이다. 4구에서는 3구를 보충하여 호소하는 내용이다. 사람은 빌 곳이 없으면[無所祈禱]면 마지막에 찾는 것이 하늘이다. 총 5수의 연시를 통해 마지막에 고산 선생이 시를 지어 기리고 싶고 남기고 싶은 것은 제1·2·3수에서 극찬했던 매화를 사랑했던 형제들의 인품과 지조·절개에 이어 4·5수에서 기리고 있는 홍무적·홍무업의 형제간의 사랑과 우애였음을 알 수 있다.

吾君友愛得之天。此日鶺原淚到泉。誰送靈龜言碧落。
不教腸斷越江邊。

겸보(謙甫) 처숙부(妻叔父)[1]의 「영회(詠懷)」 시에 차운하다 - 2수

次韻謙甫叔丈詠懷二首 / 同年
차 운 겸 보 숙 장 영 회 이 수

/ 같은 해(丙辰年, 1616년. 광해 8. 30세)

[其一]

文字曾非史
문 자 증 비 사
威儀自是村
위 의 자 시 촌
如何於世路
여 하 어 세 로
乃欲着吾跟
내 욕 착 오 근
唐帝憂洪水
당 제 우 홍 수
周公入夢魂
주 공 입 몽 혼
不關紆紫綬
불 관 우 자 수
京庾享曾孫
경 유 향 증 손

문자(文字)[2]는 일찍이 역사(歷史)에 전하는 바가 아니며
위의(威儀)[3]는 이 마을에서 시작되었다고 하리라.
어찌하여 이 세상에
내 발꿈치를 붙이고자 하겠는가?
당제(唐帝)[4]는 홍수를 걱정했고[5]
주공(周公)[6]은 꿈속[7]에 들었네.
높은 벼슬[8]과는 관계없이
증손(曾孫)[9]은 큰 곳간의 곡식[10]으로 제향(祭享)하리라.

---

1) 叔丈(숙장) : 숙장인(叔丈人)의 준말. 처숙부 즉 처 작은아버지를 뜻함.

2) 文字(문자) : 저자 미상의 2권으로 된 책 이름. 일설에는 신근(辛釿-노자의 제자로서 文字는 자)의 찬(撰)이라 함. 노자의 말씀을 13편으로 나누어 해설하였음.
3) 威儀(위의) : 한관위의(漢官威儀). 한(漢)나라 관리의 복식과 전장(典章). 전한(前漢)을 멸한 신(辛)의 왕망(王莽)에 의해 폐기된 전한의 문물과 제도를 후한(後漢)의 광무제(光武帝) 때 회양왕(淮陽王) 유현(劉玄)에 의해 다시 복구된 것을 말함. 본문에서는 마을의 풍속과 인심이 순후(淳厚)하고 예의범절이 바름을 의미.
4) 唐帝(당제) : 당요(唐堯). 도당씨(陶唐氏). 요(堯). 아들 단주(丹朱)가 불초(不肖)하여 순(舜)임금에게 전위(傳位) 하였음.
5) 憂洪水(우홍수) : 홍수를 걱정함. 요임금이 치수(治水)를 맡길 현신(賢臣)이 나타나기를 바라며 선정(善政)을 베풀었던 고사를 말함.
6) 周公(주공) : 주(周) 왕조를 세운 문왕(文王)의 아들이며 무왕(武王)의 동생. 무왕의 아들 성왕(成王)을 도와 주 왕조의 기초를 확립. 무왕이 죽은 뒤 나이 어린 성왕을 섭정(攝政)하면서 각종 문물제도와 예악(禮樂)과 법도(法度)를 바로잡아 주나라 정권을 공고히 함. 성인 공자(孔子)가 존경한 인물.
7) 入夢魂(입몽혼) : 꿈속에 듦. 본문에서는 『논어(論語)』 술이편(術而篇)에서 '공자가 꿈속에 자주 주공(周公)을 뵈었다'는 것으로, 공자(孔子)가 존경한 인물인 주공의 도를 행하고자 했던 공자의 의지를 말함.
8) 紆紫綬(우자수) : 자수금장(紫綬金章). 자수색 인수(印綬)와 금빛 인장(印章). 전의되어 높은 관리를 이름.
9) 曾孫(증손) : 손자의 아들. 본문에서는 조상의 제사를 맡을 주제자(主祭者) 곧 상주(喪主)를 말하며, 가문(家門)의 전답(田畓)의 주인임.
10) 京庾(경유) : 경창(京倉). 곡식을 저장하는 큰 곳집.

【해설】

2수로 된 연시 중 제1수로 형식은 5언 율시다. 이 시는 고산의 처 작은아버지인 겸보(謙甫) 선생의 시에 차운하여 세상에 대한 자신의 뜻을 서술한 것으로 이립(而立 ; 30살)에 접어든 고산 선생의 인생관과 가치관이 뚜렷하게 나타난 작품이다. 전반부 1・2구에서는 '문자(文字)'에 대한 해석과 감상에서 이견이 있으나 문맥상으로 노장자(老莊子)의 무위자연(無爲自然)을 서술한 도가사상(道家思想)의 책으로 여겨진다. 곧 2구에 의하면 굳이 노장자의 사상을 주장하지 않더라도 예의범절이 바로 서서 위의(威儀)가 확립되어 있는 풍속과 민심이 순후한 세상이라고 한다. 3・4구에서는, 그러니 굳이 내 자신 번거로운 세상[紅塵]에 발을 들여놓지 않겠다고 한다. 세상일에 초연 달관하며 자연에 묻혀 살아가고 싶다는 뜻을 표현하고 있다.

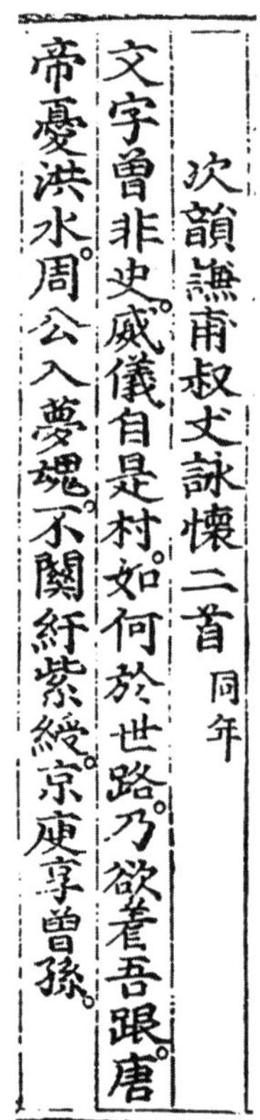
次韻謙甫叔丈詠懷二首 同年
文字曾非史。威儀自是村。如何於世路。乃欲着吾跟。唐帝憂洪水。周公入夢魂。不關紆紫綬。京庾享曾孫。

후반부 5・6구에서는 그 이유는 밝히고 있는데, 요순지치(堯舜至治)를 연 요(堯 ; 唐帝)임금도 백성들을 잘 다스리고 선정(善政)을 베풀기 위해 치수(治水) 등에 온갖 걱정과 근심을 떨치지 못했으며, 유학(儒學)을 창시(創始)하신 공부자(孔夫子 ; 孔子)께서도 높은 도학의 경지에 이르고 세상에 도를 실천하고자 밤잠을 이루지 못해, 꿈속에서까지 주공(周公)을 뵈었다는 것이다. 7・8구에서는 벼슬자리에도 연연해하지 않겠다는 뜻을 표현하고 있다. 잘 다스려지는 세상에서는 나라를 다스린답시고 거들먹거리는 관리들의 치세(治世)와는 관계없이 자신은 세상사에 발을 들여놓아 관여하지 않고, 높은 성군의 경지도 도와 학문이 높은 성인의 경지는 물론 벼슬자리도 바라지 않으며 자연에 묻혀 안분지족(安分知足)의 자세로 살아가겠다고 한다.

[其二]

人間軒冕斷無希
인 간 헌 면 단 무 희
惟願江湖得早歸
유 원 강 호 득 조 귀
已向孤山營小屋
이 향 고 산 영 소 옥
何年實着芰荷衣
하 년 실 착 기 하 의

인간 세상의 높은 벼슬[1]은 단연코 바라지도 않아
오직 강호로 일찍 돌아갈 수 있기를 원하네.
이미 고산(孤山)[2]에 이미 작은 집을 지었으니
어느 해에나 실지로 연잎의 옷[3] 입을는지.

---

1) 軒冕(헌면) : 대부(大夫) 이상의 관원이 타는 수레와 예복(禮服). 벼슬자리와 녹봉을 이르는 말.
2) 孤山(고산) : 경기도 양주에 있는 산. 당시에 양부(養父)인 윤유기(尹唯幾) 공이 살고 있었음.
3) 芰荷衣(기하의) : 마름 잎과 연잎으로 만든 옷. 은자(隱者)들이 입는 옷.

【해설】

2수로 된 연시 중 제2수로 형식은 7언 절구다. 연보에 의하면 고산 선생은 진사 초시 합격(17세), 승보시 장원과 향시 합격(20세), 진사시 일등으로 합격(26세), 생부의 거상과 탈복(29세 2월), 성균관 유생(30세), <병진소> 상소(30세 12월), 함경도 경원 유배(31세 1월) 등을 볼 수 있다. 연보를 통해 알 수 있듯이 고산 선생은 과시(科試)에 계속 응시한다. 전반부 1·2구에서는 '인간 세상의 높은 벼슬은 단연코 바라지도 않는다.'고 하면서 자연에 은거하기를 바란다는 이중적(二重的)인 모습을 보인다. 앞서 살펴 본 「송면부지면숙적소(送勉夫之勉叔謫所)」 5수와 다음에 이어지는 「기정홍면숙(寄呈洪勉叔)」 2수에서 그 답을 찾을 수 있듯이 당시의 잘못된 정치와 간신들의 전횡(專橫)을 보고 극단적인 회의감(懷疑感)에 빠져 염증(厭症)을 느꼈음을 알 수 있다.

후반부 3·4구에서는 그런 상황 속에서 그가 추구할 수 있는 이상적인 삶의 모습이 곧 시 속에서 강조하는 은둔지사의 삶, 곧 '오직 강호[孤山]로 일찍 돌아갈 수 있기를 바라네'였을 것이고, '연잎으로 지은 옷[芰荷衣]'을 하루라도 빨리 입기를 원했을 것이다. 대부분의 시인은 시 속에서 이상세계(理想世界)를 그려내기 때문에 시는 본질적으로 낭만주의(浪漫主義)를 지향한다. 이것은 현실 세계와의 불협화(不協和)와 부조화(不調和)에 의한 갈등을 의미한다. 그리고 그 갈등의 내용이 무엇이고, 작가가 어떤 태도로 대처하느냐에 따라서 현실이 반영되고 작가의 인생관이 나타난다. 고산 선생 역시 홍무적처럼 간신이 전횡을 일삼고 있는 현실을 수수방관(袖手傍觀)하지는 않았다. 그것이 행동으로 나타난 것이 이 시를 지을 무렵 전후시기로 추정되는 <병진소>(30세)이다. 주 내용은 강호에서 유유자적하기를 바라는 염원이다.

人間軒冕斷無希。惟願江湖得早歸。已向孤山營小屋。
何年實着芰荷衣。

홍면숙(洪勉叔)에게 부치다 - 2수

寄呈洪勉叔 二首 / 同年
기 정 홍 면 숙 이 수

/ 같은 해(丙辰年, 1616년. 광해 8. 30세)

[其一]

我家南隣有一士
아 가 남 린 유 일 사
今歲上書論國事
금 세 상 서 논 국 사
世人頗能說子非
세 인 파 능 설 자 비
吾亦未必知子是
오 역 미 필 지 자 시
故舊情義豈可無
고 구 정 의 기 가 무
念子遠謫長嗟吁
념 자 원 적 장 차 우
洛陽歲暮增離憂
낙 양 세 모 증 리 우
江潭夢斷心悠悠
강 담 몽 단 심 유 유
夜來窓外雪花密
야 래 창 외 설 화 밀
滿樑落月猶復失
만 량 낙 월 유 부 실

우리 집 남쪽 이웃에 한 선비가 있어
금년에 상서(上書)[1]하여 국사(國事)[2]를 논했네.
세상 사람들은 자못 그대가 잘못했다고 말하지만
나 역시 그대가 옳았는지는 아직 알지 못하겠네.
옛 친구의 정의(情義)가 어찌 없겠는가
그대 멀리 귀양갔음을 생각하면 긴 탄식뿐이네.
낙양(洛陽)의 한 해가 저물어 가고 이별의 근심은 더해 가는데
강담(江潭)[3]의 꿈 끊어지니 마음이 아득하네.
밤이 들자 창 밖에 눈꽃이 펄펄 내리니

들보 위로 솟아오르던 달빛이 다시 사라지네.

---

1) 上書(상서) : 상소(上疏). 자신의 의견을 써서 임금 또는 귀인에게 올림.
2) 國事(국사) : 본문에서는 당시 생원이었던 홍무적이 1615년(광해군 7)에 이이첨(李爾瞻)의 사주를 받은 정조(鄭造) · 윤인(尹訒) · 이위경(李偉卿) 등이 인목대비(仁穆大妃) 폐모론(廢母論)을 제기하자, 이에 반대하는 이원익(李元翼)이 유배되고 정택뢰(鄭澤雷) · 김효성(金孝誠) 등과 서로 잇따라 상소를 올리다가 거제도로 유배 간 것을 말함.
3) 江潭(강담) : 강의 깊은 곳. 본문에서는 홍무적의 유배지를 말함.

【해설】

전분 형식은 연시 2수 중 제1수로 10행의 7언 고시다. 열 살 연상의 홍무적과 망년지교(忘年之交)를 나누던 고산이 <병진소(丙辰疏)>를 올리고 귀양 가기 직전에 지은 것으로, 이 시는 귀양지에 있는 홍무적에게 보낸 마지막 작품이다. 전반부 1·2구에서는 홍무적에 대한 간단한 소개가 제시된다. 다분히 객관적 입장에서 홍무적을 소개하려는 의도가 나타나고 있는데, 이는 3·4구에서의 홍무적에 대한 세상 사람들의 평가와 자신의 평가에서 불편부당(不偏不黨)한 태도를 보이기 위한 것으로 보인다.

후반부 5·6구에서는 이러한 잘잘못을 떠나 개인적인 관계에서 느끼는 정의적(情義的) 입장을 전제로 하고서야 홍무적의 귀양살이에 대해 탄식을 할 수 있는 것이다. 정의적 입장을 전제로 하지 않았다면 고산 자신 또한 홍무적을 귀양 보낸 사람들에 의해 무사할 리 없기 때문이다. 7·8구에서는 정의적 감회의 내용이 표현되고 있는 데, 한양과 강가[江潭]에서의 한 해가 저물어 가는 세모(歲暮)라는 시·공간적 배경과 이별과 꿈이라는 인간적 상황이 만들어 내는 분위기와 정서가 호응을 이룬다. 이어서 9·10구에서는 다시 밤과 눈꽃송이, 집안의 들보[樑]와 지는 달[落月]이라는 시·공간적 배경을 구체적으로 제시하여 귀양지에 있는 벗에 대한 애틋한 그리움을 표현하고 있다.

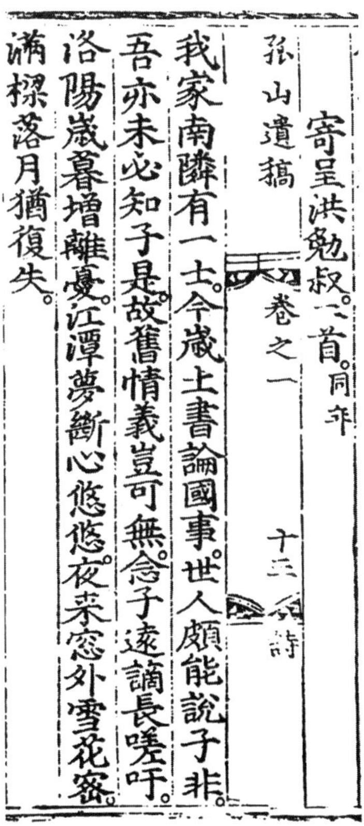
寄呈洪勉叔二首。同年

孤山遺稿 卷之一 十三 詩

我家南隣有一士。今歲上書論國事。世人頗能說子非。
吾亦未必知子是。故舊情義豈可無。念子遠謫長嗟吁。
洛陽歲暮增離憂。江潭夢斷心悠悠。夜來窓外雪花密。
滿樑落月猶復失。

[其二]

由來竄謫人
유래찬적인
歷觀諸往史
역관제왕사
或戢翼就懦
혹집익취나
或保美增氣
혹보미증기
或發怨尤言
혹발원우언
或含忿懥意
혹함분치의
如有一於此
여유일어차
雖是而不是
수시이불시
願子讀聖書
원자독성서
益求無窮理
익구무궁리
思古俾無訧
사고비무우
進進不少置
진진불소치
子豈待人言
자기대인언
切偲朋友義
절시붕우의

옛부터 귀양 간[1] 사람(행적)을
지나간 역사에서 일일이 살펴보았네.[2]
혹은 날개를 접고[3] 나약(懦弱)해지기도 하고
혹은 아름다움을 믿고서 (교만하게)기세(氣勢)을 더하기도 하네.
혹은 원망하고 남을 탓하는 말을 하거나
혹은 분함을 품고 성내기도 하였네.
이 가운데 한 가지라도 있다면
비록 옳더라도 옳지 않게 되는 거라오.
원컨대 그대는 성인의 글을 읽어

더욱 무궁한 이치를 구하기를 바라오.
고인(古人)을 생각하며 허물이 없게 하고
나아가고 나아가서 조금도 멈추지 마시게나.
그대가 어찌 남의 말을 기대하겠소만
간절히 권하는[4] 게 친구의 도리라오.

---

1) 竄謫(찬적) : 벼슬을 낮추어 쫓아냄. 벼슬을 파면하고 귀양 보냄.
2) 歷觀(역관) : 하나하나 관찰함. 일일이 봄.
3) 戢翼(집익) : 날개를 접고 날지 않음. 은퇴하거나 자신을 낮추어 처신함을 비유.
4) 切偲(절시) : 절절시시(切切偲偲). 친구 간에 착한 일을 하도록 서로 권하고 격려하는 일. 또는 도의(道義)로써 서로 절차탁마(切磋琢磨)하는 일.

【해설】

전문 형식은 연시 2수 중 제2수로 14행의 5언 고시다. 전문의 내용은 기-승-전-결의 구조를 취하고 있다. 먼저 전반부 1·2구에서는 예로부터 귀양살이 했던 사람들의 행적을 여러 전적을 통해 살펴보았다는 것으로 글을 시작한다. 3~6구까지는 전적을 통해 살펴 본 사람들의 행적을 네 종류로 나누어 나열하고 있다. 첫째 자신을 낮추거나 의기가 꺾여 나약한 모습을 보인 사람(3구, 『詩經』 小雅, 白華), 둘째 자신이 행동을 스스로 아름답다고 여기고 기세(氣勢)를 더 하는 사람(4구, <離騷經>), 셋째 남을 원망하고 허물을 말하고 있는 사람(5구, 『論語』 憲問), 넷째 분해하면서 성을 내고 있는 사람(6구, 『大學章句』 7章) 등을 들고, 만약 이 넷 가운데 하나라도 해당되는 모습을 보인다면 아무리 그대가 옳더라도 옳지 못한 것이 될 것이라고 말한다.

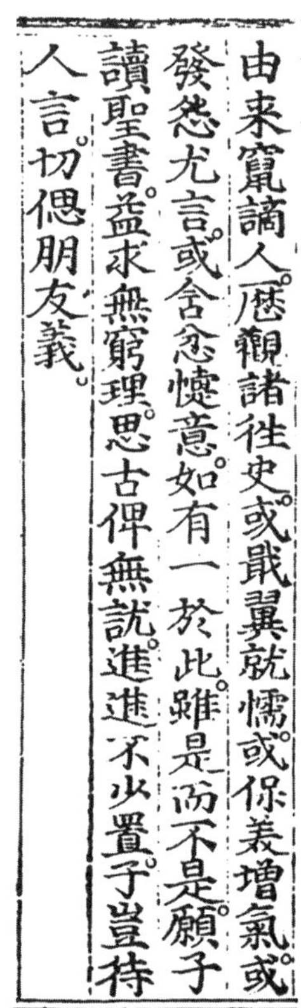
由来竄謫人。歷觀諸往史。或戢翼就懦。或保美增氣。或發怨尤言。或含忿懥意。如有一於此。雖是而不是。顏子讀聖書。益求無窮理。思古俾無訧。進進不少置。子豈待人言。切偲朋友義。

후반부 9~12구에서는 두 가지 당부 내용을 말하고 있다. 하나는 성인의 글을 읽어 무궁한 이치를 궁구하기를 바란다는 것이요(9·10구), 다른 하나는 고인에 비추어 허물없게 하고(11구, 『詩經』 邶風) 날마다 나아가고 나아가면서 조금이라도 멈추지 말아달라는 것이다. 곧 날로날로 새로워지는 생활을 해달라고 한다. 유배지에서 자칫하면 실의에 빠져 자신을 방기(放棄 ; 내버리고 돌아보지 아니함)하거나 자포자기(自暴自棄)해서는 안 되며, 성인의 글을 읽고 자신을 채찍질하는 나날을 보내달라는 것이다. 13·14구에서는 귀양지에 있는 사람이 남의 말에 귀 기울이겠는가 하는 우려를 표명하고, 아울러 이래라저래라 하는 고산 자신을 고깝게 생각하지 말아달라고 한다. 이러한 간절한 당부가 친구간의 진정한 의리가 아니겠는가(14행, 『論

語』 子路) 하고 강조한다. 귀양지에서 실의에 빠지거나 세상을 원망하며 비탄의 나날을 보낼 수도 있는 벗을 위해 진심으로 해주고 싶은 구체적인 내용으로 엮고, 성현들의 감계(鑑戒)되는 말들을 찾아서 신빙성을 더해 가며 권면해 주는 고산의 의리가 돋보이는 글이다.

그러나 이 시의 의미는 고산의 생애와 고산 시집의 편차 순서에 의하면 좀 더 다른 각도에서 찾아 볼 수 있다. 이 시(30세 작)에 이어지는 다음 시는 바로 <희증로방인(戱贈路傍人)>이라는 시로 <병진소>(30세 12월)를 올린 다음 귀양 가면서 지은 시(31세 2월)이다. 곧 먼저 귀양 간 홍무적에게 바람직한 귀양살이 모습을 당부하는 내용이면서도, 고산 자신의 마음속에 <병진소>를 올리고 자신도 귀양 갈 각오를 이미 하고 있었다고 볼 수 있다. 따라서 이 시의 의미는 홍무적에 대한 당부뿐만 아니라 자신이 귀양 가면 '이렇게 귀양살이를 하겠다.'라고 고인들의 행적을 조사한 후, 자신의 의지를 표명한 시라고 해도 무방하다.

노방인(路傍人)[1]에게 장난삼아 지어주다

戱贈路傍人 / 以下謫慶源時 路傍人 洪原妓趙生 ◯丁巳
희증로방인

/ 이하 시부터는 경원(慶源)으로 유배되었을 때 지은 것이다. 길가 사람은 홍원(洪原)[2]의 기생(妓生) 조생(趙生)[3]이다. ◯정사(丁巳年, 1617년. 광해 9. 31세)

吾事固非時
오사고비시
汝知吾不知
여지오부지
讀書不及汝
독서불급여
可謂天生癡
가위천생치

내가 한 일[4]은 본디 때가 아니었음을
그대는 알았어도 나는 몰랐구나.
책을 읽었지만 그대에게 미치지 못하니
타고 난 바보라고 일컬을 수 있겠네.

---

1) 路傍人(노방인) : 길가에서 가무(歌舞)와 웃음을 파는 기생.
2) 洪原(홍원) : 현 함경남도 홍원군.
3) 趙生(조생) : 함경남도 홍원의 노기(老妓)로, 당시 관북지방에 유배 온 많은 유배객 중에서 특별히 그녀가 후대(厚待)한 사람으로는 백사(白沙) 이항복(李恒福)과 고산(孤山) 윤선도(尹善道)였다고 함. 고산 선생은 31세에 경원으로 유배가면서 조생에게 이 시를 지어주었고, 1년 후 경원에서 경상도 기장(機張)으로 이배(移配) 갈 때 다시 이와 동일의 제목 「희증노방인(戱贈路傍人)」을 지어 준다. 그 후 43년이 지난 74세에 효종이 승하하자 예론문제로 서인과 맞서다가 다시 함경도 삼수(三水)로 귀양갈 때에 그녀를 찾아 갔으나 그녀는 이미 죽고 없었다. 대신 그녀의 두 딸(禮順과 勝禮)이 환대하자 이 시의 운(韻 ; 知・癡)을 그대로 쓴 「복용전운증홍헌예승이랑(復用前韻贈洪獻禮勝二娘)」의 시를 써서 두 딸에게 주고, 그 승례를 데려다 딸로 삼았다고 함.
4) 吾事(오사) : 내 일. 내가 한 일. 본문에서는 <병진소>를 올린 일. <병진소>의 주 내용은 '이이첨(李爾瞻)은 위협하거나 은혜를 베풀어 남을 억누른 죄[威福之罪]로 다스리고, 유희분(柳希奮)・박승종(朴承宗)은 임금을 잊고 나라를 저버린 죄[忘君負國罪]로 다스리소서.'이다.

【해설】

형식은 5언 절구다. 고산이 <병진소> 이후 경원으로 유배되어 가던 1617(광해 9, 丁巳)년 1월 함경남도 홍원(洪原)에 이르자, 노기(老妓)였던 조생(趙生)이 손수 빚은 술을 가지고 와서 선비로서 당한 귀양살이의 고생을 위로한다. 이에 감사하고 감격한 고산이 사례의 뜻으로 자탄적(自嘆的) 내용을 담은 희작시(戲作詩)를 지어 건네게 된다. 전반부 1·2구에서는 모든 일의 적절성을 따질 때에 가장 중요한 것은 소위 '시의적절(時宜適切 ; 그때의 사정에 맞음. 시기에 적합함)'한 것인가가 그 기준이 됨을 말하고, 그런 면에서 자신은 일개 기생만도 못했음을 인정하는 내용이다. 그러나 젊은 성균관 유생으로서 혈기가 넘치고 열의가 높다보니, 주위의 세상만사가 사리에 어긋나 빗나가고 간신배가 들끓는 조정을 복지부동(伏地不動)하고 바라보고만 있을 수는 없었을 것이다. 예상했던 대로 귀양길에 올랐으나 시절이 엄동설한(嚴冬雪寒)이라 고생이 만만치 않았을 것이다. 그럴 때 노기가 위로해 주는 말 한 마디가 책에 있는 성현들의 글귀보다 더 고산 선생의 가슴에 와 닿았을 것이다.

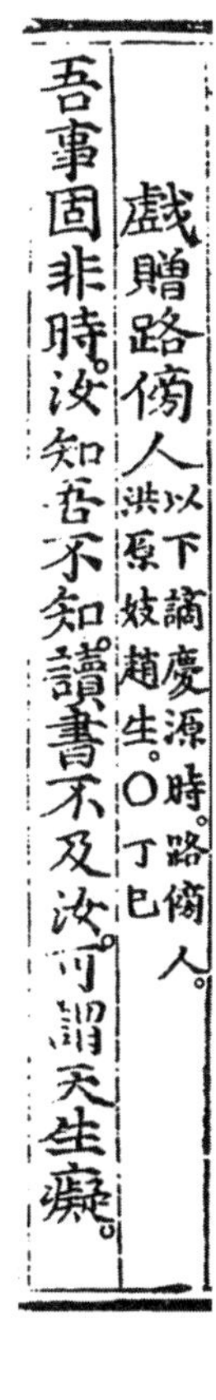
戲贈路傍人 以下謫慶源時 路傍人 洪原妓趙生 ○丁巳
吾事固非時 汝知否不知 讀書不及汝 可謂天生癡

후반부 3·4구에서는 자신이 글만 읽었던 백면서생(白面書生 ; 글만 읽고 세상일에는 경험이 없는 사람)임을 자인하는 내용이다. 지식(知識)은 스승의 가르침을 통해서 또는 책을 읽어서 얻어지는 것으로 밖에서 내 안으로 들어가는 것이지만, 세상을 살아가는 지혜(智慧)는 안에 쌓여진 지식이 밖으로 나가는 것이다. 밖으로 나갈 때는 제일 중요한 것 중의 하나가 1·2구에서 강조했듯이 시의적절성이고 상황이고 대상이 누구냐 하는 것이 감안되어야 한다. 그런 면에서 자신은 늙은 기생만도 못한 '타고난 천치(天癡)'라는 것이다. 자탄(自歎)도 자탄이려니와 그런 자신을 촌철살인(寸鐵殺人)의 한 마디 말로 깨우쳐 준 함경도 변방 늙은 기생의 세상을 살아가는 지혜와 슬기가 새삼 가슴에 닿아서 지은 시이리라.

길주(吉州) 가는 도중에

吉州途中 / 同年
길 주 도 중

/ 같은 해(丁巳年, 1617년. 광해 9. 31세)

孟春卄一日
맹 춘 입 일 일
驅馬吉城西
구 마 길 성 서
雲散日光好
운 산 일 광 호
風和天氣舒
풍 화 천 기 서
征人垂袖去
정 인 수 수 거
野鳥盡情啼
야 조 진 정 제
忘却家千里
망 각 가 천 리
於斯興有餘
어 사 흥 유 여

정월 스무하룻날
길주성(吉州城)[1] 서쪽으로 말을 몰았다.
구름 걷혀 햇빛도 좋고
바람이 화창하니 봄기운[2]이 열린다.
나그네[3]는 소매를 드리우며 떠나가고
들녘의 새는 정에 겨워 울음 운다.
집이 천리 밖에 있다는 것도 잊어버리고
여기에 와서 흥겨워 하는구나.

---

1) 吉城(길성) : 길주성(吉州城). 현 함경북도 길주군.
2) 天氣(천기) : 하늘의 기상. 일기. 날씨. 본문에서는 문맥상 '봄기운'.
3) 征人(정인) : 먼 길을 가는 사람. 본문에서는 작가 자신.

【해설】

형식은 8구의 5언 율시다. 1617년(공 31세, 丁巳) 1월 9일 <병진소>로 인해 고산의 유배가 결정되고 바로 유배 길에 올라 함경북도 경원(慶源)을 향한다. 앞선 시 「희증로방인(戲贈路傍人)」 역시 유배 길인 함경남도 북쪽인 홍원(洪原)에서 지은 것이다. 길주(吉州)에 정월 스무하룻날에 도착했으니, 겨울 눈보라 속 보름 남짓 유배길이 결코 순탄치 않았을 것이다. 그러나 계절의 순환은 어김없어 십 여일 만에 변방 북쪽 길주에도 봄소식이 완연함을 볼 수 있다는 시다. 유배(流配)길인지 유람(遊覽)길인지 분간할 수 없는 태연자약(泰然自若)한 시상(詩想)이 전개되고 있다.

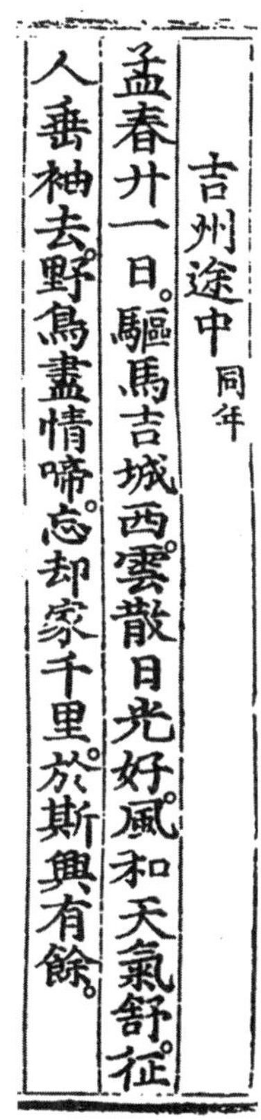

吉州途中 同年

孟春廿一日。驅馬吉城西。雲散日光好。風和天氣舒。征
人垂袖去。野鳥盡情啼。忘却家千里。於斯興有餘。

전반부 1·2구에서는 '초봄 스무하룻날 길주성'이라고 시·공간 배경이 제시되고 있어 유배 길의 시·공간 이동의 정황을 가늠하게 해준다. 3·4구에서는 봄기운이 완연한 춘경을 묘사하고 있고, 후반부 5·6구에서는 그러한 춘경을 완상하며 유배지를 향해 가는 작가 자신의 모습과 정서를 그려내고 있다. 여느 일반인이라면 살아서 돌아갈지 죽어서도 돌아가지 못할지도 모르는 유배 길에서 느끼는 참담하고 초췌한 심정과는 사뭇 다르다. 자신이 한 일이 비록 시기적으로 적절치 않을지는 모르나 자신은 결코 불의에 굴복하지 않고 맞서서 당당했다는 자긍심일지도 모르는 태도이다.

7·8구에서는, 심지어 고향집이 천 리나 떨어져 멀어져 가고 있다는 것도 잊을 만큼 춘흥(春興)을 느낀다는 것이다. 나라의 앞날을 걱정해야 하는 대인군자(大人君子)가 되려면 이 정도의 고초쯤이야 의연하게 이겨내야 한다는 모습이다. 주 내용은 유배길에 봄을 맞이한 감흥이다.

경원(慶源)에 도착하여 우사(寓舍)에 제하다 - 2수

到慶題寓舍二首 / 同年
도 경 제 우 사 이 수

/ 같은 해(丁巳年, 1617년. 광해 9. 31세)

[其一]

慶源猶我國
경 원 유 아 국
安用學莊吟
안 용 학 장 음
憶子眠難穩
억 자 면 난 온
思親淚不禁
사 친 루 불 금
南山何處在
남 산 하 처 재
渭水夢中尋
위 수 몽 중 심
天末春風起
천 말 춘 풍 기
增余渺渺心
증 여 묘 묘 심

경원(慶源)도 또한 우리나라인데
어찌 고향 그리워하는 노래[1]를 배우리오.
(귀양 온)자식 생각에 잠자리도 편치 않으실
부모님 생각에 눈물 참지 못하겠네.
남산(南山)은 어느 곳에 있는지
위수(渭水)를 꿈속에서도 찾네.
하늘 끝에서 봄바람이 일어나니
내 마음 더욱 아득해지네.

1) 莊吟(장음) : 장석월음(莊舃越吟). 고향을 그리워하거나 감상(感傷)에 젖음을 이르는 말. 월(越)나라 사람인 장석(莊舃)이 초(楚)나라 벼슬을 하면서 몸이 아프자 고향을 그리워하면서 월나라 말로 신음했다는 고사.

【해설】

진문 형식은 2수로 된 연시 중 제1수로 5언 율시다. 고산은 31세 상소인 <병진소> 때문에 유배지인 함경도 경원에 도착한다. 유배지에 도착하여 짐을 풀고 집 안팎을 둘러보았을 것이다. 그럭저럭 살만하다고 생각했을 것이다. 그리고 경원도 우리나라 땅이니 굳이 사향(思鄕)이니 향수(鄕愁)니 하는 생각들은 조금도 떠오르지 않을 줄 알았을 것이다. 전반부 1·2구에서는 이러한 내용으로 시작한다. 그러나 고향 생각은 나지 않는다고 하더라도 어찌 고향에 두고 온 처자식과 부모님 생각이야 나지 않겠는가. 3구의 '억자(憶子)'의 해석이 일자양의(一字兩義 ; 한 글자로 두 가지 뜻을 가짐)를 가지니 자못 감칠맛 나는 시어다. 곧 '자(子)'는 부모님의 입장에서 귀양살이 온 작가를 지칭하는 것인가, 아니면 고향에 두고 온 작가의 아이들인가? 그러나 순서상 효(孝)가 먼저이니 귀양살이 온 작가를 생각해서 잠 못 이루는 부모님이다. 아무리 명분 있어 당당한 귀양살이라 해도 부모님께 걱정 근심을 끼쳐드린 것만은 분명하므로(3·4구). 고향생각은 나지 않아도 부모님의 안부까지 잊겠는가.

후반부 5·6구에서는 부모님을 향한 걱정과 근심으로 인해 부모님이 계신 고향 한양을 떠올린다. 타관 땅 북쪽에서 부모님이 계신 남쪽[南山]을 향해 본다. 그리고 저기 흐르는 강[渭水]은 한양에 흐르는 한강으로 흘러가는 강일까? 꿈속에서도 찾아가니 오매불망(寤寐不忘) 부모님 걱정이 아닐 수 없다. 7·8구에서는 봄바람 속에 아롱이는 아지랑이처럼 아른거리는 고향 생각 부모님 생각에 멍하니 팔짱을 끼고 들녘을 바라볼 수밖에 없다. 주 내용은 귀양지에서 부모님에 대한 걱정과 향수를 노래하고 있다.

到慶題寓舍。二首。同年
慶源猶我國。安用學莊吟。憶子眠難穩。思親淚不禁。南
山何處在。渭水夢中尋。天末春風起。增余渺渺心。

[其二]

死生任蒼天
사 생 임 창 천
飢飽任僮僕
기 포 임 동 복
老父及妻兒
노 부 급 처 아
念之亦何益
념 지 역 하 익
謝客固已定
사 객 고 이 정
我門誰肯屈
아 문 수 긍 굴
身心無一事
신 심 무 일 사
可以玩書籍
가 이 완 서 적
玩書且何爲
완 서 차 하 위
庶療吾狂癖
서 료 오 광 벽

죽고 사는 것은 하늘에 맡겼고
주림과 배부름은 종에게 맡겼네.
늙으신 아버님과 처자식들
생각만한들 또 무슨 도움 되리오.
손님을 사절하는 것은 이미 정해져 있는 것이니
어느 누가 공교롭게 내 집을 찾아오리오.
몸으로도 할 일 없고 마음으로도 할 일 없으니
책이라도 즐겨 읽을 수 있겠네.
책 즐김은 또 무엇을 위함인가?
내 제멋대로 하는 버릇[1] 고치기를 바랄 뿐이네

1) 狂癖(광벽) : 제멋대로 행동하는 버릇.

【해설】

전문 형식은 2수로 된 연시 중 제2수로 10구의 5언 고시다. 제1수가 비교적 단아한 형식과 정제된 내용으로 적거정회(謫居情懷)와 사친(思親)의 마음을 담았다면, 제2수는 비교적 자유로운 형식 속에 자신의 심정을 진솔하게 표현하고 있다. 이 시를 감상하기 위해서는 앞서 먼저 귀양살이 간 홍무적(洪茂績)에게 부친 시 「기정홍면숙(寄呈洪勉叔) 2수」 중 두 번째 시에서 귀양살이하는 사람이 경계할 바와 권면(勸勉)할 것을 적은 내용과 비교하면 좋을 것 같다. 전반부 1·2구에서는 생사는 하늘에 맡기고 주리고 배부른 것은 어린 종에게 맡겼다 함은 내 마음과 의지대로 되는 것이 별로 없다는 뜻이다. 3·4구에서는, 항차에 부모님에 대한 효도와 처자식에 대한 사랑마저도 마음뿐이지 실행으로 하지 못하니 다 쓸데없는 것이라고 절감한다.

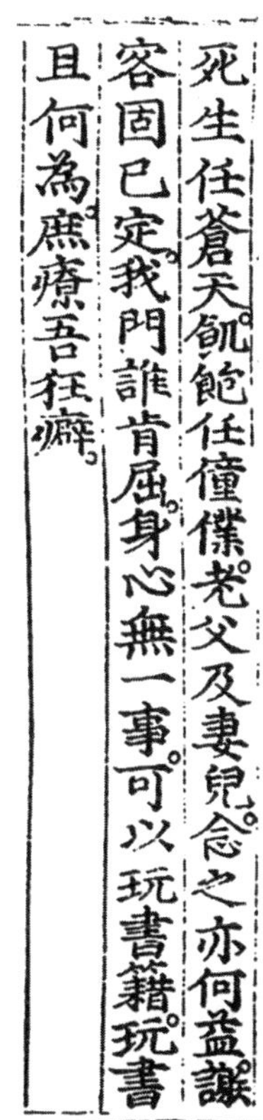
死生任蒼天。飢飽任僮僕。老父及妻兒。念之亦何益。讁客固已定。我門誰肯屈。身心無一事。可以玩書籍。玩書且何爲。庶療吾狂癖。

후반부 5·6구에서는 귀양살이 하고 있는 중이니 자의든 타의든 마음대로 외부인을 만날 수 있는 것도 아니다. 친하던 벗들과도 천리만리 떨어져 있으니 찾아와 줄 사람도 없다. 7·8구에서는 책을 읽기에 안성맞춤이라고 한다. 그러니 서책이나 소일(消日) 삼아[玩] 읽겠다는 것이다. 아니면 「기정홍면숙 2수」에서 홍무적에게 말한 것처럼 '성인의 글을 읽어 더욱 무궁한 이치를 구하고자(讀聖書 益求無窮理)'함인가? 무궁한 이치를 구했더라도 현실의 처세에서는 앞 선 시 「희증로방인」에서 보이듯 일개 변방 노기(老妓) 조생(趙生)만도 못했으니 책은 읽어 또 무엇하리요. 9·10구에서 비로소 답이 제시된다. 수없는 자문자답 속에 깨달은 것은 '나의 제멋대로 하는 (나쁜)버릇[狂癖]'이나 고쳐보겠다는 것이다. 주 내용은 귀양지에서의 자아성찰이다.

잠에서 깨어 어버이를 생각하며 - 2수

睡覺思親二首
수 각 사 친 이 수

[其一]

酒醒孤枕夢初廻
주 성 고 침 몽 초 회
月滿西窓曉角哀
월 만 서 창 효 각 애
遙想高堂安穩未
요 상 고 당 안 온 미
三千里外首空擡
삼 천 리 외 수 공 대

술 깨자 외로운 베갯머리 꿈에서 갓 돌아오니
달빛 가득한 서창(西窓)에 새벽 뿔피리 소리[1]만 구슬프네.
부모님은 평안하신지 아닌지 멀리서 생각하며
삼천 리 밖에서 머리만 부질없이 들어보네.

---

1) 曉角(효각) : 새벽을 알리는 뿔피리 소리.

【해설】

전문은 2수로 된 연시 중 제1수로 형식은 7인 절구다. 유배지에서 가장 먼저 생각나는 것은 무엇일까? 당연히 고향에 계신 부모님의 안부다. 조석으로 문안드리며 안온(安穩)한 하루하루가 되도록 보살펴 드려야 하는 것이 효자로서 마땅한 일인데, 제 아무리 명분이 좋았다손 치더라도 유배객으로 멀리 떨어져 와 부모님께 걱정을 끼쳐드렸다는 것만으로도 효도는 아닌 것 같다. 전반부 1·2구에서 일찍 깬 새벽잠이야기를 하고 있다. 어제 저녁에는 술에 취해 잠을 청할 수 있었다. 왜 술을 마셨는지는 문맥의 전후를 보면 알 수 있는데, 부모님에 대한 근심 걱정에 때문에 잠을 이룰 수 없어 술을 마셨을 것이라는 것을 연상하기는 어렵지 않다. 그리고 꿈은 무슨 꿈이었을까? 고향 집에서 부모님을 모시고 가족들과 단란하게 지내는 꿈이었을 것이다. 그러나 술이 깨자 새벽달은 서쪽 창문에 환하게 흘러들어오고, 변방이라 순라군(巡邏軍)이 다니면서 새벽을 알리는 뿔피리 소리가 천리 유배객의 울적한 심사를 돋우고 있다.

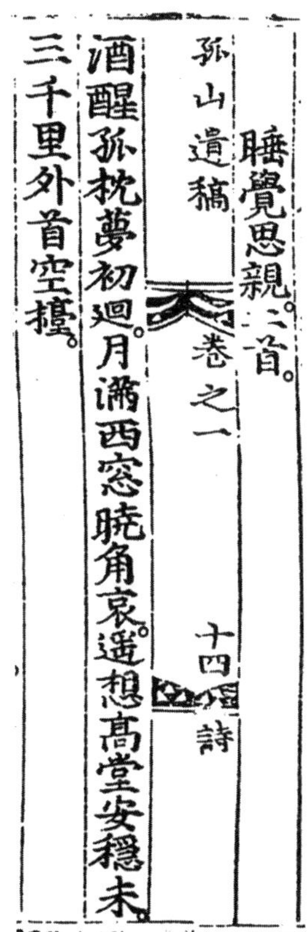
聽覺思親二首。

孤山遺稿 卷之一 十四 詩

酒醒孤枕夢初迴。月滿西窓曉角哀。遙想高堂安穩未。

三千里外首空擡。

후반부 3·4구에서는 부모님을 생각하는 심사(心思)와 행동이 구체적으로 제시되고 있다. 어제 저녁 잠자리는 편안하셨는지, 아침저녁 식사는 제대로 들고 계시는지, 멀리 귀양 와 있는 못난 자식 걱정에 부모님의 잠자리도 편안하지만은 않으셨을 것 같다. 고산의 효행 사실을 기록한 『고산유고(孤山遺稿)』 <권지육(卷之六), 부록(附錄), 시장(諡狀)>에 따르면, 고산이 양부모를 얼마나 극진히 모셨는지 그 효성의 정도를 짐작할 수 있다. 주 내용은 귀양지에서의 부모님 생각이다.

[其二]

庭闈溫凊(정)誠宜念
정 위 온 성 의 념

宗社安危豈忍看
종 사 안 위 기 인 간

以孝爲忠忠便孝
이 효 위 충 충 변 효

孰云忠孝兩全難
숙 운 충 효 양 전 난

부모님께 조석 문안[1] 드려야 참으로 마땅한 생각인데
종사(宗社)[2]의 안위(安危)를 어찌 차마 보고만 있으리오.
효(孝)로써 충(忠)하면 충이 곧 효인데
누가 말했던가? 충효 양전(兩全)[3]이 어렵다고.

---

1) 溫凊(온정) : 동온하정(冬溫夏凊). 추운 겨울에는 따뜻하게, 더운 여름에는 서늘하게 함. 곧 부모님을 잘 섬겨 효도함을 이르는 말.
2) 宗社(종사) : 종묘(宗廟)와 사직(社稷). 왕실의 사당(祠堂)과 토지신(土地神)과 곡신(穀神). 나라・국가를 뜻함.
3) 兩全(양전) : 둘이 모두 온전함. 쌍방이 모두 완전함.

【해설】

전문 형식은 2수로 된 연시 중 제2수로 7언 절구이다. 제1수에 이어지는 시상으로 귀양살이를 하기 때문에 효를 행하지 못한다는 갈등을 주 내용으로 하고 있다. 그러나 본 작품은 효(孝)와 충(忠)이 충돌하는 현실을 들어 모두를 완전하게 실행할 수 없는 갈등의 상황을 제시하고 있다. 전반부 1 · 2구에서 효도와 충성이 서로 간 충돌하는 상황을 먼저 말하고 있다. 개인적 윤리로 효를 행하는 것은 마땅한 것이고 나라를 위한 신하된 직분으로서 충을 행함에 목숨을 두려워하지 않아야 함도 마땅한 것이라고 한다. 처한 현실 상황이 정당할 때는 개인 윤리로서의 효와 국가 윤리로서의 충이 둘이 아닌 하나가 된다. 그러나 처한 현실이 왜곡되어 있을 때에는 두 윤리가 서로 간 모순 충돌을 일으키고, 군자나 선비는 양자택일(兩者擇一)이라는 기로(岐路)에 서게 된다는 갈등이 표현되고 있다. 구체적으로 말하면 부모님께 조석으로 온정(溫凊)의 문안을 드려야 자식의 도리인데, 간신들의 횡포로 인해 국가 존망의 위태로움을 목도(目睹하고 의분(義憤)을 참지 못해 <병진소>를 올릴 수밖에 없었던 자신의 행동을 함축하고 있다.

후반부 3 · 4구에서는 이러한 대 진리 곧 효와 충이 둘이 아닌 하나인데도 양전(兩全 ; 兼全)하는 어려움을 말하고 있다. 이것은 역으로 시대가 바르지 못함을 한탄하면서 역사적으로도 이런 사례가 적지 않았음을 들고 있다. 사육신(死六臣) 중의 한 사람이요 조선의 절신(節臣)이었던 성삼문(成三問)이 수양대군(首陽大君 ; 뒤에 세조)의 회유를 거절하면서 뒤에서 지켜보고 있던 아버지 성승(成勝)께 '아버지 더 이상 효도를 할 수 없겠습니다.'라고 하자, 아버지가 '효도에는 소효(小孝)가 있고 대효(大孝)가 있느니라.'라고 하면서 은근히 아들의 선택을 지지해 주었다는 일화는 효와 충이 둘이 아닌 하나임을 일깨워 준다.

庭闈温凊誠宜念。宗社安危豈忍看。以孝為忠忠便孝。孰云忠孝兩全難。

친구를 생각하며

思親舊
사 친 구

靑丘絶塞北
청 구 절 새 북
蝸室小城隈
와 실 소 성 외
風雪春猶壯
풍 설 춘 유 장
柴荊晝不開
시 형 주 불 개
時聞隣犬吠
시 문 린 견 폐
還訝故人來
환 아 고 인 래
千以高山隔
천 이 고 산 격
何由把一盃
하 유 파 일 배

우리나라[1] 외진 변방의 북쪽
작은 성 모퉁이의 오두막집.[2]
눈바람은 봄인데도 오히려 더 거세고
가시나무 사립문[3]은 낮에도 열리지 않네.
가끔 이웃집 개 짖는 소리 들리면
뜻밖에 친구가 찾아왔나 의아(疑訝)해 하네.
높은 산이 천 겹이나 가로 막혀 있으니
어떻게 한 잔 술을 나눌 수 있겠는가?

---

1) 靑丘(청구) : 청구(靑邱). 우리나라를 달리 이르는 말.
2) 蝸室(와실) : 좁고 작은 방이나 집. 자기 방(집)을 겸손하게 이르는 말.
3) 柴荊(시형) : 섶과 가시나무로 만든 초라한 문.

【해설】

전문 형식은 7인 율시이다. 함경도 경원(慶源)에 노착한 후 유배인들이 보편적으로 느낄 수 있는 감상과 감회들이 시를 통해서 순차적으로 표현되고 있음을 볼 수 있다. 이어 느끼는 감회는 문득 모든 것으로부터 떨어져 멀리 와 있다는 생각과 함께 스며드는 외로움을 노래하고 있는데, 고향에 있을 때 술잔을 나누며 인생살이와 세상사를 담소하던 벗들에 대한 그리움이다. 전반부 1 ·2구에서는 유배지의 구체적인 공간적 위치와 집에 대해서 쓰고 있다. 국경 부근 변방 북쪽을 지키고 있는 작은 성의 모퉁이에 있는 오두막 집이다. 3·4구에서는 계절은 봄인데도 창밖의 눈보라가 몰아치고 있어 밖에 나갈 생각은 엄두도 못 내고, 찾아 올 사람 또한 없으니 사립문은 하루 내내 닫혀 있다. 오고 갈 사람이 없는 적막한 분위기를 계절에 빗대어 우회적으로 표현하고 있다.

思親舊

青丘絶塞北。蝸室小城隈。風雪春猶壯。柴荊晝不開。時聞隣犬吠。還訝故人來。千以高山隔。何由把一盃。

후반부 5·6구에서는 인기척이라고는 들리지 않는 데 이따금 적막을 깨는 소리라곤 이웃집에서 들리는 개짖는 소리뿐이다. 눈보라를 헤치고 천 겹 만 겹 첩첩한 산을 넘어 찾아올 사람은 만무한데 그러나 혹시 누군가 낯선 사람, 아니 그리운 벗이 찾아오기 때문에 개가 짖는 것이 아닌가 하고 방문을 살며시 열고 내다본다. 7·8구에서는 더욱 친구 생각 술 생각이 간절하다고 한다. 타관객지에서 부모와 처자식 생각이 우선임은 두 말할 여지가 없지만 그 다음으로는 벗이거나 임 생각일 것이다. 더구나 간신이 횡행하는 정치 현실을 개탄하고 울분과 분노를 토해 내며 또 시절을 함께 걱정하면서 술잔을 기울였던 벗 생각에 추운 방안에서 식어가는 화로를 껴안고 재에 글자를 끼적이며 상념에 잠겨 있을 고산 선생을 상상하기에 그리 어렵지 않는 시다.

정인관암(鄭仁觀巖)에 제하다 - 4수

題鄭仁觀巖四首
제정인관암사수

[其一]

娛儂川上有高臺
오농천상유고대
天作奇形待我來
천작기형대아래
除却思親思聖主
제각사친사성주
何須南望首頻回
하수남망수빈회

오농천(娛儂川)[1] 가에 높다란 누대가 있으니
하늘은 기이한 모습을 만들어 내가 오기를 기다렸구나.
부모님 생각 임금님 생각만 덜어낼 수 있다면
어찌 남쪽을 향해 머리를 자주 돌리랴.

---

1) 娛儂川(오농천) : 오롱초천(吾弄草川)으로 여겨짐. 『동국여지승람(東國輿地勝覽)』에 의하면 경성도호부의 남쪽에서 발원하여 동쪽 두만강으로 흘러가는 내.

【해설】

4수로 된 연시의 첫째 수로 형식은 7언 절구이다. 작가의 연보에 의하면 귀양지인 함경도 경원에 도착한 직후에 쓴 시다. 귀양지에 도착하여 우선 행장을 풀고 주위의 산천경개를 둘러보았을 것이다. 있을 만하고 당분간 해배(解配)될 때까지 머무를 만한 곳인가가 제일 궁금했을 것이다. 그런데 조선 땅 최북단으로 살기가 가장 척박한 곳이라고 생각했는데 제일 먼저 발견한 명승경지는 이 곳 오농천 가의 '정인관암'이라 불리는 곳이었다. 올라보니 감탄을 금할 수 없었다. 전반부 1·2구에서 이런 감상을 가감(加減) 없이 적고 있으니, '하늘이 나 오기를 기다렸던 것이구나.' 까지 한다. 어찌 생각하면 귀양살이 하게 된 것은 하늘이 정해 준 숙명과도 같은 것이고, 그것은 다름 아닌 이런 아름다운 풍광을 보여주려고 한 것이라고 여기게 될 정도라는 것이다.

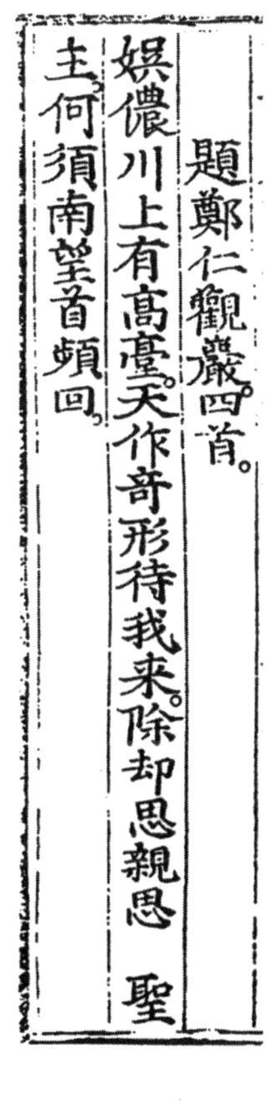

題鄭仁觀巖四首。
娛儂川上有高臺。天作奇形待我來。除却思親思 聖
主。何須南望首頻回。

후반부 3·4구에서는, 이런 경관의 아름다움에 푹 빠져 세상만사 잊고 귀양살이에서 풀려날 때 까지 잘 머물 수 있을 것 같기도 하다. 그런데 마음 한 구석에 떨칠 수 없는 근심 걱정거리가 있다. 다름 아닌 부모님 생각과 나라님에 대한 생각이다. 정인관암 높은 곳에 올라 자연에 심취하려 해도 자신도 모르게 눈길과 머리가 자꾸 남쪽으로 향하고 있는 것이다. 눈앞의 풍광과 머릿속의 생각이 따로따로이다. 그러니 주 내용도 두 가지로 나타나니, 하나는 유배지 정인관암의 아름다운 경치이고 다른 하나는 귀양지에서 느끼는 근심이다.

[其二]

長川一道直而斜
장 천 일 도 직 이 사
川口奇巖眼界華
천 구 기 암 안 계 화
若使主人開小宇
약 사 주 인 개 소 우
浣花流水不能誇
완 화 유 수 불 능 과

긴 시내 한 줄기가 곧게 흐르다가 굽어지고
냇가 어귀에는 기이한 바위가 있어 눈앞이 화려하네.
만약 주인으로 하여금 작은 집을 짓게 한다면
완화계(浣花溪)[1] 흐르는 물도 여기보다 낫다고 자랑할 수 없으리.

1) 浣花流水(완화유수) : 완화계(浣花溪)에 흐르는 물. '완화계'는 시내 이름으로, 중국 사천성(四川省) 서쪽에 있으며, 이 시냇가에 당(唐)나라 시인 두보(杜甫)가 거처하던 완화초당(浣花草堂)이 있음.

【해설】

4수로 된 연시의 둘째 수로 형식은 7언 절구이다. 내용은 제1수에 이어 정인관암에서 바라본 아름다운 경치에 대한 감상이다. 전반부 1·2구에서는 경치를 묘사하고 있다. 눈을 들어 흐르는 물길을 따라 멀리 바라보니 시냇물은 곧은 듯 굽어져 흐르고, 가까이 눈 아래에 시냇물 흘러들어 오는 어구에는 기이한 바위가 있어 자못 이채롭다. 흔히 사람들이 여행을 다니다가 아름다운 경치를 보게 되면 세 가지로 감탄(반응)을 한다고 한다. 첫째는 '참 아름다운 곳이로구나'라고 하고, 둘째로는 '이런 곳에서 한 달 쯤 푹 쉬었으면(잠시 머물렀으면)'이고, 셋째로는 '이런 곳에서 살았으면'이라고 한다.

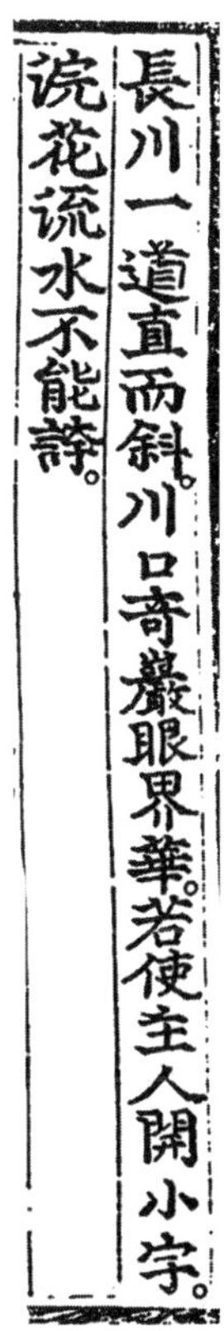
長川一道直而斜。川口奇巖眼界華。若使主人開小宇。
浣花流水不能詩。

후반부 3·4구에서 작가가 보인 반응은 세 번째 반응이다. 작은 집을 짓고 살았으면 한다고 한다. 그렇게 된다면 '완화계'가 부럽지 않겠다고 한다. 그런데 하고 많은 중국의 명승경지 중에서 굳이 완화계를 들고 있는 것인가? 다름 아닌 중국의 시성(詩聖) 두보(杜甫 ; 712~770)가 살던 곳도 아니고 명승경지여서도 아니고, 두보의 명시(名詩) 때문이다. 그러니 귀양살이하면서 작가가 무엇을 할 것인가가 암묵적으로 밝혀진 셈이다. 두보에 뒤지지 않는 좋은 시를 쓰겠다는 것이다. 완화계가 명승경지여서 유명한 것이 아니라 두보가 살면서 좋은 작품을 썼기 때문에 완화계가 유명해진 것처럼, 작가 자신도 이곳 정인관암의 풍광에 어울리는 좋은 시를 써서 정인관암도 유명해질뿐더러 자신도 시인으로서 명성을 날리겠다는 것이다. 경사서(經史書)를 뒤적이다가 지루하면 유유자적 풍광 좋은 곳을 찾아다니며 술 한 잔에 시 한 수면 그도 귀양살이 잘한 것이라고 할 수 있지 않겠는가? 귀양지에서 고산 나름대로 포부를 밝히고 있는 시이다.

[其三]

眼中佳景極森羅
안중가경극삼라
笑殺山川伎倆多
소살산천기량다
若得茅齋巖上着
약득모재암상착
從他朝暮供吟哦
종타조모공음아

눈앞에 아름다운 경치가 한없이 펼쳐지니[1]
우습구나! 산천의 재주 많음이여.
만약 바위 위에 띠집을 지을 수 있다면
이를 좇아 아침저녁으로 시를 읊는데[2] 도움 되겠네.

---

1) 森羅(삼라) : 온갖 것이 어지러이 늘어섬. 한없이 늘어섬.
2) 吟哦(음아) : 시를 읊음.

【해설】

전문은 4수로 된 연시의 셋째 수로 7언 절구다. 전체의 내용과 시상 전개는 둘째 수와 대동소이하다. 전반부 1·2구에서는 둘째 수에서 자연 풍광 묘사가 구체적으로 이루어지고 있음에 비해서 본 작품에서는 포괄적이고 개괄적으로 제시하고 있다. 결국 이토록 아름다운 자연풍광을 무한정으로 만들어 낼 수 있는 조물주의 솜씨에 대한 감탄이 주 내용이다. 후반부 3구 역시 둘째 수의 내용인 '만약 주인으로 하여금 작은 집을 짓게 한다면'의 반복이다. 이러한 의도는 정인관암의 아름다운 풍경 속에 던져져서 한 사람의 초부(樵夫)이거나 목동(牧童)이 되어 자연과 한 몸 한 마음이 되고, 자연의 일부가 되고 싶다는 것의 다른 표현이다.

眼中佳景極森羅。笑殺山川伎倆多。若得茅齋巖上着。從他朝暮供吟哦。

자연과 물아일체(物我一體) 물심일여(物心一如)의 경지 속에 작가가 하고 싶은 것은 무엇이었을까? 둘째 수의 '완화계(浣花溪) 흐르는 물도 여기보다 낫다고 자랑할 수 없으리.'에서 암시된 중국의 시성(詩聖)으로 추앙받고 있는 두보(杜甫)보다 더 좋은 시를 쓰고 열망을 '이를 좇아 아침저녁으로 시를 읊는데 도움 되겠네.'라고 구체적으로 표현한 데 있다. 시심(詩心)이 무한정으로 꿈틀거리는 곳이 다름 아닌 정인관암이라는 것이다. 작가 고산보다 앞 선 시인이었던 조선 초기의 면앙정(俛仰亭) 송순(宋純 ; 1493 ~1582)은 시조에서 「十年(십년)을 經營(경영)하야 초려삼간(草廬三間) 지어 내니, / 나 한 간 달 한 간에 淸風(청풍) 한 간 맛져 두고, / 江山(강산)은 드릴 데 업스니 둘러 두고 보리라.」고 노래했다. 모든 시에서 읽어낼 수 있는 것은 작가가 추구하는 이상향(理想鄕) 또는 이상적 삶의 모습이다. 정인관암은 작가 추구하는 이상향적 세계이다. 그리고 살아가고 싶은 이상적 삶의 모습은 곧 다름 아닌 시를 짓는 일임을 밝히고 있는 시다.

[其四]

花鴨隨靑鴨
화 압 수 청 압
飛來泛水中
비 래 범 수 중
誰敎巧粧點
수 교 교 장 점
對此興無窮
대 차 흥 무 궁

꽃오리는 푸른 오리를 따라
날아와 물 가운데 떠 있네.
누가 이리 예쁘게 단장시켰나
이를 대하노라니 홍취(興趣)가 무궁하네.

【해설】

진문은 4수로 된 연시의 마지막 넷째 수로 7언 절구이다. 전문의 내용은 앞선 세 수와 대동소이하다. 전반부 1·2구에서의 산천경개를 중심으로 한 자연의 소재가 이 시에서도 역시 '꽃오리[花鴨]'와 '물오리 또는 푸른 오리[靑鴨]'로 바뀌었을 뿐이다. '꽃오리[花鴨]'라는 표현은 작가가 일부러 붙인 명칭으로, '청둥오리[靑鴨]'와 대조를 이룬 색채적 대비를 의식한 표현으로 여겨진다. 따라서 이어지는 '청압(靑鴨)'의 해석도 '물오리 또는 청둥오리'라는 번역보다는 '푸른 오리'라는 번역이 더 색채적 시각적 대비를 위해 합당할 것으로 여겨진다.

그리고 여기에 등장하는 오리 두 마리는 숫자상의 두 마리가 아니라 분명 암수 한 쌍일 것이다. 나아가 그냥 물 가운데 떠 있는 것이 아니라 '다정하게 노니는 암수 한 쌍'일 것이다. 그러나 이러한 표현은 여항(閭巷)의 초동급부(樵童汲婦 ; 땔나무 하는 아이나 물 긷는 아낙네)가 아닌 유자(儒者)인 작가로서는 금기적(禁忌的)인 표현에 해당한다. 그래서 2구에서는 애써 '물 가운데 떠 있네.'라는 객관적 자세의 표현으로 감정이입(感情移入)을 자제하고 있을 뿐이다. 그리고 3구에서 '아름다운[佳] 오리'가 아니라 '예쁜[巧] 오리'인 것이다. 조물주의 솜씨가 공교(工巧)함을 강조하는 것이 피상적 의미이지만, 바라보는 작가의 눈에는 그 이상의 의미를 지닌 오리이다. 우리나라 고대 상고 가요 중 「황조가(黃鳥歌)」 중에서 '펄펄 나는 저 꾀꼬리는 / 암수 다정히 노니는데 / 외로울사 이 내 몸은 / 뉘와 함께 돌아갈꼬'에 나타난 작가의 심정과 별반 다를 바 없다. 따라서 4구의 '이를 대하노라니 흥취(興趣)가 무궁하네.'의 흥취는 다름 아닌 귀양지에서의 고독이나 객수(客愁)일 터이다. 더 이상의 의미 부여는 유자(儒者)인 작가에 대한 예의가 아니므로 삼간다.

花鴨隨靑鴨。飛来泛水中。誰教巧粧點。對此興無窮。

건원(乾元)[1]을 출발하며 어떤 사람에게 지어주다 - 2수
出乾元贈人二首
출 건 원 증 인 이 수

[其一]

何事長程去却回
하 사 장 정 거 각 회
此行非獨爲公來
차 행 비 독 위 공 래
娛儂川畔奇巖上
오 농 천 반 기 암 상
登眺要須日一廻
등 조 요 수 일 일 회

무슨 일로 먼 길을 왔다가 되돌아가느냐고?
이 걸음은 오직 그대를 위해 온 것은 아니라오.
오농천(娛儂川)가 언덕의 기이한 바위 위를
한 번은 올랐다가 돌아가려고 한 것이라오.

1) 乾元(건원) : 경원도호부(慶源都護府 ; 현 함경북도 경원) 동쪽 45리에 있으며 보(堡)가 있음.

【해설】

선문은 2수로 된 연시의 첫째 수로 형식은 7언 절구다. 작가의 연보에 의하면 함경도 경원으로 유배 간 당년으로 31세 때의 작품이다. '건원'이란 곳은 『동국여지승람』에 의하면 경원도호부 동쪽 45리에 있으며 보(堡)가 있었다고 한다. 그리고 그곳 오롱천 냇가에 기암절벽이 우뚝하여 경치가 빼어난 것을 알 수 있다. 유배지에 도착하여 어느 정도 주거가 안정되자 그곳을 찾아간 것이다. 이곳을 배경으로 2수의 시를 쓰는데, 제1수에 해당하는 본 작품은 '그 곳이 평소에 매우 가보고 싶었던 곳'임을 알 수 있는데, 이러한 내용을 어느 사람과 대화하는 내용으로 표현하고 있다.

전반부 1구에서는 어느 사람이 묻고 후반부 2~4구에서는 물음에 작가가 답하는 내용으로 구성 되어있다. '그대[公]'가 누구인지는 구체적으로 밝히고 있지 않아 알 수 없다. 다만 그 사람은 그 지역에서 오래 살고 있던 사람임을 알 수 있다. '무슨 일로 먼 길을 왔다가 되돌아가는가?' 하는 물음은 '특별한 볼 일이 있었느냐?'는 것이다. 그러나 이 시의 표현의 의미는 이어지는 둘째 수의 산음야설(山陰夜雪)의 고사와 연계하면 다소간 의문이 풀린다. 이에 대해 '당신을 보려고 온 것은 아니고, 저 오롱천 가의 기이한 바위 위를 한 번 올라가 보았으면 하는 생각을 날마다 하고 있다가 오늘 오른 것'이라고 한다. 곧 달밤에 정취가 너무 좋아 친구 집을 찾아 나섰다가, 막상 대문 앞에 이르자 밤도 깊고 달밤의 홍이 다하자 머쓱하여 발걸음을 돌렸다는 고사를 누군가와의 나누는 대화로 형상화하여 시상 전개의 주된 방법으로 삼아 작가의 마음을 간접적으로 제시하고 있다. 주 내용은 명승경지를 찾는 기쁨을 대화를 통해 간접적으로 쓰고 있다.

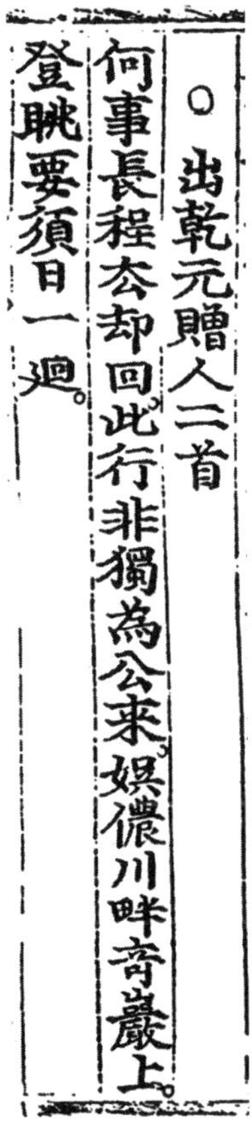
○ 出乾元贈人二首
何事長程忩却回，此行非獨爲公来。娛儂川畔奇巖上。
登眺要須日一迴。

[其二]

明月山陰道
명 월 산 음 도
誰回訪戴船
수 회 방 대 선
風流無敢續
풍 류 무 감 속
廖寂已千年
료 적 이 천 년

밝은 달은 산음객(山陰客)[1]이 가는 길을 비추고 있는데
벗을 찾아 가던[2] 뱃머리를 돌린 사람은 그 누구였던가?
옛 사람의 풍류를 잇지 못한 채
쓸쓸하게 천 년의 세월이 벌써 지나갔구나.

---

1) 山陰(산음) : 진(晉) 왕희지(王羲之)의 별칭. 회계현(會稽縣)에 있던 지명인데, 왕희지가 이곳에 살았기 때문에 붙여진 이름으로, 따라서 '산음객(山陰客)'으로도 불림. → 산음도(山陰道) : 왕휘지가 대규(戴逵)를 찾아 간 일에 빗대어 친구에 대한 그리움이나 석별의 정을 이르는 말.

2) 訪戴(방대) : 대규(戴逵)를 방문함. 산음야설(山陰夜雪)의 고사로 왕휘지가 산음에 살 때 눈 내리는 겨울밤에 흥이 나서 섬(剡)에 사는 친구 대규(戴逵)를 만나러 배를 타고 그의 집 문 앞가지 갔다가 흥이 다하자 그대로 돌아온 고사. 산음승흥(山陰乘興).

【해설】

전문은 2수로 된 연시의 둘째 수로 형식은 5인 질구다. 제1수에 이어 유배지 부근의 명승경지를 찾아갔다가 돌아오는 심정을 읊었다. 명승지를 찾아가서 풍광을 즐기면서 작가에게 생각나는 것은 무엇이었을까? 아름다운 자연 풍광에 대한 기대감에 이어 완상(玩賞)한 후에 돌아서면서 느낀 감흥은 다를 수 있다. 전반부 1·2구에서 작가는 흥에 겨워 찾아갔다가 보고 난 다음 흥이 사라지는 기분을 옛 중국 진나라 명필가였던 왕희지의 고사를 통해서 쓰고 있다. 달빛에 취해 문득 보고 싶은 생각에 벗에게 노를 저으며 찾아갔는데, 문득 대문 앞에 이르러서는 벗의 이름도 부르지 못하고 머쓱한 기분이 되어 돌아서는 것도 벗을 소중하게 생각한 까닭이었고, 그것도 벗을 대하는 아름다운 풍류였다. 곧 벗을 찾아간 이유는 벗이 그립기도 하였지만 달밤의 정취가 그로 하여금 자신도 모르게 벗을 찾아 나서게 만든 것이다. 그러한 마음을 한 밤 중에 방문을 받은 벗은 알아줄 리 없을 것이다. 그러니 발길을 돌린 것이다.

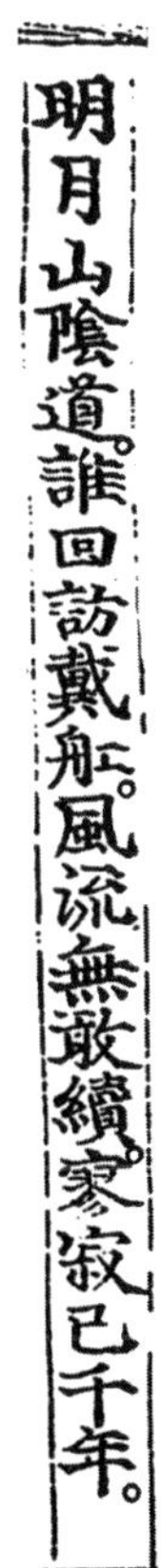
明月山陰道。誰回訪戴船。風流無敢續。寥寂已千年。

후반부 3·4구에서는 아름다운 풍광을 보면서 함께 호연지기를 기르고 싶은 사람은 벗이었다. 그러나 조선 땅 끝 궁벽한 유배지라 지음(知音)의 벗이 없음은 당연한 것이다. 그러니 명승경지를 즐기는 맛과 멋도 반감되었을 것이다. 작가가 생각한 것은 오늘 유배지에 있기 때문만이 아니라 벗들 사이의 아름다운 풍류가 갈수록 없어져 가는 것만 같은 시류(時流)가 없어져 가고 메말라가는 것 같아 안타깝다고 한다. 천 년 전의 명필 서예가 왕희지가 보여 주었던 교우(交友)의 풍류가 지금도 이어지고 있는 것인가? 아니라는 생각이 들었다. 이러한 교우의 멋과 풍류가 없어진 시대를 안타까워하고 있다. 주 내용은 유배지에서의 지우(知友)를 만나지 못하는 외로움이다.

다시 정인관암(鄭仁觀巖)에 올라 - 2수

再登鄭仁觀巖二首
재 등 정 인 관 암 이 수

[其一]

秣馬乾元古鎭傍
말 마 건 원 고 진 방
娛儂川畔着鞭忙
오 농 천 반 착 편 망
一瓶酒外無朋件
일 병 주 외 무 붕 반
同上苔磯看夕陽
동 상 태 기 간 석 양

건원(乾元)의 옛 진영(鎭營) 곁에서 말에게 꼴을 먹이고
오농천(娛儂川) 언덕에서 채찍질 하여 서두르네.
한 병 술 밖에는 함께 오를 벗이 없으니
술병과 함께 이끼 낀 돌에 올라 석양을 바라보네.

【해설】

형식은 7언 절구로 연시 2수 중 둘째수다. 유배시 함경도 경원의 인근에 있는 경치 좋은 '정인관암'에 올라가서 일차로 4수를 지었고(「제정인관암-4수」), 아름다운 풍경을 다시 보고 싶어 또 찾아가 2수를 지은 것 중 첫째 수이다. 전반부 1 · 2구에서는 정인관암을 빨리 오르고 싶어 하는 모습을 썼다. 먼저 말에게 꼴을 충분히 먹이고 나서 천천히 타고 가다가 오농천 언덕에 오른 후에는 오농천을 따라 냇가 제방을 시원스럽게 채찍질하며 달려가는 모습을 말하고 있다.

후반부 3 · 4구에서는, 아마도 말은 정인관암 절벽 아래 어디쯤에 묶어놓고 천천히 싣고 온 술병을 들고 오르막길을 오르는 모습을 상상할 수 있다. 그런데 아름다운 풍경을 혼자 보기에는 아깝다는 생각이 든다. 이럴 때 친한 벗이라도 있어 함께 오르면서 세상만사 이야기도하고 귀양살이하는 심정을 허심탄회하게 털어놓을 수 있다면 좋으련만. 문득 귀양살이하는 외로운 심정이 마음에 와 닿는다. 가쁜 숨을 몰아쉬며 정인관암 꼭대기에 올라 호흡을 다스리고 바위에 걸터앉노라니 저물어 가는 석양이 들 건너 햇살을 가라앉히고 있다. 술병 마개를 열어 술 한 잔을 따라 놓고 다시 고개를 들어 저물어 가는 석양을 마음껏 즐기는 모습을 그리고 있다. 앞서 왜 채찍질하여 말을 급하게 몰았는지 이유를 알 것 같다. 곧 해가 저물 것이니 어둡기 전에 정인관암에 올라야 한다는 조급한 마음이 있었으리라. 주 내용은 정인관암에서 낙조를 바라보는 유배객의 감회다.

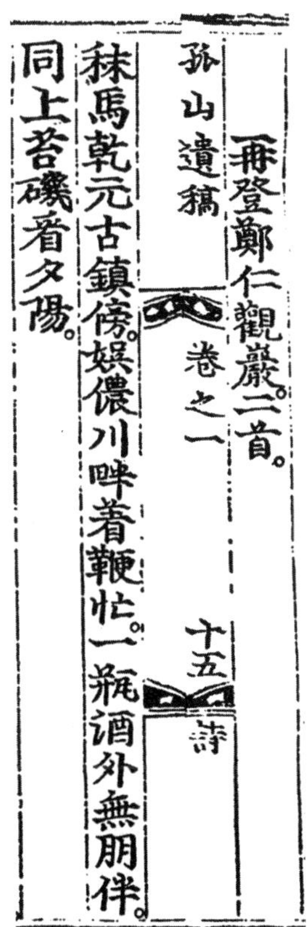
再登鄭仁觀巖二首。
孤山遺稿 卷之一 十五 詩
秣馬乾元古鎭傍。娛儂川畔着鞭忙。一瓶酒外無朋伴。
同上苔磯看夕陽。

[其二]

携壺獨上鄭仁磯
휴 호 독 상 정 인 기
暮色蒼然不肯歸
모 색 창 연 불 긍 귀
誰謂白鷗元水宿
수 위 백 구 원 수 숙
汀洲已絶白鷗飛
정 주 이 절 백 구 비

술병 들고 홀로 정인관암에 오르니
저물녘 풍경이 광활하게 펼쳐지니[1] 차마 돌아가지 못하겠네.
누가 갈매기는 원래 물가에서 잔다[2]고 말했던가?
물가 모래섬 갈매기 자취는 이미 끊어졌네.

---

1) 蒼然(창연) : 빛이 짙푸른 모양. 또는 야외의 광활한 경치. 본문에서는 정인관암의 꼭대기에 올라 서 바라보는 경치를 의미하니 후자로 해석함.
2) 水宿(수숙) : 물에서 서식함. 배나 물가에서 밤을 보냄.

【해설】

진문은 연시 2수 중 둘째 수로 형식은 7언 절구다. 제1수에 이어 성인관암의 저녁 풍경과 감상을 쓰고 있다. 전반부 1·2구에서는 제1수에 이어 홀로 올랐다는 것을 말하고, 높은 곳에서 내려다보이는 눈 아래 펼쳐지는 석양 풍경의 창망(滄茫 ; 끝없이 광활한 모양)한 풍경을 쓰면서, 그 풍경에 도취해서 차마 집으로 돌아가고 싶지 않다고 한다. 탁 트인 광활한 경치를 보노라니 마음까지 상쾌해져 거칠 것 없는 호연지기를 느낀다.

후반부 3·4구에서는 정인관암 바로 아래쪽에 흐르는 강가의 갈매기를 중심으로 경물(景物)을 쓰고 있다. 전반부가 멀리 보이는 원경(遠景)묘사라면 후반부에서는 가까이 바라보이는 근경(近景)묘사인 셈이다. 그런데 갈매기를 묘사함에 있어 갈매기는 단순한 경물이 아닌 작가의 내면 감상과 심상(心象)을 대변하고 있는 갈매기다. 3구에서 갈매기는 원래 물가에서 자는 새라는 갈매기의 평범한 물성(物性)을 말하고, 이어서 4구에서 '이미 날지 않는다'는 사실은 피상적으로는 갈매기가 잠자리에 들었다는 것이고, 꽤 날이 저물어 어두워졌다는 것의 다른 표현에 불과하다. 그러나 다시 눈을 돌려 2구의 내용인 '차마 돌아가지 못 하겠네'와 연관하여 생각해보자면, 작가 자신도 갈매기처럼 이곳 정인관암에서 갈매기처럼 밤을 지세우거나 술에 취한 기분에 자고 싶다는 마음을 쓰고 있음을 알 수 있다. 곧 이럴 경우의 갈매기는 시적·서정적 등가물(等價物)이 된다.

혼자서 아름다운 풍경에 심취하고 한 잔 술에 취했으니, 자연과 더불어 자연 속에 은거하면서 살아도 좋을 것이라는 마음의 다른 표현이라고 생각할 수 있다. 물심일여의 경지요 물아일체의 경지를 그려내고 있음을 볼 수 있다.

携壺獨上鄭仁磯。暮色蒼然不肯歸。誰謂白鷗元水宿。
汀洲已絶白鷗飛。

곡수대(曲水臺)에서 - 3수

曲水臺三首 / 自註. 在慶源城西五里濯足臺傍.有人呼韻. 賦三絶.
곡 수 대 삼 수

/ 자주 ; (곡수대는)경원성 서쪽 5리 탁족대(濯足臺) 곁에 있다. 운자를 부르기에 절구 3수를 지었다.

[其一]

曲水臺傍有小川
곡 수 대 방 유 소 천
眼中佳景不如邊
안 중 가 경 불 여 변
褰衣濯足坐巖上
건 의 탁 족 좌 암 상
戴飯何人餉野田
대 반 하 인 향 야 전

곡수대(曲水臺) 곁에는 작은 시내가 있어
눈에 보이는 아름다운 경치는 변방(邊方) 같지가 않네.
옷을 걷어 발을 씻고 바위 위에 앉았노라니
들밥을 머리에 인 어떤 사람이 밭으로 가서 먹이네.

【해설】

전문은 연시 3수의 첫째 수로 형식은 7언 절구다. 그리고 둘째 수 3구를 제외하고 3수 모두가 운자(韻字)를 포함한 끝 글자가 1구-천(川), 2구-변(邊), 3구-상(上), 4구-전(田)으로 통일되어 있다. 연시 3수의 첫째 수인 본 작품에서는 먼저 곡수대를 중심으로 한 경치를 읊고 있다. 전반부 1·2구에서는 곡수대를 감돌아 흐르는 작은 시내의 아름다운 경치를 말하면서 한반도의 최북단의 변방 같지 않게 느껴진다고 하다. 변방이고 유배지라 왠지 척박하고 황량할 것 같았는데 그렇지 않다는 것이다.

후반부 3·4구에서는 아름다운 곡수대의 작은 시냇가에 앉아 옷을 걷어 올리고 발을 씻고 앉았노라니, 저 멀리서 아낙네 한 사람이 들밥을 머리에 이고 남편이 일하는 들로 나가는 모습이 눈에 띈다. 아마 지면(紙面)이 부족했기 때문이지 아낙의 앞에는 대 여섯 살쯤으로 보이는 어린 아이가 강아지 한 마리를 데리고 촐랑촐랑 뛰어가고 있을 것이고, 개울의 물들은 봄볕을 받아 반짝이고 있을 것이다. 아낙네는 점심이거나 새참쯤 되는 밥을 밭두렁에 펴놓고 남편에게 먹일 것이다. 점심이라면 같이 먹을 것이고 새참이라면 일하는 남편 혼자 먹을 것이다. 부부간의 다정하고 평화스럽게 살아가는 농부들의 일상이 은연중에 그려지고 있다. 이러한 사람 사는 풍경도 변방이라고 해서 별반 다르지 않다는 것을 말하고자 한 것이다. 곧 자연풍경도 사람 살아가는 모습도 모두 같은 우리 동포의 모습이라는 것이다. 결국 이러한 확인 과정 곧 동일한 모습의 발견을 통해 작가가 말하고자하는 것은 타관객지 유배지에서 정신적으로 안정감을 찾아간다는 것을 의미한다. 귀양살이에 대한 불만과 불안한 의식이 하나씩 사라지고, 그곳에서 안정적인 생활을 해가고 있다는 것을 알 수 있다.

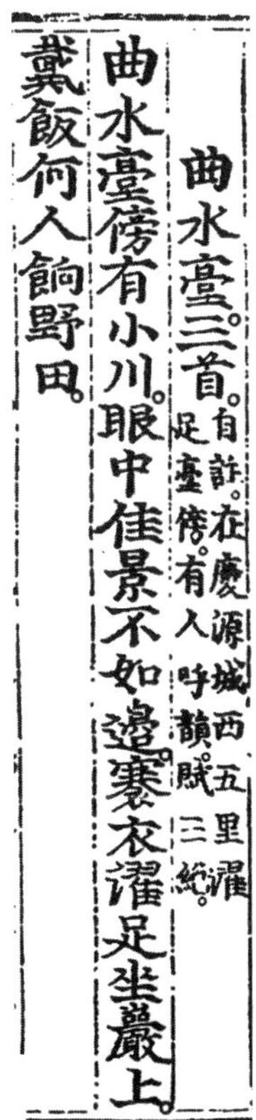
曲水臺三首。自許。在慶源城西五里濯足臺傍。有人呼韻。賦三絶。
曲水臺傍有小川。眼中佳景不如邊。褰衣濯足坐巖上。
戴飯何人餉野田。

[其二]

出郭逍遙得小川
출곽소요득소천
羇愁不敢到吾邊
기수불감도오변
坐看饁婦戴簞去
좌간엽부대단거
忽憶王山灘上田
홀억왕산탄상전
自註) 王山灘在孤山
자주 왕산탄재고산

성곽을 나가 거닐다가 작은 시내를 만나니
귀양살이 근심[1]도 감히 내 곁에 이르지 못하네.
아낙네가 들밥 대광주리를 이고 가는 것을 앉아 보노라니
문득 왕산탄(王山灘)[2] 가의 밭이 떠오르네.
왕산탄(王山灘)은 고산(孤山)에 있다.

---

1) 羇愁(기수) : 객수(客愁). 객지에서 느끼는 시름. 본문에서는 작가가 유배 중이므로 '기신(羇臣 ; 유배지에서 객지를 떠도는 신하)'이 느끼는 근심, 곧 귀양살이 하는 근심으로 풀이함.
2) 王山灘(왕산탄) : 현 경기도 구리시 왕숙천(王宿川)의 옛 이름.

【해설】

전문은 연시 3수의 둘째 수로 형식은 7언 절구다. 제1수에 이어 곡수대 부근의 경치를 중심으로 읊고 있다. 전반부 1구의 내용은 제1수의 1구와 같다. 그리고 2구의 내용은 제1수의 2구의 내용을 보다 직접적으로 쓰고 있는데, '귀양살이 근심[羈愁]도 감히 내 곁에 이르지 못하네'라고 하여, 시간이 흐를수록 유배지에서 안정적인 심리상태가 유지됨을 보여 주고 있다. 후반부 3·4구에서는 농촌의 평화로운 정경으로 제1수의 4구의 내용을 반복하고 있는데, 단순한 반복이 아닌 다른 의미인 것을 볼 수 있다. 다름 아닌 고향 생각이다.

유배지에서의 겪는 괴로움은 무엇일까? 어느 정도 시간이 지나면 정착하여 안정감을 찾을 것이나, 안정감 다음에 오는 것은 외로움일 것이다. 부모님 안부 걱정, 가족들에 대한 근심과 걱정, 벗들에 대한 그리움 등이 순위의 상위를 차지할 것이다. 한마디로 외로움이고 고향 생각, 곧 사향(思鄕)이다. 유배지에서 밥을 이고 들로 나가는 아낙네를 보면서 문득 '지금쯤 고향의 모습들도 저런 모습이겠지'하는 생각이 들지 않을 수 없다. 지금 눈앞에 보이는 저 모습은 고향의 밭머리, 왕산탄(王山灘)에서도 들밥을 이고 온 아낙네와 함께 앉아 땀을 닦고 점심으로 들밥을 먹고 있을 것이고, 그 밥맛은 꿀맛일 것이다. 고관대작에 올라 부귀영화를 누리는 것만이 행복인가? 아니다. 행복은 별 것이 아니다. 행복은 바로 저런 것이야 하는 마음이 울컥 가슴에 치밀어 오른다. 애써 치밀어 오르는 생각들을 누르며 한가롭게 귀양지의 선비는 태연한 척하고 있었으리라.

出郭逍遙得小川。羈愁不敢到吾邊。坐看饁婦戴簞去。
忽憶王山灘上田。(王山灘在孤山)

[其三]

楸城郭外有長川
추 성 곽 외 유 장 천
混混東流赴海邊
혼 혼 동 류 부 해 변
何日歸霑龍鬣上
하 일 귀 점 용 렵 상
化爲甘雨雨民田
화 위 감 우 우 민 전

추성(楸城)[1] 외곽에 긴 시내가 있어
도도히 쉼 없이 동으로 흘러가[2] 바닷가에 다다른다네.
어느 날에나 돌아가 임금의 은총을 입어[3]
단비가 되어 백성들의 밭에 비로 내리려나?

1) 楸城(추성) : 함경도 경원(慶源)의 별칭.
2) 混混(혼혼) : 물결이 쉼 없이 도도히 흐르는 모양.
3) 霑龍鬣(점용렵) : 임금(龍鬣)의 은덕을 입다. 용렵(龍鬣)은 용기(龍鬐) 곧 용의 목에 난 긴 털로 본문에서는 임금을 말함.

【해설】

연시 3수의 셋째 수로 형식은 7인 절구다. 제1수와 제2수에 이어 시상(詩想)이 일관되고 있음을 볼 수 있다. 전반부 1·2구에서는 곡수대 옆의 흐르는 작은 냇물[小川]이 제3수에서는 긴 냇물[長川]로 바꾸어 묘사하고 있다. 그리고 흐르고 흘러 바다로 갈 것이다. 그러나 유배지에 있는 작가 자신은 문득 멈추어 있다는 생각을 하게 된다. 몸이 묶여 멈추어 있으니 시간도 멈출 수밖에 없다. 그러나 저기 흐르는 강물은 작은 시냇물이었다가 모여서 큰 내를 이루고, 나아가 광대무변한 바다로 갈 것이다. 냇물에 작가 자신이 소망하는 미래의 모습이 은연중 대비되고 있다. 그런데 현재 유배지에 묶여 있는 자신의 모습이 답답하게 느껴질 수밖에 없었으리라. 기약 없는 유배 생활은 모든 것을 정지시키고 있다. 제2수의 고향 생각[思鄉]에 이어 청운의 꿈을 잠시 접어야 하는 자신의 답답한 심정이다.

후반부 3·4구에서는 기다리는 것은 오직 임금의 은총을 입어 귀양에서 풀려나는[解配] 길밖에는 없다. 그리고 자신의 포부를 펼칠 것을 기대해 본다. 포부는 다름 아닌 목민관(牧民官)이 되어 백성들의 삶을 윤택하게 하는 것이다. 소천(小川)에서 장천(長川)으로, 장천에서 바다로 이어지는 강물처럼 자신의 꿈도 펼쳐야 한다. 요지는 임금의 은총[霑龍]으로 귀양에서 풀려나는 것이고, 도탄에 빠져 시들은 백성들에게 단비가 되어 살려내는 정사(政事)를 펼치는 것이다. 곧 '음애(陰崖 ; 햇빛이 들지 않는 언덕이나 낭떠러지, 임금의 은택을 입지 못하는 백성)에 시든 풀을 다시 살려 내는 것'(정철의 「관동별곡」)이다. 주 내용은 기약 없는 유배지에서의 답답한 심정과 미래의 소망과 포부다.

楸城郭外有長川。混混東流赴海邊。何日歸霑龍鬣上。
化爲甘雨雨民田。

달을 대해 어버이를 생각하며 - 2수

對月思親二首
대 월 사 친 이 수

[其一]

雨退雲消月色新
우 퇴 운 소 월 색 신
青天萬里淨無塵
청 천 만 리 정 무 진
遙知此夜高堂上
요 지 차 야 고 당 상
坐對兒孫說遠人
좌 대 아 손 설 원 인

비 물러가고 구름 걷히니 달빛은 새롭게 밝아
푸른 하늘 구만리장천(九萬里長天)이 티끌 없이 깨끗하네.
멀리서도 알겠네, 오늘 밤에도 부모님께서는[1]
손주들과 마주 앉아 멀리 있는 사람[2]에 대해 말씀하시겠지.

---

1) 高堂(고당) : 부모를 이르는 말.
2) 遠人(원인) : 멀리 있는 사람. 본문에서는 귀양살이하고 있는 작가 자신.

【해설】

연시 2수의 첫째 수로 형식은 7언 절구다. 유배지의 여름밤은 적막감이 감돈다. 이따금씩 들리던 풀벌레 소리도 밤이 깊어지자 그쳤다. 이름하여 제월(霽月 ; 비 갠 다음의 밝은 달)이라 했던가. 초저녁 한바탕 몰아치던 소나기가 그치자 구름은 씻은 듯이 사라지고 휘영청 둥글고 밝은 달이 산등성이로 넘어온다. 적막감이 깊은 물속처럼 온몸과 마음을 감싼다. 유일한 낙은 고향 생각에 젖어보는 것이다. 전반부는 밝은 달밤을 배경으로 하고, 후반부의 향수에 젖는 서정으로 자연스럽게 이어진다.

예로부터 달은 소망과 기원의 대상이다. 그리워하는 사람에게 메시지를 전달하는 매개체로 등장하곤 한다. 밝은 달이고 둥근 달이면 더욱 그렇다. 고향의 정경이 떠오른다. 지금쯤 부모님도 저 달을 보고 계시겠지. 무엇을 하고 계실까? 어머니는 장독대 앞에 상을 가져다 놓고 정한수 한 그릇을 떠놓고 귀양살이하고 있는 아들이 건강하고 하루 빨리 귀양살이에서 풀려나게 해달라고 밝은 달을 향해 두 손 모아 비비며 기도하고 계실지도 모른다. 그리고 아버지는 아마도 옛날이야기 한 자리 해달라고 보채는 손주들을 평상에 모아놓고 귀양살이 하고 있는 내[遠人] 이야기를 하고 계시지는 않을까? '너희 아빠는 말이야 ~ 어렸을 적 부모님 말씀도 잘 듣고 공부도 잘 했단다.'라고 하시면서 내 이야기를 하고 계실 것이다. 이럭저럭 부모님 생각 아이들 생각에 착잡해서 잠자리에 들지 못하고 뒷짐을 지고 마당을 서성이는 모습을 상상하기는 어렵지 않다.

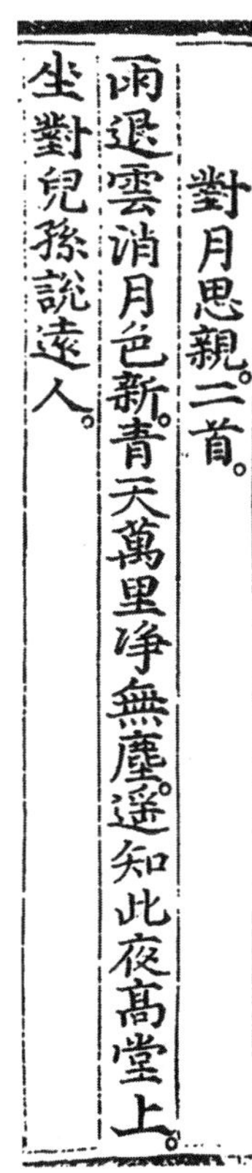
對月思親。二首。
雨退雲消月色新。青天萬里淨無塵。遙知此夜高堂上。
坐對兒孫說遠人。

[其二]

湫城明月擧頭看
추 성 명 월 거 두 간
月照東湖也一般
월 조 동 호 야 일 반
姮娥若許掀簾語
항 아 약 허 흔 렴 어
欲問高堂宿食安
욕 문 고 당 숙 식 안

추성(湫城)의 밝은 달을 머리 들어 바라보니
달은 동호(東湖)[1]에도 이렇게 똑같이 비추겠지.
항아(姮娥)[2]가 만약 주렴을 걷고 한 말씀하기를 허락한다면
부모님 숙식(宿食)은 편안하신가 묻고 싶다오.

1) 東湖(동호) : 작가의 집이 있는 현 경기도 남양주시 수석동 고산촌 앞의 한강.
2) 姮娥(항아) : 달에 산다는 전설상의 여신.

【해설】

선문은 연시 2수의 둘째 수로 형식은 7언 절구다. 제1수와 시간 공간 배경, 그리고 소재도 '둥근 달'로 같다. 다만 제1수에 못다 한 서정을 계속 이어가고 있다. 제1수가 거리를 초월한 달과의 대화, 곧 달을 매개로 한 부모님과의 교감이었다면, 제2수에서는 현재 머리 위에 둥그렇게 떠서 작가를 내려다보고 있는 달을 통해 작가는 고향인 동호(東湖)에도 떠 있을 달을 생각한다. 하나의 달이 작가의 서정 속에 두 개의 달로 늘어난다. 지금 이곳에 떠 있는 달과 지금 고향에 떠 있는 달이다. 같은 시간 속의 다른 공간의 설정은 곧 작가의 서정의 공간을 의미한다.

사향(思鄉) 다음에 이어지는 심리적 변화는 귀향(歸鄉)이다. 상념(想念) 속의 사향은 자유롭지만 현실적 제약 속의 귀향은 자유로울 수 없다. 그리고 귀향에 대한 인식은 다시 시간적 귀향과 공간적 귀향으로 나눌 수 있다. 그런데 이 두 가지의 귀향은 모두 실현 불가능하다. 그러므로 대리로 하늘에 떠 있는 달을 등장시킨다.

그러한 달[姮娥]과 대화를 나눈다. 나에게 허락해 달라고 한다. 아니 나의 심사(心事)를 헤아려 달라고 한다. 가장 궁금한 내용은 다름 아닌 '부모님의 안부'이다. 전반부 1·2구에서의 달이 사향이자 향수의 달이었다면, 후반부 3·4구의 달은 소망과 기원의 달이다. '숙식이 편안하시느냐?'의 물음은 다름 아닌 '편안하시게 도와 달라'는 것이다. 달이 소망과 기원의 대상으로 등장하는 최초의 시가 작품은 백제의 노래 「정읍사(井邑詞)」이다. '달님이시여, 높이 좀 돋아주십시오 멀리 좀 비춰주십시오.'라고 한다. 효(孝)를 행하라는 삼강오륜에 반상(班常)이 따로 있을 수 없고 남녀가 따로 있을 수 없다. 부모님의 안녕을 비는 자식의 마음이나 남편의 안녕을 비는 아낙네의 마음은 다 똑같다.

楸城明月擧頭看。月照東湖也一般。姮娥若許掀簾語。欲問高堂宿食安。

진호루(鎭胡樓)에 올라 문미(門楣)[1]의 시에 차운하다 - 4수

登鎭胡樓次楣上韻四首 / 慶源城南門樓
등 진 호 루 차 미 상 운 사 수

/ (진호루는)경원성(慶源城) 남문(南門)에 있는 누각이다.

[其一]

來上危樓若有求
래 상 위 루 약 유 구
山河表裏騁眸周
산 하 표 리 빙 모 주
能令氣岸添豪爽
능 령 기 안 첨 호 상
遠客都無一分愁
원 객 도 무 일 분 수

높은 누각에 올라 찾는 것이라도 있는 듯
산하의 안과 밖을 두루 한껏 멀리 바라보네.[2]
기개(氣槪)[3]에 호탕하고 시원시원함[4]을 더할 수 있다면
멀리 떠나온 나그네[5]는 한 푼의 수심(愁心)도 없으리.

---

1) 楣上(미상) : 문미(門楣) 위. 문미는 문 위에 가로 댄 나무.
2) 騁眸(빙모) : 빙목(騁目). 눈을 들어 한껏 멀리 바라봄.
3) 氣岸(기안) : 의기(意氣). 기개(氣槪).
4) 豪爽(호상) : 호탄하고 시원시원함.
5) 遠客(원객) : 멀리서 온 나그네. 곧 귀양살이 온 작가 자신을 뜻함.

【해설】

연시 4수의 첫째 수로 형식은 7언 절구다. 함경도 경원 유배 생활 초기 작품으로, 유배지 경원도호부 성곽 남문의 누각 진호루에 오른 감상을 적고 있다. 운자는 이곳을 먼저 다녀간 선인들의 시문을 적어 걸어 놓은 현판 중 하나에서 차운한 것으로, 4수 모두가 3구를 제외하고 1구 ; 구(求), 2구 ; 주(周), 4구 ; 수(愁)를 공통 운으로 하고 있다. 전반부 1 · 2구에서는 성문 누각에 올라 사방을 둘러보는 자신의 모습을 '찾는 것이라도 있는 듯'이라고 묘사하고 있다. 그리고 이곳에 올라 경계를 완상(玩賞)하고 시구를 남긴 선인들의 편액(編額)은 모두 걱정 근심 없이 산천경계 유람하며 다닌 사람들일 것이다. 그러나 자신의 신세는 그렇지 못하여 귀양살이 온 사람임을 문득 깨닫는다.

후반부 3 · 4구에서는, 옛 속담에 '넘어진 김에 쉬었다 간다.'라고 했던가. 비록 귀양살이 온 신세이지만 자신도 걱정 근심 없이 유람 다니는 나그네처럼 자연을 즐기고자 한다. 그러기 위해서는 먼저 경치에 몰입하여 즐길 줄 알아야 한다. 그래서 사방이 탁 트인 높은 진호루 누각에 올라 호연지기(浩然之氣)를 기르고 싶은 심정으로 이곳을 먼저 찾아온 유람객들의 감상을 적어 놓은 편액의 시구를 유심히 읽어본다. 모두들 절품(絶品)이고 명편(名篇)들로 잘 표현되어 있다. 그리고 자신도 유배객이 아닌 잠시 이곳에 들린 나그네의 심정으로 죽장(竹杖)에 삿갓 쓰고 짚새기 신고 걸망 메고 떠도는 김삿갓처럼 현실과 속세의 걱정 근심일랑 한 푼도 남기지 않고 저 만큼 멀리하여 털어버리고 싶은 것이다. 주 내용은 진호루에서의 감상이다.

登鎭胡樓次楣上韻四首。慶源城南門樓

来上危樓若有求。山河表裏騁眸周。能令氣岸添豪爽。
遠客都無一分愁。

[其二]

風光箇箇應吾求
풍 광 개 개 응 오 구
曲曲欄干徙倚周
곡 곡 난 간 사 의 주
不待青州從事力
부 대 청 주 종 사 력
能鏖客子滿腔愁
능 오 객 자 만 강 수

풍광은 낱낱이 내 요구에 응해주니
굽이굽이 난간을 옮겨 다니며 두루 기대어보네.
굳이 한 잔 술기운[1]을 기다리지 않아도
능히 나그네의 가슴속 가득한[2] 시름을 없애주네.[3]

1) 靑州從事力(청주종사력) : 술기운. 청주종사는 '좋은 술'의 의인화된 명칭.
→ 나쁜 술 ; 평원도독(平原督郵)
2) 滿腔(만강) : 가슴속에 가득함. 마음속에 충만함.
3) 鏖(오) : 오진(鏖盡). 모조리 죽여 없앰.

【해설】

전문은 연시 4수의 둘째 수로 형식은 7언 절구다. 시상은 제1수에 이어지면서, 제1수에서 명승경지를 유람하면서 기대했던 '호상(豪爽 ; 호쾌하고 시원시원한 마음)'이 어느 정도 갖추어진 것을 볼 수 있다. 전반부 1·2구에서는 그러한 풍광에 심취하여 이 난간에도 서보고 저 난간에도 기대어 보며 이리저리 옮겨 다니며 풍광의 면면을 하나라도 놓치지 않으려는 작가의 모습을 그리고 있다. 자연은 하늘이 만들어준 모습 그대로 변치 않고 천리에 순응하면서 살아간다. 굳이 꾸미려 하지 않은 모습 속에 아름다움을 갖추고 있다. 그러나 우리 인간은 어떤가? 순응하는 삶을 살지 못하고 끊임없이 스스로를 변화시키려고 노력하고, 마음에 들지 않으면 노심초사하면서 걱정과 근심에 마음의 영일(寧日)이 없다. 그러니 자연을 통해서 천리(天理)에 순응하는 삶을 배우려 하는 것이다. 그것은 다름 아닌 흉중의 호연지기를 기르는 것이다.

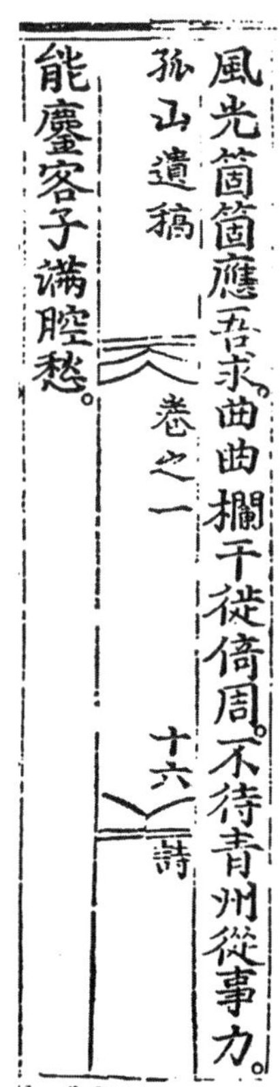
風光箇箇應吾求。曲曲欄干徙倚周。不待青州從事力。能鏖客子滿腔愁。

孤山遺稿 卷之一 十六 詩

후반부 3·4구에서는, 일단 호연지기가 길러진 다음에는 굳이 한 잔 술을 마시고 취기(醉氣)가 오르기를 기다릴 필요가 없다고 한다. 흔히 사람들은 행복지수를 계산할 때 '이룬 것'과 '이루고 싶은 것'의 상관관계 속에서 가늠할 수 있다고 한다. 부귀영화라는 '이루고 싶은 것'은 무한정하고, 자신이 이루어 놓은 것은 지극히 미미하니 행복지수는 하잘 것 없는 것일 수밖에 없다. 무엇을 이루고 싶어 상소(병진소)를 올렸으며, 그리하여 전하의 미움을 받아 이곳으로 오게 되었는가? 이 눈앞에 펼쳐진 자연 풍광의 아름다운 경치라면 그 하찮은 모든 것을 단번에 빗자루로 낙엽 쓸어버리듯 없앨 수 있으리라. 아름다운 자연을 대하고나니 마음에 집착(執着)이 없어지는 이른바 힐링(healing)이 이루어지고 있음을 쓰고 있다.

[其三]

高冠長珮亦無求
고 관 장 패 역 무 구
性癖於人苦不周
성 벽 어 인 고 불 주
今日投身玄塞外
금 일 투 신 현 색 외
休將國事作吾愁
휴 장 국 사 작 오 수

높은 벼슬과 귀인(貴人)[1]이 되기를 또한 구하지 않았으나
성벽(性癖)[2]은 사람들에게 참으로 고루 원만치 못했네.
오늘 이내 몸은 아득한 변방 밖으로[3] 던져졌으니
나랏일로 내 근심 삼기를 그만두려네.

---

1) 長珮(장패) : 귀인들이 차는 패옥(佩玉).
2) 性癖(성벽) : 굳어진 성질이나 버릇. 몸에 밴 습관.
3) 塞外(새외) : 변방 밖. 귀양지인 함경도 경원을 뜻함.

【해설】

선문은 연시 4수의 셋째 수로 형식은 7언 절구다. 제1·2수에 이어 시상은 계속되며 내용은 점점 자아성찰로 몰입한다. 진실로 원했던 것은 무엇이었으며 추구했던 것은 무엇이었을까? 과연 무엇을 위한 것들이었나? 돈과 명예, 권력이었던가? 귀인이 되어 세인들의 칭송을 한 몸에 받으며 거리를 활보하는 것이었던가? 그러다가 실패와 좌절을 맛보고 이곳까지 귀양살이를 오게 된 것인가? 그것은 아니었다. 그러면 원인은 무엇인가? 결론은 '내 탓'이었다. 둥글지 못한 성품 탓이었다. 호(好)·불호(不好)에 예민하게 반응하고, 유리(有利)·불리(不利)를 따지고, 수시로 매사를 시비(是非)·곡직(曲直)에 매달려서 살아왔다. 아흔 아홉 명의 친구를 만들기보다 한 명의 적을 만들지 말아야 한다는 세상살이의 평범한 진리와 교훈을 잊고 살았던 내 잘못 때문이었다. 인자무적(仁者無敵)이라, 어진 사람에게는 적이 없다 했는데, 애오라지 내 자신이 어질지 못한 탓이었다.

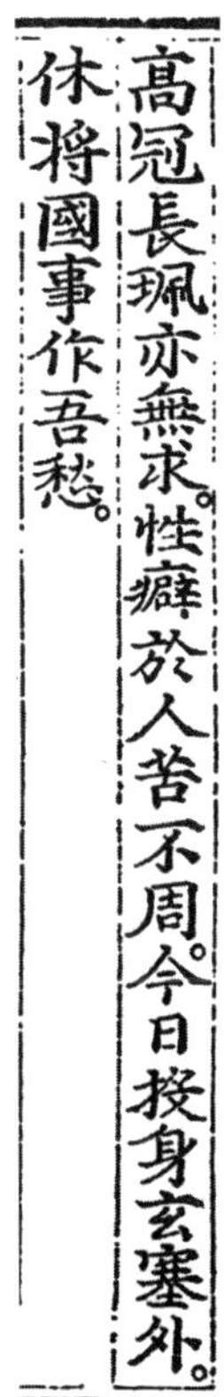
高冠長珮亦無求。性癖於人苦不周。今日投身玄塞外。休將國事作吾愁。

그 모든 잘못의 근인(根因)은 무엇이었던가? 수신(修身)과 수양(修養)이 부족했던 탓이며, 나랏일[國事] 때문이었다. 유배지에서의 하루하루는 모처럼 맞는 휴식 아닌 휴식 속에서 산수경개를 구경하고 남은 시간에 자신을 되돌아보는 일이었으리라. 모든 것을 끊고 조용히 침잠하여 자신을 되돌아보는 모처럼의 자아성찰의 시간들 속에 지은 술회(述懷)의 시다. 그리고 세사에 연연(連延)해 하는 마음을 끊겠다고 한다. 전편 내용은 전반부 1·2구의 과거에 대한 회한(悔恨), 후반부 3구에서는 현재의 상황(狀況), 4구에서는 미래의 의지(意志)로 전개된다. 짧은 싯구 속에 자신의 과거와 현재와 미래를 담아 요약적이고 함축적으로 제시하고 있다.

[其四]

長川一道有何求
장 천 일 도 유 하 구
故向楸城城下周
고 향 추 성 성 하 주
粧點風光固爲好
장 점 풍 광 고 위 호
願將淸泚洗邊愁
원 장 청 차 세 변 수

긴 냇물 한 줄기는 무엇을 구하고자
짐짓 추성(楸城)을 향해 와서 성 아래를 둘렀는가?[1)]
단장(丹粧)[2)]한 풍광이 참으로 좋으니
원컨대 맑고 맑은 물[3)]로 변방의 시름[4)]을 씻어내고자.

---

1) 城下周(성하주) : 성곽의 구조상 성 아래를 둘러 흐르는 물은 해자(垓字 ; 성 밖으로 둘러 싼 못으로 외적의 접근을 막기 위해 파놓은 물)를 말함.
2) 粧點(장점) : 화장함. 단장함. 꾸밈. 장식함.
3) 淸泚(청차) : 맑음. '차(泚)'는 강 이름으로 쓰이기도 함.
4) 邊愁(변수) : 변방 백성의 시름. 변방의 전란이나 외적의 침입으로 생기는 괴로움. 본문에서는 전자의 뜻으로 귀양살이하고 있는 작가 자신의 시름으로 풀이함.

【해설】

진문은 인시 4수의 넷째 수로 형식은 7언 절구다. 본문을 감상함에는 크게 두 가지 관점이 있을 수 있다. 하나는 전반부 1·2구의 내용을 '성 아래로 흐르는 물'을 변방의 외적을 막기 위해 쌓은 성과 적들이 성벽 아래로 접근을 막기 위해 파 놓은 해자(垓字)로 바라보는 관점이다. 다른 하나는 자연물로 강물의 흐름의 방향이 성 아래로 향한 것은 무슨 목적이 있는데, 그 목적은 자신이 이 성으로 귀양살이 오게 되기까지의 행적의 목적과 동일시하면서 감상하는 것이다. 먼저 첫째 관점은 외적의 공격으로부터 성을 지키기 위한 것으로 강물의 의미로, 후반부 3·4구에서 이토록 아름다운 경치 속에서는 전쟁의 걱정이 있을 수 없다고 하는 것이다. 그리고 그런 근심 걱정은 아름다운 풍광 속에서 잊어버리고 싶다는 것이다.

長川一道有何求。故向楸城城下周。粧點風光固爲好。願將淸泚洗邊愁。

둘째 관점은 강물이 이곳으로 흘러 와 성을 둘러싸고 있는 것은 자신이 이곳으로 와 귀양살이 하고 있는 목적과 유사하다는 것이다. 작가 자신이 처한 환경과 현실 속에서 사물을 바라보는 관점으로 읽을 수 있다. 그 목적은 다름 아닌 나랏일 걱정일 터이다. 나라[城]를 지키고자 흘러온 강물이나 나랏일 때문에 귀양살이 온 자신이나 같다고 파악하는 것이다. 그러나 그 모든 것을 이처럼 아름다운 자연 풍광 속에서 모두 털어내고 잊어버리겠노라고 하고 있다. 어느 것이나 나랏일 때문에 일어나는 마음의 걱정과 근심을 털어버리겠다는 뜻에서 일치한다. 주 내용은 모든 걱정 근심을 잃게 하는 진호루의 아름다운 경치 예찬이다.

낙망(樂忘)의 시에 차운하다 - 2수

次樂忘韻二首 / 樂忘金時讓號時謫鐘城
차 낙 망 운 이 수

/ 낙망(樂忘)은 김시양(金時讓)[1]의 호이고, 그때 종성(鐘城)에서 귀양살이를 하고 있었다.

[其一]

清和時節雪猶殘
청 화 시절 설 유 잔
誰信人間有此寒
수 신 인간 유 차 한
攬茝蕙纕皆所善
람 채 혜 양 개 소 선
囚山蔡服亦云安
수 산 채 복 역 운 안
只緣愛國輕身易
지 연 애국 경 신 이
終爲思親忍淚難
종 위 사친 인 누 난
渺渺飛鴻斜日外
묘 묘 비 홍 사 일 외
鎭胡樓上倚欄干
진 호 루 상 의 난간

맑고 화창한 시절이라 눈은 아직 남아 있어도
그 누가 인간 세상에 이런 추위[2]가 있었음을 믿으리오.
향풀[3] 꺾어 허리에 차니 모두가 좋은 곳이라
귀양살이[4]로 산에 갇혀 있어도 또한 편안하다고 이르겠네.
다만 애국(愛國)한다는 연유로 몸을 가벼이[5] 여기기는 쉬우나
마침내 어버이를 생각하니 눈물 참기 어려워라.
아득히 나는 기러기는 석양 밖으로 사라지고
진호루(鎭胡樓)에 올라 난간에 기대네.

1) 金時讓(김시양) : 1581~1643년. 조선 중기의 문신. 전라도도사(全羅道都事)로 있을 때 향시의 시제가 왕의 실정을 비유한 것이라 하여 종성(鍾城)으로 유배됨.
2) 此寒(차한) : 귀양살이가 잘못되었음을 암시. 1616년 간신 이이첨(李爾瞻) 등을 규탄하는 <병진소(丙辰疏)>를 올렸다가 함경도 경원으로 유배된 것을 비유.
3) 茝蕙(채혜) : '茝'와 '蕙'. 모두 향초의 이름.
4) 蔡服(채복) : 추방당해(귀양살이에서) 입는 옷.
5) 輕身(경신) : 몸 곧 목숨을 가벼이 여김. 나라를 위해 목숨을 바침.

【해설】

전문은 2수로 된 연시의 첫째 수로 형식은 7언 율시다. 귀양지에서 봄을 맞는 심정을 쓰고 있다. 전반부 1·2구에서는 봄이 와서 날씨는 화창하나 아직 녹지 않은 잔설을 통해서, 춘래불사춘(春來不似春)의 현실, 곧 '봄은 왔으나 봄 같지 않은 봄'이라 할 수 있는 어지러운 정치 현실과 희생양이 된 자신의 상황을 잔설을 통해 암시하고 있다. 아울러 어느 누구도 이런 처지에 있는 자신의 충심을 알아 줄 사람이 적음을 안타까워하고 있다. 3·4구에서는 이이첨 등의 간신을 규탄하고 정의를 위해서 거침없이 항변할 수 있었던 자신의 후회 없는 삶을 '마음은 오히려 편안하다'고 말하고 있다.

후반부 5·6구에서는 나라 위한 충(忠)과 부모에 대한 효(孝)라는 두 개의 가치관이 충돌하는 심적 갈등을 표현하고 있다. 나라를 위해 한 목숨 버리기는 쉬우나, 다만 자신의 안위를 걱정하는 부모의 자식 사랑을 쉽게 어기기는 어렵다는 것이다. 옛말에 '효자 집안에 충신 난다.'고 했는데, 실제에서는 충을 행하자니 효에 어그러지고, 효를 행하자니 충에 어그러지는 두 가치관의 충돌 속에서 느끼는 갈등이 표현되고 있다. 곧 나라를 생각하자니 간신들의 전횡에 울분이 치솟고, 부모를 생각하자니 불효 때문에 눈물을 참기 어렵다는 것이다. 시대가 건강하고 정의가 행해지는 상황이라면 충과 효 모두를 한꺼번에 이룰 수 있지만, 시대와 나라가 정의롭지 못하니 양자택일(兩者擇一)의 기로에서 어찌할 수 없음을 말하고 있다. 그래서 7·8구에서는 이러한 착잡한 심정에서 작가는 해가 기우는 저물녘에 누에 올라 남쪽으로 날아가는 기러기를 하염없이 바라보며 망연자실할 수밖에 없음을 말하고 있다.

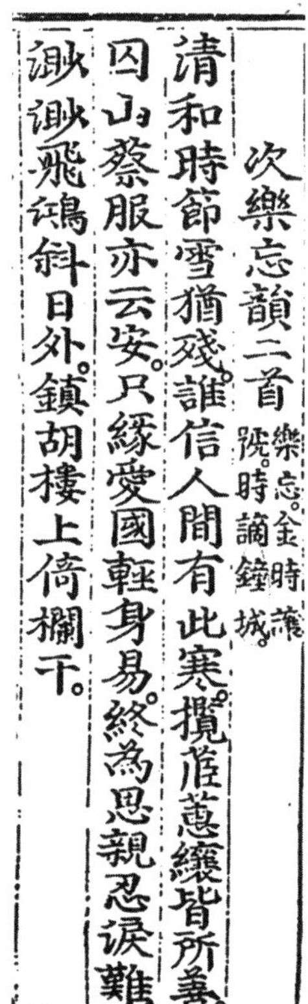
次樂忘韻二首 樂忘。金時讓號。時謫鍾城。
清和時節雪猶殘。誰信人間有此寒。攬茝蕙纕皆所善。
囚山祭服亦云安。只緣愛國輕身易。終為思親忍淚難。
湫湫飛鴻斜日外。鎮胡樓上倚欄干。

[其二]

尋常把酒不留殘
심 상 파 주 불 류 잔
只爲幽州分外寒
지 위 유 주 분 외 한
風伯有時偏自怒
풍 백 유 시 편 자 로
窓扉終日未能安
창 비 종 일 미 능 안
屋眞似斗頭低慣
옥 진 사 두 두 저 관
飯正如沙匙抄難
반 정 여 사 시 초 난
往往逢人向我說
왕 왕 봉 인 향 아 설
國家成敗汝何干
국 가 성 패 여 하 간

늘 술을 마시다가 남기지 않는 것은
외진 고을[1]이라 유달리 춥기 때문이네.
바람[2]은 때때로 멀리서 불어오며 스스로 화를 내니
창문이 흔들려 종일토록 편안할 수 없네.
집은 참으로 좁고 낮아 머리를 숙이는 것이 버릇이 되었고,
밥은 정말로 모래 같아 숟가락 꽂기도 어려워라.
어쩌다가 만나는 사람들은 나를 향해 말하기를
나라의 성공과 실패에 네가 어찌 간섭[3]하느냐고 한다.

---

1) 幽州(유주) : 외지고 고요한 곳으로, 곧 귀양지인 함경도 경원을 말함.
2) 風伯(풍백) : 한양에서 들려오는 좋지 않은 소식들을 의미.
3) 干(간) : 간섭(干涉). 귀양살이 하게 된 원인인 <병진소>를 올린 일을 암시.

【해설】

전문은 2수로 된 연시의 둘째 수로 형식은 7언 율시다. 전반부 1·2구에서는 북쪽 함경도 오지라서 유달리 추워 예전에는 마시다가 남기던 술도 여기서는 남기지 않는다고 한다. 취기(醉氣)로 한기(寒氣)를 다스리려는 의도임을 알 수 있다. 3·4구에서는 추운데다 바람까지 화를 내며 불어 창문을 흔들어대니 하루 종일 집에 있어도 편안하지 못함을 쓰면서, 추위라는 촉각과 바람소리라는 청각을 동원하여 북쪽 변방의 유배생활의 고초를 제시하고 있다. 앞서 제1수의 '화창한 봄날'에 비해 '꽃샘추위'를 연상시키는 날씨 묘사로 서로 상반된 상황과 심정이 나타나고 있다.

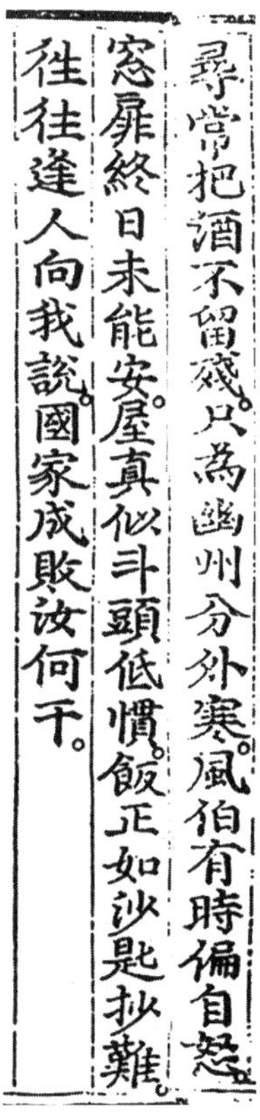
尋常把酒不留殘。只爲幽州分外寒。風伯有時偏自怒
窓扉終日未能安。屋眞似斗頭低慣。飯正如沙匙抄難。
往往逢人向我說。國家成敗汝何干。

후반부 5·6구에서는 귀양살이의 어려움을 구체적으로 쓰고 있는데, 집이 작고 누추하다는 것과 밥 또한 모래 같아서 숟가락도 꽂기 어렵다고 하여, 의식주(衣食住)의 어려움을 암시하고 있다. 7·8구에서는 귀양살이 오게 된 원인을 이웃사람들과의 대화 내용을 통해 쓰고 있는데, 주제넘고 쓸 데 없이 나랏일에 간섭하여 귀양살이를 자초했다는 것을 이웃사람들의 말을 통해 밝히고 있다. 유배지에서 귀양살이하고 있는 사람들이 제일 궁금해 하는 것은 한양 소식일 것이고, 이제나저제나 한양에서 해배(解配)소식이 오기를 학수고대하고 있을 것이다. 그런데 가끔씩 풍문에 들리는 소식은 좋은 소식이 아니어서 불안하기 짝이 없을 것이니, 바람이 창문 흔드는 소리에도 깜짝깜짝 놀랐을 것이고, 마시는 술과 밥도 맛이 있을 리 없다. 작가는 그러한 유배지에서의 불안한 하루하루를 추운 날씨와 몰아 부치는 바람에 의탁해 넌지시 표현하다가, 마침내 끝 부분에서는 귀양살이의 원인을 직접적으로 밝히고 있다. 주 내용은 유배지에서의 간난과 고초이다.

매미 소리를 듣고

聞蟬
문 선

流火初三日
류 화 초 삼 일
聞蟬第一聲
문 선 제 일 성
羈人偏感物
기 인 편 감 물
塞俗不知名
새 속 부 지 명
飮露應無欲
음 로 응 무 욕
號秋若有情
호 추 약 유 정
還愁草木落
환 수 초 목 락
未喜夕風淸
미 희 석 풍 청

7월[1] 초3일에
처음 우는 매미소리를 듣도다.
타관 땅 나그네[2]는 문득 계절의 변화를 느끼는데[3]
변방의 속인들은 이름도 모르네.
이슬을 마시니 욕심은 응당 없겠고
가을을 부르니 다정도 한듯하네.
또 다시 나뭇잎 떨어짐을 슬퍼하니
서늘한 저녁 바람도 기뻐할 수 없네.

---

1) 流火(유화) : 대화성(大火星)이 서쪽으로 옮겨간다는 뜻으로 더위가 물러가고 가을이 옴. 음력 7월 별칭.
2) 羈人(기인) : 굴레나 재갈에 얽매인 사람. 본문에서는 유배지의 작가 자신.
3) 感物(감물) : 사물에서 느낌을 받음.

【해설】

전문의 형식은 5언 율시다. 유배지에서 가을 맞는 심정을 매미에 의탁하여 지은 작품이다. 전반부 1·2구에서는 '처음으로 매미 소리를 듣는다'고 한다. 매미는 이미 여름철이 시작되면서부터 울었을 것이다. 그런데 작가는 그 울음소리를 한여름에는 듣지 못하다가 음력 7월, 곧 가을이 시작되는 7월에야 들었다는 것은, 매미 소리를 통해 가을이 오고 있음을 강조한 표현이다. 3·4구에서는 매미소리를 통해서 문득 계절의 변화를 느끼고[感物], 귀양지인 변방의 사람들은 매미의 이름도 모른다고 한 것은 '느낌'을 받지 못한다는 것을 의미한다. 7월을 맞이해서 듣는 매미 소리는 타관 객지에서 고향에 돌아가지 못하고 다시 추운 겨울을 맞이해야 한다는, 다시 일 년이 의미 없이 귀양지에 묶여서 흘러가고 있다는 것을 일깨워 주는 사물이다.

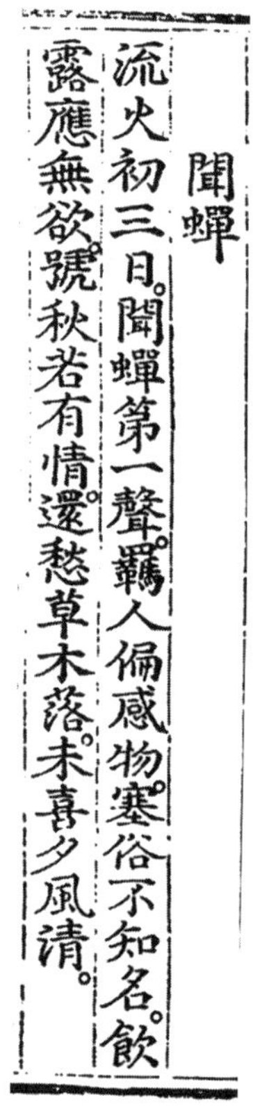
聞蟬

流火初三日。聞蟬第一聲。羈人偏感物。塞俗不知名。飮露應無欲。號秋若有情。還愁草木落。未喜夕風淸。

후반부 5·6구에서는 매미의 속성에 비유하여 자신의 모습을 비춰내고 있으니, 욕심 없고 다정다감(多情多感)한 자신의 모습이다. 표현하고 싶은 자신의 심정을 매미라는 사물을 들어 간접적으로 제시하고 있는 바, 이슬을 마시고 살아가는 매미를 통해 욕심이나 사심(私心)없는 상태를 강조하고, 욕심이 있어야 잘못을 저지르고, 잘못이 있어야 귀양살이도 하는 것인데, 자신은 아무 욕심도 과오도 없음을 넌지시 표현하고 있다. 7·8구에서는 서늘한 바람이 불어오고 나뭇잎이 지면서 무더위가 가는 것을 기뻐해야 하는데도 기뻐할 수 없는 자신의 심정을 쓰면서 갈무리 하고 있다. 앞서 언급했듯이 또 다시 기약 없는 귀양살이로 한 해를 보내고 추운 겨울을 가족들과 헤어져 보내야 하는 안타까운 심정을 표현한 작품이다.

면숙(勉叔)[1]에게 준 시의 운(韻)을 써서 낙망(樂忘)[2]에게 답하다 - 2수

用寄勉淑韻酬樂忘子二首
용 기 면 숙 운 수 낙 망 자 이 수

[其一]

我昔屢聞湖南士
아 석 루 문 호 남 사
稱子居官敬其事
칭 자 거 관 경 기 사
北扉關木出無妄
북 비 관 목 출 무 망
工織何人能辨是
공 직 하 인 능 판 시
吾君肆眚古來無
오 군 사 생 고 래 무
流宥亦足令人吁
유 유 역 족 령 인 우
樂天知命子不憂
낙 천 지 명 자 불 우
休休莫莫復悠悠
휴 휴 막 막 복 유 유
使我今日按子密
사 아 금 일 안 자 밀
過推狂客寧非失
과 추 광 객 녕 비 실

내 예전에 여러 번 호남의 선비들에게 자주 듣기를
그대가 관직의 일을 함[3]에 신중했다 칭찬하더이다.
변방[4]에서 귀양살이[5]하는 것은 아무런 근거도 없는 뜻밖의 재앙[6]인데
잘 짜여진 참소[7]이니 어느 누가 옳다고 분변(分辨)해 줄 수 있으리오.
우리 임금께서 죄인을 너그러이 용서[8]해 준 것은 고래로 없었으니
유(流刑)으로 감해준 것[9]만으로도 사람들을 감탄시키기에 충분하다네.
천명을 따르고 운명에 순응하는[10] 자는 근심이 없다 하시고
편안하고 묵묵하고 또 한가하게 지내시는구려.
나로 하여금 오늘 그대를 친밀하게 위로하게 하는 것을

미친 사람이라고 생각해도 좋으나 차라리 실언이 아니기를 바랄 뿐이네

---

1) 勉叔(면숙) : 홍무적(洪茂績)의 호. 앞의 시 「송면부지면숙적소-오절」 참고.
2) 樂忘子(낙망자) : 김시양(金時讓)의 호.
3) 居官敬其事(거관경기사) : 관직에 있으면서 일을 처리할 때 공경(恭敬)히 함. 본문에서는 김시양이 전라도도사(全羅道都事)로 재직하면서 성실하게 했음을 말함.
4) 北扉(북비) : 학사원(學士院)의 별칭. 모든 궁궐의 문은 남쪽으로 나 있으나, 학사원만은 문이 북쪽으로 나 있음에서 유래한 것이나, 본문에서는 '북방의 관문'이라는 뜻으로 김시양이 귀양살이하고 있는 함경북도 종성(鐘城)을 이르는 말.
5) 關木(관목) : 관삼목(關三木) 곧 '삼목(三木)을 채움'의 뜻. 삼목은 죄인의 목·손·발에 끼우는 세 가지 형구. 곧 칼·수갑·차꼬를 말함.
6) 無忘(무망) : 무망우(無妄憂). 무망지우(無妄之憂). 무망지재(無妄之災). 뜻밖에 생긴 근심이나 재앙.
7) 工織(공직) : 무늬를 잘 짬. 소인 무리배. 본문에서는 근거 없는 모략으로 남을 참소하는 것을 의미.
8) 肆眚(사생) : 죄인을 너그러이 용서해 줌. 본문에서는 혹형(酷刑)을 받지 않고 유배보낸 것만으로도 다행이라는 뜻.
9) 流宥(유유) : 유형(流刑)으로 형벌을 감면해 줌. 유형은 죄인을 먼 지방으로 보내어 노역을 시키는 형벌. 본문에서는 낙망 김시양의 유배지(流配地)를 경상도로 이배(移配)시킴을 의미.
10) 樂天知命(낙천지명) : 천명(天命)을 기꺼이 따르고 운명(運命)에 순응함.

【해설】

전문은 10행의 7언 고시다. 낙망(樂忘) 김시양(金時讓)이 전라도도사였을 때 향시에 출제한 시제가 왕의 실정(失政)을 비유한 것이라는 모함을 받아 함경도 종성에 유배된 해는 1610년(광해군 2)이고, 영해(寧海)로 이배된 것은 1616년이다. 고산 윤선도가 <병진소>를 올려 함경도 경원으로 유배된 것은 1616년이므로, 두 사람은 서로 만났거나 서신과 시로 빈번하게 교유했음을 알 수 있다. 또한 면숙(勉叔) 홍무적(洪茂績)이 폐모론자들의 목 벨 것을 주장하다가 거제도로 귀양 간 것은 1615년이다. 세 사람이 귀양살이 오게 된 이유가 비슷하다는 입장에서 동병상린(同病相憐)의 처지였을 것이다. 전반부 1·2구에서 고산은 먼저 김시양이 유배 오기 전 관리로서의 행적을 전라도 선비들의 찬양을 통해 들어서 구체적으로 잘 알고 있다고 말한다. 3·4구에서는 지금 김시양의 유배는 절대적으로 근거 없는 뜻밖의 재앙이기는 하나, 소인 무리배들에 의해 잘 조작된 참소로 말미암은 것이니, 그 어느 누구도 함부로 시시비비를 가려줄 사람이 없을 것이라고 한다.

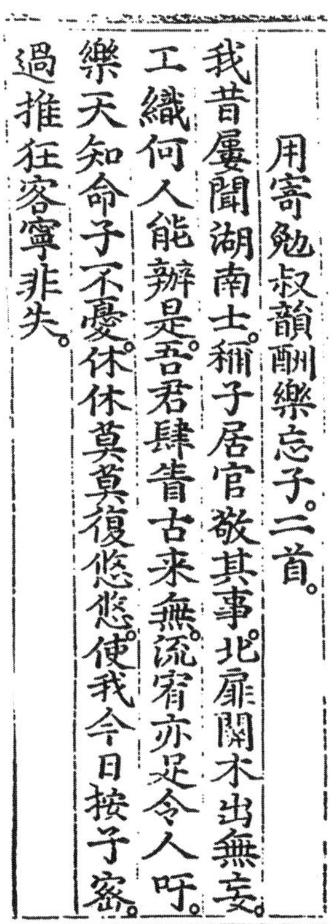
用寄勉叔韻酬樂忘子。二首。
我昔屢聞湖南士。稱子居官敬其事。北扉閉不出無妄。
工織何人能辨是。吾君肆眚古來無。流宥亦足令人吁。
樂天知命子不憂。休休莫莫復悠悠。使我今日接子容。
過推狂客寧非失。

후반부 5·6구에서는 아울러 우리 임금께서는 죄를 감형해 준 적이 고래로 없으니, 지금 극형 받을 형벌을 감형해주고 이곳 북쪽으로 유배 보낸 것만으로도 주위 사람들이 감탄하고 있으니, 귀양 온 것만도 매우 다행이라고 한다. 7·8구에서는 귀양살이하고 있는 모습이 마치 천명을 즐기는 듯 유유자적하고 한가롭게 지내고 있다는 것은 당당한 태도라고 칭송하고 있다. 9·10구에서는 나이도 6살이나 연상인 김시양에 대해 이렇게 평하고 있는 것은 마음속으로 친밀하게 생각하고 있기 때문이니, 고산 자신을 미친 사람이라고 생각해도 좋으나 이 시의 내용이 실언(失言)이 아니기를 바랄 뿐이라고 한다. 고산 자신이 마음속으로 김시양의 행위를 찬양하고 추앙하고 있음을 알 수 있다. 그러한 그의 찬사가 김시양의 심기를 언짢게 하지 않기를 바라는 마음까지 표현하고 있음을 알 수 있다.

[其二]

我公君子人
아 공 군 자 인
不野亦不史
불 야 역 불 사
竆通守正理
궁 통 수 정 리
苦樂有浩氣
고 락 유 호 기
投竄匪自作
투 찬 비 자 작
增益豈天意
증 익 기 천 의
枯槁苦如我
고 고 고 여 아
依歸幸得是
의 귀 행 득 시
有意承警咳
유 의 승 경 해
論文討物理
논 문 토 물 리
惴惴未敢出
췌 췌 미 감 출
悠悠不能置
유 유 불 능 치
願垂藥石言
원 수 약 석 언
勿貴膠漆義
물 귀 교 칠 의

공은 군자로서
촌스럽지도 않고 허식(虛飾)도 아니하네.[1]
곤궁할 때나 현달할 때나 바른 도리를 지켰고
괴로울 때나 즐거울 때나 호연지기(浩然之氣)가 있었네.
귀양살이[2]하는 것은 스스로 만든 바가 아닌데
더구나 어찌 하늘의 뜻이겠는가.
곤궁하여 생활이 찌들고[3] 괴로운 것은 나와 같으니
서로 의지할 수 있는 행운을 얻었네.
성현의 가르침[4]을 깨닫고 이으며

천문(天文) 논하고 물리(物理)를 토론하고자 하네.
삼가며[5] 감히 나서지는 못해도
한가로운 마음은 그만둘 수는 없겠구려.
원컨대 교훈의 말씀[6]이나 들려주시고
(나와의)친한 의릴[7]랑은 귀히 여기지 마소서.

---

1) 不史(불사) : 수식(修飾)이나 허식(虛飾)을 부리지 않음. '사(史)'는 수식이나 허식의 뜻.
2) 投竄(투찬) : 귀양 보냄. 도망쳐 숨음.
3) 枯槁(고고) : 야위고 초췌함. 곤궁하여 생활이 찌듦.
4) 咳(해) : 해타(咳唾). 기침을 하고 침을 뱉음. 남의 아름다운 말이나 글.
5) 惴惴(췌췌) : 몹시 두려워하고 삼가는 모양.
6) 藥石(약석) : 약과 돌침. 여기서는 교훈이 되거나 훈계가 될만한 일을 비유.
7) 膠漆(교칠) : 아교와 옻칠은 서로 맞는다는 뜻으로, 친밀한 관계를 이름.

【해설】

연시 2수의 둘째 수로 전문 14행의 오언 고시다. 앞 시에 이어 심시양의 인품을 노래하고 있다. 전반부 1~4구에서는 김시양의 외모와 인품에 대해서 말하고 있다. 먼저 1·2구에서는 먼저 김시양이 군자이니 외관이나 태도에서 촌스럽거나 허식을 부리지 않는다고 말하고, 이어 3·4구에서는 곤궁할 때나 영달할 때나 언제나 바른 의리를 지키며, 괴로움을 당할 때나 즐거움을 당했을 때도 의연한 호연지기가 있음을 말한다. 후반부 5·6구에서는 낙망(김시양)이 귀양 온 것은 소인들의 참소와 음모 때문이지 본인의 잘못이 아니며, 그러한 처지는 작가 고산과 비슷하니 서로 간 동병상련의 어려운 처지에 있음을 쓰고 있다. 또한 이러한 때를 당하여 의지할 바가 생겼으니 작가 고산으로서는 매우 다행이라고 한다(7·8구).

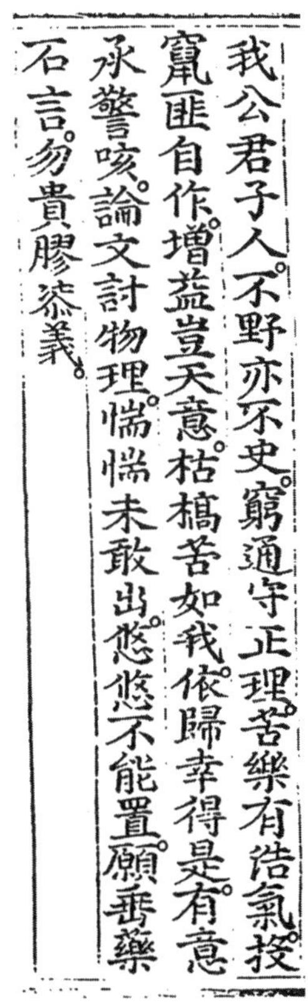
我公君子人。不野亦不史。窮通守正理。苦樂有浩氣。投竄匪自作。增益豈天意。枯槁苦如我。依歸幸得是。有意承謦咳。論文討物理。惴惴未敢出。悠悠不能置。願垂藥石言。勿貴膠漆義。

그러니 성현의 뜻을 이어받아 천문을 논하고 물리를 토론하고 싶어 감히 나서지는 못해도, 그렇다손 치더라도 한가롭게만 있을 수는 없다는 것이다. 교훈이 될 말씀이나 들려주시고 자기와의 교분과 의리는 소중하게 여기지 않아도 좋다는 것이다. 김시양의 인품을 한껏 찬양하면서 언젠가는 나라에 크게 쓰일 인물임을 예언하는 시이다. 이 시처럼 김시양은 고산을 위해 임금에게 극간하기도 했던 교분과 우정을 귀양지에서 쌓아가고 있음을 볼 수 있다. 두 사람이 함경도 북쪽의 가까운 곳에서 유배 당해 만난 지 얼마 후(1616년), 김시양은 영해로 이배(移配)되었다가 먼저 떠나고 인조반정(1623년)으로 관직에 복귀되어 여러 도의 관찰사 및 고위관리를 지내는 등 청백리가 되는 점에서도 고산과 비슷한 행적을 보인다.

낙망(樂忘)의 시에 차운하다

次樂忘韻
차낙망운

豆江朝雨暗
두강조우암
甑岳暮雲黃
증악모운황
曠野塵如霧
광야진여무
孤城月似霜
고성월사상
使人長對此
사인장대차
何日不思鄕
하일불사향
素位觀前訓
소위관전훈
心同網在綱
심동망재강

두만강(豆滿江)에 내리는 아침 비는 자욱하고
증악(甑岳)[1]에 끼는 저녁 구름은 누런빛이네.
광야의 먼지는 안개가 끼인듯하고
외로운 성의 달은 서리가 내린듯하네.
사람으로 하여금 이것들을 오래도록 대하게 하면
어느 날인들 고향을 그리워하지 않으리오.
지금의 처지[2]에서 옛 가르침을 보노라니
마음의 그물에 벼릿줄[3]이 있는 것 같네.

1) 甑岳(증악) : 증산(甑山). 『동국여지승람』의 기록에 의하면 「경원도호부 서쪽 31리에 있으며, 산 정상에 바위가 있는데 시루의 형상이어서 붙여진 이름이다.(在府西三十一里 山頂有石如甑形故名)」라고 함.

2) 素位(소위) : 현재 처해 있는 지위. 곧 귀양살이하고 있는 처지.

3) 網在綱(망재강) : 옛 성현들의 말씀이 귀양살이 하고 있어 흔들리기 쉬운 작가를 지탱해 주는 것이, 마치 그물코에 벼릿줄이 있어 흐트러지지 않는 것과 같음에 비유한 표현. 『서경(書經)』 반경 상(盤庚上)의 구절에서 차용한 표현.

【해설】

전문 8행의 5언 율시다. 선반부 1·2구와 3·4구에서는 귀양지인 함경노의 서경을 묘사하고 있다. 두만강의 아침에 내리는 비와 증악의 저녁에 끼는 구름, 벌판의 안개와 고적한 성 위에 떠오르는 달 등이다. 이런 풍경 묘사는 간접적으로 작가의 심경을 토로하는 것인 바, 비, 구름, 안개, 서리 등을 통한 서경 묘사를 통해 역경과 시련, 고난과 좌절의 시간들로 밝고 긍정적인 상태는 아니라는 것을 알 수 있다.

후반부의 5·6구에서는 이러한 풍경을 보고 있노라면 고향 생각이 절실할 수밖에 없는 것이 인지상정(人之常情)이라고 한다. 이어 7·8구에서는 그런 약한 마음을 먹어서는 안 된다고 작가는 마음속으로 다짐한다. 그런 다짐을 새롭게 해주는 것이 옛 성현들의 말씀이다. 그런 성현들의 가르침을 떠올리면서 마음에 되새기는 것만이 약해질 수 있는 작가의 마음을 붙잡아 주는 것이, 마치 그물코를 지탱해주는 벼릿줄과 같다고 한다.

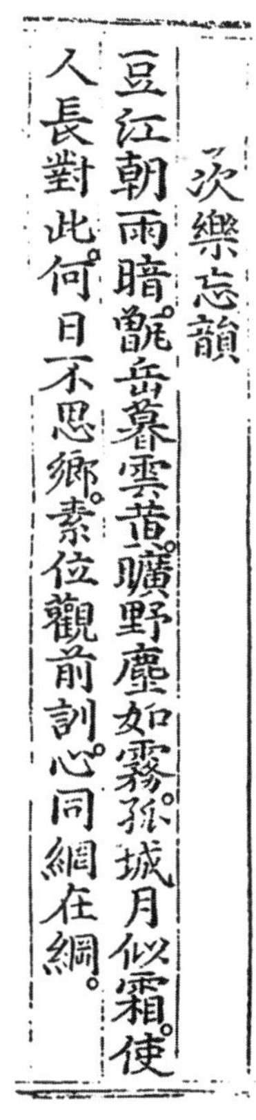
次樂忘韻
豆江朝雨暗。鼇岳暮雲黃。曠野塵如霧。孫城月似霜。使
人長對此。何日不思鄕。素位觀前訓。心同網在綱。

한시의 전형적인 작법인 선경후정의 내용과 구조를 보이고 있는 시다. 귀양살이하고 있는 작가에게 가장 힘든 것은 고향 생각이고 부모님을 비롯한 가족들에 대한 걱정과 그리움일 것이다. 그리고 고향과 비슷한 경치만 바라보아도 고향 생각에 잠기는 것이 인지상정이다. 그런 생각들은 자칫 지조 높은 선비라 할지라도 심약(心弱)해질 수 있는 계기가 된다. 그럴 때 마다 작가는 옛 성현들의 말씀을 떠올리며 다시 초심(初心)과 의지(意志)를 굳게 다진다는 것이 주 내용이다.

마관(馬官)[1] 김상윤(金相潤)에게 주다

贈金馬官相潤
증 김 마 관 상 윤

與公傾盖在今春
여 공 경 개 재 금 춘
昨日相過意益眞
작 일 상 과 의 익 진
風雨猶能留好客
풍 우 유 능 유 호 객
瘡痍不解閔窮人
창 이 불 해 민 궁 인
論文把酒皆端合
논 문 파 주 개 단 합
騎馬扶笻並莫因
기 마 부 공 병 막 인
何敢書懷邀主簿
하 감 서 회 요 주 부
謾呼稚子整冠巾
만 호 치 자 정 관 건

그대와 처음 만난 것[2]은 금년 봄이었더니
어제 찾아오니[3] 뜻이 더욱 정성스럽다 하겠구려.
비바람은 오히려 좋은 손님을 머물게 했는데
종기[4]가 낫지 않아 궁한 이 사람을 더욱 안타깝게 여겨주었지.
글을 논하고 술을 마시는 것이야 단정하게 어울릴 수 있지만
말을 타거나 지팡이를 짚고 (그대에게)갈 수는 없다오.
어찌 감히 (와달라는)마음을 글로 써서 주부(主簿)[5]를 맞이할까?
천천히 아이를 불러 관건(冠巾)[6]을 단정하게 해달라고 시켰네.

---

1) 馬官(마관) : 말을 기르고 관리하는 사람을 두루 이르는 말.
2) 傾盖(경개) : 경개(傾蓋). 길에서 만나 수레의 덮개를 가까이 대고 이야기를 나눔. 처음 만나거나 사귐을 이르는 말.
3) 相過(상과) : 서로 왕래함.
4) 瘡痍(창이) : 종기, 부스럼.
5) 主簿(주부) : 마관 김상윤을 이름.
6) 冠巾(관건) : 관과 건. 고대에 사(士)는 관을, 서인(庶人)은 건을 썼다. 전의되어 두건(頭巾)을 이르기도 함.

【해설】

전문 8행의 7언 율시다. 전반부 1·2구에서는 번서 벗이 그립고 사람이 그리운 외로운 귀양지에서 벗이 될 만한 마관 김상윤을 처음 만나 사귀었는데, 심심하던 참에 어제 찾아준 호의(好意)에 감사하는 마음을 쓴다. 이어 3·4구에서는 마침 어제 비바람이 와서 오래 머물면서 많은 이야기를 나누고, 마침 종기를 앓고 있던 나에게 빨리 나으라고 위로까지 해주었다.

후반부 5·6구에서는 답례(答禮)로 고산 자신도 한 번 김상윤의 집을 방문해야 하는데, 종기가 나서 말을 타고 가거나 걸어서 가기는 곤란하고, 내가 머문 곳에 찾아와서 만나고 즐겁게 글을 토론하고 술을 마실 수는 있다고 한다. 그래서 염치 좋게 다시 찾아와 주었으면 하는 마음을 글로 써서 방문해 주기를 바란 것이다. 그 대신 아이를 불러 의관을 단정히 하고 예를 갖추어 정중히 맞이하겠다고 한다.

5·6구에서 7·8구로 이어지는 내용상의 비약이 이 시의 별미다. 지위고하를 막론하고 내 집을 찾아주는 사람을 맞이하기 위해 예를 갖추는 모습이 구체적이고 사실적으로 나타나면서, 와 달라는 부탁에 대한 상대의 응낙 여부는 생략된 채 아이를 불러 의관을 단정히 하는 모습의 제시를 통해서 상대가 기꺼이 이미 허락했음을 암시하고 있다. 외로운 귀양지에서 회포를 나눌 수 있는 벗을 사귄다는 것은 참으로 다행스러운 일이다. 또 그런 벗은 고맙게 여겨진다. 그러니 신분과 귀천을 떠나고 망년지교(忘年之交)하면서 마음을 나눌 수 있는 벗일수록 더욱 예를 갖추어 정중히 맞이하고 고담청론(高談淸論)을 나누고자 하는 진정한 마음이 표현된 작품이다.

贈金馬官相潤

與公傾蓋在今春。昨日相過意益眞。風雨猶能留好客。

瘡痍不鮮閑窮人。論文把酒皆端合。騎馬扶笻並莫因。

何敢書懷邀主簿。謾呼稚子整冠巾。

낙망(樂忘)의 시에 차운하다 - 3수

次樂忘韻三首
차 낙 망 운 삼 수

[其一]

人間百事已忘情
인 간 백 사 이 망 정
一念君親耿耿明
일 념 군 친 경 경 명
愁思偏從醒後逞
수 사 편 종 성 후 령
嘉猷時向夢中成
가 유 시 향 몽 중 성
天連絶漠山連海
천 연 절 막 산 연 해
風滿長郊月滿城
풍 만 장 교 월 만 성
賴有書生强狼意
뢰 유 서 생 강 랑 의
此間心地亦能淸
차 간 심 지 역 능 청

인간 세상 모든 일은 이미 마음에서 잊었지만
임금과 어버이 생각만은 잊지 못하고 뚜렷해지네.
근심스런 생각은 자못 술이 깬 후에 다시 나타나고
좋은 계책[1]은 때때로 꿈속에서나 이루어지네.
하늘은 먼 사막으로 이어지고 산은 바다로 이어지며
바람은 넓은 들에 가득하고 달빛은 성 안에 가득하구나.
(그대에게)힙 입은 이 서생(書生)[2]의 뜻은 강하고 굳세어졌으니
이런 사이에 마음의 뜻도 또한 맑아질 수 있었네.

---

1) 嘉猷(가유) : 좋은 꾀나 계책.
2) 書生(서생) : 6살 연상인 낙망 김시양에 대한 고산 자신을 말함.

【해설】

진문 연시 3수 중 첫째 수로 형식은 7언 율시다. 전반부 1·2구에서는 식설적으로 고산 자신의 유배지에서의 심정을 쓰고 있다. 모든 일은 잊어버릴 수 있으나 임금과 어버이를 염려하고 생각하는 충과 효만은 잊을 수 없음은 선비의 당연한 마음가짐이다. 3·4구에서는 이런 근심스런 생각을 떨쳐버리고자 술을 마셔도 잊는 것은 취할 때뿐이고, 깨고 나면 더욱 뚜렷해지고 절실해지는 것은 어쩔 수 없으니 오매불망(寤寐不忘)이다. 가끔 좋은 계책이라고 생각되는 것들이 꿈속에서 일기는 하나 그것도 한낱 몽상에 불과할 뿐이라는 것이다. 곧 백계무책(百計無策)의 상황임을 제시하고 있다.

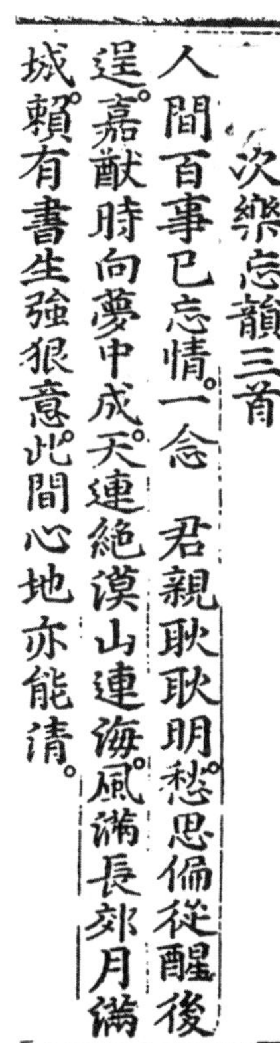

次樂忘韻三首

人間百事已忘情。一念君親耿耿明。愁思偏從醒後逞。嘉猷時向夢中成。天連絕漠山連海。風滿長郊月滿城。賴有書生強狠意。此間心地亦能清。

후반부 5·6구에서는 유배지의 황량하고 적막한 풍경을 그려내고 있다. 눈에 보이는 것은 하늘과 사막, 산과 바다, 바람 불어오는 들판과 달빛만 휘영청 밝은 성안의 모습 등이다. 이런 사고무친(四顧無親)한 적막강산(寂寞江山)의 분위기를 통해 나그네(유배객)로 머물고 있는 작가 자신의 심정을 간접적으로 제시한다. 이어 7·8구에서는 그런 가운데서도 유일하게 힘을 주는 사람은 먼저 귀양살이 온 낙망 김시양이었다. 마침 유배지가 그리 멀지 않은 곳에 있고, 자신보다 6살이 연상으로 혼주(昏主) 광해군과 측근 간신들의 실정을 비판하다가 귀양살이 온 것(김시양은 1610, 광해군 2년에 유배당함)도 6년이나 앞섰으니, 김시양은 뒤늦게 귀양 온 고산의 정신적 지주 역할을 했을 것이다. 그런 김시양을 만날 때마다 약해지고 흔들리기 쉬운 고산의 심지(心地 ; 心志)를 강하고 확실하게 해준 사람은 곧 김시양이었다고 하며 고마움과 예찬의 내용을 담고 있다.

[其二]

京洛書傳失所嬌
경 락 서 전 실 소 교
羈懷此後倍無聊
기 회 차 후 배 무 료
誰將臘酒驅愁去
수 장 납 주 구 수 거
獨有秋山盡意邀
독 유 추 산 진 의 요
萬谷笙鐘聲正好
만 곡 생 종 성 정 호
百林金碧染初調
백 림 금 벽 염 초 조
且持蕭洒消光景
차 지 소 쇄 소 광 경
莫遣紅顔浪自凋
막 견 홍 안 낭 자 조

한양에서 전해오는 서신에 좋은 사람을 잃게[1] 되었다고 하니
나그네의 마음[2]은 이후로는 갑절이나 무료하겠네.
장차 누가 있어 함께 납주(臘酒)[3]를 마시며 시름을 잃게 해줄까?
오직 가을산만이 뜻을 알고 맞이해주네.
많은 골짜기에서 마음이 맞았으니[4] 참으로 좋았고
금벽(金碧)[5]의 온갖 숲은 단풍으로 젖어들어 이제 막 조화를 이루었도다.
다시 속되지 않고 고결하게 살면서 이 광경이 사라지더라도
젊음을 쓸데없이 시들게 하지는 않으리라.

1) 失所嬌(실소교) : 좋은 사람을 잃음. 본문에서는 낙망 김시양이 유배지를 함경도 종성에서 경상도 영해(寧海)로 이배(移配)되어 고산과 헤어지게 됨을 이름.
2) 羈懷(기회) : 나그네의 회포. 곧 유배지에 혼자 남게 된 고산 자신의 마음.
3) 臘酒(납주) : 선달에 빚은 술. 봄에 마심.
4) 笙鐘(생종) : 생경(笙磬). '생경동음(笙磬同音)'의 뜻으로 생황과 경쇠의 소리가 조화됨. 인사(人事)가 조화롭고 마음이 융화됨을 비유.
5) 金碧(금벽) : ① 금벽지암(金碧之巖). 금마(金馬)와 벽계(碧鷄). 본문에서는 낙망과 고산 두 사람이 봉거(鳳擧 ; 임금의 명령을 받고 멀리 떠나감)의 욕(귀양살이)을 당한 처지임을 강조한 표현. 『文選, 陸機, 演連珠』에 「金碧之巖, 必辱鳳擧之使」

【해설】

진문 연시 3수 중 둘째로 형식은 7언 율시다. 귀양시에서 반난 낙방 심시양의 이배(移配 ; 낙망은 1617년, 광해군 9년에 함경도 종성에서 경상도 영해로 유배지를 옮김) 소식을 듣고 헤어지게 되는 아쉬운 마음을 쓴 시다. 낙망이 이배 가기 전까지 약 1년여 동안 고산과 낙망은 5수의 시를 주고받으며 지우로 만나게 된다. 전반부 1·2구에서 이러한 내용을 모두(冒頭)에 쓰면서, 흉금을 털어놓고 세상일을 담론하고 정신적 지주였던 낙망이 멀리 떠나게 되자 앞으로 무료하게 지내야 된다고 쓰고 있다. 3·4구에서는 낙망과 함께 내년 봄에 마시려고 담갔던 술[臘酒]이야기를 통해 함께 마실 벗이 떠나는 아쉬운 심정을 다시 말하고 있다. 외로운 처지를 아는지 모르는지 붉게 물들어가는 가을 산, 단풍이 물든 숲에서 홀로 서성이는 작가의 모습을 연상시키는 정경을 대비적 배경을 설정하여 고적한 분위기를 강조하고 있다.

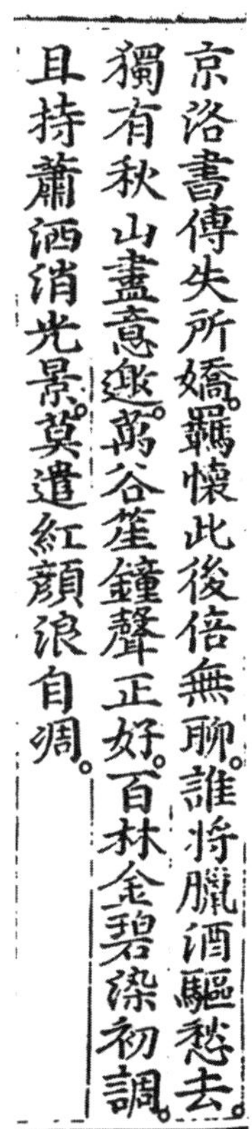
京洛書傳失所嬌。羈懷此後倍無聊。誰將臘酒驅愁去。
獨有秋山盡意邀。萬谷笙鐘聲正好。百林金碧染初調。
且持蕭酒消光景。莫遣紅顔浪自凋。

후반부 5·6구에서는 짧았지만 지기지우(知己之友)였고 벼슬길에서는 선배인 낙망과의 사귐을 생황(笙篁)과 경쇠[磬]의 조화라고 말하고, 또 유배지를 상징하는 금마(金馬)와 벽계(碧鷄)의 고사와 지명을 들어 유배지에서 함께 보냈던 시간들을 회상하고 있다. 그러나 7·8구에서는 비록 지우는 떠나고 앞으로 다시 홀로 남더라도 고결하고 쓸쓸하게 살아가야 하는 날들이지만, 결코 의미 없이 보내지는 않겠다는 마음의 각오와 다짐을 쓰고 있다. 후반부의 내용에는 귀양지에서 이제 낙망이 없는 유배생활을 절차탁마(切磋琢磨)하며 지내다가, 유배가 풀리면 다시 한양으로 돌아가 부끄럼 없이 낙망 김시양을 다시 만나겠다는 바램이자 자신에 대한 다짐이다.

[其三]

松間生物有嘉味
송 간 생 물 유 가 미
不苦不酸還不辛
불 고 불 산 환 불 신
枝葉縱無能具體
지 엽 종 무 능 구 체
馨香眞是已傳神
형 향 진 시 이 전 신
故人遠饋城中客
고 인 원 궤 성 중 객
饌婦催除俎上塵
찬 부 최 제 조 상 진
若使張公嘗一筋
약 사 장 공 상 일 저
敢言吳會滿江蓴
감 언 오 회 만 강 박
* 此詩謝贈松耳
차 시 사 증 송 이

소나무 사이에 난 것으로 좋은 맛이 있어
쓰지 않고 시지 않고 또 맵지도 않네.
가지와 잎은 비록 없어도 몸은 갖추었고
향기는 정말 좋아 정신까지 전해왔네.
친구가 멀리서 성안의 나그네에게 보내오니
밥 짓는 아낙네를 재촉하여 도마 위의 먼지를 닦게 했네.
만약 장공(張公)[1]에게 한 젓가락 맛보게 한다면
감히 오군의 농어회와 강에 가득한 순채[2]를 말하였겠는가?
* 이 시는 송이버섯을 보내 준 것에 감사하여 쓴 것이다.

---

1) 張公(장공) : 진(晉)나라 오군(吳郡)사람. 글을 잘하였고, 강동(江東)의 보병(步兵)으로 불림. 참고). 관계고사 ; '장한적의(張翰適意)'. : 장한(張翰)이 낙양에서 동조연(東曹掾)을 지낼 때, 가을바람에 고향 오중(吳中)에서 먹던 음식이 생각나자, 무엇 때문에 멀리 타향에 와서 벼슬하겠는가 하고 오군(吳郡)으로 돌아간 고사.

2) 吳會滿江蓴(오회만강박) : 원전에 '吳會滿江蓴(오회만강박)'으로 표기되어 있으나 '吳膾滿江蓴(오회만강순)'의 오기로 여겨짐. 관계고사 ; '순갱노회(蓴羹鱸膾)'.

【해설】

전분은 연시 3수 중 셋째 수로 형식은 7언 율시다. 앞 작품 [其二]에서 서울에서 편지를 보내 낙망(樂忘) 김시양(金時讓)이 경상북도 영해(寧海)로 이배(移配)된다는 소식을 알려준 벗이 서신과 함께 귀양살이하느라 고초를 겪고 있을 작가에게 귀한 송이버섯을 함께 보내왔다. 전반부 1~4구에서는 그러한 송이버섯의 좋은 맛과 향에 대해서 쓰고 있다. 송이버섯이라고 직접 지칭하지 않고 '소나무 사이에 난 것이 맛이 좋다'라고 풀어서 설명하고, 맛이 일품이라고 한다. 아울러 모양까지 묘사하고 있는데, 가지와 잎은 없어도 몸은 있는 것이 향기마저 좋아 먹는 사람의 정신까지 고상한 맛을 전해오고 있다고 한다.

이어 후반부 5·6구에서는 빨리 먹고 싶어 서두르는 모습을 구체적 사실적으로 묘사하고 있는데, 먼저 친구가 멀리 한양에서 보내주었다는 것과, 행여나 잡냄새가 섞일까 우려하여 도마의 먼지를 잘 닦아내라고 밥 짓는 아낙에게 지시하는 것까지 사실적으로 쓰고 있다. 7·8구에서는 송이버섯 좋은 맛을 중국 진(晉)나라 장한(張翰)의 '장한적의(張翰適意)'의 '순갱노회(蓴羹鱸膾)'의 고사를 들어 강조하는데, 장한에게 송이버섯을 맛보게 한다면 순채국과 농어회가 맛있는 음식이라고 말하지 못할 것이라고 한다. 즉 고향의 음식 맛을 못 잊어 벼슬마저 버리고 고향으로 돌아갔다는 장한의 고사를 통해 간절한 고향 생각을 표현하고 있다. 그러나 정작 작가 자신은 아무리 고향으로 돌아가고 싶어도 유배지에 얽매인 몸이라 장한처럼 모든 것을 훌훌 털고 갈 수 없는 상황을 대비시키고 있다. 주 내용은 고향에서 보내 온 송이버섯을 통해 고향으로 돌아가고 싶은 심정을 그리고 있다.

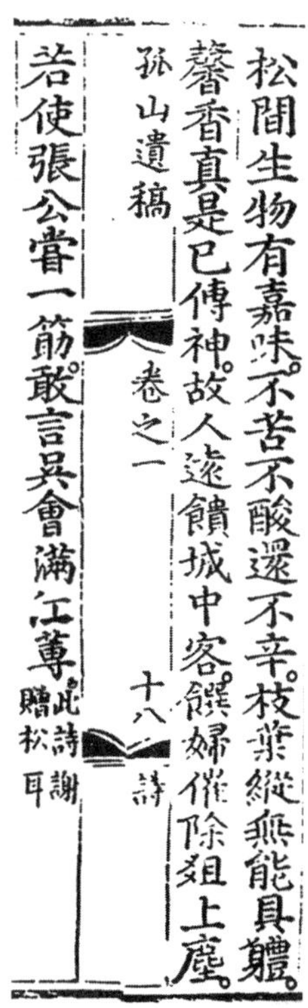
松間生物有嘉味。不苦不酸還不辛。枝葉縱無能具體。
馨香眞是已傳神。故人遠饋城中客。饌婦催除俎上塵。
孤山遺稿 卷之一 十八 詩
若使張公嘗一筯。敢言吳會滿江蓴。此詩謝贈松耳

낙망(樂忘)이 황산곡(黃山谷)[1]의 「오농단억귀시(吳儂但憶歸詩)」[2] 시에 차운한 시를 보내오니 화답하여 지어주다

樂忘次山谷吳儂但憶歸詩投贈索和
낙망차산곡오농단억귀시투증색화

窮荒雖甚惡
궁황수심악
故國縱難歸
고국종난귀
老父身長健
노부신장건
明君道不違
명군도불위
但將斯祝手
단장사축수
何用彼霑衣
하용피점의
每夜占魂夢
매야점혼몽
晨興望日暉
신흥망일휘

궁벽지고 황폐한 곳이 비록 매우 싫어도
고향으로 돌아가기는 어렵다네.
늙은 아비는 몸이 건강하시고
밝으신 임금께서는 도를 어김이 없으시네.
다만 두 손 모아 빌더라도
어찌 저 은택(恩澤)[3]을 입으리오.
날마다 밤이면 꿈속에 점을 치다가도
새벽이면 일어나 햇빛을 바라본다오.

---

1) 黃山谷(황산곡) : 황정견(黃庭堅). 송(宋)나라 시인. 산곡(山谷)은 그의 호 산곡도인(山谷道人)을 말함.
2) 吳儂但憶歸詩(오농단억귀시) : 원 제목은 「희제무산현용두자미운(戲題巫山縣用杜子美韻)」임.
3) 霑衣(점의) : '옷을 적시다'라는 뜻으로, 제왕의 은혜, 은택을 입음의 뜻.

【해설】

선문 8구의 5언 율시다. 고산이 <병신소>를 올려 함경도 경원으로 유배 간 것은 18세와 20세에 향시와 진사시에 연이어 합격한 후 성균관 유생으로 있던 때의 일로, 아직 본격적인 관직에는 오르지 못할 때의 일이다. 유생 신분으로 하루아침에 귀양살이에서 풀려나기를 바라는 것은 어려운 일이었다. 이때 낙망 김시양이 「오농단억귀시」에 차운하여 시를 보내 온 것은 고산과 멀지 않은 곳에서 귀양살이하다가 이배(移配)하여 경상남도 영해로 떠나면서 고산과 헤어져야만 하는 심정을 시를 통해서 알려온다. 이 소식을 접한 고산의 마음은 착잡할 수밖에 없다. 전반부 1·2구에서는 유배에서 풀려나 고향으로 돌아가고 싶은 마음이 나타나 있다. 그러나 그 또한 쉬운 일이 아님을 자신도 인정하고 있는 모습이다. 3·4구에서는 다행스럽게도 고향의 늙으신 아버지께서는 강건하시고 명군(明君)도 도(道)를 저버리지 않았다는 희망적인 내용을 쓰고 있다.

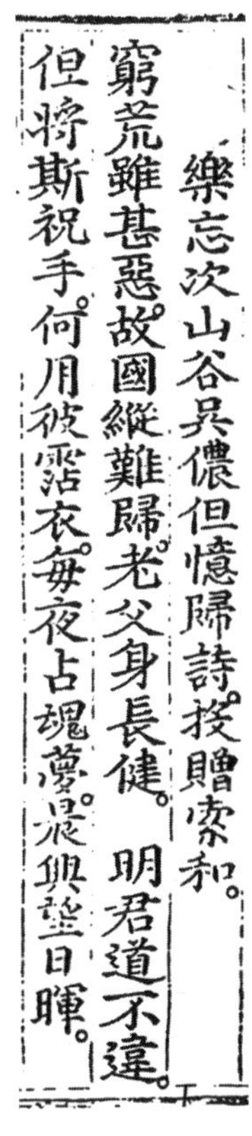
樂忘次山谷吳儂但憶歸詩投贈索和。
窮荒雖甚惡。故國縱難歸。老父身長健。明君道不違。
但將斯祝手。何用彼霑衣。每夜占魂夢。晨興望日暉。

후반부 5·6구에서는, 그러니 할 수 있는 일은 임금의 은택이 자신에게도 미쳐 하루 빨리 풀려나기를 바라는 기도를 할 뿐이다. 그러나 해배(解配)의 은택을 입기는 쉽지 않다. 7·8구에서는 그러더라도 밤이면 꿈속에서라도 언제쯤 풀려날 것인가를 점쳐보기도 하나, 그것도 아침이면 모두 허사인 것을 문득문득 깨닫는다는 것이다. 귀양지에서의 생활의 어려움과 심정을 꾸밈없이 솔직 담백하게 쓴 시로, 작가의 외적 현실과 내적 심리가 서로 상반되는 가운데, 밤마다 꿈속에서까지 점을 쳐본다는 이야기를 통해 귀양살이에서 풀려나고 싶은 간절한 심정이 부각되고 있는 시다. 마침 낙망 김시양마저 이배(移配)되어 떠나기 때문에 그러한 심정은 간절할 수밖에 없었을 터이다.

낙망(樂忘)의 시에 차운하다

次樂忘韻
차 낙 망 운

聖主恩天地
성 주 은 천 지
微臣偶此身
미 신 우 차 신
杜門思改過
두 문 사 개 과
稽古匪求仁
계 고 비 구 인
顔敢開明月
안 감 개 명 월
心多愧格神
심 다 괴 격 신
想應傳者誤
상 응 전 자 오
賢豈浪稱人
현 기 랑 칭 인

성군의 은택은 천지에 가득한데
미천한 신하는 바로 이 몸이었구나.
문을 닫고 잘못을 고칠 것을 생각하고
옛일을 고찰하니[1] 어짊을 구한 것이 아니었네.
얼굴은 감히 밝은 달을 마주해도
마음은 신(神)을 대하기가 매우 부끄럽네.
생각하건대 전해진 말에 잘못 응한 것이었으니
어질다는 말을 어찌 (나 같은)사람에게 일컬을 수 있으리오?

1) 稽古(계고) : 옛일을 고찰함.

【해설】

전문 8구의 5언 율시다. 젊은 한 때(30세 때)의 혈기로 불의를 보고 참지 못하여 일개 성균관 유생의 신분으로 상소(<병진소> ; 1616년, 광해군 8)를 올려 머나먼 변방으로 귀양살이 오게 된 자신을 되돌아보는 자아 성찰의 시다. 전반부에서는 첫째 자신의 당시 지위를 생각하는 것으로 모두(冒頭 ; 첫머리)를 삼았다(1 · 2구). 그러면서 무엇이 잘못 되었던가를 하나씩 되돌아보니, 둘째로 어질지[仁] 못했다는 것이다(3 · 4구). 후반부 5 · 6구에서는 그러니 얼굴은 밝은 달을 바라볼 수 있어도, 마음으로는 부끄러워 천지신명(天地神明)을 대할 수 없다고 한다. 7 · 8구에서는 그 중에서도 가장 잘못 된 것은 생각에 응하기는 했으나 전한 것(상소를 올린 것)은 잘못 되었다는 것이고, 자신에게 어질다[賢]는 말은 당치 않다고 한다.

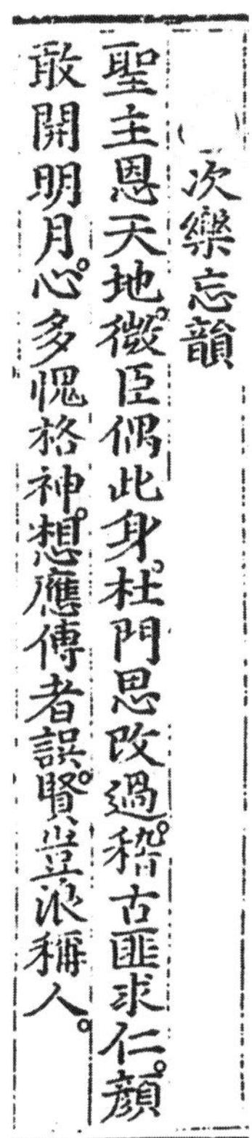
次樂忘韻
聖主恩天地 微臣偶此身 杜門思改過 稽古匪求仁 顏
敢開明月 心多愧格神 想應傳者誤 賢豈浪稱人

전문에 나타나 있는 시어 중 눈여겨보아야 할 것은, '과(過 ; 3구) / 오(誤 ; 7구)', '인(仁 ; 4구) / 현(賢 ; 8구)', '안(顏 ; 5구) / 심(心 ; 6구)', '월(月 ; 5구) / 신(神 ; 6구)', '성주(聖主 ; 1구) / 미신(微臣 ; 2구)' 등이 대비 또는 호응을 이루며, 시어들의 사용에서 미묘한 뉘앙스를 함축하면서 시의 깊은 맛을 더해주고 있다. '인(仁)'은 유교에서 바라는 이상태(理想態)라면 '현(賢)'은 인간의 실천 과정에서 나타나는 결과이다. 따라서 '인(仁)'을 추구하는 것이 학문하는 사람의 태도인데, 하물며 '현(賢)'하지도 못했다는 것이다. 간신 배척의 <병진소>를 올린 것은 겉으로는 떳떳하다 할 수 있으나, 진정으로 한 점 잘못 없는 행실이었는가는 자신도 당당하지 못하다고 한다(6구). 이렇듯 작가는 이 시속에서 치밀한 자아 성찰을 위해 자신을 반성하는 시어의 변별적 의미를 염두에 두고 용법에 매우 엄격하였음을 알 수 있다.

계속 두통을 앓던 중 무료하여 「구가(九歌)」[1]를 펼쳐 읽다가 느낌이 있어 앞 시의 운을 써서 시를 짓다

屬患頭痛無聊展讀九歌有感復用前韻
속 환 두 통 무 료 전 독 구 가 유 감 복 용 전 운

伊昔行吟子
이 석 행 음 자
憂君不計身
우 군 불 계 신
爲辭誠越禮
위 사 성 월 례
原志亦幾仁
원 지 역 기 인
我欲歌千闋
아 욕 가 천 결
誰能祀九神
수 능 사 구 신
糟醨難稍稍
조 리 난 초 초
莞爾任漁人
완 이 임 어 인

그 옛날에 (못가를)거닐던 사람은[2]
임금을 걱정하고 자신을 돌보지 않았네.
글[3]을 지음에 참으로 예절에는 벗어났으나[4]
근본 뜻만은 거의 인(仁)에 가까웠네.[5]
내가 이제 천 곡[6]의 노래를 부르려 하는데
누가 구신(九神)[7]에게 제사드릴 수 있으리오?
술에 취해 살기도 점점 어려우니[8]
빙그레 웃는 웃음은 어부에게 맡기리라.[9]

---

1) 九歌(구가) : 초사(楚辭)의 편명으로 전국시대 초(楚)의 굴원이 지음. 「구가(九歌)」는 신에게 제사 지내는 의식에서 부르는 노래.

2) 行吟子(행음자) : 행음택반(行吟澤畔)한 사람. 곧 굴원. 초(楚)나라 굴원(屈原)의 「어부사(漁父辭)」 첫머리에 「굴원이 쫓겨나 강담에서 노닐어 못가를 거닐면서 시를 읊조릴 적에 안색이 초췌하고(屈原旣放, 游於江潭, 行吟澤畔, 顔色憔悴)」라고 하였음.

3) 越禮(월례) : 예절을 벗어남. 예법의 규정을 지키지 않음.

4) 辭(사) : 굴원이 지은 글 중 특히 「어부사(漁夫辭)」를 말함.
5) 越禮(월례) / 幾仁(기인) : 예절에 벗어남. / 인(仁)에 가까움. 주자(朱子)가 굴원 글을 평하기를, 「굴원이 지은 책은 그 말한 내용이 비록 질탕하고 괴비(怪秘)하며 원망하고 격발함에 흘러 가르침이 될 수는 없으나, 모두 연연하고 측달(惻怛)하여 스스로 그만 둘 수 없는 지극한 뜻에 나왔다.」고 말한 데서 연유한 표현.
6) 闋(결) : 가곡(歌曲)이나 사(詞)를 세는 단위. 악곡(樂曲).
7) 九神(구신) : 「구가」에서 제사 드리는 아홉 개의 신(神).
8) 糟醨難稍稍(조리난초초) : 굴원의 「어부사」에서 「온 세상이 모두 취하였는데, 나만 홀로 깨어 있다(衆人皆醉, 我獨醒)」에서 연유한 표현으로, 세상이 모두 취해 있으면 술지게미라도 마시고 함께 취한 척하기도 어렵다는 의미.
9) 莞爾任漁人(완이임어인) : 굴원의 「어부사」에서 「어부가 빙그레 웃고는 노를 두드리면서 떠나갔다.(漁父莞爾而笑, 鼓枻而去)」에서 연유한 표현으로, 세상과 더불어 함께 살라고 충고한 어부의 말을 자신도 굴원처럼 받아들이기 어렵다는 뜻.

【해설】

전문 8구의 5언 율시다. 전문의 내용은 임금께 상소를 올렸다가 귀양살이 하고 있는 자신을 초(楚)나라 굴원(屈原)에 비유하여 표현하고 있다. 굴원(B.C.339~278)은 초나라의 귀족 삼려대부(三閭大夫)로서 회왕(懷王)과 경양왕(頃襄王)에게 외교상의 문제를 충간(忠諫)하였으나 장의(張儀) 등 간신들의 간계로 거듭 추방당하자 울분을 참지 못하고 동정호로 흘러드는 멱라수(汨羅水)에 투신자살한다. 고산은 자신의 임금에 대한 충정을 굴원에 비유하고 있다. 전반부 1~4구에서는, 굴원이 추방당하던 모습과 그의 시의 내용을 회상하고, 후반부 5~8구에서는 굴원의 「구가」보다 더 많은 '천곡[千闋]'이라도 노래할 수 있으나, 구신(九神)에게 제사 드릴 사람이 없으니 원통하며 자신도 굴원처럼 세상과 섞여 함께 살아가지는 않겠다고 한다.

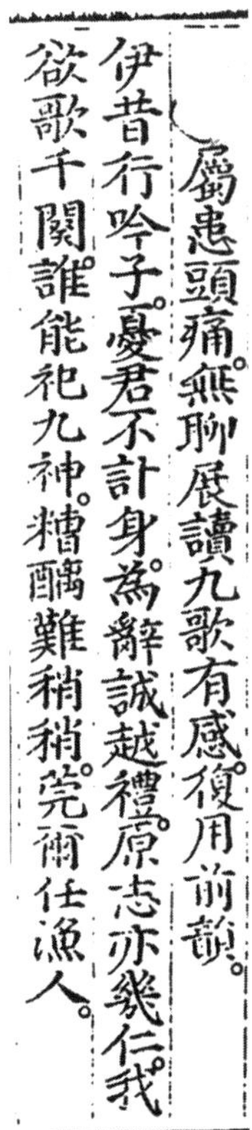

屬患頭痛。無聊展讀九歌有感。復用前韻。
伊昔行吟子。憂君不計身。爲辭誠越禮。原志亦幾仁。我
欲歌千闋。誰能祀九神。糟醨難稍稍。莞爾任漁人。

그렇다고 「어부사」에서 어부가 굴원에게 한 말인 '뭇 사람이 모두 취했거든 어찌하여 술지게미라도 먹고 박주(薄酒)라도 마시지 않고, 무슨 연고로 깊이 생각하고 고상하게 행동하여 스스로 추방을 당하게 한단 말인가?' 라는 구절을 상기하여 자신도 굴원처럼 세상 사람이 모두 취했다한들 자신마저도 취할 수는 없지 않느냐고 스스로 반문한다. 그렇다고 초연한 듯 오불관언(吾不關焉)의 태도로 빙그레 웃으면서 살 수도 없으니, 그런 웃음일랑 「어부사」에서 굴원과 대화를 나누었던 어부 같은 사람들에게나 맡기겠다는 것이다. 다시금 생각해봐도 간신들의 횡포를 볼 수 없어 올렸던 상소인 <병진소>는 결코 잘못된 것이 아님을 스스로 확인하면서, 그런 자신의 모습을 굴원에 비유하여 표현한 시다.

다시 앞 시의 운을 써서 짓다

復用前韻
복 용 전 운

甑岳之東麓
증 악 지 동 록
茅窩貯我身
모 와 저 아 신
去留惟帝命
거 류 유 제 명
生死任君仁
생 사 임 군 인
大笑貽隣並
대 소 이 인 병
長歌動鬼神
장 가 동 귀 신
燒畬何日始
소 여 하 일 시
春及問農人
춘 급 문 농 인

증악(甑岳)[1]의 동쪽 산비탈에
띠집을 지어 내 몸을 들여놓았네.
가고 머무는 것이야 오직 천제(天帝)의 뜻에 있고
죽고 사는 것은 임금의 어짊에 맡겼네.
한바탕 큰 웃음은 이웃과 나누고
긴 노래는 귀신도 움직일 듯하네.
화전 밭[2]의 잡초는 어느 날에나 태워야 할까
봄이 되면 농부에게 물어보리라.

---

1) 甑岳(증악) : 증산(甑山). 경원도호부 서쪽 31리에 있는 산으로 정상에 시루 모양의 바위가 있음. 『동국여지승람(東國輿地勝覽)』에 「在府西三十一里 山頂有石如甑形故名」라고 함.
2) 燒畬(소여) : 밭의 잡초를 불태움. 여(畬)는 새로 개간한지 이태 정도 지난 밭, 또는 잡초를 불태워 일군 밭으로 본문에서는 화전 밭[火田]으로 풀이함.

【해설】

전문 8구의 5언 율시다. 앞 시의 운자를 다시 사용했다 함은 앞 작품 「차낙망운(次樂忘韻)」과 「속환두통무료전독구가유감(屬患頭痛無聊展讀九歌有感復用前韻)」을 말하며, 이 작품을 포함해 세 편이 모두 (身) - (仁) - (神) - (人)의 동일 운자를 사용하고 있다. 「차낙망운」에서는 자아성찰을 통한 자조적(自嘲的) 모습을, 「속환두통무료전독구가유감복용전운」 시에서는 자신을 굴원에 비유하여 불굴의 의지와 소신이 뚜렷하게 드러난 반면, 본 작품에서는 결국 자신의 거취는 자신에게 달려 있는 것이 아님을 깨닫고 안심입명(安心立命)하고 순응(順應)하는 모습을 보인다.

전반부 1 · 2구에서는 산기슭 띠집 속에 자신을 맡기고 나니, 3 · 4구에서는 자신의 거취는 자신에게 달린 것이 아니라 하늘[天帝]의 뜻이며, 살고 죽는 것도 자신이 결정할 바가 아닌 임금에게 매여 있다는 사실을 깨닫는다는 내용이다.

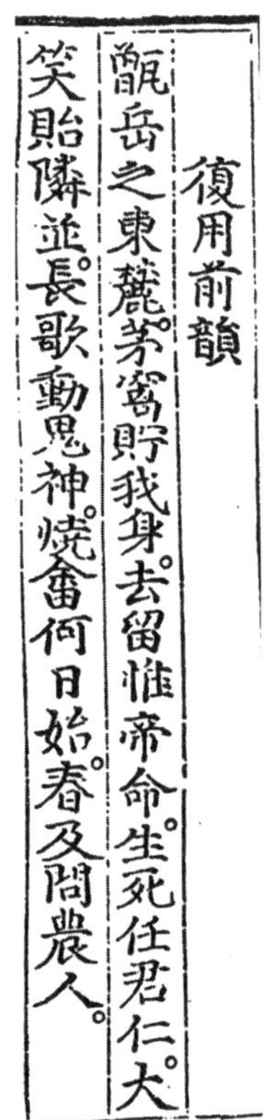
復用前韻
甑岳之東麓。茅窩貯我身。去留惟帝命。生死任君仁。大笑貽隣並。長歌動鬼神。燒畬何日始。春及問農人。

후반부에서는 5 · 6구에서는 그러니 자연스레 웃고 노래를 부를 수 있게 된 것이다. 유배객의 처지에서 언제 헤어질지 모르지만 이웃들과 웃고 울고 함께하며 편안하게 사는 것만이 작가 자신의 처지에서 할 수 있는 최선이라는 것이다. 이제 흘러가는 세월을 헤아리지 않고, 봄이 되면 씨 뿌리고 밭을 가꾸며 가을이면 들녘에 나가 추수를 하며 지내겠다고 한다. 앞의 2수에 비해 매우 안정감이 있고, 일면 포기하는 모습까지 보인다. 사람 사는 것이 자신의 의지대로 되는 것이 과연 얼마리오? 하물며 귀양살이 하는 처지에서랴? 하루하루 이웃들과 즐겁게 살고 한 해 한 해 귀양지에서나마 화전밭을 일구며 농사일이라도 하면서 소일하며 안주(安住)하려는 모습을 보이는 시다.

계집종이 얼굴 씻는 오래된 물통을 깨뜨렸기에

女奚破盥面老瓦盆
여해파관면노와분

莫爲破匜嗔小鬟
막위파이진소환
客居買取任他艱
객거매취임타간
山家奇事天敎我
산가기사천교아
從此前溪抔洗顔
종차전계부세안

세숫대야 깨뜨렸다고 어린 계집종에게 성내지 말 것이로다.
귀양살이[1]하는 주제에 이것을 사서 남만 괴롭혔구나.
산가에서 기이한 일[2]로 하늘이 나를 가르친 것이니
이후에는 앞 개울가에서 손으로 물을 움켜서 세수하리라.

---

1) 客居(객거) : 원뜻은 '나그네로 살다'라는 의미이나, 작가가 귀양살이 하는 처지임을 감안한 의역임.
2) 奇事(기사) : 반드시 기이한 일보다도 '하찮고 사소한 일', 곧 세수 대야를 깨뜨린 일이다. 그러나 사소한 일이라고 해서 깨달은 내용도 사소한 것이 아님을 강조한 표현.

【해설】

전문 4구의 7언 절구다. 이전 시들에 비하면 귀양살이하고 있는 고산 자신의 생활과 심정이 상당히 안정기에 접어든 모습을 볼 수 있는 시다. 작가가 시의 소재를 취하고 작품에 나타난 시적 인식이나 해석의 내용이 이전의 정치의 모순된 상황이나 자신이 처한 현실에 대한 불만의 표출, 그것에 대한 자신의 태도의 표현이었음에 비해, 개인적인 사소한 일상사로부터 시작하여 내적 성찰로 변화하는 모습을 보이는 시다.

전반부 1·2구에서는 먼저 시중드는 여자 계집종이 자신이 사용하던 질그릇 세숫대야를 부주의하여 깨뜨렸단 사실과 이에 대한 자신의 심정을 표현하고 있는데, 관용과 너그러움이 나타나 있다. 그리고 그러한 태도를 갖게 된 배경과 원인은 결국 자신의 잘못에서 기인한 것이라고 한다. 질그릇 세숫대야를 사용하는 것이 당시의 여건 속에서 속칭 사치품이었는지는 지금으로서 알 수 없지만, 그 세수 대야를 간수해야 하는 계집종에게는 매우 조심스러웠을 것이고, 이로 인해 오히려 괴롭힘만 주었다고 인식한다. 결국 귀양살이하는 자신의 처지에는 어울리지 않는 물건이라고 한다.

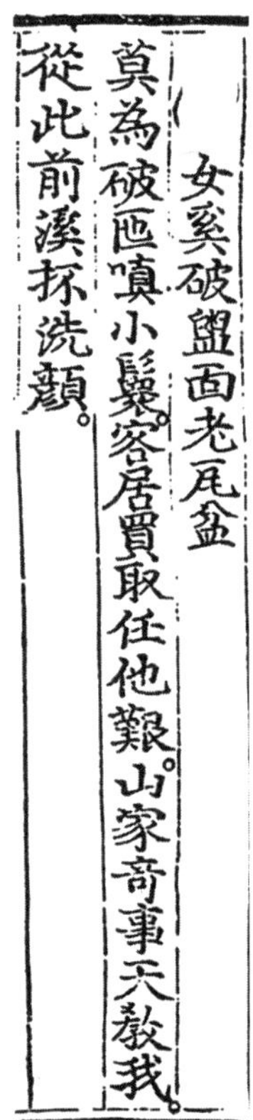
女奚破盥面老瓦盆
莫為破匜嗔小鬟。客居買取任他艱。山家奇事天敎我。
從此前溪抔洗顔。

후반부 3·4구에서는 이로 인해 깨달은 것이 있으니, 하늘이 가르쳐 준 것으로 여기겠다는 것이다. 도(道)에 뜻을 두고 생활하다 보면 아무리 궁벽진 산속에서 생활하더라도 깨우칠 도는 무궁무진하다 하겠다. 아울러 깨달은 도를 생활을 통해 실천하지 않으면 안 되는 것이니, 앞으로는 계집종이 질그릇 세숫대야에 물을 떠서 바치기를 기다리지 않고 앞 개울가로 가서 손으로 물을 움켜서 직접 세수하겠다고 한다. 일상사로 작가의 관심과 시적 발상이 변화하고 있음을 볼 수 있는 시다.

오산(鰲山)의 장인(丈人)에게 서간을 보내다

簡鰲山丈人
간 오 산 장 인

幽居縱勝難遙屈
유 거 종 승 난 요 굴
官府雖親可數(삭)躋
관 부 수 친 가 제
後日相期何處好
후 일 상 기 하 처 호
城西五里有淸溪
성 서 오 리 유 청 계

은둔지[1]가 비록 경치는 좋으나 멀고 굽이져 살기 어렵고
관부(官府)[2]는 비록 가깝지만 자주 넘어질[3] 수 있는 곳이지요.
훗날 어디가 살기 좋은 곳이 될까 헤아려본다면
성의 서쪽 오리쯤에 맑은 시내가 있답니다.

---

1) 幽居(유거) : 벼슬을 하지 않고 은거함. 본문에서는 유배생활을 말함.
2) 官府(관부) : 관청. 정부기관. 본문에서는 벼슬살이함을 의미.
3) 數躋(삭제) : 자주 떨어지다. 곧 벼슬길의 어려움, 환해풍파(宦海風波)를 의미.

【해설】

전문 4구의 7언 절구다. 전반부 1·2구에서 은거하는 곳(유배지)과 관부 두 군데를 비교하는 것으로 시작하고 있다. 단순하게 장소를 비교하는 것이 아닌 앞으로 장래의 살아가야할 두 가지의 삶을 암시하고 있다. 초야에서 야인으로 은거하면서 살아갈 것인가, 아니면 관직에 나아갈 것인가.

후반부 3구의 내용은 그러하니 먼 훗날을 기약해 볼 수밖에 없다. 마치 중국 고사 양주읍기(楊朱泣岐)를 연상하게 하는 내용이다. 그런데도 마음 한쪽은 자연에 귀의하여 은둔지사가 되는 쪽으로 기울어 가는 것을 알 수 있다(4구). 이러한 내용은 고산의 일대기를 통해서도 알 수 있는 바, 고산은 85세를 살면서 함경도 경원, 경상남도 기장, 경상북도 영덕, 함경도 삼수, 전라도 광양 등지로 세 번의 유배와 두 번의 이배, 네 번의 파직, 삭탈관직, 치사(致仕)를 하였으니 2구의 내용과 일치한 것이고, 벼슬길에 있으면서도 늘 마음은 벼슬에 연연해하지 않는 듯하니, 양주 고산의 은거 외에도 고향인 해남과 보길도를 중심으로 은둔생활을 하였으니, 4구의 내용과 맞는 것이었다. 곧 이 시는 자신의 다가올 미래의 삶의 모습을 예견(豫見)한 듯하다.

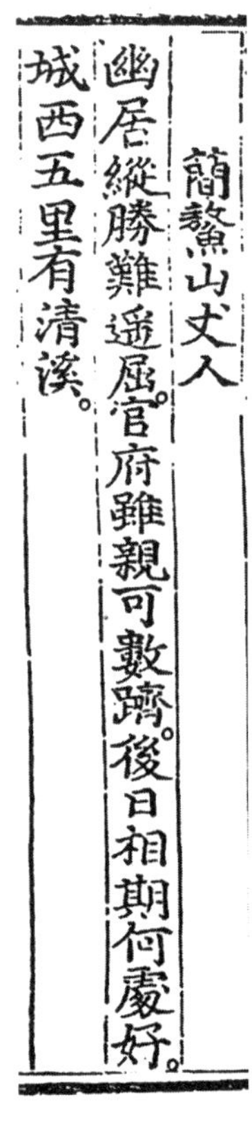
簡鰲山丈人
幽居縱勝難遥屈。官府雖親可數躋。後日相期何處好。
城西五里有清溪。

그러나 이러한 예견이 맞을지 맞지 않을지에 대해서는 누구도 장담할 수 없으니, 운명에 순응하면서 살아가는 도리밖에 없었을 것이고, 두 갈림길에서의 선택의 결정권은 자신에게 있는 것이 아니다. 운명에 있고, 임금에게 있고, 상황과 여건에 의해 결정되는 것이니, 오늘을 살아가는 현대인도 마찬가지일 터이다. 수백 년 전의 소객(騷客 ; 시인)이 가졌던 자신의 운명과 삶에 대한 궁금증과 갈등과 고민은 오늘날의 우리에게도 어긋남이 없다 하겠다.

집을 이룬 후 흥이 나서

堂成後漫興
당 성 후 만 흥

入戶青山不待邀
입 호 청 산 부 대 요
滿山花卉整容朝
만 산 화 훼 정 용 조
休嫌前瀨長喧耳
휴 혐 전 뢰 장 훤 이
使我無時聽世囂
사 아 무 시 청 세 효

청산은 맞아주기를 기다리지 않고도 이미 문에 들어와 있고
온산의 꽃들은 용모도 단정히 나를 알현(謁見)하네.
앞개울 여울물 소리 오래도록 귀에 시끄러워도 싫어하지 않음은
내게 들리는 속세의 시끄러운 소리[1]를 늘 들리지 않게 해주기 때문이라오.

---

1) 世囂(세효) : 세훤(世喧). 속세의 시끄러운 소리.

【해설】

전문 4구의 7언 절구다. 귀양지에서 새로 지은 집을 낙성(落成)하고 난 기쁨을 노래한 시다. 전문을 통해서 새로 지은 집이 자연의 품속에 안겨 있음을 알 수 있다. 전반부 1·2구에서는 주인이 새집에 들어가기도 전에 주인 허락도 없이 청산이 먼저 들어 와 있다고 한다. 그리고 집 주위에는 온갖 꽃들이 단정한 모습으로 입택(入宅)을 반기기라도 하듯이 만발하여 모양도 단정히 하고 있다고 한다.

후반부 3·4구에서는, 더구나 좋은 것은 앞개울 여울물 소리가 하루 종일, 한 달 내내, 일 년 사시장철 귓가에 들리고 있다. 조금은 시끄러워 할 수도 있으나, 작가에게는 오히려 고맙기까지 하다. 왜냐하면 속세의 시끄러운 소리를 차단시켜 주기 때문이다. 1·2구는 시각적 표현을 이용하고 3·4구는 청각적 표현을 이용하여 새로 지은 집이 자연의 품에 안겨 있음을 쉽게 연상시킨다. 시적 발상은 1·2구의 전반부는 면앙정 송순(俛仰亭宋純)의 시조를 연상시키고 있으니, 「십 년을 경영하여 초려삼간 지어내니 / 나 한 간 달 한 간에 청풍 한 간 맡겨두고 / 청산은 들일 데 없으니 둘러두고 보리라」와 흡사하다. 그리고 3·4구의 후반부는 고운 최치원(孤雲崔致遠)의 「제가야산독서당(題伽倻山讀書堂)」과 흡사하니, 「세상의 시비하는 소리 귀에 들릴까 저어해서 / 일부러 물을 흘려보내 산을 감싸게 했다네.(常恐是非聲到耳, 故教流水盡籠山」에서 세상사와 절연하고 사는 은둔지사 최치원과 일치하는 삶을 보이고 있는 시다. 마치 자연귀의한 송순의 삶과 은둔지사 최치원의 삶을 합쳐서 살고자 하여, 작가가 짐짓 두 사람의 시구에서 착상하여 지은 듯한 인상을 주는 시다.

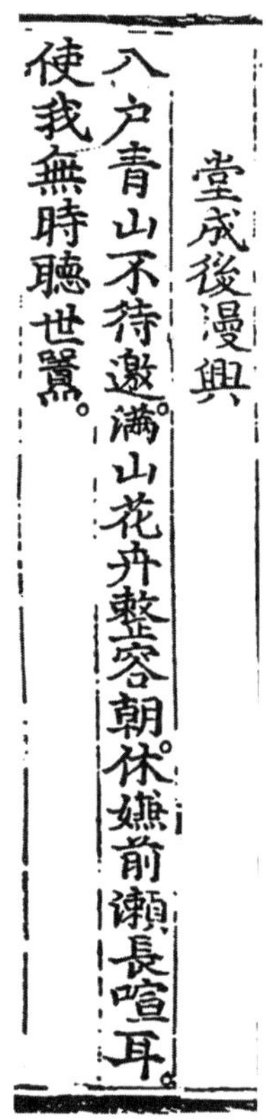
堂成後漫興
入户青山不待邀。滿山花卉整容朝。休嫌前瀨長喧耳。使我無時聽世囂。

꾀꼬리 소리를 듣고 「문선(聞蟬)」의 운을 써서 짓다

聞鶯用聞蟬韻
문 앵 용 문 선 운

閏四月初吉
윤 사 월 초 길
始聞黃鳥聲
시 문 황 조 성
窺林疑異色
규 림 의 이 색
問俗喜同名
문 속 희 동 명
轉覺幽居興
전 각 유 거 흥
還生故國情
환 생 고 국 정
前山微雨過
전 산 미 우 과
詩思坐來淸
시 사 좌 래 청

윤사월 초하룻날[1]에
처음 꾀꼬리 소리를 들었네.
수풀을 살펴보고 이채로운 색깔에 의아했는데
그곳 사람들에게[2] 물으니 이름이 같아서 기뻤네.
그윽한 곳에 사는 즐거움을 문득 깨닫게 하더니
다시금 고향을 생각하는 그리운 정을 일깨우네.
앞산에는 보슬비 지나가고
시상(詩想)에 젖어 앉아노라니 맑은 기운 스며오네.

---

1) 初吉(초길) : 길일(吉日). 매월 초하룻날.
2) 俗(속) : 속인(俗人). 유배지에서 살고 있는 그 지역사람.

【해설】

전문 8구의 5언 율시다. 앞 시 「문선(聞蟬)」과 동일 운자(聲 - 名 - 情 - 淸)를 사용하고 시상(詩想)도 유사하나, 시적 정서는 다른 면을 보여 주고 있다. 전반부 1 · 2구의 표현 내용은 「문선」과 같으나 3 · 4구의 내용은 다르다. 곧 「문선」에서는 유배지에 살고 있는 사람들은 '이름도 모른다'고 하고 있으나, 본 작품에서는 '이름이 같다'고 하고 있다. 「문선」에서 매미 소리는 '계절의 변화(세월의 흐름)'를 일깨워 주는 사물이었으나, 이 시에서는 고향에서 부르는 이름이나 유배지에서의 이름이나 모두 꾀꼬리라고 동일하게 불러 기쁘다고 한다.

후반부 5 · 6구에서는 두 가지의 감정과 정서가 교차하고 있다. 하나는 그윽한 곳에 사는 흥취이고 다른 하나는 문득 떠오르는 고향 생각이다. 귀양지이기는 하나 이렇게 깊고 그윽한 곳이 아니면 꾀꼬리 소리를 가까이 들을 수 없을 것이니 자연 속에 사는 흥취를 만끽할 수 있다고 한다. 그런데 유배지뿐만 아니라 고향에 살고 있었더라면 꾀꼬리 소리를 마찬가지로 들을 수 있었으리라. 이름도 같으니 더욱 그럴 수밖에 없다. 7 · 8구에서는 그러한 유배지에서의 한거(閑居)의 흥취와 고향에 대한 향수도 앞산을 스쳐가는 보슬비처럼 잠시 일어났다가 사라지는 부질없는 것이다. 그러니 조용하게 앉아서 시심(詩心)을 가다듬고 앉아 있노라니 보슬비 내린 후의 맑은 기운이 평상에 앉아 있는 작가에게 전해 오니 한 편의 시를 쓸 수 있었으리라. 꾀꼬리 소리(청각)와 이채로운 색깔(시각)과 맑은 기운(촉각)이 조화를 이루는 작품이다.

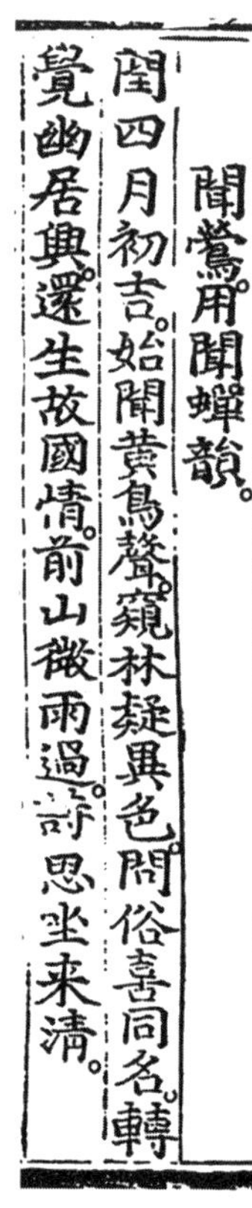
聞鶯。用聞蟬韻。
閏四月初吉。始聞黃鳥聲。窺林疑異色。問俗喜同名。轉覺幽居興。還生故國情。前山微雨過。詩思坐来清。

홍향제(洪享諸)[1]가 김정(金正)에게 준 시를 보고 화운(和韻)[2]하여 향제에게 지어주다

見洪享諸贈金正詩和呈享諸 / 名得一公友婿
견홍향제증김정시화정향제

/ (홍향제의)이름은 득일(得一)이고 공(公)의 우서(友婿 ; 同壻)이다.

梅花開處桂無香
매화개처계무향
自是天公用意長
자시천공용의장
若使桂花梅共發
약사계화매공발
風霜時節有何芳
풍상시절유하방

매화 꽃 핀 곳에 계수나무 꽃의 향기가 없는 것은
조물주의 마음 씀씀이가 심원(深遠)함이로다.
만약 계수나무꽃과 매화꽃을 함께 피게 했다면
눈 서리치는 시절에 무슨 향기가 있으리오?

1) 洪享諸(홍향제) : 홍득일(洪得一, 1577~?). 조선 중기의 문신. 벼슬은 여러 관직을 거쳐 좌승지에 오름.
2) 和韻(화운) : 남이 지은 시의 운자를 써서 답시를 지음.

【해설】

전문 4구의 7언 절구다. 전반부 1·2구에서 매화꽃과 계수나무 꽃을 등장시켜, 두 꽃은 같은 시기에 피지 않음을 강조하기 위해 조물주의 마음 씀씀이가 깊고 원대한 까닭이라고 밝히고 있다. 매화는 예로부터 세한삼우(歲寒三友)라 하여 소나무, 대나무와 함께 추위(역경과 시련)를 잘 견뎌 뜻과 기개를 높이 사고 있고, 또는 사군자(四君子)라 하여 난초, 국화, 대나무와 함께 군자(君子)에 속한다. 이러한 매화를 백화제방(百花齊放)하는 삼춘화류(三春花柳) 호시절(好時節)에 피는 꽃과는 함께 거론할 수 없다. 이것은 곧 역경과 시련에 굴하지 않는 지조와 절개 높은 선비와 시류(時流)에 야합하며 살아가는 소인 무리배와는 결코 함께 할 수 없음을 말하는 것으로, 하늘이 정해 준 자연의 질서이자 인간세상에서 행해져야 할 도리를 상징하고 있음이다. 매화의 또 다른 상징은 매처학자(梅妻鶴子)로 알려진 은일(隱逸)의 꽃이다. 작가는 이러한 매화를 통해 자신의 삶의 모습을 투영하고 있다.

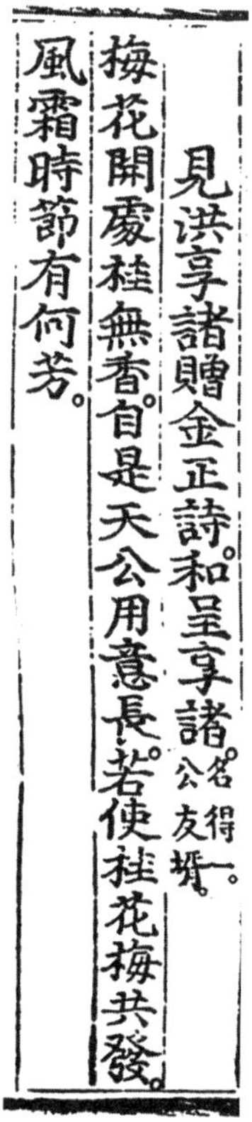
見洪享諸贈金正詩。和呈享諸。名得一。公友壻。
梅花開處桂無香。自是天公用意長。若使桂花梅共發。
風霜時節有何芳。

후반부 3·4구에서는 다시 이것을 강조하여 '만약'이라는 가설을 통해 매화와 계수나무가 함께 같은 시기에 피어난다면 매화꽃의 개화나 향기는 아무 의미가 없음을 다시 강조하고 있다. 일반적으로 꽃의 이미지는 아름다운 모양으로 시각적 이미지가 우선이다. 그러나 본 작품에서는 후각적 이미지인 향기를 강조하고 있다. 가장 추운 시기에 모든 꽃 중에서 맨 먼저 피어나니 선구자적 꽃이요 희망의 꽃이며, 고난과 역경에도 꿋꿋하게 지조와 절개를 굽히지 않는 백절불굴(百折不屈)의 꽃이다. 주 내용은 매화를 통해 작가가 추구하고자 하는 삶의 방향을 암시하고 있는 시다.

노방인(路傍人)[1]에게 장난삼아 지어주다

戱贈路傍人 / 以下移配機張時. 路傍人趙生◯戊午
희 증 로 방 인

/ 이하는 기장(機張)[2]으로 이배(移配)될 때[3]이다. 노방인(路傍人)은 조생(趙生)[4]이다. ◯무오(戊午年, 1618년. 광해 10. 32세)

汝非愛唱少游歌
여 비 애 창 소 유 가
我豈耽看梨頰媧
아 기 탐 간 이 협 왜
只喜身編羅綺裏
지 희 신 편 라 기 리
語言敢與世殊科
어 언 감 여 세 수 과
* 媧恐當作渦
왜 공 당 작 와

그대가 (기생이지만)남녀 간의 애정(愛情) 노래[5] 즐겨 부르지 않는데
(선비인)내가 어찌 여자 얼굴[6]의 보조개[7] 보는 것을 즐기겠는가?
다만 기쁜 것은 (그대의)몸은 비단으로 감싸고 있지만
(입으로)하는 말들은 감히 세상의 말들과는 같지 않다는 것이네.[8]
* '媧(왜)'는 아마 '渦(와 ; 보조개)'로 하는 것이 마땅하다.

---

1) 路傍人(노방인) : 길가에서 가무(歌舞)와 웃음을 파는 기생.
2) 機張(기장) : 경상도 기장현(機張縣). 현 경상남도 양상군 기장면.
3) 移配(이배) : 귀양살이하는 곳을 다른 곳으로 옮김. 고산 윤선도는 30살(1616년)에 <병진소>를 올려 이이첨 등 간신을 목 벨 것을 청하고, 31세(1617년) 1월에 함경도 경원으로 귀양 가서, 32세(1618년, 戊午年)에 경상도 기장현(현 경상남도 양상군 기장면)으로 유배지를 옮김.
4) 趙生(조생) : 앞 함경도 경원으로 귀양 갈 때 지은 <희증로방인(戱贈路傍人)>의 자주(自註)에서 '길가 사람은 홍원(洪原)의 기생(妓生) 조생(趙生)이다.'라고 밝힌 인물과 동일인임.
5) 少游歌(소유가) : 남녀의 애정을 표현한 노래. 소유(少游)는 송(宋)나라 진관(秦觀)의 자. 호는 태허(太虛). 시(詩)・부(賦)・책론(策論)・사(詞) 등에 두루 능하여 소문사학사(蘇文四學士) 중의 한 사람으로 꼽히는데, 과감하게 남녀 간의 성애(性愛)를 묘사한 작품을 씀.
6) 梨頰(이협) : 여자의 얼굴. 배속 같이 하얀 여자의 얼굴.
7) 殊科(수과) : 종류를 달리함. 같지 않음.
8) 媧(와/왜) : 자주(自註)에 의해 '渦(와 ; 보조개)'로 해석함.

【해설】

전문 4구의 7언 절구다. 제목이 뜻하는 '기생에게 장난삼아 지어주다'라고 한 이 시는 이미 고산 선생이 1년 여 전에 함경도 경원으로 유배 갈 때 자신을 환대해 준 경원의 노기(老妓) 조생(趙生)에게 동일 제목으로 지어 준 작품 「희증노방인(戲贈路傍人)」이 이미 앞에 있다. 즉 동일 제목의 두 작품이 전편은 귀양길에 처음 만났을 때 지은 것이고, 후편인 본 작품은 경원에서 경상도 기장으로 이배 갈 때 헤어지면서 지은 것이다. 아울러 노기 기생에 대한 또 다른 한 편으로는 다음 작품인 「답홍헌조랑(答洪獻趙娘)」이 있고, 이로부터 40년이 지난 74세 때에 함경도 삼수로 3차 유배를 갈 때 조생을 찾아 갔으나 조생은 이미 죽고 없었다. 대신 그녀의 두 딸(禮順과 勝禮)이 환대하자 이 시의 운(韻 ; 知 · 癡)을 그대로 쓴 「복용전운증홍헌예승이랑(復用前韻贈洪獻禮勝二娘)」의 시를 써서 두 딸에게 지어준다. 따라서 노기 조생과 주고받은 한시 작품은 4편이 된다.

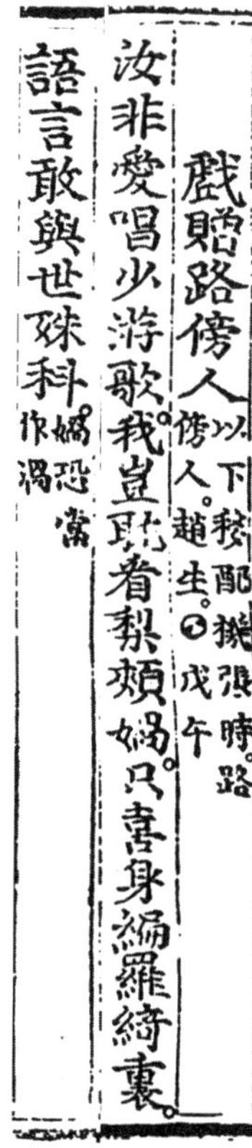
戲贈路傍人 以下移配機張時。路傍人。趙生。○戊午
汝非愛唱少游歌。我豈耽看梨頰渦。只喜身縞羅綺裏。語言敢與世殊科。嫣恐當作渦

전반부 1 · 2구에서 '기생인 조생'과 '선비인 나'를 등장시킨 가운데, 그대는 기생[路傍人]이면서도 애정 노래를 즐기지 않는데, 선비인 내가 어찌 여색(女色)을 탐하겠느냐고 반문하고 있다. 자신에 대해서 말하고자 함이 아닌 기생인 조생의 인품에 대해서 치하하고자 함을 알 수 있다. 후반부 3 · 4구에서는 조생이 범상한 기생이 아님을 구체적으로 밝히고 있는데, 비록 몸은 비단으로 감싸고 있으나 입에서 나오는 말은 세상의 기녀들뿐만 아니라 웬만한 선비와도 다르다는 것을 강조하고 있다. 이는 곧 첫 만남에서 조생이 고산에게 해 준 말인 <병진소>를 올린 것은 '시의적절하지 못했다.'라는 깨우침의 말을 상기한 표현으로 보인다. 후대 사람들에 의해 의기(義妓)라고 칭송받는 조생의 인품에 대한 예찬의 마음이 담긴 작품이다.

홍헌(洪獻)의 조랑(趙娘)에게 답하다

答洪獻趙娘 / 洪獻洪原也趙娘趙生也◯同年
답 홍 헌 조 낭

/ 홍헌(洪獻)은 홍원(洪原)이고, 조랑(趙娘)은 조생(趙生)이다. ◯같은 해 (戊午年, 1618년. 광해 10. 32세)

韓子留書與太顚
한 자 유 서 여 태 전
世間譏評已千年
세 간 기 평 이 천 년
我今感汝能看客
아 금 감 여 능 간 객
復作歌謠寫短箋
복 작 가 요 사 단 전

한자(韓子)[1]가 태전화상(太顚和尙)[2]에게 준 글[3]이 남아 있어
세간에서 풍자하고 비평[4]한 지가 이미 천 년이 되었다.
나도 이제 그대가 나그네를 알아본[5]것에 감동하여
다시 노래를 지어[6] 짧은 종이에 쓰노라.

---

1) 韓子(한자) : 당(唐)나라 한유(韓愈)에 대한 경칭. 유종원(柳宗元)과 더불어 유교의 부흥을 주장하는 고문운동(古文運動)을 함. 아울러 당나라 헌종(憲宗)이 불골(佛骨 ; 舍利)을 궁중으로 들여오려 하자, 한유가 표문(表文)을 올려 강력 반대함.

2) 太顚(태전) : 태전화상(太顚和尙), 대전화상(大顚和尙). 당(唐)나라의 승려. 한유가 조주자사(潮州刺史)로 있을 때 말벗이 없어 자주 왕래하였음.

3) 留書(유서) : 남겨 준 글. 한유가 태전화상에게 써 준 글로 「여맹간상서서(與孟簡尙書書)」를 말함.

4) 譏評(기평) : 풍자하고 비평함. 당시에 한유가 태전화상과 교유한 것을 두고 세간에서 '한공(韓公 ; 한유)이 불교를 배척하다가 좌천을 당함으로 인하여 석씨(釋氏 ; 불교)를 신봉한다.'고 비평한 것을 말함. 이에 대해 한유는 「답장적서(答張籍書)」, 「원도(原道)」, 「불골표(佛骨表)」, 「여맹간상서서(與孟簡尙書書)」 등을 써서 부정하고 자신의 입장을 밝힘.

5) 看客(간객) : 나그네를 알아봄. 나그네는 경원으로 유배 간 고산 자신을 말함. 선비인 고산 자신이 일개 기생인 조랑과 시를 써서 교유한 것이 마치 한유가 태전화상과 교유한 것에 대해 비평한 것처럼 세간 사람들에게 웃음거리가 될지라도, <병진소>를 올려 간신 이이첨 등을 목을 베어야 한다고 주장한 자신의 진심을 조생이 이해해준 것에 감격하고 조랑의 인품이 일면 대견스러워 견주어서 말함.

6) 復作歌謠(복작가요) : 다시 노래를 지음. 앞 선 시 「희증노방인(戱贈路傍人)」 2편에 이어 또 이 시를 지은 것을 말함.

【해설】

전문 4구의 7언 절구다. 고산이 이 작품을 쓰던 시기는 함경도 경원으로 귀양살이 간 지 2년이 채 안 되어 다시 경상도 기장으로 이배(移配)하던 시기다. 고산은 함경도 경원에서의 1년여의 유배 중 28편 45수의 한시 작품을 남기고 있는데, 유배의 시작과 마지막 한시 작품이 모두 노기 조생에 대한 시로 되어 있는 점이 이채롭다.

전반부 1·2구에서는 긴 역사 속에서 아직도 후대 사람들에게 웃음거리가 되고 비판받고 있는 한유와 태전화상과의 교유 고사를 쓰고 있다. 한유에 대한 기평(譏評 ; 나무라면서 평론함)의 주 내용은 한유가 유종원(柳宗元)과 함께 유교의 부흥을 주장하는 고문운동(古文運動)을 하면서 당나라 헌종(憲宗)이 불골(佛骨 ; 舍利)을 궁중으로 들여오려 하자, 한유가 표문(表文 ; 「불골표」)을 올려 강력 반대한다. 이 때문에 한유는 좌천되어 조주자사(潮州刺史)가 되고, 그곳에서 승려인 태전화상과 교유한 것에 대해 세간에서 '한공(韓公 ; 한유)이 불교를 배척하다가 좌천당함으로 인하여 석씨(釋氏 ; 불교)를 신봉한다.'고 비평한 것을 말한다. 한유 자신은 이에 대해 <답장적서(答張籍書)>, <원도(原道)>, <불골표(佛骨表)>, <여맹간상서서(與孟簡尙書書)> 등을 써서 강력 부정했지만 세간의 비평과 웃음은 천 년이 넘어도 계속되고 있다는 것이다.

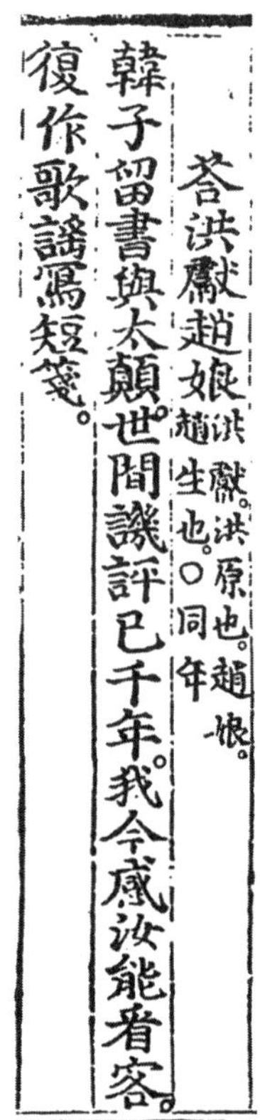
答洪獻趙娘 洪獻。洪原也。趙娘。趙生也。○同年
韓子留書與太顛。世間譏評已千年。我今感汝能看客。
復作歌謠寫短箋。

후반부에서는 선비인 고산 자신이 유배 중에 일개 지방 기생인 조랑(조생)과 교유했다는 사실이 세인들의 비평과 함께 웃음거리가 되더라도, <병진소>를 올린 자신의 진심을 알아준 것에 감격해서 세간의 비평과 조롱을 감수하고서라도 조랑에 대한 노래를 거듭 짓는다고 말하고 있다.

일일화(一日花)를 읊다

詠一日花 / 以下移配機張後◯同年
영 일 일 화

/ 이하는 기장(機張)으로 이배(移配)한 후이다. ◯같은 해(戊午年, 1618년. 광해 10. 32세)

甲日花無乙日輝
갑 일 화 무 을 일 휘
一花羞向兩朝暉
일 화 수 향 양 조 휘
葵傾日日如馮道
규 경 일 일 여 풍 도
誰辨千秋似是非
수 변 천 추 사 시 비

첫째 날 핀 꽃이 둘째 날 빛이 없는 것은
한 꽃이 두 왕조(王朝)[1]를 향해 빛을 발하기가 부끄러워서라네.
해바라기가 풍도(馮道)[2]처럼 날마다 해를 향해 기울이는 것과
천추(千秋)[3]의 옳은 듯 그른 것을 그 누가 분별하리요.

1) 兩朝(양조) : 어의 상으로는 '두 날의 아침[二日]'과 '두 왕조(王朝), 곧 두 나라'를 동시에 의미하여 일자양의(一字兩義)를 지님.

2) 馮道(풍도) : 오대시대 영주(瀛州) 경성(景城) 사람. 후당(後唐)에서 재상으로 발탁된 이래 후당(後唐)·후진(後晉)·요(遼)·후한(後漢)·후주(後周) 등 다섯 왕조에서 11명의 천자를 섬기며 30년 동안 고관을 지냄.

3) 千秋(천추) : 전천추(田千秋). 한(漢)나라 풍익(馮翊) 장릉(長陵) 사람. 일명 차천추(車千秋). 무제(武帝) 때 상소를 올려 무제의 신임을 받고 고관(高官)을 역임했음. 연로하자 작은 수레를 타고 궁중에 출입하도록 허락하여 차천추라 불리고, 후손들은 그로 인하여 차씨(車氏)로 행세함. 전의되어 후대에는 기회를 이용해서 임금의 뜻에 영합하여 부귀영화를 누리는 무능한 관리를 칭하는 말로 쓰임.

【해설】

전문은 4구의 7언 절구다. 이 시는 자주(自註)에서 밝히고 있는 바와 같이 유배지인 함경도 경원에서 이배지(移配地)인 경상도 기장으로 가면서 쓴 시다. 1년여의 함경도 경원에서의 유배생활을 마감하고 이배지로 옮기는 고산의 마음 자세와 각오를 함축하고 있는 시로 하루살이꽃[一日花]의 생리를 통해 충신불사이군(忠臣不事二君)의 충절의 도를 상대적으로 노래하고 있는 시다.

전반부 1·2구에서는 하루 동안만 피었다 지는 꽃[一日花]은 이틀 동안[兩朝] 피지 않는 꽃이라는 것을 말하면서 두 왕조를 섬기지 않는 절의와 절개를 지닌 충신의 면모를 지닌 꽃이라고 단정적으로 말하면서, 부끄럽지 않는 태도를 끝까지 견지하겠다는 것을 말하고 있다. 곧 시어 양조(兩朝)의 의미를 '두 아침(해)'과 '두 왕조'의 의미를 동시에 갖게 하는 일자양의(一字兩義)의 표현을 통해 전반부의 꽃의 이미지와 후반부에서 불충(不忠)과 간신(奸臣)의 인간상을 동시에 함축하고 있는 해바라기와 대조적 이미지로 강조시키고 있다.

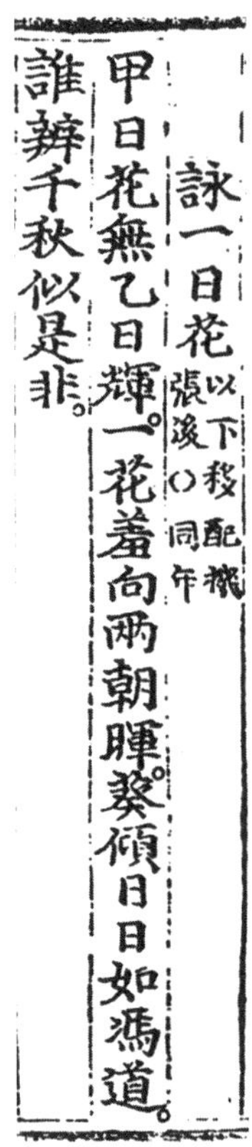
詠一日花 以下移配機張後○同年
甲日花無乙日輝。一花羞向兩朝暉。葵傾日日如馮道，誰辨千秋似是非。

후반부 3·4구에서는 지조 없이 해만 바라보고 피는 해바라기에 해당하는 역사적 두 인물인 풍도(馮道)와 (전)천추(田千秋)를 들고 있다. 그런데 긴 역사를 통해서 두 인물을 비평하자면, '사시비(似是非, 似是而非 ; 겉은 비슷하나 속은 완전히 다름)여서 쉽사리 그른 점을 분별해서 알기 어렵다고 한다. 따라서 시상의 구조는 일일화(고산)↔해바라기(풍도, 전천추)의 상대적 대응을 통해, 진정한 충성과 충신이란 임금이 아닌 정의(正義)에 입각한 부끄러움 없는 삶이고, 임금이 잘못 되었을 때는 목숨을 아끼지 않고 충간(忠諫 ; 충성스러운 마음으로 간함)한다는 사실을 표현하고 있다.

「김장군전(金將軍傳)」의 뒤에 제하다 - 3수

題金將軍傳後 三首 / 金將軍應河 歿於井嶺之役 明朝贈遼東伯○辛酉
제김장군전후 삼수

/ 김응하(金應河)[1] 장군은 정령(井嶺) 전투에서 죽었다. 명(明)나라에서 요동백(遼東伯)으로 추증(追贈)하다. 신유(辛酉年, 1621년. 광해 13. 35세)

[其一]

柳下將軍君莫說
유 하 장 군 군 막 설
說來令我有餘哀
설 래 령 아 유 여 애
尋祠一酹非無酒
심 사 일 뢰 비 무 주
未斫胡頭作飮盃
미 작 호 두 작 음 배

유하장군(柳下將軍)[2]에 대해서 그대는 말하지 마오
말하면 나에게 남은 슬픔을 일어나게 한다네.
사당(祠堂) 찾아가 올릴 한 잔 술이 없는 것은 아니나
아직 오랑캐 머리를 베어 마실 술잔을 만들지 못했다오.

1) 金應河(김응하) : 1580~1619년. 조선 중기의 무신. 1618년(광해군 10)에 명나라가 후금을 칠 때 김경서(金景瑞) 휘하의 좌영장이 되고, 이어 이듬해에 도원수 강홍립(姜弘立)을 따라 참전하여 3천명의 군사로 수 만 명의 후금 군대를 맞아 싸우다가 중과부적으로 전사함. 명나라 신종(神宗)은 조서를 내려 요동백(遼東伯)에 봉함.
2) 柳下將軍(유하장군) : 김응하 장군의 경칭(敬稱).

【해설】

형식은 7언 절구로 연시 3수 중 첫째 수다. 고산 연보에 의하면 32세(戊午年, 1618년)에 기장으로 이배한 다음 해인 33세(己未年, 1619년) 34세 2년간은 한 편의 작품도 쓰지 않는다. 이는 33세 기장으로 이배한 후 양부인 관찰공(觀察公 ; 尹唯幾)이 별세하였기 때문이다. 고래로 거상(居喪) 중에는 글을 쓰지 않는 것이 자식이자 선비로서의 바른 태도이기 때문이다. 본 작품은 거상이 끝난 35세(辛酉年, 1621년)에 처음으로 쓴 작품이다. 임진왜란 후 친명(親明)외교를 견지하던 조선은 6년 후 정묘호란(1627년)과 병자호란(1636년)을 당하며 혹독한 시련을 겪는다. 이 시는 명나라의 요구에 의해 후금을 정벌하기 위해 1621년에 장수로 출전하여 전사한 김응하 장군에 대한 추도다.

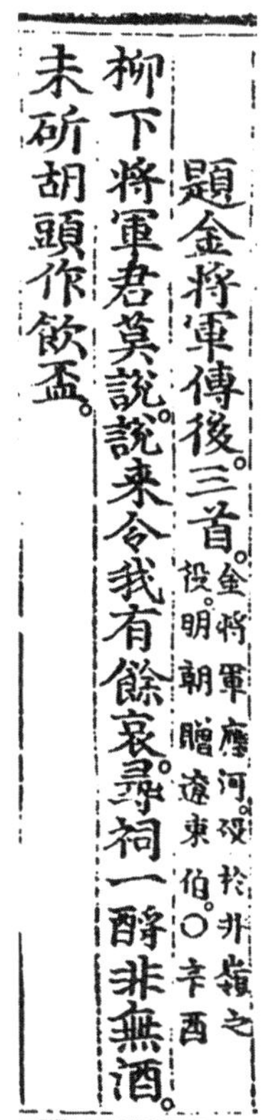
題金將軍傳後。三首。金將軍應河。沒於井嶺之役。明朝贈遼東伯。○辛酉
柳下將軍君莫說。說來令我有餘哀。尋祠一酹非無酒。
未斫胡頭作飲盃。

전반부 1·2구에서는 유하 장군이라는 말만 들어도 장군으로서 충절을 다한 김응하 장군의 의로운 죽음에 목이 멘다는 것이다. 1구에서 '~하지 마오'의 명령 또는 청유형의 어법과 2구에서 이에 이유를 밝히고 있는 표현에서 작가의 김응하 장군에 대한 경외심(敬畏心)을 볼 수 있다.

후반부 3·4구에서는 김응하 장군의 사당을 찾아가 추모의 술을 올릴 수도 있으나, 오랑캐들을 아직 정벌하지 못했고, 그러니 후인들은 장군의 뜻을 이어 받아 한을 풀어주지 못했기 때문에 그럴 수도 없다고 한다. 반드시 오랑캐들의 머리를 베어 해골로 만든 술잔이어야 한다는 것은 오랑캐를 아직 섬멸하지 못했다는 것의 상징적 표현이다. 그래야만 장군의 죽음에 대한 제(祭)를 올릴 수 있다고 하면서 조선과 명나라에서 명장으로 이름을 드날린 김응하 장군의 의로운 죽음을 추도하는 시다.

[其二]

柳下雄風人謾說
유 하 웅 풍 인 만 설
當時心事孰知哉
당 시 심 사 숙 지 재
肝塗尙握煌煌刃
간 도 상 악 황 황 인
骨朽猶存勃勃腮
골 후 유 존 발 발 시
遺恨未殲降(항)兩帥
유 한 미 섬 양 수
餘威擬擊虜渠魁
여 위 의 격 로 거 괴
英靈定作天弧去
영 령 정 작 천 호 거
不是山河不是雷
불 시 산 하 불 시 뢰

유하 장군의 영웅다운 풍모를 함부로 말하지 마오.[1)]
당시의 심사(心事)를 누군들 알리오.
간은 땅에 뒹굴어도[2)] 오히려 빛나는[3)] 칼을 움켜쥐었고
뼈는 썩었어도 오히려 노기(怒氣) 띤 뺨[4)]이 남아 있는 것은
항복한 두 장수[5)]를 미처 응징하지 못했기 때문이며
위의(威儀)가 넘치는 것은 괴수(魁首)를 칠 듯하기 때문이라네.
영령(英靈)이 하늘의 천호(天弧)[6)]가 되어 떠났으니
산도 강도 아니고 우레만도 아니라네.

---

1) 謾說(만설) : 말하지 말라.
2) 肝塗(간도) : 간뇌도지(肝腦塗地). 참혹한 죽음을 당하여 간과 뇌가 으스러졌다는 뜻으로 나라를 위해 목숨을 돌보지 않고 힘을 다함을 이름.
3) 煌煌(황황) : 환하게 빛나는 모양. 광채가 눈부신 모양.
4) 勃勃(발발) : 안개나 연기 따위가 피어오르는 모양.
5) 降兩帥(항양수) : 항복한 두 사람의 장수. 당시 후금에 항복한 김경서(金景瑞)와 강홍립(姜弘立)을 말함.
6) 天弧(천호) : 천랑성(天狼星)과 정면으로 맞서 빛을 내면 전쟁이나 도적이 그친다고 함.

【해설】

전문은 형식은 연시 3수 중 둘째 수로 형식은 7언 율시다. 첫째 수에 이어 더욱 구체적으로 김응하 장군의 면면을 노래하고 있는데, 죽어서도 손에 칼을 움켜쥐고 놓지 않았다는 사실과 죽은 시신에 위엄이 가시지 않았다는 사실을 주 내용으로 하고 있다.

전반부 1·2구에서는 후인들이 이러쿵저러쿵 김응하 장군의 영웅다운 풍모에 대해서 함부로 입에 올리는 것을 경계하고자 한다. 왜냐하면 그 당시의 전황(戰況)과 김응하 장군의 심사를 헤아릴 수 없기 때문이라고 한다. 이것은 3·4구에서 심사의 내용을 밝히고 있는데, 곧 장수로서 원수를 물리치지 못한 깊은 원한으로 몸은 적군의 칼날에 갈갈이 찢겨졌어도 움켜쥔 칼을 놓지 않았으며, 뼈는 썩어 문드러졌어도 얼굴에 띤 노기만은 가시지 않았다고 한다. 곧 김응하 장군의 주검에 얽힌 일화를 들어 백절불굴(百折不屈)의 정신만은 오히려 살아있다는 것을 강조한 표현이다.

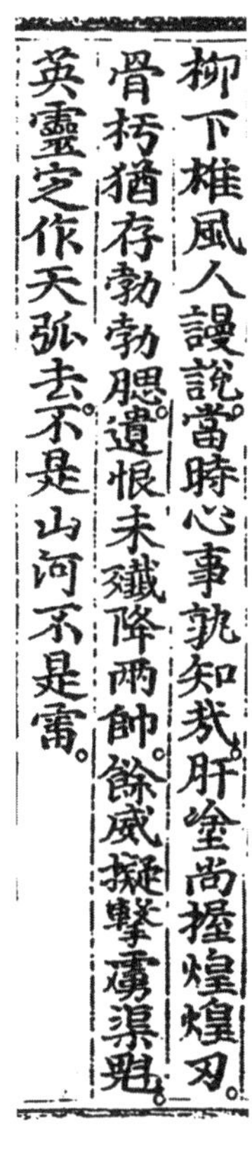
柳下椎風人謾說。當時心事孰知哉。肝塗尚握煌煌刃。骨朽猶存勃勃腮。遺恨未殲降兩帥。餘威擬擊虜渠魁。英靈定作天弧去。不是山河不是雷。

후반부 5·6구에서 구체적으로 원수를 밝히고 있는데, 물론 죽여야 할 첫 번째 원수는 적군의 장수일 터인데, 그렇지 않고 부장으로 함께 출전하여 적군에게 비겁하게 항복한 김경서(金景瑞)와 강홍립(姜弘立)에 대한 응징이다. 아울러 아직 다하지 못한 오랑캐 섬멸에 대한 김응하 장군의 염원을 적고 있다. 7·8구에서는 김응하 장군의 죽은 영령에 대한 추모와 예찬의 내용으로, 몸은 비록 죽었으나, 그의 충절은 산도 아니고 강도 아니고 하늘의 별[天弧]이 되었을 것이니, 이는 적을 무찔러 전쟁을 끝내고자 한 염원의 표상이다. 결국 조선의 안녕과 평화를 지키고자 한 김응하 장군의 충절에 대한 추도다.

[其三]

纍(루)人昔在古楸城
인석재고추성

錦城鄭公莅其府
금성정공이기부

鄭公高義向我厚
정공고의향아후

把臂華筵倒瓶甒
파비화연도병무

飮酣往往憂國語
음감왕왕우국어

語及人材歷文武
어급인재역문무

公言吾友有應河
공언오우유응하

忠智義勇驅今古
충지의용구금고

老夫於人少所服
노부어인소소복

每見金侯輒自失
매견금후첩자실

是歲金侯佐戎幕
시세금후좌융막

問訊曾到幽人室
문신증도유인실

詰其顏貌想見之
힐기안모상견지

矯首佇看干城日
교수저간간성일

豈知今日天南頭
기지금일천남두

卷中慘憺瞻遺像
권중참담첨유상

一把戰圖一揮淚
일파전도일휘루

再讀傳記再稽顙
재독전기재계상

人皆榮子死得所
인개영자사득소

我獨哀公時不偶
아독애공시불우

不識山川險易
불식산천험이

千里襲人百里趨
천리습인백리추

天將寡謀何足咎
천장과모하족구

獨揮踏繭偏師
독 휘 답 견 편 사

投畀八萬鐵浮圖
투 비 팔 만 철 부 도

恨不先斬元戎首
한 불 선 참 원 융 수

玉帳當日二小豎
옥 장 당 일 이 소 수

望風解甲言之醜
망 풍 해 갑 언 지 추

以公之明料二帥
이 공 지 명 료 이 수

與作偏裨豈其志
여 작 편 비 기 기 지

始也曷不以死辭
시 야 갈 불 이 사 사

畢更投身徒死地
필 경 투 신 도 사 지

要存東土禮義風
요 존 동 토 예 의 풍

要白吾□王報國意
요 백 오 왕 보 국 의

我不愛公抵死倚樹射强胡
아 불 애 공 저 사 의 수 사 강 호

我不愛公死後手中劍不置
아 불 애 공 사 후 수 중 검 불 치

我愛公嘗不卜貴家女
아 애 공 상 불 복 귀 가 녀

我愛公嘗不媚黃門使
아 애 공 상 불 미 황 문 사

平生苟無利害心
평 생 구 무 이 해 심

臨難何難義烈事
임 난 하 난 의 열 사

若使如公制閫外
약 사 여 공 제 곤 외

付與十萬貔貅任指揮
부 여 십 만 비 휴 임 지 휘

李牧擊走凶奴不足道
이 목 격 주 흉 노 부 족 도

李靖襲擒頡利其庶幾
이 정 습 금 힐 리 기 서 기

頭有韁繫脚索縻
두 유 강 계 각 색 미

稟撝(휘)於麛而虎衣
품 어 미 이 호 의

使公不能成就萬古勳
사 공 불 능 성 취 만 고 훈

使公只能成就萬古名
사 공 지 능 성 취 만 고 명
天胡不嗇人才嗇人命
천 호 불 색 인 재 색 인 명
思之中有百感千恨幷
사 지 중 유 백 감 천 한 병
嗚呼
오 호
後來豈無金應河
후 래 기 무 김 응 하
後來豈無姜弘立
후 래 기 무 강 홍 립
嗚呼
오 호
我有揀選法
아 유 간 선 법
欲叩天門我馬縶
욕 고 천 문 아 마 집

* 鄭公名如璘. 二小竪 姜弘立・金慶瑞
정 공 명 여 린 　이 소 수 　강 홍 립 　김 경 서

이 죄인[1]은 지난날 옛 추성(楸城 ; 慶源)의 감옥에 갇혀 있었는데
금성(錦城 ; 羅州)의 정공(鄭公 ; 鄭如璘)이 그 고을에 부임했었네.
정공이 높은 의리로 나에게 후하게 베풀어 주며
팔을 붙잡고 화려한 잔치에서 술단지를 기울였네.
술이 취하면 가끔 나랏일 걱정하는 말을 했는데
말이 인재에 미치면 문무관을 지낸 이들을 두루 말했네.
공이 말하기를, "내 벗으로 응하(應河)가 있었는데
충성스런 지혜와 의로운 용맹이 고금에 빼어나서
늙은 나는 남들에게 마음으로 탄복하는 일이 적었는데
매번 김장군을 볼 때면 문득 망연자실해진다오."
이 해에 김장군의 융막[2]을 보좌했다고 해서
그 은거하는 사람의 집을 물어서 찾아갔지.
그의 용모를 묻고 그(김장군)를 보고 있는 것처럼 상상하면서
머리를 바로 들고 잠시 나라를 지키는 해를 보는듯 했는데
어찌 알았으랴? 오늘 남쪽 끝에서

두루마리 그림 속에서 남겨진 초상화를 참담하게 볼 줄을.
한 번 (김장군의)작전 전도를 보고 한 번 눈물 흘리고
다시 (김장군의)전기를 읽고 또 거듭 머리를 조아리네.[3)]
사람들은 모두 죽을 곳을 얻어 죽은 그대를 영예롭다하나,
나만은 홀로 공이 때를 잘못 만난 것을 슬퍼하네.
산천이 험하고 평탄한 것을 아랑곳하지 않고
천 리 밖의 적들을 습격하고 백리를 뒤좇아 갔으니
하늘이 낸 장군[4)]을 지모가 적다고 어찌 탓할 수 있겠는가?
홀로 발이 부르터 지친[5)] 일부 군사[6)]를 지휘하며
팔 만의 철부도[7)] 군사에 맞서서 몸을 던졌도다.
한스러운 것은 먼저 오랑캐 우두머리를 베지 못한 것이고
옥으로 장식한 천막 안에 있던 두 소인배[8)]는
적들의 위풍을 보고 갑옷을 벗고[9)] 추한 말을 했다네.
공의 명민함으로 두 장수(강홍립과 김경서)를 헤아림에 있어
그들과 함께 부장[10)]이 된 것이 어찌 그의 뜻이었겠는가?
(출정에 임한)처음 어찌 죽음의 말(맹세)을 하지 않았겠는가
마침내 사지에 몸을 던졌도다.
요컨대 우리나라에 예의의 풍속을 보존함이요
요컨대 우리나라 □[11)]왕에게 보국의 뜻을 밝힘이었도다.
나는 공이 죽어가면서도 나무에 의지하여 억센 오랑캐를 향해 활을 쏜 것에 관심두지 않으며
나는 공이 죽은 뒤에도 손에 칼을 놓지 않은 것에 관심두지 않네.
나는 공이 일찍이 귀한 가문의 여식을 선택하지 않았음에 관심을 두며
나는 공이 일찍이 황문[12)]의 사자에게 아첨하지 않았음에 관심두네.
평생 참으로 이해를 따지는 마음이 없었으며
어려움에 임해서도 어찌 의열의 일을 어렵다고 여겼겠는가?
만약 공에게 국경 밖의 적을 통제하게 하고

10만 명의 용맹스런 군사[13]를 주어 지휘를 맡겼다면

이목(李牧)[14]이 흉노를 격퇴한 일은 말할 것도 없고

이정(李靖)[15]이 힐리(頡利)[16]를 습격하여 잡은 것과 거의 같았을 것이다.

머리에는 고삐와 쇠사슬을 두르고 다리는 쇠고삐에 묶였는데

품성은 새끼사슴보다 겸손하되 호랑이 갖옷을 입었네.

공으로 하여금 만고의 공훈을 이루게 하지는 못했으나

공으로 하여금 만고의 이름은 이루게 할 수 있었다오.

하늘은 어찌하여 인재 냄에는 인색하지 않으면서 인명(人命)에는 인색한가?

생각하노라니 온갖 감회와 한이 어우러지는구나.

아!

후대에 어찌 김응하 같은 이가 없을 것이며

후대에 어찌 강홍립 같은 이가 없겠는가?

아!

나에게는 (충신과 간신을)가려낼 방법이 있으니

대궐문[17]을 두드려 내 말을 매고 싶도다.

* 정공(鄭公)의 이름은 여린(如獜)이요, 두 소인배는 강홍립(姜弘立)과 김경서(金景瑞)이다.

---

1) 纍人(루인) : 죄인으로 갇힘.
2) 戎幕(융막) : 군부(軍府). 막부(幕府). 장군의 막사.
3) 稽顙(계상) : 계상재배(稽顙再拜). 머리가 땅에 닿도록 허리를 굽힘.
4) 天將(천장) : 하늘이 낸 장군. 전략과 전술에 능한 장군. 신장(神將).
5) 踏繭(답견) : 누에고치에서 실을 뽑을 때 삶은 고치를 밟느라 피곤한 것.
6) 偏帥(편수) : 일부의 군사만을 거느린 장수. 또는 한 지역을 막아 지키는 장수.
7) 鐵浮圖(철부도) : 철갑을 둘러 중무장한 군사.
8) 二小竪(이소수) : 두 명의 소인배. 후기에서 두 명의 소인배를 각각 김경서(金景瑞)·강홍립(姜弘立)이라고 밝히고 있다. - 姜弘立(강홍립)·金景瑞(김경서) : 조선 중기의 문신. 후금을 치기 위해 강홍립은 오도원수가 되고 김경서는 부원수가 되어 출정했으나 패전하고 남은 군사들을 이끌고 후금에 투항했다.
9) 解甲(해갑) : 갑옷을 벗음. 투항함.

10) 偏裨(편비) : 편장(偏將) 부장(副將).
11) □ : 공격(空格). 빈 칸. 공경의 뜻을 표하기 위해 칸을 비움. 왕의 칭호 앞에서 사용.
12) 黃門(황문) : 내시(內侍).
13) 貔貅(비휴) : 비와 휴. 모두 곰과 비슷한 맹수.
14) 李牧(이목) : 전국시대 조(趙)나라의 명장. 흉노와 진의 군대를 격파함.
15) 李靖(이정) : 당(唐)나라 삼원(三原) 사람. 병법에 뛰어나고 문재를 겸비하여 돌궐 등 변방의 오랑캐를 거듭 격파함.
16) 頡利(힐리) : 당대(唐代) 동돌궐(東突厥)의 극한(可汗). 이민족의 수령을 이름.
17) 天門(천문) : 대궐문의 경칭.

【해설】

전문 56행의 고시다. 앞선 [其一]과 [其二]에 이어지는 연시처럼 같은 내용의 세 번째 시다. 앞의 두 시인 7언 절구와 7언 율시의 짧은 형식으로는 작가가 김응하 장군에 대해 쓰고 싶은 내용을 다 쓸 수 없었고, 단순한 추모시로는 만족하지 못했기 때문에 작가는 다시 전문 56행의 장시 형식인 고시를 지었으리라 여겨진다. 내용은 성격상 서사시적이다.

먼저 서두(1~6행)에서는 시를 쓰게 된 계기, 작가가 추성에 있을 때, 그 곳에서 관장으로 부임한 정공을 만나서 후한 대접을 받고, 나랏일과 나라의 문무관의 인재에 대해서 말하는 가운데, 정공의 친구였던 김응하 장군의 이야기를 듣는 것으로 시작된다. 이어 둘째 단락(7~10행)에서는 정공의 말을 인용하면서 정공은 다른 사람보다도 김응하 장군을 볼 때마다 마음속으로 탄복하게 된다는 이야기를 듣는다. 셋째 단락(11~18행)에서는 김장군의 막하에서 보좌를 지냈다는 사람의 집을 탐문하여 알아내고 찾아가 이야기를 듣고 탄복했다는 이야기를 쓰고 있다. 그 곳에서 김장군을 그린 두루마리 초상화를 보고, 전도를 보고, 전기를 읽고 더욱 감명 받았다는 내용이다.

넷째 단락(19~48행)에서는 행적을 쓰면서 예찬과 추모의 글로 되어 있다. 전쟁터에서 산천의 험함과 평탄함을 가리지 않고 적들을 물리쳤으니, 가히 빼어난 전략과 전술을 갖춘 하늘이 낸 장수라 이를 만하다고 하면서, 목숨을 던진 내용을 쓰고 있다. 아울러 후금 정벌에서 역사에도 밝히고 있듯 김장군이 속한 두 명의 투항한 비겁한 장수를 들고 있으니, '소인놈'이라고 일컫는 강홍립과 김경서이다. 이 두 사람을 상관으로 모시게 된 것이 참으로 불행이었다는 것이다(19~30행). 그가 목숨을 바친 것은 우리나라와 우리 임금을 위한 것이었으니, 죽어 가면서도 활을 쏘고 죽은 후에도 손에서 칼을 놓지 않은 용맹과, 부인을 문벌 좋은 집안의 여자로 택하지 않고 내시들에게도 아첨하지 않는 품행은 곧 이해를 따지지 않고 오로지 의열에만 의거하여 살아간 사람이었음을 증명하는 것이다(31~40행). 만약 그가 강홍립이나 김경서 같은 소인 축에 드는 장수들 휘하에 있지 않고 직접 군대를 지휘하였다면 중국의 이목(李牧)이나 이정(李靖)보다 더 큰 전공을 세웠을 것이라 한다. 그의 품성을 말하면서 공은 비록 못다 이루었지만 이름은 이루었다고 안타까워한다(41~48행).

마지막 결어 부분(49~54행)에서는 하늘이 인재를 냄에는 인색하지 않으나 인명에는 인색하다고 하면서 김장군의 죽음을 한탄하고 있다. 그러면서 역사 일반으로 본다면, 앞으로 김장군 같은 충성스럽고 용맹스러운 사람도 얼마든지 있을 것이며, 강홍립 같은 소인 무리배들도 얼마든지 있을 것이라고 하면서, 자신은 이들을 가려낼 방법이 있으니 하늘의 옥황상제에게 가서 알려주고 싶다고 한다.

중국의 여느 명장에도 뒤지지 않을 전술과 전략의 소유자임을 들어 행적을 요약하고, 하늘의 잘못 두 가지를 들고 있으니, 일찍 죽게 한 것과 충신과 간신을 구별하지 않고 함께 내었느냐고 원망하는 것으로 끝난다.

纍人昔在古楸城錦城鄭公莅其府鄭公高義向我厚
把臂華筵倒瓶甒飮酣往往憂國語語及人材歷文武
公言吾友有應河忠智義勇驅今古老夫於人少所服
每見金侯輒自失是歲金侯佐戎幕問訊曾到幽人室
詰其顔貌想見之矯首佇看千城日豈知今日天南頭
卷中憐憺膽遺像一披戰圖一揮淚再讀傳記再稽顙
人皆榮子死得所我獨哀公時不偶不識山川險易千
里襲人百里趨天將寘謀何足咎獨揮踏爾偏師接界
八萬鐵浮圖恨不先斬元戎首玉帳當日二小豎望風
解甲言之醜以公之明料二帥與作偏裨豈其志始也
曷不以死辭罪竟投身徒死地要存東土禮義風要白
吾　王報國意我不愛公抵死倚樹射強胡我不愛公
死後手中劍不置我愛公嘗不卜貴家女我愛公嘗不
媢黃門使平生苟無利害心臨難何難義烈事若使如
公制閫外付與十萬貔貅任指揮李牧擊走凶奴不足
道李靖襲擒頡利其庶幾頭有轠繫脚索縻稟摛於纛
而虎衣使公不能成就萬古勳使公只能成就萬古名

孤山遺稿　卷之一　二十一　詩

天胡不嗇人才嗇人命思之中有百感千恨幷嗚呼後
来豈無金應河後来豈無姜弘立嗚呼我有揀選法欲
叩天門我馬縶 鄭公名如𤠣。二小豎。姜弘立金慶瑞。

아우와 이별하며 지어주다 - 2수

贈別少弟 二首 / 公庶弟善養◯自註金雞仲秋念五日，送至三聖臺而作
증별소제 이수

/ (아우는)공의 서제(庶弟) 선양(善養)이다 ◯자주(自註)에 의하면 금계(金雞)[1] 중추(仲秋) 5일에 삼성대(三聖臺)에 이르러 보내고 짓다.

[其一]

若命新阡隔幾山
약 명 신 천 격 기 산
隨波其奈赧生顔
수 파 기 내 난 생 안
臨分惟有千行淚
임 분 유 유 천 행 루
灑爾衣裾點點斑
쇄 이 의 거 점 점 반

* 時有納鍰自贖之事，隨波卽指比也
시 유 납 환 자 속 지 사 수 파 즉 지 비 야

새로 유배(流配)[2]의 명이 내린다면 우리는 많은 산으로 멀어지겠지만
얼굴을 붉히며 어찌 시류(時流)를 따르겠는가.[3]
헤어짐에 임해 오직 천 줄기 눈물이 흘러
옷깃을 적시며 점점이 얼룩지는구나.

* 이때에 돈을 바치고 죄를 대속하는 일이 있었으니, '隨波(수파)'는 이것을 비유하여 가르킨다.

---

1) 金雞(금계) : '금성(金城)의 계림(雞林)'이라는 뜻으로, 본문에서는 이배지인 경상도의 기장을 말함.
2) 新阡(신천) : 새로 난 묘도(墓道). 본문에서는 함경도 경원에서 경상도 기장으로 새로이 유배지(流配地)를 옮김을 의미.
3) 隨波(수파) : 돈을 주고 죄를 대속(代贖)하는 시류(時流)를 따르는 것. 당시에 속전(贖錢)을 내면 중도부처(中途付處 ; 벼슬아치에 대한 형벌의 한 가지로 일정한 곳을 지정하여 머물러 있게 하는 거주 제한)되는 혜택을 보던 시류가 있었음. 본문에서는 속전을 내고 경상도 기장으로 이배가는 대신에 양주 고산에 머무를 수도 있었다는 의미.

【해설】

전문은 연시 2수 중 첫째 수로 형식은 7언 절구다. 귀양살이의 어려움 중의 하나는 사랑하는 가족들과 헤어지는 것이다. 아무리 심지를 굳게 갖더라도 부모님과 형제들, 그리고 아내와 자식의 안부는 늘 궁금하고 그리운 것이다. 작가의 연보에 의하면, 고산이 함경도 경원에서 경상도 기장으로 유배지를 옮겨 가는 과정에서 경기도 양주의 고산(孤山)에 계시던 부친 관찰공(觀察公)을 뵙고 내려간다.

전반부 1·2구에서는 새 유배지로 가는 상황을 가정하고 아우를 비롯한 가족들과의 이별의 정황을 그려내고 있다. 그런데 서제(庶弟)인 선양(善養)이 형님인 고산 선생에게 '남들처럼 형님도 속전(贖錢)을 내고 죄를 감해서 한양이나 고산, 또는 해남으로 중도부처(中途付處)를 하자고 권유했을 것이다. 그러나 고산은 단호히 이를 거절하면서 얼굴 붉히는 부끄러운 일은 하지 않겠다고 하는 내용이 2구에 나오고 있다. 고산 선생의 올곧은 성품과 속전이 행해지던 당시의 시류의 일면이 압축적 표현 속에 드러나 있는 구절이다. 무엇보다도 '하늘 우러러 한 점 부끄럼 없는 생애를 살아가고자'하는 자세는 우리들에게 시사하는 바가 적지 않다.

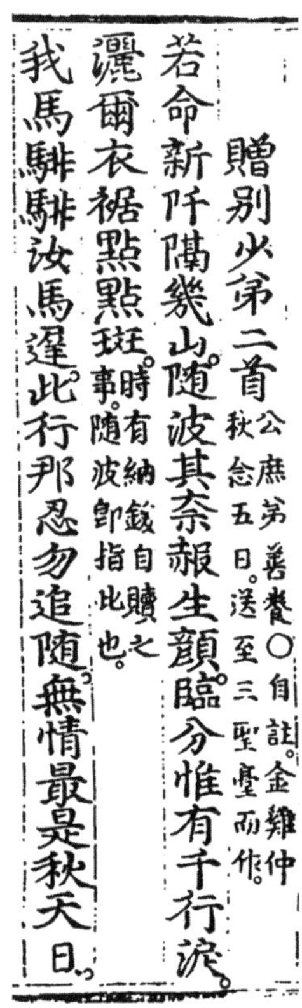

贈別少弟二首 公庶弟善養○自註。金雞仲秋念五日。送至三聖臺而作。

若命新阡隔幾山。隨波其奈報生顔。臨分惟有千行淚。

灑爾衣裾點點斑。時有納錢自贖之事。隨波即指此也。

我馬騑騑汝馬遲。此行那忍勿追隨。無情最是秋天日。

후반부 3·4구에서는 새 이배지로 가는 형님을 얼마쯤 전송하러 따라 나왔을 아우 선양과 작별 인사를 해야 하는 안타까운 마음을 쓰고 있다. 유배 가 있는 동안에 집안을 무사히 건사해야 하는 아우에게 이것저것을 부탁하는 형님 고산과, 모쪼록 무사히 유배를 마치기를 바라는 아우의 마음이 이전전심으로 전해지면서 아쉬운 순간의 작별의 정황이 사실적으로 그려지고 있는 시다.

[其二]

我馬騑騑汝馬遲
아 마 비 비 여 마 지
此行那忍勿追隨
차 행 나 인 물 추 수
無情最是秋天日
무 정 최 시 추 천 일
不爲離人駐少時
불 위 이 인 주 소 시

내 말은 쉬지 않고 달리는데[1] 돌아가는 너의 말은 더디니
이번 행차에서는 어찌하여 차마 좇아가지 못하는 것인가?
가장 무정한 것은 가을날의 짧은 해이거니
작별하는 사람들을 위해 잠시도 멈춰주지 않네.

1) 騑騑(비비) : 말이 쉬지 않고 달리는 모양.

【해설】

전문은 연시 2수 중 둘째 수로 형식은 7언 절구다. 이제 얼마쯤, 아마도 저만치 산모롱이쯤에서 아우는 귀양지가 옮겨져서 새 귀양지(경상도 기장)로 가야하는 형을 전송하고 다시 집으로 돌아가야 한다. 차마 헤어지기 싫어하는 형과 아우의 모습을 말의 발걸음으로 표현하고 있다. 내 말의 걸음이 빠른 것은 기일 내에 귀양지에 도착해야하기 때문이고, 아우의 말이 더딘 것은 그런 것과는 상관없이 우선 형과 헤어지는 것이 싫기 때문이다.

이별의 아쉬움을 전반부 1·2구의 공간 구도와 후반부 3·4구의 시간 구도 속에 형상화하고 있다. 그런 심정을 말[馬]을 원망하고 말의 탓으로 돌리고 있으니, '이번 행차에서는 어찌하여 차마 좇아오지 못하고 멈칫멈칫하고 있느냐?'고 의문의 어법으로 의아해 한다. 그리고 해[日]를 원망하고 있다. 말보다 더 원망스러운 것은 가을날의 짧은 해다. 아마도 동생은 머리를 숙이고 슬픔을 참느라고 터덕터덕 걷는 말 위에서 맥없이 걸터앉아 따라 간다.

전반부가 간접 화접이라면 후반부는 직접 화법에 가깝다. 전반부에서는 두 말의 걸음새를 비교하는 보여주기의 묘사의 수법이고, 후반부에서는 작가의 감정이 투사된 '무정'과 '작별'이라는 시어로 제시하되 감정의 직접적 제시는 최대한 억제하고 있다. 대신 멈춰주지 않는 해가 원망스럽다고 표현하고 있다. 가을날의 짧은 해는 떠나야 하는 형에게는 발걸음을 재촉하는 해이고, 이별을 아쉬워하는 아우에게는 이별을 재촉하는 해다. 물론 이별을 아쉬워하는 마음은 같지만, 시간에 대한 인식이 서로 다르다. 시간의 흐름에 대한 인식이 다르다는 것은 상황에 대한 인식이 다름을 말하고 있다. 주제는 아우와의 이별의 아쉬움이다.

我馬騑騑汝馬遲。此行那忍勿追隨。無情最是秋天日。
不爲離人駐少時。

병을 앓으며 느낌이 있어 지어 보내다

病中遣懷
병중견회

居夷禦魅豈余娛
거이어매기여오
戀□國懷先每自虞
연 국회선매자우
莫怪踰山移住苦
막괴유산이주고
望京猶覺一重無
망경유각일중무

변방[1]에서 귀양살이[2]하는 것이 어찌 내가 스스로 즐기는 것이리오.
□[3]임금 그리는 마음이 늘 내 스스로 즐기는[4] 것보다 먼저이지요.
먼 길을 걸어[5] 거주지를 옮기는 괴로움이 괴이하지 않음은
한양을 바라보면 오히려 한 겹 산[6]이 없어졌음을 깨닫기 때문이라네.

---

1) 居夷(거이) : 동방구이(東方九夷)의 지역에 거주함. 동방구이(東方九夷) 또는 동방구이(東方九彝)는 동쪽의 많은 오랑캐. 또는 변방의 여러 소수 민족을 일컫는 말.
2) 禦魅(어매) : 귀양살이를 감당하다. '魅'는 '매향(魅鄕)' 곧 황량한 변경 지역을 뜻하고, 본문에서는 귀양지를 의미.
3) □ : 공격(空格). 빈 칸. 공경의 뜻을 표하기 위해 칸을 비움. 왕의 칭호 앞에서 사용. 따라서 뒤의 '國'은 나라가 아닌 '임금, 왕'을 지칭함.
4) 自虞(자우) : 스스로 즐김. 스스로 즐거움으로 삼음.
5) 踰山(유산) : 유산월해(踰山越海). 산을 넘고 바다를 건넘. 먼 길 감을 의미.
6) 一重(일중) : 일중일엄(一重一掩). 겹치고 가림. 중첩된 산 모양을 비유.

【해설】

형식은 7언 절구다. 귀양지에 있으면 오히려 마음이 태평할 수 있다. 전반부 1·2구에서 그러한 태평스럽고 편안한 마음을 즐길 수는 없다. 왜냐하면 나랏님(임금)을 그리워하고 걱정하는 것은 떨치려고 해도 떨칠 수 없고, 내 즐거움보다 우선하기 때문이라고 한다. 후반부 3·4구에서는 아울러 산을 넘고 물을 건너 유배지를 옮겨다녀하는 고생쯤은 고생스럽지 않고 얼마든지 감당할 수 있다. 왜냐하면 나랏님의 밝은 정사(政事)를 믿기 때문이다. 작가는 현재 귀양지를 척박하고 겨울이 길고 추운 함경도 경원에서 그래도 비교적 따뜻한 남쪽 경상도 기장으로 옮겼고, 그런 사실은 멀지 않아 해배(解配 ; 귀양을 풀어 줌)의 희망이 보이기 때문이다. 이러한 희망을 갖는 것은 임금께서 밝으신 정사를 베풀 것이라는 기대를 저버릴 수 없기 때문이다.

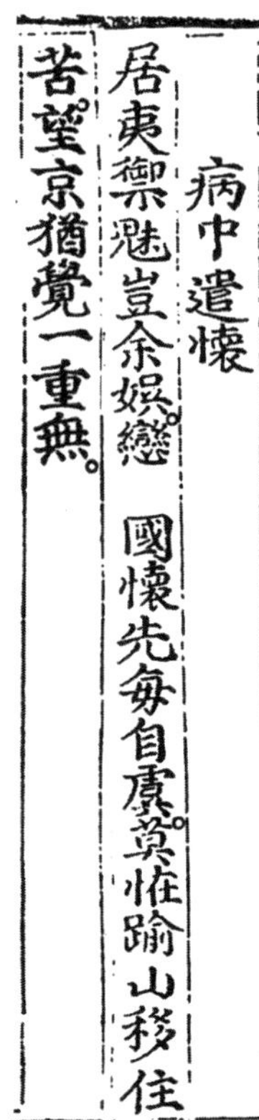
病中遣懷
居夷禦魅豈余娛。戀國懷先每自虞。莫恠踰山移住苦。望京猶覺一重無。

전체적으로 1구와 2구, 3구와 4구가 인과적으로 연결된 구조임을 알 수 있다. 귀양살이를 하다보면, 모든 것을 포기하고 체념하는 가운데 오히려 마음이 편안할 수 있다. 그렇다고 그것을 즐길 수는 없다. 설령 내 몸이 병이 들어 아프거나 편안하여 즐길 수 있더라도 내 몸만을 생각하고 아파하고 즐길 수 없다. 왜냐하면 나랏님 걱정이 내 몸의 병과 즐거움보다 우선하기 때문이다. 이러한 마음으로 귀양지를 함경도 경원에서 경상도 기장으로 옮기는 것은 임금과 작가 자신을 가로막고 있는 산이 한 겹 없어지는 것이니, '임금이 계시는 한양과 보다 가까워지기 때문'이라고 한다. 곧 유배인의 연군지정(戀君之情)은 고래로 당연한 일이기 때문이다. 주제는 이배지인 기장에서 느끼는 연군지정이다.

닭을 읊다

咏雞
영계

物性雖偏塞
물 성 수 편 색
稟賦有明處
품 부 유 명 처
吾人固最靈
오 인 고 최 령
時夜誰及汝
시 야 수 급 여
氣至自咿喔
기 지 자 이 악
若灰管應呂
약 회 관 응 려
鳴應扶桑雞
명 응 부 상 계
實惟無稽語
실 유 무 계 어
矧肯聽人假
신 긍 청 인 가
雷同失常敘
뇌 동 실 상 서
乃知孟嘗客
내 지 맹 상 객
適與汝同擧
적 여 여 동 거
客能欺田文
객 능 기 전 문
非文欺秦去
비 문 기 진 거

물성(物性)[1]이란 것은 비록 치우치고 막혔지만
품부(稟賦)[2] 받은 것에는 밝은 곳도 있다네.
우리 인간들이 본디 가장 신령하다지만
밤 시각[3]을 알리기는 누가 너에게 미치리요?
새벽 기운이 이르면 저절로 꼬끼오[4] 하고 우니
갈대재를 율관(律管)[5]에 넣어 여성(呂聲)[6]이 응하는 것 같구나.
너의 울음은 부상의 천계(天鷄)[7]에 응답하는 것이라고 하나 그 말은 실지 황당무계[8]한 말이라고 생각한다.
하물며 사람의 거짓 닭 울음을 듣고
부회뇌동(附和雷同)[9]하여 일상의 차례[10]를 잊었겠는가?
이에, 알겠구나! 맹상군의 식객[11]이
마침 너와 더불어 거동이 한 가지였음을.[12]
식객이 전문(田文)[13]을 속일 수 있었던 것이요
전문이 진(秦)을 속이고 간 것은 아니었도다.

---

1) 物性(물성) : 물질이 가지고 있는 성질.
2) 稟賦(품부) : 선천적으로 타고남.
3) 時夜(시야) : 밤 시각. 본문에서는 곧 새벽이 오는 시간. 닭의 별칭.
4) 咿喔(이악) : 닭 등이 우는 소리.
5) 灰管(회관) : 절기의 변화를 관측하는 기구. 갈대청의 재를 율관(律管)에 채워 두고 관측하므로 이르는 말.
6) 呂聲(여성) : 음악의 십이율(十二律) 중에서 음율(陰律)에 속하는 여섯 음. 육려(六呂).
7) 扶桑雞(부상계) : 부상(扶桑)의 천계(天雞). 부상은 중국 전설에서, 해가 뜨는 동쪽 바다 속에 있다고 하는 상상의 신성한 나무. 또는 그 나무가 있다는 곳. 천계(天雞)는 새 이름. 도도산(桃都山)에 산다는 전설상의 닭.
8) 無稽(무계) : 황당무계(荒唐無稽). 헛되고 터무니없음.
9) 雷同(뇌동) : 부화뇌동(附和雷同). 일정한 주견 없이 남의 의견을 따라 좇음.
10) 常敍(상서) : 일상의 차례. 고정된 순서. 본문에서는 문지기가 첫닭이 울어야 성문을 열어주는 것.
11) 孟嘗客(맹상객) : 맹상군(孟嘗君)의 식객(食客). 전국시대 제나라 재상이었던 맹상군이 두었다는 삼천 명의 식객.
12) 同擧(동거) : 행동거지가 한 가지. 곧 맹상군의 식객이 낸 닭 울음소리가 실제 닭 울음소리와 같았음을 의미. 맹상군이 진(秦)나라에 들어갔을 때 소왕(昭王)에게 피살될 뻔 했는데, 함곡관을 빠져 나갈 때, 아직 새벽이 되지 않아 관문을 열지 않으므로 식객 중 닭 울음소리를 잘 내는 사람이 닭 움을 소리를 내자 모든 닭들이 따라 울어 아침이 왔음을 알리니 관문을 열어 주어 탈출할 수 있었다는 고사.
13) 田文(전문) : 맹상군(孟嘗君)의 이름.

【해설】

형식은 5언 14행의 고시다. 닭의 불성(物性) 곧 시각을 알아 때에 맞춰 우는 물성을 소재로 하여 쓴 시다. 전반부 1~4행에서는 물성이 인성(人性)보다 치우치고 막혔으나, 때로는 밝은 측면도 있다고 하면서 특히 새벽이 오는 것을 알려주는 것에는 어느 누구도 따라갈 수 없다고 한다. 그리고 그 정확성은 마치 절기의 변화를 관측하는 기구인 회관(灰管)과 같다고 한다. 중반부 5~10행에서는, 혹자는 이러한 닭에 대해 부상국(扶桑國)의 천계(天雞)가 우니 그것에 호응하여 우는 것이라고 하는 설은 근거 없는 황당무계한 말이라고 한다. 곧 물성 중에는 인성보다 뛰어난 것이 있을 따름이요 물성에 대한 항간의 이러쿵저러쿵하는 이야기들은 사실이 아니라고 한다.

후반부 11~14행에서는, 닭에 관한 맹상군의 식객 고사를 들어 논리적으로 시를 마무리 한다. 맹상군의 식객이 닭과 똑 같은 울음소리를 낼 수 있었던 관계로 죽음의 위기에 처한 맹상군을 구할 수 있었다고 한다. 맹상군이 진나라로 갈 때 데리고 간 식객 중에 개의 흉내를 잘 내어 도적질을 잘하는 식객과 닭울음소리를 잘 내는 두 명을 데리고 가는데, 처음에 이 두 사람을 빈객에 포함시켰을 때 다른 식객들이 달가워하지 않았다. 그러나 그 두 사람 때문에 맹상군이 위기에서 벗어나자 모두 탄복하였다. 그리고 맹상군이 진나라를 빠져 나올 수 있었던 것은 맹상군이 그 색객의 닭울음소리에 속았기 때문이지, 맹상군이 진나라

苦望京猶覺一重無。

咏雞

物性雖偏塞。禀賦有明處。吾人固最靈。時夜誰及汝。氣至自咿喔。若灰管應呂。鳴應扶桑雞。實惟無稽語。矧肯聽人假。雷同失常叙。乃知孟嘗客。適與汝同舉。客能欺田文。非文欺秦去。

를 속인 것은 아니라고 한다.

물건을 노래하는 영물시(詠物詩)의 특징은 인성(人性) 우위론에서 시작하여 물성(物性)도 부분적으로는 인성에 뒤지지 않는 측면이 있다는 것을 내세워 물성의 새로운 발견을 시도하고 노래하는 것이 특징이다. 그러기 위해서 역사 전고(典故)를 사용하면서 대상이 되는 물건(닭)을 예찬하고 있다.

임박사(任博士)[1]와 이평사(李評事)[2]의 시에 차운하여 봉황대(鳳凰臺) 주인[3]에게 봉증(奉贈)하다

次任博士李評事韻 奉贈鳳凰臺主人 / 博士任疎菴叔英
차임박사이평사운 봉증봉황대주인

/ 박사는 소암 임숙영(疎菴任叔英)이다.

聞子溪居勝
문자계거승
高臺入谷深
고대입곡심
畫鞭頗了了
화편파료료
生目自森森
생목자삼삼
李語有山色
이어유산색
任篇獲鳳心
임편획봉심
何當辦兩脚
하당판양각
偶庇後凋林
우비후조림

듣자하니, 그대가 사는 계곡의 경치가 좋아
높은 대가 깊숙한 계곡 속에 들어있다 하네.
말채찍에 그린 그림[4]인 듯 자못 선명하여
(아직 보지 못한)낯선 풍경[5]이지만 저절로 눈에 삼삼하구나.
이평사(李評事)의 시어[6]에는 (봉황대의)산빛이 담겨 있고
임박사(任博士)의 시편[7]에서는 봉황의 마음[8]을 얻었도다.
어찌 마땅히 다리품을 팔아서라도
절개 높은 소나무[9] 그늘에 함께 의지해보지 않으리오?

---

1) 任疎菴叔英(임소암숙영) : 임숙영(任叔英). 1576년(선조 9)~1623년(인조 1). 조선 중기의 문신. 소암은 호. 과거에서 간신 이이첨(李爾瞻)을 비난하다 파방(罷榜)되려다가 이항복(李恒福) 등의 주장으로 급제하였다. 1613년 영창대군(永昌大君) 무옥이 일어나자 벼슬을 하직하

고 경기도 광주(廣州)에서 은둔함. 인조반정 후에 복직되어 박사(博士) 등 관직을 지냈음. 임숙영의 문집 『소암집(疎菴集)』 권일(卷一)에 「봉황대(鳳凰臺)-지평(砥平)」와 「차여고기운(次汝固寄韻)」(여고의 시에 차운하여 부치다. 여고(汝固)는 이식(李植)의 자)이 실려 있음.

2) 李評事(이평사) : 택당(澤堂) 이식(李植). 1584~1647년. 조선 중기의 문신이자 신흠(申欽)·이정구(李廷龜)·장유(張維)와 함께 한문4대가로 꼽힘. 평사(評事)는 1616년 당시 이식이 북평사(北評事)를 지낸 것에서 부른 관직명. 1618년 폐모론(廢母論)이 일자 은퇴하여 경기도 지평(砥平 ; 현 양평군 양동면)으로 낙향함. 인근에 봉황대(鳳凰臺 ; 현재는 용문면 광탄리)가 있음. 임숙영의 문집 『소암집(疎菴集)』 부록에 택당 이식이 지은 「유봉황대차임박사운(遊鳳凰臺次任博士韻)」(봉황대에 노닐며 임박사의 시에 차운하다)가 실려 있음.

3) 鳳凰臺主(봉황대주) : 봉황대의 주인. 봉황대를 최초로 건립한 양성지(梁誠之). 봉황정(鳳凰亭). 현 경기도 용문면 광탄리에 있는 정자 이름. 1460년(세조 6) 대제학 양성지(梁誠之)가 단월면 보룡리 보산정(寶山亭)에서 돌아온 황룡을 위로하고 오래 머물도록 하기 위해서 건립한 정자. 누각 위로는 봉황이 춤추고, 누각 아래 깊은 연못에는 황룡이 서리었다고 전함. 1850년에 소실된 것을 1967년에 제주양씨 종중에서 복원하면서 '봉황대'의 이름이 '봉황정'으로 변경된 듯함.

4) 畵鞭(화편) : 말채찍에 그려 넣은 그림. 화공이 말채찍에 그림을 그려 임금께 받쳤는데 언뜻 보고 여느 채찍과 다름없었는데, 자세히 보니 온갖 만물의 형상이 그려져 있더라는 고사. 본문에서는 봉황대가 있는 정경이 선명하게 떠오름을 의미. 『한비자(韓非子)』 외저설(外儲說) 참조.

5) 生目(생목) : 목생(目生). 낯설다. 눈에 설다.

6) 李語(이어) : 이평사(李評事 ; 澤堂 李植)가 지은 시. 「유봉황대차임박사운(遊鳳凰臺次任博士韻)」를 말함.

7) 任篇(임편) : 임박사(任博士 ; 疎菴 任叔英)가 지은 시편. 「봉황대(鳳凰臺)-지평(砥平)」와 「차여고기운(次汝固寄韻)」을 말함.

8) 鳳心(봉심) : 봉황(鳳凰)의 마음. 단월면 보룡리에 있는 보산정(寶山亭)과 봉황대의 전설에 의하면, 보산정 인근 마을 박씨 부인의 연못에 살고 있던 황룡이 봉황대로 옮겨가자 봉황정 누각 위의 봉황이 춤을 추었다는 전설.

9) 後凋林(후조림) : 후조(後凋). 소나무 숲. 또는 만년에 절조를 지킴을 비유함에서. 「세월이 추워진 다음에라야 소나무와 잣나무가 늦게 시듦을 안다(歲寒然後, 知松柏之後凋)」에서 연유. 본문에서는 임숙영이 1613년 영창대군(永昌大君)의 무옥이 일어나자 다리가 아프다는 핑계로 벼슬을 버리고 광주(廣州)에 은둔한 것과 택당 이식이 1618년 폐모론(廢母論)이 일자 은퇴하여 경기도 지평(砥平 ; 현 양평군 양동면)으로 낙향함을 통해서 절의(節義)와 충의(忠義)를 지킨 두 사람들을 연모함을 비유.

【해설】

형식은 5언 율시나. 시 창작의 세기는 임 박사(임숙영)와 이 평사(이식)가 주고받은 시를 읽고, 그 시에 차운하여 최초로 봉황대를 건립한 사람(세조 때 양성지)에게 봉증한 시다. 이 평사와 임 박사, 작가 고산을 포함해 세 사람의 공통점은 모두 광해군의 폭정과 간신의 전횡을 비판하다가 유배 또는 관직을 버리고 은둔한 사람들이다.

전반부 1·2구에서는 임숙영의 처소인 봉황대의 서경에 대해서 묘사하고 있다. 이식의 처소 인근에는 시냇가 깊숙한 곳에 있고 인근에는 높은 누대(봉황대)가 있다는 소리를 들었다고 한다. 고대광실이라는 뜻은 은거지임을 알 수 있다. 3·4구에서는 봉황대에 아직 가보지는 않았으나 어떤 곳인지 알 수 있을 것 같고 본 것처럼 눈에 정경들이 그려진다고 한다. '말채찍에 그려 넣은 그림'같다는 『한비자(韓非子)』 외저설(外儲說) 전고(典故)를 통해, 그 누대는 분명 주위의 자연 배경과 조화를 이룰 것이라고 한다.

후반부에서 5·6구에서는 간략하게 임박사와 이평사가 주고 받았다는 시의 내용에 대해서 평하고 있는데, 이평사의 시를 통해서는 봉황대의 경치를 알 수 있을 것 같다고 하고, 임박사의 시를 보니 과연 그 봉황대 주인이 어떤 사람인지 알 수 있을 것 같다고 한다. 이어 7·8구에서는 그런 (사람이 사는)곳이라면 응당 빠른 시일 내에 한 번 찾아가 봉황대에 있는 소나무 숲에서 기대어 임박사의 곧고 굳은 절개와 지조에 의지해 보고 싶다고 한다. 10살 연상인 소암 임숙영과 세 살 연상인 이식 역시 고산 자신이 <병진소>를 올려 배척했던 것과 마찬가지로 당대의 간신인 이이첨을 비방하다가 고초를 겪고 있는 이식과 임숙영의 인품에 대한 흠모의 시다.

次任博士李評事韻。奉贈鳳凰臺主人 博士。任叔英。

聞子溪居勝。高臺入谷深。畫鞭頻了了。坐目自森森。李語有山色。任篇獲鳳心。何當辦兩脚。偶庇後凋林。

선일태수(善一太守)에게 차운하여 답하다

次韻酬善一太守 / 以下蒙□放, 善一善山也. 癸亥
차 운 수 선 일 태 수 이 하 몽 방 선 일 선 산 야 계 해

/ 이하는 □[1]해배(解配)의 은총을 입은 후의 작품이다. 선일(善一)은 선산(善山)이다. 계해(癸亥年, 1623년. 인조 1. 37세).

洛水波濤沒兩隈
낙 수 파 도 몰 양 외
金烏飛雨過江來
금 오 비 우 과 강 래
山郵留滯粮垂橐
산 우 유 체 량 수 탁
府吏逢迎酒滿盃
부 리 봉 영 주 만 배
晝聽溪聲冠屢亞
주 청 계 성 관 루 아
夜看雲色戶頻開
야 간 운 색 호 빈 개
忙心只爲琴堂會
망 심 지 위 금 당 회
不是差池故國回
불 시 차 지 고 국 회

낙동강(洛東江) 물결은 양 언덕에 넘실대고
금오산(金烏山)[2]에 날리는 비는 강을 건너오네.
산중의 역참(驛站)[3]에 묶여[4] 양식은 떨어졌는데[5]
부리(府吏)[6]들이 맞아주니 술이 술잔에 가득하네.
낮에는 시냇물소리 들으려고 관(冠)을 자주 기울이고
밤에는 구름 빛을 보려고 지게문을 자주 여네.
바쁜 마음은 다만 금당(琴堂)[7] 모임을 위함이고
고향에 돌아가지 못할까[8] 함은 아니라네.

---

1) □ : 공격(空隔). 공경(恭敬)의 뜻으로 한 칸을 비움.
2) 金烏(금오) : 금오산(金烏山). 경상북도 금릉군과 칠곡군 사이에 있는 산으로 선산의 남쪽 40리쯤에 있음.

3) 山郵(산우) : 산중의 역참(驛站 ; 역말을 갈아타던 곳).
4) 留滯(유체) : 나아가지 못하고 머무름. 또는 억류됨.
5) 垂橐(수탁) : 빈 자루를 어깨에 늘어뜨림. 곧 가진 것이 아무것도 없음.
6) 府吏(부리) : 부중(府中)의 관리들.
7) 琴堂(금당) : 주(州)·부(府)·현(縣)의 수령이 집무하는 곳. 공자(孔子)의 제자 복자천(宓子賤)이 선보(單父)를 다스릴 때, 거문고를 타면서 몸이 정당(政堂)에 내려가지 않아도 선보가 잘 다스려져서, 공자가 이를 칭찬하는 일에서 연유함.
8) 差池(차지) : 틀림. 착오.

【해설】

전문의 형식은 7언 율시다. 1623년(癸亥) 3월 인조반정(仁祖反正)으로 폐모살제(廢母殺弟 ; 대비 김씨를 폐위시키고 임해군·영창대군 등을 잇달아 살해한 사건)를 자행하던 광해군이 폐위되고 이이첨 등 간신들도 처형되었다. 경상도 기장으로 이배한 지 6년 만에 유배에서 풀려난다. 해배되자 귀향길에 오른 고산은 선일(善一 ; 현 경상북도 선산군)태수(太守 ; 선산부사)가 베푼 금당(琴堂) 모임에 참석하기 위해 발걸음을 서두르다가 낙동강을 건너 금오산 부근에서 비에 발이 묶이게 된 것이 시작(詩作)의 경위(經緯)다.

전반부 1·2구에서는 비에 발이 묶인 상황을 낙동강에 넘실거리는 강물과 금오산에서 몰아오는 비 등으로 구체적 지명을 거론하며 사실적으로 묘사하고 있다. 3·4구에서는 마침 해배되어 귀경하는 길 도중에 양식마저 떨어졌다고 한다.

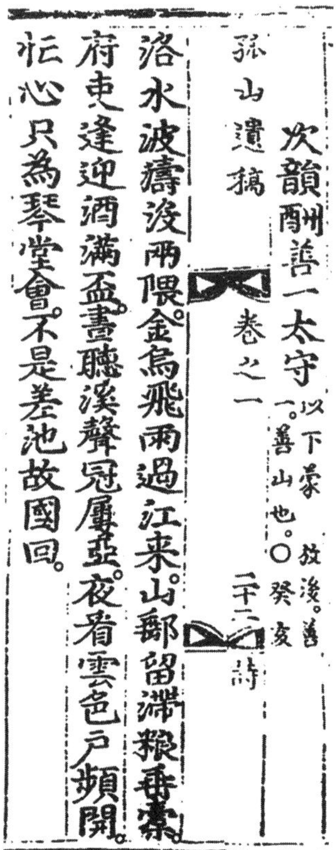

次韻酬善一太守 以下蒙放後。善一善山也。○癸亥

孤山遺稿 卷之一 二十二 詩

洛水波濤沒兩隈。金烏飛雨過江來。山郵留滯糧垂橐。府吏逢迎酒滿盃。晝聽溪聲冠屢欹。夜看雲色戶頻開。忙心只爲琴堂會。不是差池故國回。

후반부 5·6구에서는 비에 부른 시냇물 흐르는 소리를 듣느라 관을 자주 기울인다는 것은 해배된 후의 편안하고 여유로운 마음을 말하며, 밤에 구름 빛을 보려고 지게문을 자주 여닫는 것은 비가 그치기를 바라는 마음을 말한다. 초조한 마음은 무엇보다도 귀경길에 초대 받은 선일 태수의 금당(琴堂) 모임에 늦어질까를 걱정하는 마음이며 고향에 돌아갈 것이 늦어지기 때문, 곧 하루라도 빨리 고향에 가고 싶은 마음 때문만은 아니라고 한다. 주 내용은 귀양살이를 끝낸 귀경길의 감상이다.

이경우(李景愚) 부인에 대한 만사(挽詞) - 2수

挽李景愚內 二首 / 名希顔公友婿
만 이 경 우 내 이 수

/ 이름은 희안(希顔)이고, 공(公)의 동서(同婿)다.

[其一]

姑家遘癘日
고 가 구 려 일
之子不眠情
지 자 불 면 정
理則躋遐壽
이 즉 제 하 수
胡然丹旐明
호 연 단 조 명

시댁이 역질(疫疾)에 걸리던 날
며느리[1]는 잠들 수 없었다오.
이치로야 오래 살아야 하지만[2]
어찌 그렇게 붉은 명정(銘旌)[3]만 나부끼는가.

---

1) 之子(지자) : 시집가는 아가씨. 신부. 본문에서는 '며느리'의 뜻.
2) 遐壽(하수) : 보통 이상으로 오래 삶. 나이가 많음. 장수함. 하령(遐齡).
3) 丹旐(단조) : 단정(丹旌). 명정(銘旌). 다홍 바탕에 흰 글씨로 품계·관직·성씨를 기록한 기(旗).

【해설】

전문은 연시 2수 중 첫째 수로 형식은 5언 절구다. 전반부 1·2구에서는 망자(亡者)의 현모양처(賢母良妻)로서 구체적인 행적을 단적으로 들어 제시하고 있다. 대표적인 행적은 시댁이 모두 역질에 걸려 생사를 알 수 없을 때 병 수발과 가족의 건강을 위해 자신의 안위를 돌보지 않고 병을 간호하며 잠을 못 이루었다는 것이다. 가정의 안위를 앞뒤에서 보살피며 노심초사했던 행적은 인근의 모든 사람들에게 귀감이 되었음을 알 수 있다. 많은 이야기보다는 대표적인 행적 한 가지를 들어 망자의 부덕이 빼어났음을 쓰고 있다.

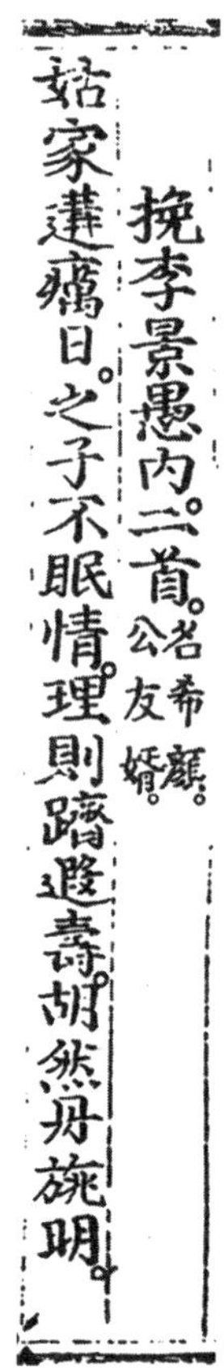
挽李景愚内二首。名希麟。公友婿。

姑家逢癘日。之子不眠情。理則躋遐壽。胡然丹旐明。

후반부 3·4구에서는 동서(同壻)의 처, 곧 작가에게는 처제(妻弟) 되는 사람이 죽었는데, 젊은 나이에 죽은 요절(夭折)이다. 망자의 구체적인 나이는 다음 두 번째 작품 기이[其二]에서 17살에 시집 와서 8년이 지난 25세에 죽었음을 알 수 있다. '이치로야 오래 살아야 하지만'에서 망자가 평생을 부덕(婦德) 갖추고 선행하면서 살았음을 알 수 있다. 선을 행한 자는 하늘이 복을 준다고 했으니, 당연히 복을 받아 더 오래 살아야 한다는 뜻이다. 주위 사람들은 착한 사람이니 장수할 것이라고 말들 하지만, 사람의 죽음 그것도 아름답게 살다가 요절(夭折)한 사람의 죽음에 대해서는 아쉬움과 안타까움을 느끼기 마련이고, 더욱이 가까운 친인척의 죽음은 비탄과 슬픔을 참기 어려운 법이다. 그러한 안타깝고 슬픈 마음을 상여 앞에 들고 가는 푸른 하늘 아래 유난히도 붉게 나부끼는 명정을 대비적으로 묘사하여 서술하고 있다. 전반부에서는 선행과 부덕의 대표적인 행적을, 후반부에서는 상여가 나가는 장례식장의 대표적인 정경을 들어 애도의 마음을 쓰고 있다. 주 내용은 망자에 대한 애도이다.

[其二]

執枲纔過七花甲
집 시 재 과 칠 화 갑
視鞶今也八周圍
시 반 금 야 팔 주 위
跡存兩舍廚中土
적 존 양 사 주 중 토
線故三兒身上衣
선 고 삼 아 신 상 의
夫子擧盃啼夕案
부 자 거 배 제 석 안
侍姬開鏡闢朝幃
시 희 개 경 벽 조 위
平生婦德終難忘
평 생 부 덕 종 난 망
何日高堂淚却晞
하 일 고 당 루 각 희

길쌈[1]을 한지 이제 겨우 칠년이 지났는데[2]
이제 보니 큰 띠[3]를 두르고 여덟 해가 지났네.[4]
발자국은 친정과 시댁 두 집[5] 부엌의 흙바닥에 남아 있고
바느질은 세 아이가 입은 옷에 남아 있네.
지아비는 잔을 들고 저녁 상식상 앞에서 울고 있고
계집종은 경대 열고 아침 휘장을 여는구나.
평생 지닌 부덕(婦德)[6]은 끝내 잊기 어려우니
어느 날에나 고당(高堂)의 눈물이 마를까?

1) 執枲(집시) : 모시 베를 짬. 본문에서는 여공(女工)의 하나인 '길쌈'이자, 여자는 길쌈을 10세에 시작하므로 나이를 지칭.
2) 七花甲(칠화갑) : 화갑(花甲)은 연월(年月)의 뜻으로 7년이 지났음. 곧 망자가 열 살에 길쌈을 시작한 지 7년이 지났으니 나이는 17세에 시집 온 것을 말함.
3) 視鞶(시반) : 반낭(鞶囊)은 여자가 시집 갈 때 부모가 주는 가죽주머니[鞶囊]를 말하여 곧 17세에 시집왔음을 말함.
4) 八周圍(팔주위) : 여덟 번 해가 돌았음을 의미. 곧 본문에서는 17세에 시집와서 8년이 지났으니, 망자가 25세임을 말함.
5) 兩舍(양사) ; 두 집. 곧 본문에서는 친정과 시댁의 두 집.
6) 婦德(부덕) : 부녀자가 지녀야 할 덕행.

【해설】

전문은 연시 2수의 둘째 수로 형식은 7언 율시다. 전반부 1·2구에서는 죽은 사람이 젊은 나이 25세에 요절했음을 쓰고 있다. 열 살부터 길쌈을 배우고 7년이 지난 17살에 시집을 왔고, 시집 온지 8년만인 25세에 죽었다는 것이다. 25세에 요절했다는 사실을 이렇듯 돌려서 표현하고 있는 것은 망자가 살다간 요절에 대한 심리적 시간이 너무 짧아 안타까움을 강조하고자 한 것으로 여겨진다. 3·4구에서는 망자가 지니고 행한 부덕(婦德)을 구체적으로 제시하고 있다. 여공(女工)의 필수였던 길쌈[執枲]과 음식(飮食) 장만[廚中]과 바느질[針線]에 뛰어났다는 것인 바, 늘상 부엌에서 식구들이 먹을 음식 장만에 분주하게 오가느라 한가할 틈이 없었고, 세 아이를 낳고 기르며 길쌈을 해서 옷가지를 만들어 입히느라 분주하게 열심히 살아왔음을 말하고 있다.

후반부에서는 부인의 죽음을 슬퍼하는 가족들의 모습을 사실적으로 그려내고 있다. 5·6구에서는 먼저 아침저녁으로 상청(喪廳)에 올리는 상식상(上食床) 앞에 술을 올리고 울면서 슬퍼하는 지아비의 모습과, 아직도 살아 있는 듯이 아침이면 경대를 열고 휘장을 열어젖히며 아침을 맞아서 몸단장을 도와주려는 듯이 하는 계집종들의 모습이 죽음을 더욱 안타깝게 하고 있다는 것이다. 7·8구에서는 이렇듯 방정(方正)하게 살아 있는 동안 항했던 부덕은 길이 잊기 어려울 것이고, 고당(高堂)의 눈물은 마르지 않을 것이라고 말한다. 주 내용은 고산 부인의 여동생, 곧 처제(妻弟)의 죽음에 대한 애도이다.

執枲纔過七花甲。視盤今也八周圍跡。存兩舍廚中土。
線故三兒身上衣。夫子舉盃啼夕案。侍姬開鏡闢朝幃。
平生婦德終難忘。何日高堂淚却晞。

족모(族母)[1] 윤정랑(尹正郞) 부인에 대한 만사(挽詞)

挽族母尹正郞內
만족모윤정랑내

曾著吾家行義聲
증저오가행의성
誰傷族母向佳城
수상족모향가성
下從夫子賢娘志
하종부자현낭지
上叫天公孝子情
상규천공효자정
七載衰麻方解脫
칠재쇠마방해탈
平生機杼謾縱橫
평생기저만종횡
闈(위)門承誨今何得
문승회금하득
題挽難堪我淚傾
제만난감아루경

일찍이 우리 집안의 의(義)로운 명성(名聲)을 드러내신
족모(族母)[1]께서 저 세상[2]으로 가심에 어떻게 마음 아파하리오.
아래로 지아비를 따르는 것[3]은 부인의 어진 뜻이며,
위로 하늘[4]을 향해 울부짖는 것은 효자의 정이로다.
7년 간 입었던 상복(喪服[5])을 이제 막 벗었는데
평생 동안 베틀의 북만 왔다 갔다 했네.
살며시 문 열고[6] 받았던 가르침은 이제 어디서 받으리요?
만사(挽詞)를 지으며 흐르는 눈물 참기 어려워라.

---

1) 族母(족모) : 재종숙모(再從叔母 ; 7촌 숙모). 또는 동족 백숙부(伯叔父)의 아내를 말함.
2) 佳城(가성) : 무덤의 별칭.
3) 下從夫子(하종부자) : 지아비를 아래에서 따름. 삼종지도(三從之道 ; 어려서는 부모를 따르고, 혼인하고서는 지아비를 따르고, 늙어서는 자식을 따름)를 말함.
4) 天公(하늘) : 하늘.
5) 衰麻(쇠마) : 상복(喪服). 상중(喪中)에 입는 예복.
6) 闈門(위문) : 비스듬히 열린 문. 살며시 문을 엶.

【해설】

전문은 7언 율시다. 전반부 1·2구의 내용은 망자인 족모의 뛰어난 부덕의 행적을 단적으로 표현하고 있다. 집안의 의리를 빼어난 부덕으로 드러나게 했는데, 저 세상으로 가셨으니 어떻게 그 슬픔을 말로 할 수 있겠는가? 3·4구에서는 족모는 아래로 삼종지도(三從之道)를 따른 것은 현부(賢婦)의 뜻이었고, 부모의 죽음을 바라보는 효자는 슬픈 마음으로 하늘을 향해 울부짖지 않을 수 없는 호천망극지통(呼天罔極之痛 ; 하늘을 향해 울부짖으며 슬퍼함)이라고 표현하고 있다. 곧 지아비를 따랐던 현부의 뜻과 어머니를 잃은 효자의 어머니의 죽음을 애통해 하는 정이 대비를 이루며 부덕과 효심을 강조하고 있다.

후반부 5·6구에서는 죽은 망자가 거듭된 집안의 상사(喪事)로 7년 동안이나 상복을 벗지 못하다가 이제 막 벗었는데, 그 슬픔이 가시기도 전에 본인이 저승길로 갔음을 말하고 있다. 상중(喪中)에도 망자는 잠시 동안도 길쌈을 멈추지 않았음을 '베틀 속의 북이 왔다 갔다 하다가 결국 이리저리 흩어졌다'는 것으로 표현하고 있다. 7·8구에서는 작가 자신과의 개인적인 측면에서의 만남을 애기하고 있다. 늘 살며시 문을 열고 사랑해 주시고 남이 들을세라 조용조용 말씀해 주시던 가르침을 이제는 더 이상 받을 곳이 없다고 말한다. 족모는 삼종지도를 지키며 집안의 애경사에 철저하셨던 사람이고, 현숙하며 여공(女工)에 충실한 분이었음을 알 수 있다. 그러한 족모를 보내는 아픈 마음을 쓰고 있다.

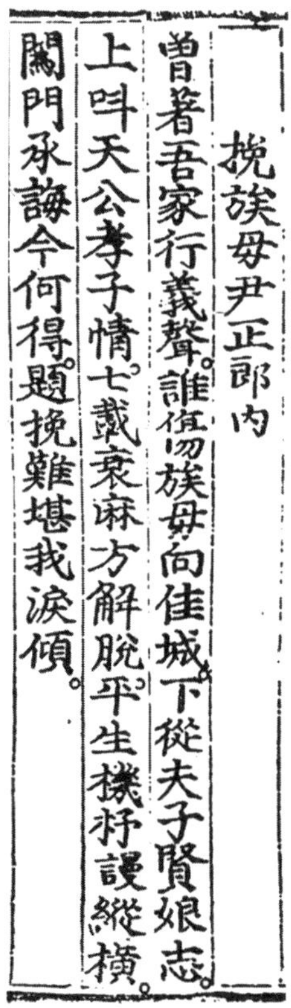
挽族母尹正郎内
曾著吾家行義聲。誰[illegible]族母向佳城。下從夫子賢娘志。
上呌天公孝子情。七載衰麻方解脱。平生機杼謾縱橫。
閤門承誨今何得。題挽難堪我淚傾。

둘째 형수 김씨(金氏)에 대한 만사

挽仲嫂金氏 / 伯公第二繼室故曰仲嫂
만 중 수 김 씨

/ 큰 형님의 둘째 계실(繼室)이므로 중수(仲嫂)라고 한다.

花甲只經三十載
화 갑 지 경 삼 십 재
親闈久隔一千程
친 위 구 격 일 천 정
大娘終抱無兒恨
대 낭 종 포 무 아 한
夫子增傷哭內聲
부 자 증 상 곡 내 성
白水寒灰傾藥竈
백 수 한 회 경 약 조
廣陵秋雨灑銘旌
광 릉 추 우 쇄 명 정
平生婦德誰忘得
평 생 부 덕 수 망 득
慟我非徒嫂叔情
통 아 비 도 수 숙 정

나이는 이제 겨우 서른을 넘겼고
친정[1]과는 오랫동안 천리 길이나 떨어졌었네.
큰 부인[2]은 끝내 아이를 갖지 못한 한을 품고 죽었으니
지아비(형님)는 더욱 슬퍼하며 마음속으로만 통곡하네.
깨끗한 물,[3] 차가운 재[4] 위에는 약단지가 기울어지고
광릉의 차가운 가을비는 붉은 명정에 흩뿌리네.
평생의 부덕(婦德)을 어느 누가 잊을 수 있으리오
내가 슬퍼하는 것은 비단 형수와 아재비의 정 때문만은 아니라오.

---

1) 親闈(친위) : 부모가 있는 내실. 전의되어 부모나 시부모를 이르는 말로 씀.
2) 大娘(대낭) : 나이 많은 부인에 대한 존칭. 첩(妾)이 적실(嫡室)을 높여 부르는 말.
3) 白水(백수) : 깨끗한 물의 통칭. 본문에서는 약재를 다리기 위한 물.
4) 寒灰(한회) : 차갑게 식은 재. 한약을 대리기 위해 피운 불이 꺼졌음이니, 곧 병자가 죽었음을 의미.

【해설】

전문은 7언 율시다. 큰 형님께 닥친 거듭된 상사(喪事)의 불행을 쓰고 있다. 전실 본부인이 아들을 낳지 못하고 죽자, 후사(後嗣 ; 대를 잇는 자식)를 얻기 위해 둘째 부인을 맞이하였으나, 다시 서른을 갓 넘긴 나이에 죽었다.

전반부 1·2구에서는 그 둘째 형수는 서른을 갓 넘긴 나이에 죽었는데 친정과는 천리나 떨어져 있어 가보고 싶어 하던 친정을 한 번 가보지도 못하고 병을 앓다가 죽어갔다고 한다. 그러한 안타까운 사연을 통해 망자에 대한 슬픔을 그렸다. 그런 둘째 형수의 마음은 병중에 얼마나 친정을 그리워하고 가보고 싶었을까를 간접적으로 제시하고 있다. 3·4구에서는 본부인에게서 자식을 보지 못하고 죽어가자 계실을 들였는데, 계실마저도 일찍 죽었으니 계실을 잃은 큰 형님은 얼마나 낙심하고 상심이 클까 하고 말하고 있다.

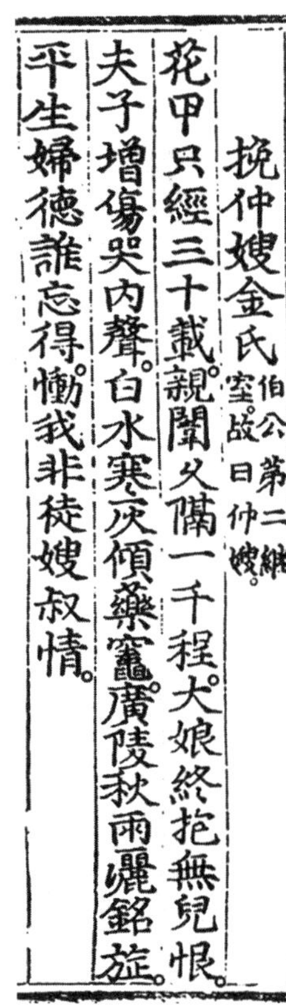

挽仲嫂金氏 伯公第二繼室。故曰仲嫂。
花甲只經三十載。親闈久隔一千程。大娘終抱無兒恨。
夫子增傷哭內聲。白水寒灰傾藥竈。廣陵秋雨灑銘旌。
平生婦德誰忘得。慟我非徒嫂叔情。

후반부 5·6구에서는 정성스레 다린 약재로도 효험을 보지 못하고 죽어갔음을 표현하고 있는데, 불 꺼진 화로에서 뒹굴고 있는 약탕관을 묘사함으로써 표현하고 있다. 차갑게 식어버린 화덕과 주위에 어지럽게 널려 있는 청수와 불 꺼져 식어버린 재를 대비시키면서 시각적 촉각적으로 묘사하고, 이어 장례를 치루는 광릉 장지(葬地)에 차갑게 내리는 가을비를 붉은 명정에 대비시켜 차가운 가을비와 붉은색 명정을 촉각과 시각으로 대비시키며 묘사했다. 7·8구에서는 망자의 부덕(婦德)을 기리면서 작가와 형수에게 가졌던 인간적인 정은 단순한 형수와 시숙(嫂叔) 간의 관계 때문만은 아닌 남달랐다고 쓰고 있다. 주 내용은 중수 김씨의 죽음에 대한 애도이다.

장자호(張子浩)의 시에 차운하다

次張了浩韻 / 丁卯
차 장 자 호 운

/ 정묘(丁卯年, 1627년. 인조 5년. 41세)[1)]

察訪金吾與別提
찰 방 금 오 여 별 제
官卑於我亦非卑
관 비 어 아 역 비 비
但無着手輸忠處
단 무 착 수 수 충 처
進退微衷孰有知
진 퇴 미 충 숙 유 지

찰방(察訪)[2)]과 금오랑(金吾郞)[3)]과 별제(別提)[4)]는
관직은 낮아도 나에게는 또한 낮은 것이 아니라오.
다만 충성을 펴려 해도 손쓸 곳이 없으니
벼슬길에 대한 진퇴의 작은 충정(衷情)[5)]을 뉘라서 알리오.

---

1) 丁卯(정묘) : 1627년. 1월에 후금(後金)이 한양을 침범한 정묘호란(丁卯胡亂)이 일어난 해. 임금께서 강화로 피난하였는데 고산이 급히 갔으나 문후하지 못하고 해남으로 돌아오던 해.
2) 察訪(찰방) : 조선시대 각 도의 역참(驛站) 일을 맡아보던 외직의 문관 벼슬로 종6품 벼슬.
3) 金吾(금오) : 금오랑(金吾郞). 의금부(義禁府) 도사(都事)의 별칭으로 종5품.
4) 別提(별제) : 교서관(校書館), 군기시 등의 여러 관아에 속한 6품 벼슬.
5) 進退微衷(진퇴미충) : 벼슬하게 되면 벼슬하고, 물러나게 되면 물러나는 작은 충정(衷情).

【해설】

형식은 7언 절구다. 작가 연보에 따르면, 1623년에 인조반정으로 이이첨 일파가 처형된 뒤 3월에 귀양살이에서 풀려나 4월에 의금부 도사(義禁府都使, 金吾郎, 종6품)로 제수 되었으나 3개월 만인 7월에 사직하고 해남으로 내려간다. 1626년 11월 안기찰방(安奇察訪) 등에 제수되었으나 모두 사양하고 나아가지 않았다. 이러한 거듭된 사직에 대한 자신의 입장을 읊은 시다.

전반부 1·2구에서는 제수 받은 관직의 종류와 직위에 대한 자신의 견해를 밝히고 있는데, 남들이 보기에는 벼슬이 낮아서 부임하지 않는 것이라고 하는 세평을 의식한 듯, '관직은 낮아도 자신에게는 결코 낮은 벼슬이 아니라'고 한다. 곧 관직이 낮기 때문만은 아니라는 것이다.

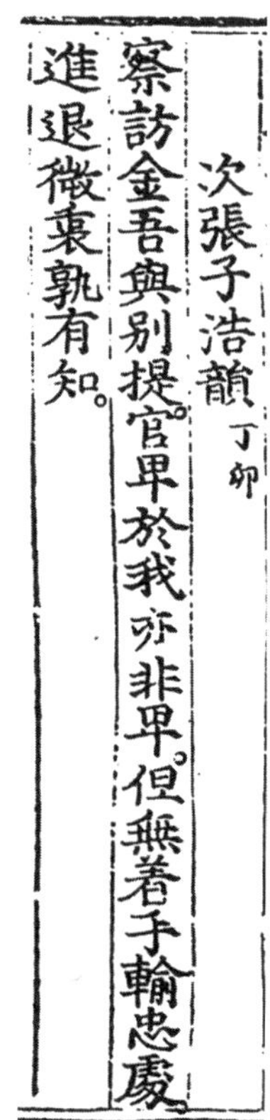
次張子浩韻 丁卯
察訪金吾與別提。官卑於我亦非卑。但無着手輸忠處。
進退微衷孰有知。

후반부 3·4구에서는 다만 마음을 다 잡고 충성을 다해 마음 바칠 곳이 아니였음이 사직의 이유라고 밝힌다. 그러나 주위에서는 관직이 낮아서 나아가지 않는 것이라고 하니, 자신의 속마음을 알아주는 사람이 없어 안타깝다고 한다. 곧 '마음을 다잡고 충심을 다해 일을 할 수 있는 벼슬자리'를 구체적으로 알 수는 없으나, 인조반정 직후의 어지러운 정치 현실이 고산 자신에게는 마음 부칠 곳이 없는 것으로 여겨졌을 것이다. 고산은 그 뒤 1년 후(1628년, 42세) 별시문과 초시에 장원 급제하여 봉림대군(鳳林大君)·인평대군(麟坪大君)의 사부(師傅)가 되었고, 사부는 관직을 겸할 수 없음에도 특명으로 공조좌랑, 형조정랑, 한성부서윤 등을 5년간 역임하였다. 해배(解配) 후의 자신의 관직 진퇴를 둘러싼 주위 사람들과의 갈등과 심회를 벗 장자호(張子浩)에게 밝혀 노래한 것이다.

새벽 비를 읊다. 옛 시에 차운하다
曉雨次古韻
효 우 차 고 운

淙淙是何聲
종 종 시 하 성
曉向簾前滴
효 향 렴 전 적
鸚鵡喚人言
앵 무 환 인 언
雨來如昨夕
우 래 여 작 석

주룩주룩하는 소리,[1] 이 무슨 소린가 했더니
새벽녘 발 앞에 떨어지는 빗방울.
앵무새가 사람 불러 말하기를
비가 어제 저녁처럼 내린다고 하네.

---

1) 淙淙(종종) : 물이 흐르는 소리. 물이 콸콸 흐르는 모양. 종종괄괄(淙淙活活).

【해설】

형식은 5언 절구다. 전반부 1·2구에서 새벽 비 내리는 소리를 묘사하고 있다. 처음에는 잠결에 무슨 소리인 줄 몰랐다. 그런데 일어나 보니 비 오는 소리였다. 글을 읽는 선비의 창 밖에 내리는 비는 선비들을 상념에 젖게 한다. 일신으로부터 가정사나 나랏일에 이르기 까지 온갖 상념에 젖어 잠을 못 이루었을 것이다. 그러나 무엇보다도 나랏일은 고산을 근심에 젖게 했음이다. 세상을 경륜(經綸)하고픈 마음으로 글을 읽어도 마음이 편치 않았을 것이고, 더욱이 엊그제 귀양살이에서 풀려나 몇 군데 관직을 임명 받았으나 모두 사양하고 향리인 해남에 머물며 나아가지 않은 것이 잘한 일인지 잘못한 일인지 알 수 없는 착잡한 심정이다.

후반부 3·4구에서는 이 시의 전환의 계기를 이루는 것은 앵무새가 하는 말이다. 앵무새가 사람을 불러 하는 말이 어제 저녁처럼 비가 내리고 있다고 한다. 작가는 왜 갑자기 앵무새를 등장시켰을까? 앵무새가 사람처럼 말을 하는 것은 조금도 이상한 일이 아니다. 그럼에도 시 속에서 앵무새는 어제 저녁처럼 아직도 비가 내리고 있다 고 말하고 있다. 분명 인조반정으로 이이첨 등 간신을 처형하기까지 성공한 것 같으나, 한양에서 돌아가는 정치 현실이 별로 달갑지 않았음이다. 그러니 밤비 소리에 상념에 젖었던 것이고, 급기야 앵무새를 등장시켜 '비가 그치지 않는 현실'을 말하게 한 것이다. 앵무새의 말은 광해군이 폐위되었어도 정치 현실은 '그 밥에 그 나물'인 격을 말한 것이다. 밤이 가면 화창하게 개일 줄 알았던 세상사는 아직도 비가 내리고 있으며, 또 하루를 빗속에서 보내야 한다. 경륜에 대한 걱정과 근심을 말하며, 앵무새의 입을 통해 더욱이 변치 않는 현실을 간접적으로 풍자하고 있다.

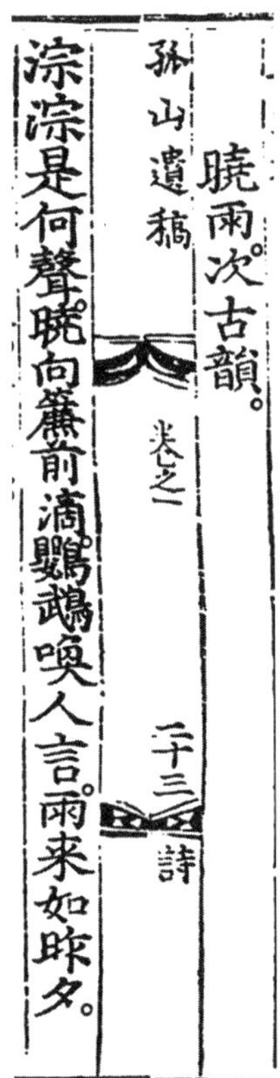
曉雨。次古韻。
淙淙是何聲。曉向簾前滴。鸚鵡喚人言。雨來如昨夕。
孤山遺稿 卷之一 二十三 詩

가을밤에 우연히 읊조리다. 옛 시에 차운하다

秋夜偶吟 次古韻
추야우음 차고운

霜落踈篁動曉風
상락소황동효풍
一輪明月掛遙空
일륜명월괘요공
幽人無限滄浪趣
유인무한창랑취
只在瑤琴數曲中
지재요금수곡중

서리 내린 성근 대숲[1]에 새벽바람이 일고
둥그런 달은 먼 허공에 걸려 있네.
숨어 사는 이[2]의 가없는 창랑(滄浪)의 흥취(興趣)[3]는
다만 거문고[4] 몇 가락 속에 담겨있을 뿐이네.

---

1) 踈篁(소황) : 듬성듬성 서 있는 대나무.
2) 幽人(유인) : 어지러운 세상을 피해 조용히 숨어 사는 사람.
3) 滄浪趣(창랑취) : 창랑객(滄浪客 ; 江湖를 떠돌아다니는 사람)의 홍취(興趣). 곧 은자의 홍취. 『맹자(孟子)』 이루장구(離婁章句) 상(上)과 굴원(屈原)의 「어부사(漁父詞)」에서 「창랑(滄浪)의 물이 맑으면 내 갓끈을 씻을 것이요, 창랑의 물이 흐리면 내 발을 씻을 것이로다(滄浪之水淸兮 可以濯吾纓 滄浪之水濁兮 可以濯吾足)」에서 유래.
4) 瑤琴(요금) : 옥으로 장식한 거문고.

【해설】

형식은 7언 절구다. 전반부 1·2구에서는 새벽녘의 서경을 묘사하고 있다. 듬성듬성 서 있는 서리 내린 대나무 숲은 가을바람에 흔들리고, 아직 지지 않은 하현달이 서쪽 허공에 걸려 있다. 그림을 보는듯한 정경묘사다. 가을과 서린 내린 대숲의 배경묘사에서 풍겨주는 작가의 서정은 왠지 쓸쓸함과 허허로움이다. 선비가 걷는 세 가지의 길에 삼경(三逕)이 있으니, 대나무가 있는 죽경(竹逕)이고 국화가 피어 있는 국경(菊逕)이며 소나무 아래로 난 길로 송경(松逕)이다. 작가는 착잡한 마음으로 이른 새벽에 대숲을 걷고 있다.

후반부 3·4구에서는 주인공이 창랑지취(滄浪之趣)를 느끼고 있다고 한다. 현재 주인공이 처한 심적 상황 곧 갈등을 함축하고 있는 표현이다. 피상적으로는 은자의 흥취이나, 이 시구에 나타난 주인공의 의도는 이보다 한 걸음 더 나아가 굴원(屈原)이 『어부사(漁父詞)』에서 밝히고 있듯이, 곧 어질지 않는 자[不仁]와 함께 할 수 없다는 뜻으로, 「내가 들으니, '새로 머리를 감은 자는 반드시 갓을 털어서 쓰고, 새로 목욕한 자는 반드시 옷을 털어서 입는다'고 하였으니, 어찌 깨끗한 몸으로 더러운 것을 받아드린단 말인가?(吾聞之, 新沐者必彈冠, 新浴者必振衣, 安能以身之察察 受物之汶汶者乎)」를 의미한다. 그러니 다만 글 읽는 선비의 세 벗[北窓三友 ; 琴, 詩, 酒] 중의 하나인 거문고를 벗하여 심회를 읊겠다는 것이다. 옛 중국의 은일자(隱逸者)인 임포(林逋)가 매화를 부인으로 삼고 학을 자식으로 삼아[梅妻鶴子] 평생을 독신으로 산 것처럼, 부정 불의와 타협하지 않고 자신이 옳다고 여기는 바를 끝까지 지키면서 올곧게 살겠다는 심회의 표현이다.

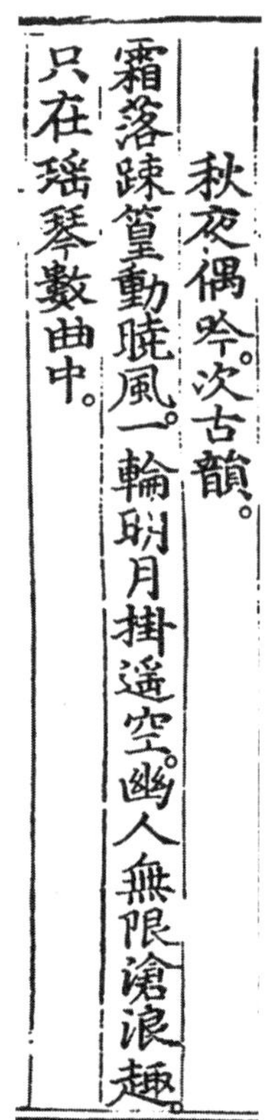
秋夜偶吟。次古韻。
霜落踈篁動曉風。一輪明月掛遙空。幽人無限滄浪趣。
只在瑤琴數曲中。

닭을 읊다

詠雞
영 계

細看啄庭姿
세 간 탁 정 자
正與雉同規
정 여 치 동 규
疑是山梁種
의 시 산 양 종
棲塒自伏羲
서 시 자 복 희

(닭이)뜰에서 (모이)쪼는 모양을 자세히 보니
바로 꿩과 한 가지로 똑같네.
이것은 산양(山梁)[1]의 종족으로서
횃대에 깃들기[2]는 복희(伏羲)[3]씨 때부터라네.

---

1) 山梁種(산양종) : 공자가 말한 '산의 교량(橋梁)[山梁]에서 본 암꿩[雌雉]과 같은 종족'이라는 뜻으로 꿩의 별칭.
2) 棲塒(서시) : 횃대에 깃듦. 곧 사람이 기미를 보고 일어나 거처할 곳을 잘 살펴야 함을 비유.
3) 伏羲(복희) : 제왕(帝王)의 이름. 팔괘(八卦)와 서계(書契)를 만들었으며, 백성들에게 전어(佃漁 ; 밭을 갈고 물고기를 잡음)와 목축(牧畜)을 가르쳤다. 짐승을 잡아 식량으로 쓰는 법을 가르쳤다하여 '포희(庖犧)'라고도 함.

【해설】

전문은 5언 절구다. 사물을 노래한 영물가(詠物歌)이다. 전반부의 내용 전개는 마당에서 모이를 쪼아 먹는 닭을 보고 문득 공자가 산의 교량(橋梁)에서 '꿩[雉]'을 보고 한 말의 내용을 떠올리며, 닭과 꿩이 모이를 쪼는 방법이 같다고 하면서 시작하고 있다. 그러나 공자가 꿩을 보고 한 말의 내용을 살피자면, 『논어(論語)』 향당(鄕黨)에 「산 교량(橋梁)의 암꿩이여, 때에 맞는구나! 때에 맞는구나! 하셨다. 자로(子路)가 그 꿩을 잡아 올리니, 세 번 냄새를 맡고 일어나셨다.(山梁雌雉 時哉時哉 子路共之 三嗅而作)」라고 하였다. 곧 공자가 꿩을 감탄한 것은 '때에 맞음(제때를 얻음)'이었고, 모이 쪼아 먹는 모습은 아니었다. 그러나 기실 『논어』의 이 구절에 대해서는 논란이 많다. 여기서 '제 때에 맞음'이란 것에 대해서도, '꿩이 우는 것', 또는 '꿩이 두 날개를 펴고 나는 것'이라는 등 논란이 많고 빠진 글이 있을 것이니 억지로 주석을 할 수 없다는 설이 대부분이다.

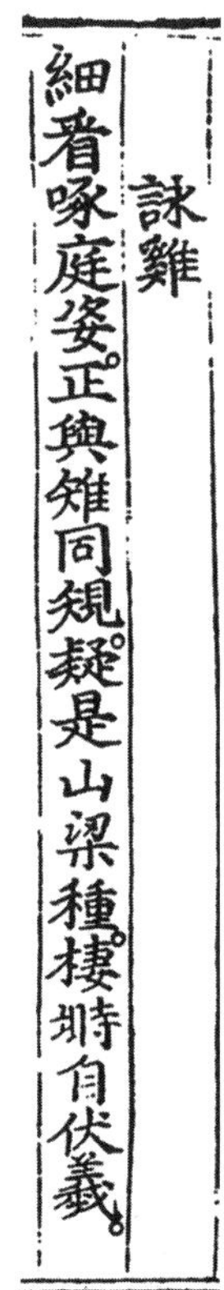
詠雞

細看啄庭姿。正與雉同規。疑是山梁種。棲塒自伏羲。

후반부 3·4구를 연계하여 감상하자면, 닭이 꿩과 같은 종족이고 '횃대에 깃들기[棲塒]는 복희(伏羲)씨 때부터'라고 했다. 복희씨가 목축을 가르쳤으니, 곧 닭을 가축하여 사육(飼育)한 시기의 출발로 볼 수 있다. 만약 작가가 말한 '모이 쪼는 법도'를 들어 말하자면, 예로부터 닭은 인의예지신(仁義禮智信) 오상(五常)을 지닌 짐승으로 여겼다. 그 중에서도 '인(仁)으로 말하자면, 닭은 모든 짐승들 중에서 모이를 보면 혼자 먹지 않고 구구하면서 새끼나 동료 닭들을 불러 모아 먼저 먹이는 유일하게 인(仁)을 지닌 짐승으로 알려졌다는 점이다. 본 작품을 통해서 말하고자 한 것은 때와 장소를 가려 거처할 곳을 정하는 것을 강조한 글로 자신이 벼슬을 제수 받고도 나아가지 않는 것에 대한 작은 심지(心志)를 간접적으로 피력한 글이라 하겠다.

작은 벼루를 노래하다

詠小硯
영 소 연

吾友陶君絶短小
오 우 도 군 절 단 소

外方中坦百無尤
외 방 중 탄 백 무 우

何須風子丈餘大
하 수 풍 자 장 여 대

便可封爲卽墨侯
편 가 봉 위 즉 묵 후

* 風子之子, 疑當作字
풍 자 지 자 의 당 작 자

내 친구 도군(陶君)[1]은 몹시 짧고 작은데도

밖은 모나고 가운데는 반반하여 전혀 나무랄 것이 없네.

어찌 꼭 풍자연(風字硯[2])처럼 길이가 한 자 남짓[3] 커야겠는가?

문득 봉하여 즉묵후(卽墨侯)[4]로 삼을 만하다.

* '풍자(風子)'의 '자(子)'는 마땅히 '자(字)'인 듯하다.

---

1) 陶君(도군) : 벼루[硯]의 의인화 된 이름. 옛날에 벼루는 도자기로 구워서 만들어 썼기 때문. 송(宋)나라 미불(米芾)의 『연사(硯史) 용품(用品)』에 「器以用爲功, 玉不爲鼎, 陶不爲柱」.

2) 風子(풍자) : 풍자(風字). 풍자연(風字硯)의 준말. 또는 풍연(風硯). 風字 모양의 벼루. 송(宋)나라 미불(米芾)의 『연보(硯譜)』에 「會稽有老叟, 云右軍之後, 持一風字硯, 六尺餘, 色正赤, 用之不減端石」.

3) 丈餘(장여) : 한 자 남짓. 1장(丈)은 10척(十尺).

4) 卽墨侯(즉묵후) : 벼루의 다른 이름. 의인화 된 이름. 송(宋)나라 소이간(蘇易簡)의 『문방사보(文房四譜), 연보(硯譜)』에 「上利其器用, 嘉其謹默, 詔命常侍御案之右, 以備濡染, 因累勳績, 封之卽墨侯」.

【해설】

형식은 7언 절구다. 문방사우 중의 하나인 벼루를 읊은 영물시다. 선비로서 늘 가까이 주위에 있어 떨어질 수 없는 것이 이른바 문방사우(文房四友)인 종이[紙]·붓[筆]·먹[墨]·벼루[硯]다. 긴요할 때나 심심할 때나 늘 주위에 있으면서 수응(酬應)해 주니 고맙게도 여겨지고 벗처럼도 여겨진다. 그러니 옛 시가 중에는 문방사우를 의인화시켜 노래하고 예찬한 작품을 다수 볼 수 있다. 전반부 1·2구에서는 벼루의 외관을 묘사하고 있다. 길이는 짧고 크기는 작으며, 밖은 네모져서 모가 나고 안은 반반하여 사용에 전혀 불편함이 없다고 한다. 곧 작은 것은 작은 대로 쓸모에 호응하여 주니, 굳이 벼루가 크지 않다거나, 보기 좋은 문양이 없다거나 불평불만을 가질 필요가 없다고 한다. 단순질박해도 쓸모에 어긋나지 않으니 그 또한 만족한다는 것이다.

후반부 3·4구에서는 중국 고사에 나오는 크고 유명한 벼루를 인용하여 대비시키고 있다. 왕우군(王右軍 ; 王羲之. 중국의 晉나라 명필. 해서·행서·초서의 3체를 예술적 완성의 영역에까지 끌어올려 書聖으로 불림)이 사용했다는 '풍자연(風字硯)'을 예로 들어, 크기가 굳이 그렇게 클 필요까지는 없다고 한다. 크거나 작거나에 관계없이 나의 전후좌우에서 수응하며 필요에 응한 공로는 '즉묵후(卽墨侯)'에 봉할 수 있다고 한다. 고산이 거듭 벼슬을 사양하고 해남에 있던 1627년 10월 다시 사포서 제조(司圃署提調)에 임명되었으나 병으로 사양하고 한거(閑居)하면서 지은 시다. 영물시의 전형적인 표현 방법을 취하고 있는데 주 내용은 벼루에 대한 예찬이다.

詠小硯

吾友陶君絕短小。外方中坦百無尤。何須風子丈餘大。
便可封爲卽墨侯。(風子之子。疑當作字。)

차운하여 동명(東溟)[1]에게 답하다 - 4수

次韻酬東溟 四首
차운수동명 사수

[其一]

近年生避性
근 년 생 피 성
累月間徽音
누 월 간 휘 음
眼對春天樹
안 대 춘 천 수
手停流水琴
수 정 유 수 금
淸遊違麗日
청 유 위 려 일
幽抱屬淫霖
유 포 속 음 림
見子瓊琚句
견 자 경 거 구
起余江海心
기 여 강 해 심

근년에 피하는 성품이 생겨서
여러 달을 아름다운 소리[2]를 듣지 못했네.
눈으로 봄날의 나무를 마주했으나
손으로 유수금(流水琴)[3] 타는 것도 멈추었네.
청아하게 즐기는 것[4]이 좋은 날[5]만은 아니었고
긴 장맛비에 조용히 홀로 지내면서 마음[6]이 우울했는데
그대의 아름다운 글귀[7]를 보노라니
은거(隱居)하고픈 마음[8]을 일게 하는구려.

---

1) 東溟(동명) : 조선 중기의 문신 김세렴(金世濂 ; 1593～1646년). 자는 도원(道源), 동명은 호. 광해군 혼조(昏朝) 때인 1617년 사간원 정언이 되어 폐모론을 주장하는 자들을 탄핵하다가 곽산으로 유배됨. 안타깝게 그의 문집 『동명집(東溟集)』에 시만 실려 있고 서(書)가 실려 있지 않아 확인할 수 없으나 작가 고산이 <병진소>를 올려 유배 간 해(1617년)와 동일하며, 인조반정으로 해배되고 기용된 점 등이 유사한 것으로 보아 의기를 함께한 것으로 여

겨짐.

→ 고산 선생 생애의 전반기라 할 수 있는 제1차 유배기가 끝나고 해남에 한거하다가 43세(1628년)에 별시에 장원급제하고 계곡(谿谷) 장유(張維)의 추천으로 봉림(鳳林)·인평(麟坪) 두 대군의 사부(師傅)가 되어 본격적인 환로(宦路)에 들어서기 전까지다. 이 시기에 시로 수창(酬唱)하며 교분을 쌓았던 인물로는 장자호(張子浩), 낙망(樂望) 김시양(金時讓, 1581~1643년. 1611년 광해군의 실정 풍자, 함경도 종성으로 유배), 면숙(勉叔) 홍무적(洪茂績, 1577~1656년. 1615년 폐모론 반대 거제도로 유배), 택당(澤堂) 이식(李植, 1584~1647년. 폐모론 반대 경기도 지평 은거), 소암(疎菴) 임숙영(任叔英, 1576~1623년. 1623년 영창대군 무옥을 반대 파직, 경기도 광주 은거), 동명(東溟) 김세렴(金世濂, 1593~1646년, 폐모론 반대 곽산 유배) 등으로 광해군 시절의 폐정(弊政)을 좌시하지 않고 의분했던 인물들이라는 공통점을 지닌다.

→ 16세기 후반에서 17세기 중엽까지 생존하고 '동명(東溟)'이란 호를 쓴 사람으로는 김세렴 외에 세 사람이 더 있는바, 황중윤(黃中允 ; 1557~1648년), 정두경(鄭斗卿 ; 1597~1673년), 이지굉(李志宏 ; 광해군조) 등이다.

2) 徽音(휘음) : 좋은 평판. 기쁜 소식. 본문에서는 피상적으로는 거문고 소리이지만, 친한 벗들의 시를 의미함.
3) 流水琴(유수금) : 금곡(琴曲) 고산유수(高山流水)를 이르는 말. 유수고산(流水高山). 지음(知音)의 종자기(鍾子期)와 백아(伯牙)고사에서 유래. 본문에서는 지기(知己)가 없음을 뜻함.
4) 淸遊(청유) : 고상하게 노닒. 속세를 떠나 청아하게 즐김.
5) 麗日(여일) : 밝고 아름다운 태양. 좋은 날.
6) 幽抱(유포) : 조용히 홀로 지내는 심정.
7) 瓊琚(경거) : 고운 패옥(佩玉). 아름다운 시문(詩文)을 비유하는 말. 곧 동명(東溟)의 서한을 말함.
8) 江海心(강해심) : 은사(隱士)의 거처와 마음. 또는 은거함. 본문에서는 해배 후 벼슬을 사양하고 해남에서 한거하는 생활과 심정을 말함.

【해설】

전문은 인시 4수 중 첫째 수로 형식은 5언 율시다. 작가의 연보에 의하면 41세(丁卯年, 1627년) 때 지은 것이다. 이 때 작가는 두 차례의 벼슬이 주어졌으나 모두 사양하고 향리인 해남에 있을 때이다. 1월에 금(金)나라의 침입을 받은 정묘호란(丁卯胡亂)이 일어난 해이다. 비록 벼슬길에 나아가지 않고 고향에 있어도 나라 걱정, 임금 걱정, 자신의 앞날에 대한 생각 등으로 마음 편치 못한 때라는 것을 추측할 수 있다. 그러던 차에 지인(知人)에게서 서신을 받는다. 문득 지기(知己)가 고맙고 자신을 되돌아보게 하는 생각이 일어나지 않을 수 없다.

전반부 1·2구에서는 세상과 한동안 관계를 끊고 친한 벗들의 소식마저 끊긴 것을 쓰고 있다. 3·4구에서는 화창한 봄날이라 거문고라도 벗할 수 있겠지만 그럴 수 없음을 말하고 있다. 왜냐하면 거문고 소리를 들어줄 사람도 알아줄 사람도 없기 때문임을 백아절현(伯牙絶絃)의 고사를 인용해 표현하고 있다.

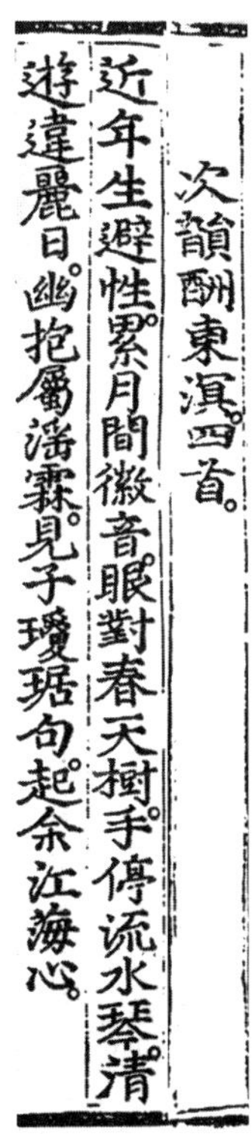
次韻酬東溟。四首。
近年生避性。累月間徽音。眼對春天樹。手停流水琴。淸遊違麗日。幽抱屬淫霖。見子瓊琚句。起余江海心。

후반부 5·6구에서는 날씨가 화창하여 노닐기 좋다고 하여 아름다운 날[麗日]일 수 없다고 한다. 나라는 정묘호란으로 정세(政勢)가 뒤숭숭하고 한양에서는 무슨 일이 일어나고 있는지 궁금하지 않을 수 없다. 그런 가운데 봄비인지 장맛비인지 연일 그치지 않아 울적한 심사를 돋우고 있다고 한다. 7·8구에서는 사간원 정언으로 폐모론을 반대하다가 귀양살이 갔었고, 자신도 <병진소>를 올려 간신들을 처단할 것을 주장하다가 같은 해에 함께 귀양살이하던 동명(東溟 ; 金世濂)이 안부 편지를 보내왔으니, 반갑고도 귀한 사연의 글이 아닐 수 없다. 함께 귀양살이하던 옛 시절이 생각나지 않을 수 없고, 차제에 세상만사 인연을 끊고 초연하게 자연에 귀의하고픈 마음까지 일어난다는 것이다.

[其二]

醇儒期慥慥
순 유 기 조 조
高士保亭亭
고 사 보 정 정
得馬浮漚影
득 마 부 구 영
亡羊石火星
망 양 석 화 성
爭如披綠髮
쟁 여 피 녹 발
閑坐講丹經
한 좌 강 단 경
遮莫流光促
차 막 유 광 촉
花開又葉零
화 개 우 엽 령

순후(醇厚)한 선비[1]는 독실한 자세[2]를 기약하고
고결한 선비[3]는 올곧음[4]을 지킨다네.
말[馬]을 얻었다[5]하나 물 위의 거품[6]이요
갈림길에서의 망설임[7]도 전광석화(電光石火) 같은 것이라네.
다투는 것보다는 차라리 머리를 풀어헤치고
한가롭게 앉아서 단경(丹經)을 읽으리라.
흐르는 세월을 무엇 때문에 재촉하리오
꽃은 저절로 피고 잎은 저절로 지는 것을.

---

1) 醇儒(순유) : 순수하고 올바른 선비.
2) 慥慥(조조) : 독실(篤實)한 모양.
3) 高士(고사) : 뜻과 품행이 고결한 선비. 은거하며 벼슬하지 않는 사람이나 수련자를 이름.
4) 亭亭(정정) : 외롭게 홀로 서 있는 모양. 고귀하고 위엄이 있는 모양.
5) 得馬(득마) : 말을 얻음. 곧 한 때의 이득을 봄. 새옹지마(塞翁之馬) 고사에서 말을 얻었으나 곧 자식이 말을 타다가 떨어져 다리가 부러지는 화를 당함.
6) 浮漚(부구) : 물 위에 떠 있는 거품. 금방 생겼다가 바로 사라지므로 변화무상한 세상일이나 짧은 생명을 비유한 말.
7) 亡羊(망양) : 학문의 길이 여러 갈래이므로 진리를 찾기 어려움. 갈림길이 많아 뒤쫓던 양(羊)을 결국 잃어버렸다는 망양지탄(亡羊之歎)의 고사.

【해설】

전문은 연시 4수 중 둘째 수로 형식은 5언 율시다. 제1수에 이어 시상을 발전시키고 있다.

전반부 1·2구에서는 진정한 선비 곧 순후하고 고결한 선비는 어떤 자세로 세상에 임해야 하는 지를 말하고 있다. 이는 곧 상대인 동명(東溟)에게 가르치고 요구하는 것이 아니라 자신의 앞으로의 가치관을 밝히는 것에 해당하니, 어지러운 세상을 등지고 고결한 선비로 살아가겠다는 의지를 밝히고 있다. 3·4구에서는 구체적으로 세상의 많은 사람들이 얻으려고 애쓰는 부귀영화의 허망 허탄함을 말하고 있다. 한 때의 이득(利得)도 새옹지마(塞翁之馬)의 고사처럼 복(福)과 화(禍)는 물 위의 거품 같은 것이고, 진리를 탐구하기 위해 시시비비(是是非非)를 따지고 이리 갈까 저리 갈까 망설이고 마음을 태우는 것도 긴 세월 속에서 보자면 번쩍하다가 사라지는 부싯돌의 불빛과 같은 것이라고 한다.

후반부 5·6구에서는 세상에 나가 부귀영화와 이해득실을 다투는 것보다 차라리 입산(入山)하여 한가롭게 지내면서 단경(丹經)을 읽으면서 신선술(神仙術)을 닦는 것이 낫지 않겠느냐고 한다. 7·8구에서는 흐르는 세월이 빨리 가지 않는다고 초조해 할 필요도 없고 빠르다고 안타까워할 필요도 없다고 한다. 흐르는 세월 속에 봄이 되면 꽃은 저절로 피고 가을이 오면 잎은 저절로 지는 것이지, 누가 피라고 떨어지라고 해서 피고 지는 것들이 아니라는 것이다. 곧 어제처럼 오늘처럼, 작년처럼 올해처럼 또 꽃은 피었다가 지고 낙엽이 또 지면 한세월 흘러가지 않겠느냐. 그러니 세상사와 관계하지 않고 한가로이 한세월 보내겠다는 의지를 밝히고 있다.

醇儒期慥慥。高士保亭亭。得馬浮漚影。亡羊石火星。爭如披綠髮。閑坐講丹經。遮莫流光促。花開又葉零。

[其三]

口食須東作
구 식 수 동 작
身衣待擲梭
신 의 대 척 사
平生厭機巧
평 생 염 기 교
老境得中和
노 경 득 중 화
好雨知時止
호 우 지 시 지
凉風餉我多
량 풍 향 아 다
今宵應有月
금 소 응 유 월
寶鏡露新磨
보 경 로 신 마

스스로 밥을 먹으려면[1] 모름지기 봄 농사[2]를 지어야 하고
몸에 옷을 입으려면 베 짜기[3]를 기다려야 하리.
평생에 교활한 음모[4]를 싫어했더니
늙어서야 중화(中和)[5]를 터득했도다.
때 맞춰 내리는 비는 때를 맞춰 그칠 줄을 알고
서늘한 바람은 때때로 나에게 불어오도다.
오늘밤에는 응당 밝은 달도 떠오르려니
달[6]이 나타나면 새롭게 닦으리라.

---

1) 口食(구식) : 원뜻은 예닐곱 살 때부터 남의 도움을 받지 않고 제 손으로 먹는 것. 본문에서는 스스로 농사를 지어(벼슬살이를 하지 않음) 식량을 장만하는 것.
2) 東作(동작) : 봄 농사. 농사의 범칭. 봄철 작물.
3) 擲梭(척사) : 베틀에 앉아 북을 던짐. 곧 베를 짬.
4) 機巧(기교) : 교활한 음모. 궤사(詭詐).
5) 中和(중화) : 덕성(德性)이 중용(中庸)을 잃지 아니한 상태.
6) 寶鏡(보경) : 거울의 미칭. 또는 해나 달을 비유하는 말.

【해설】

전문은 연시 4수 중 셋째 수로 형식은 5언 율시다. 제1·2수에 이어 시상을 발전시키고 있다. 제1수에서는 자연에 은거하고픈 마음이 일고 있다고 했고, 제2수에서 세상과 초연해서 자연에 묻혀 살기로 했으니, 이어 구체적으로 어떻게 살아가야 하는 것인가를 밝히고 있는 시다.

전반부 1·2구에서는 살아감에 있어 중요한 것은 의식주(衣食住)다. 그 중에서 집은 초가삼간이 있으니 만족하고, 먹는 것은 농사지어 스스로 해결하겠다는 것이다. 몸에 걸치는 옷은 아낙네들이 베 짜기를 기다렸다가 입겠다고 한다. 구차하게 벼슬자리에 연연하면서 받아먹는 녹봉(祿俸)과 미관말직(微官末職)에 연연하면서 입는 관복(官服)과 대비되는 삶의 모습들이다. 3·4구에서는 이렇게 살아가고자 하는 이유를 설명하고 있다. 일평생 환로(宦路)의 음모와 교활한 꾀를 싫어하기 때문인데, 늙어서야 중화(中和)의 덕을 터득한 때문이라고 한다. 포의한사(布衣寒士)로 살아도 몸과 마음이 편안하니 그 아니 좋을쏜가.

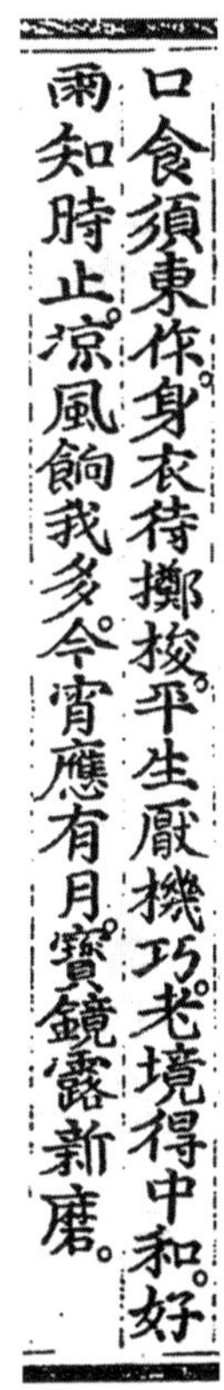
口食須東作。身衣待擲梭。平生厭機巧。老境得中和。好雨知時止。凉風餉我多。今宵應有月。寶鏡露新磨。

후반부 5·6구에서는 마침 좋은 비가 때를 맞춰 내리고 그쳐주니, 더 이상 농사짓기에 알맞은 것이고 더위를 느낄 때면 때때로 불어오는 서늘한 바람이 나를 위해 불어주는 것 같으니, 자연 속의 유유자적(悠悠自適)하는 삶이 얼마나 좋으냐고 한다. 7·8구에서는 또 오늘 밤이면 둥근달이 떠오를 것이니, 보물 같은 달을 깨끗이 닦겠다고 한다. 낙향(落鄕)의 즐거움을 마음껏 누리면서 살아가겠다는 뜻이고, 한 걸음 나아가 자연귀의(自然歸依)하여 세월을 희롱하면서 벼슬길에 있을 때에는 미처 몰랐던 전원생활의 즐거움을 맘껏 누리겠다는 마음을 쓰고 있다.

[其四]

五斗捐炊米
오 두 연 취 미
雙蹄自服(부)箱
쌍 제 자 상
送除公腹吼
송 제 공 복 후
要去鄙喉芒
요 거 비 후 망
昨日祀先廟
작 일 사 선 묘
玆辰降我孃
자 진 강 아 양
仍膰一壺酒
잉 번 일 호 주
救急替糇糧
구 급 체 후 량

하찮은 다섯 말 녹봉[1]받아 밥 먹는 것은 그만두고
관복(官服)[2]일랑 (집으로 향하는)수레의 상자(箱子)에 넣어버렸네.
그대 배 속의 꼬르륵 소리[3]를 없애고
다라운 목구멍의 껄끄러움[4]를 없애는 것이 필요하리.
어제는 선조의 사당에 제사를 올렸더니
오늘 새벽에 내 어머니께서 강신(降神)하시었네.
그로 인해 제사지낸 익힌 고기[5]와 한 병의 술로
급함 김에 후량(糇糧)[6]을 대신하였네.

---

1) 五斗(오두) : 오두미(五斗米). 닷 말의 쌀이란 뜻으로 얼마 되지 않은 봉급을 이름. 진(晋)나라의 도연명(陶淵明)이 팽택령(彭澤令)을 지내다가, 사직하고 「귀거래사(歸去來辭)」를 지으며 떠났다는 고사에서 유래.
2) 雙蹄(쌍제) : 쌍정(雙旌). 원뜻은 '두 개의 벼슬을 겸직[兼職 ; 兼領]한 사람이 출향할 때의 의장인데, 본문에서는 작가 고산이 이 해에 안기찰방(安奇察訪)과 사포서제조(司圃署提調)에 거듭 임명된 벼슬을 사양했다는 뜻으로 관복(官服)으로 해석.
3) 腹吼(복후) : 배 속에서 나는 아우성 소리. 곧 배가 고플 때 나는 꼬르륵 소리.
4) 喉芒(후망) : 목의 껄끄러움. 곧 오랫동안 고기를 못 먹었음을 의미.
5) 膰(번) : 제사 지낼 때 쓴 익힌 고기를 제사가 끝난 후 나누어 주는 것.
6) 糇糧(후량) : 말린 양식. 본문에서는 시장한 김에 먹는 식량.

【해설】

전문은 연시 4수 중 넷째 수로 형식은 5언 율시다. 제1~3수에 이어 시상을 더욱 발전시키고 있다. 제3수에서 세상과 초연해서 자연에 묻혀 살기로 했으니, 구체적으로 어떻게 의식주를 해결하는가를 밝혔다면, 마지막 시에서는 어제 일을 쓰고 있다. 전반부 1·2구에서는 두 번이나 사양한 벼슬살이에 대한 자신의 견해를 중국 송나라 도잠(陶潛)이 팽택령(彭澤令)을 지내다가 사직하고 고향으로 돌아가며 지은 「귀거래사(歸去來辭)」 고사를 인용하여 표현하고 있다. 하급관리가 되어 받아먹는 적은 양의 녹봉 때문에 허리를 굽히기보다는 차라리 관복을 벗어 고향으로 돌아가는 수레의 상자에 집어넣겠다는 것이다. 3·4구에서는 벼슬을 사양하고 나면 우선 배불리 먹을 만큼 식량이 풍족하지 못할 것이니 배고픔을 참을 줄 알아야 하고, 고기반찬도 먹기가 어려울 것이니 목구멍이 깔끄러울 것인데, 그런 것들을 이겨내야 한다고 한다.

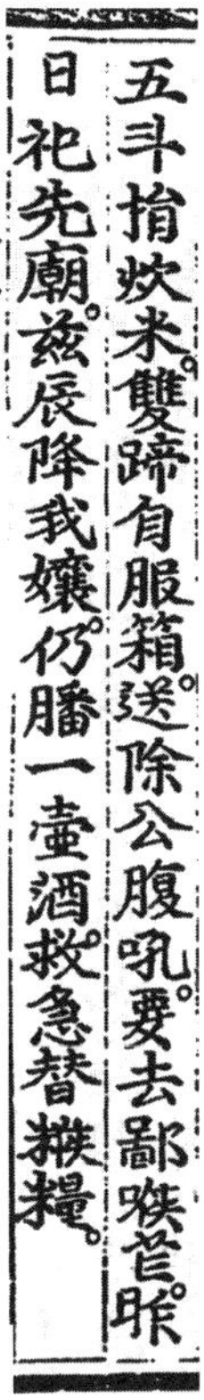

五斗捐炊米。雙蹄自服箱。送除公腹吼。要去鄙喉芒。昨日祀先廟。慈辰降我孃。仍膰一壺酒。救急替糇糧。

후반부 5·6구에서는 그러던 차에 마침 어제 저녁에 선조의 사당에 제사를 지냈더니 꿈에 어머님이 강림하셨는데, 강림하시어 벼슬을 그만 둔 아들 고산에게 뭐라고 하셨을까? 아마도 잘했다고 하셨을 것이다. 아울러 조상의 제사를 지내고 남은 음식을 조상님(어머니)의 음덕(蔭德)으로 술과 고기를 얻었다고 한다. 그러니 7·8구에서는 급한 김에 제사 지내고 남은 한 병의 술과 고기를 양식 대신 먹을 수 있었다는 것이다. 곧 벼슬을 그만두면 당장에 먹고 살기가 어려울 것이지만, 세상은 모두 살기 마련이라는 뜻이다.

대둔사(大屯寺)[1]에 노닐면서 문미(門楣)[2]의 시에 차운하다 - 3수

遊大屯寺次楣上韻 三首 / 寺在海南頭輪山
유 대 둔 사 차 미 상 운 　삼 수

/ 절(두륜사)은 해남(海南) 두륜산(頭輪山)에 있다

[其一]

清溪一曲直而斜
청 계 일 곡 직 이 사
樹色陰濃晚更多
수 색 음 농 만 경 다
偸眼小峯雲起處
투 안 소 봉 운 기 처
却忘前日計生涯
각 망 전 일 계 생 애

맑은 시냇물 한 굽이는 곧다가 굽어지고
짙푸른 나무 그늘은 날 저물자 더욱 진하네
넌지시[3] 작은 봉우리의 구름 이는 곳을 바라보니
문득 예전에 생애를 꾀하던 일들이 잊혀지네.

1) 大屯寺(대둔사) : 대둔사(大芚寺). 전라남도 해남군 삼산면 구림리 두륜산에 있는 대흥사(大興寺)의 옛 이름.
2) 楣上(미상) : 문틀 위의 가로목. 문 위의 상인방(上引枋).
3) 偸眼(투안) : 슬금슬금 훔쳐봄.

【해설】

전문은 3수로 된 언시 중 첫째 수로 형식은 7인 질구다. 전반부 1·2구에서는 서경(敍景)을 묘사하고 있는데, 진정한 서경이란 있을 수 있을까? 마음의 눈으로 바라보는 서경은 곧 마음의 투사(投射)이다. 그림으로 들려주는 마음속의 이야기다. 곧게 흐르다가 굽어지는 시냇물은 작가 자신의 굽이 많은 인생의 행적이고, 황혼에 더욱 짙어지는 나무 그늘은 노경(老境)에 되돌아보는 삶의 어두운 이면(裏面) 곧 많은 걱정 근심일 터이다.

후반부 3·4구에서는 고개를 들어 먼데 둘러선 작은 산봉우리들을 바라보니 흰 구름이 일고 있다. 인생을 원대(遠大)한 눈으로 바라보니 뜬구름 같은 세상사다. 사소한 걱정 근심도 모두 부질없는 것들이었고, 어떻게 살아갈 것인가 노심초사(勞心焦思)했던 지난 일들은 잊어버리게 된다고 한다. 이때 작가 고산은 고향에서 2차례 제수된 관직을 사양하고 과거 시험 준비를 하고 있었던 것을 상기해 본다면 이 시가 의미하는 바를 짐작할 수 있겠다.

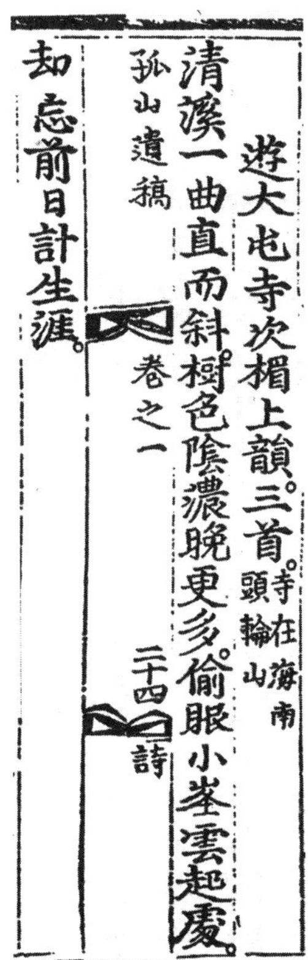
遊大屯寺次楣上韻三首 寺在海南頭輪山
清溪一曲直而斜。樹色陰濃晚更多。偷眼小峯雲起處。
孤山遺稿 卷之一 二十四 詩
却忘前日計生涯。

깊은 산사까지 찾아와서도 세속잡사(世俗雜事)를 떨쳐내지 못했다면 산사를 찾은 보람이 없겠고, 지난 일들을 잊었으니 앞으로 어떻게 살아갈 것인가를 생각하고 걱정하고 근심한다는 것도 어리석은 일이다. 먼 산봉우리에서 일고 있는 흰 구름처럼 덧없는 세속의 일을 잊어버리고 호탕하게 큰 숨 한 번 내쉴 일이다.

[其二]

到寺日將暮
도 사 일 장 모
淸遊意未衰
청 유 의 미 쇠
水鳴登閣處
수 명 등 각 처
雲起坐階時
운 기 좌 계 시
白雨留佳客
백 우 유 가 객
靑山供小詩
청 산 공 소 시
團欒歸思絶
단 란 귀 사 절
把酒捨笻枝
파 주 사 공 지

절에 이르자 날은 장차 저물려 하는데
청아하게 즐겼던[1] 의취(意趣)는 아직 가시지 않았네.
누각 있는 곳에 오르니 물소리 울리고
섬돌에 앉으니 저녁 구름은 피어오르네.
소나기[2]는 내려 반가운 손님 머무르게 하고
푸른 산은 짤막한 시[3]를 짓게 하네.
의좋게 모이니[4] 돌아갈 생각은 끊어졌고
술잔을 잡아야 하니 지팡이는 버려야겠네.

---

1) 淸遊(청유) : 고상하게 노닒. 속세를 떠나 청아하게 즐김.
2) 白雨(백우) : 폭우(暴雨). 우박의 별칭.
3) 小詩(소시) : 짤막한 시.
4) 團欒(단란) : 구순하게 모임. 서로 사귀거나 지내는데 의좋아 화목함.

【해설】

전문은 3수로 된 연시조 중 둘째 수로 5언 율시다. 선반부 1·2구에서는 제1수에 이어 낮 동안 즐겼던 청아한 여흥(餘興)이 해가 저물어가도록 아직 남아 있다고 한다. 산과 들을 구경하며 걷다보니 해가 질 무렵에 걸음이 절에 이르렀다. 3·4구에서는 높다란 누각에 오르니 계곡의 물소리는 더욱 크게 들리고 나직이 피어오르는 저녁 구름이 발아래 피어오르는 모습을 그려내고 있다. 높은 누각에 이르니 낮은 곳으로 흐르는 물소리가 들리고, 낮은 섬돌에 앉으니 높이 나르는 구름이 보인다고 한다. 높고 낮음과 물과 구름을 대비시키면서, 사람이 행할 바를 암시라도 하고 있는 듯하다. 곧 사람이 높은 벼슬에 오르면 낮은 자리에 있던 때나 낮은 백성들을 잊기 쉽고, 낮은 곳에 있을 때는 높은 자리만 선망하게 된다는 잘못을 깨우쳐주려는 듯한 묘사이다.

후반부 5·6구에서는 때마침 쏟아지는 한 줄기 소나기는 돌아가기 싫은 작가의 마음을 알아주는 듯 내리니, 빗물에 맑게 씻긴 산사의 정경을 바라보노라니 짧은 시라도 짓지 않을 수 없다. 7·8구에서는 말은 없어도 벗들과 이미 마음으로 통한 듯 이심전심(以心傳心)일 터이니, 집으로 돌아갈 생각일랑 끊어버리고 하룻밤 유숙하기로 한다. 바삐 술잔을 잡으려 하니 손에 들린 귀찮은 지팡일랑 내던지지 않을 수 없다.

이름다운 선경(仙境)과 그 속에서 유유자적(悠悠自適)하는 작가와, 마음이 통하는 벗들이 함께 있으니 술이 없을 수 없다. 서둘러 취하고픈 마음이 앞서다 보니 지팡이를 던져 버리고 대신 술잔을 잡아야겠다고 함으로써 시적 분위기와 흥취를 묘사하고 있다. 아름다운 산사의 정경과 마음이 통하는 벗들과 술이 있으니, 자신은 아름다운 가객(佳客)이 아닐 수 없다.

到寺日将暮。淸遊意未衰。水鳴登閣處。雲起坐階時。白雨留佳客。靑山供小詩。團欒歸思絶。把酒捨笻枝。

[其三]

多少樓臺間翠微
다소누대간취미
一聲淸磬遠依依
일성청경원의의
扶笻騷客臨橋憩
부공소객임교게
引子仙禽掠水飛
인자선금략수비
危峀月排踈雨至
위수월배소우지
上方僧帶暝烟歸
상방승대명연귀
誰將芳卉留空谷
수장방훼류공곡
階下葵花淨晩暉
계하규화정만휘

몇 간의 누대 사이로 산빛은 더욱 어스름해지고[1]
한 줄기 맑은 풍경(風磬)소리는 멀리멀리 사라져가네.[2]
지팡이 짚은 시인[3]은 다리에 이르러 쉬고 있고
새끼를 거느린 선학(仙鶴)[4]은 물을 스쳐 날아가네.
높다란 산봉우리의 달은 가랑비[5]를 몰아가며 떠오르고
상방(上方)[6]의 스님은 어스름한 안개를 띠고 돌아오네.
누가 향기로운 풀꽃들을 빈 골짜기에 남겨두었는가
섬돌 아래 접시꽃은 저녁 햇살에 더욱 맑아라.

---

1) 翠微(취미) : 산과 강의 경치가 푸르스름하고 어렴풋해지는 모양.
2) 依依(의의) : 어렴풋한 모양.
3) 騷客(소객) : 소인(騷人). 문인이나 시인.
4) 仙禽(선금) : 선학(仙鶴). 두루미.
5) 踈雨(소우) : 성기게 내리는 비.
6) 上方(상방) : 주지(住持)의 내실(內室). 또는 불사(佛寺).

【해설】

선문은 3수로 된 연시조 중 셋째 수로 형식은 7언 율시다. 저물어 가는 산사의 정경을 그려내고 있다. 전반부 1·2구에서는 저녁 어스름 속에서 희미해져가는 산들의 모습을 누대 사이로 바라보고 있는데, 저녁 예불을 알리는 경쇠 소리가 산골짜기를 따라 멀리멀리 퍼져간다고 한다. 시각과 청각적 묘사를 통해 해거름녘의 산사가 정겹게 묘사되고 있다. 3·4구에서는 그러한 정경 속에 지팡이를 짚고 다리에 앉아 쉬고 있는 산사를 찾은 시인의 눈에 뜨인 것은 새끼를 데리고 연못의 물을 스치며 날아가는 어미 두루미의 모습이다. 두루미의 모습을 통해 문득 생각나는 것은 돌아가신 부모님과 집에 있을 처자식들이다. 해거름과 함께 느껴지는 여수(旅愁)를 사물 묘사를 통해 제시하고 있다.

多少樓臺間翠微。一聲淸磬遠依依。扶笻騷客臨橋憩。
引子仙禽掠水飛。危峀月排踈雨至。上方僧帶暝烟歸。
誰將芳卉留空谷。階下葵花凈晩暉。

후반부 5·6구에서는 밀려오는 저녁 어스름 속에 둥그렇게 떠오르는 산봉우리의 달과 저녁 예불을 올리기 위해 법당으로 들어가는 스님의 모습을 대비시키고 있다. 가랑비를 몰아내고 떠오르는 달과 세속의 번뇌를 끊고 염불 참선에 매진하는 스님의 모습을 대비시킨 것은 예사로운 설정이 아님을 알 수 있다. 월인천강(月印千江 ; 달빛이 천 개의 강물 위에 빛나듯 부처님의 자비와 공덕이 온 세상에 널리 퍼짐을 비유)이듯, 부처님의 자비와 공덕을 강조하고 있어, 앞서 3·4구의 세속적 인연을 끊지 못하고 연연해하는 시인[騷客]·선학(仙鶴)과 반대로 속세의 인연을 끊고 불도에 정진하는 스님과 밝은 달이 대비되는 가운데, 낮 동안 두고 온 골짜기의 향기로운 꽃들과 섬돌 아래 접시꽃을 다시 대비시키고 있다. 산사의 정경과 소회(所懷)가 주 내용이다.

정자우(鄭子羽)[1]의 시에 차운하여 황각노(黃閣老)의 송붕팔경(松棚八景)[2]을 노래하다

次鄭子羽韻詠黃閣老松棚八景
차정자우운영황각노송붕팔경

[其一]

黃家棚架忽穹窿
황가붕가홀궁륭
人道巢皇構木同
인도소황구목동
劉幕一天仍舊貫
유막일천잉구관
陳樓百尺任飄蓬
진루백척임표봉
向昏先得東溟月
향혼선득동명월
當暑偏呼北岳風
당서편호북악풍
誰到朱門傳此制
수도주문전차제
定嫌金碧浪浮空
정혐금벽랑부공
* 右松棚
우송붕

정승[黃家][3] 집 다락[4]은 단연 높고 커서[5]
사람들이 말하기를 소황씨(巢皇氏)[6]가 나무로 얽은 집과 같다 하네.
유령(劉伶)이 막(幕)으로 삼은 한 하늘[7]은 옛날 그대로인데
진왕(陳王)[8]의 백 척 누각은 바람 나부끼는 쑥대밭이 되었네.
황혼이 이르면 먼저 동해의 달을 맞이하고
더위를 당하면 자못 북악의 바람을 부른다오.
누가 주문(朱門)[9]에 이르러 이 같은 제도를 전했는가?
필시 금벽(金碧)[10]를 공중에 허랑히 띄우기 싫어했음이리.
* 오른쪽 시는 '소나무로 만든 다락'이다.

1) 鄭子羽(정자우) : 정진명(鄭振溟 : 1567~1614년). 자우(子羽)는 자. 송강 정철의 셋째 아들.
2) 黃閣老松棚(황각노송붕) : '정승집의 늙은 소나무로 덮인 운치 있는 집'이란 뜻으로, '황각(黃閣)'은 정승·재상의 관서를 이르고, '송붕(松棚)'의 원뜻은 '솔가지와 솔잎으로 덮은 천막'이란 뜻. 본문에서는 '정승집의 높다란 다락'으로 해석.
3) 黃家(황가) : '토덕(土德)으로 왕(王)이 된 집안'이라는 뜻으로, 본문에서는 제목의 '황각로(黃閣老)의 집'을 말함.
4) 棚架(붕가) : 잔교(棧橋). 또는 가설한 시렁. 본문에서는 다락[棚]으로 해석.
5) 穹窿(궁륭) : 가운데가 높고 주위가 아래로 처진 모양. 하늘. 높고 큰 모양.
6) 巢皇(소황) : 소황씨(巢皇氏). 유소씨(有巢氏). 나무 위에 집을 짓고 사는 법을 발명했다는 전설상의 인물.
7) 유막일천(劉幕一天) : '유령(劉伶)이 하늘을 천막으로 삼음'. 유(劉)는 유령(劉伶)으로 진(晋)나라 사람이며 완적(阮籍)·혜강(嵇康)과 함께 죽림칠현(竹林七賢)의 한 사람. 그가 쓴 「주덕송(酒德頌)」의 「~ 하늘을 장막(지붕)으로 삼고 땅을 자리로 삼아 마음 가는 대로 하였다(幕天席地, 縱意所如)」 구절에서 연유한 표현.
8) 陳王(진왕) : 삼국시대 위(魏)나라의 조식(曹植)의 봉호(封號).
9) 朱門(주문) : 지위가 높은 관리의 집. 본문에서는 황각로(黃閣老)의 송붕을 말함.
10) 金碧(금벽) : 금마벽계(金馬碧鷄). 금으로 만든 말과 벽옥(碧玉)으로 만든 닭. 상서로운 물건을 상징하는 말.

【해설】

전문은 9수로 된 연시 중 제1수로 형식은 7언 율시다. 제목에서 '팔경(八景)'이라 했으므로 8수가 되어야하나 모두 9수이다. 따라서 본 작품은 서시(序詩)격의 작품이다. 형식도 7언 율시로 나머지 8수의 7언 절구와 구별된다. 전반부 1·2구에서는 고향 마을의 대표적 가옥이자 랜드 마크처럼 보이는 정승 집의 높이 솟은 다락의 웅장한 모습을 마치 중국 신화에 나오는 소황씨의 '나무 위의 집'에 비유했다. 3·4구에서는 이러한 정승 집의 다락을 바라보는 작가의 소감(所感)을 적고 있는데, 3구에서 유령(劉伶)의 '막(幕 ; 하늘)'과 진왕(陳王)의 '백 척 누각'을 대비시키고 있는데, 호연지기로 바라보는 세상과 권력의 무상함을 나타내고 있다. 특히 유령의 「주덕송(酒德頌)」의 구절은 우리나라에서도 16세기 고승이었던 진묵조사(震默祖師)의 게송(偈頌)인 「하늘을 이불삼고, 땅을 자리로, 산을 베개 삼고, 달을 촛불로, 구름을 병풍으로, 바다를 술통으로 만들어 ~ 후략(天衾地席, 山爲枕, 月燭雲屛, 海作樽 ~ 후략)」와 흡사하다.

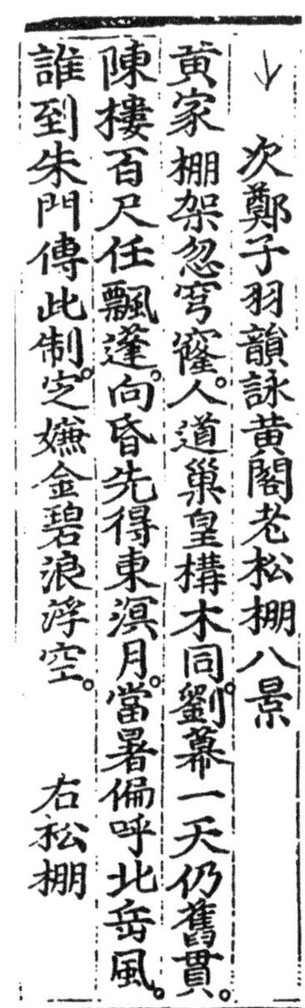

次鄭子羽韻詠黃閣老松棚八景

黃家棚架忽穹窿。人道巢皇搆木同。劉幕一天仍舊貫。陳樓百尺任飄蓬。向昏先得東溟月。當暑偏呼北岳風。誰到朱門傳此制。定嫌金碧浪浮空。

右松棚

후반부 5·6구에서는 정승 집 다락[棚]이 매우 높아 동해에 떠오르는 달을 맨 먼저 바라보고, 더울 때는 시원한 바람을 쐴 수 있다고 하여 우뚝 솟은 집임을 표현하고 있다. 7·8구에서는 의례 정승·재상 집들은 높은 다락을 짓는 관습을 누가 만들어 전했는가 하고 의문을 제기한다. 주 내용은 향리의 빼어난 여덟 가지의 정경을 노래한 것이고, 그 중에서도 황각노송붕(黃閣老松棚)의 정경을 노래한 것이다. 이러한 모습은 훗날 고산 자신이 보길도(甫吉島)에 칩거하면서 세연정(洗然亭)을 짓게 된 계기가 아닌가 여겨진다.

[其二]

窈窕逶迤繞眼邊
요 조 위 이 요 안 변

蕭疎灑(선)淅出炎天
소 소 석 출 염 천

爲除蜑雨蠻風氣
위 제 단 우 만 풍 기

忘却南來路一千
망 각 남 래 로 일 천

* 右金剛爽氣
우 금 강 상 기

깊숙하고[1] 구불구불한 길[2]은 눈가에 둘러 있는데
가끔씩[3] 차가운 기운[4]이 무더위에 솟아나
무더위의 습하고 더운 비와 바람[5]의 독기(毒氣) 없애주니
남으로 천 리 길을 내려온 수고를 잊게 해주네.

* 오른쪽 시는 '금강산(金剛山)[6]의 상쾌한 기운'을 노래한 것이다.

---

1) 窈窕(요조) : 깊숙한 모양.
2) 逶迤(위이) : 구불구불한 모양.
3) 蕭疎(소소) : 드묾. 희소한 모양.
4) 灑淅(쇄석) : 두려워서 몸서리치는 모양. 차가움.
5) 蜑雨蠻風(단우만풍) : 단우는 중국 남쪽 해상에서 내리는 폭우. 만풍은 만풍장우(蠻風瘴雨). 만연장우(蠻煙瘴雨). 습하고 더운 지역에서 부는 바람. 안개비와 장기(瘴氣 ; 습하고 더운 땅에서 생기는 독기).
6) 金剛(금강) : 금강산(金剛山). 전라남도 해남읍의 뒤에 있는 산.

【해설】

전문은 9수로 된 연시 중 제 2수로 형식은 7언 절구다. 전라남도 해남읍을 병풍처럼 두르고 있는 금강산의 기세(氣勢)를 노래한 시다. 자연 경치를 노래한 것으로는 첫 번째인 셈이다. 전반부 1·2구에서는 마을에서 바라본 금강산의 모습을 산에 오르는 길이 깊숙하고 구불구불하여 시야(視野)를 감싸 돌고 있다고 말하면서, 이어 산에서 내려오는 상쾌한 기운을 중심으로 말하고 있다. 후반부 3·4구에서는 그 상쾌한 기운은 다름 아닌 염천(炎天)의 무더위에 불어오는 서늘한 바람이다. 해남이 남쪽 바닷가임을 감안하면 무더위에 내리는 비와 불어오는 습하고 무더운 바람은 마치 중국 남방 지방의 단우(蜑雨)나 만풍(蠻風)과 같아 독기(毒氣)를 품은 비와 바람일 수 있으나, 바다에서 멀리 떨어진 금강산에서 때때로 불어오는 서늘한 바람(기운)이 이러한 독기를 없애준다고 한다.

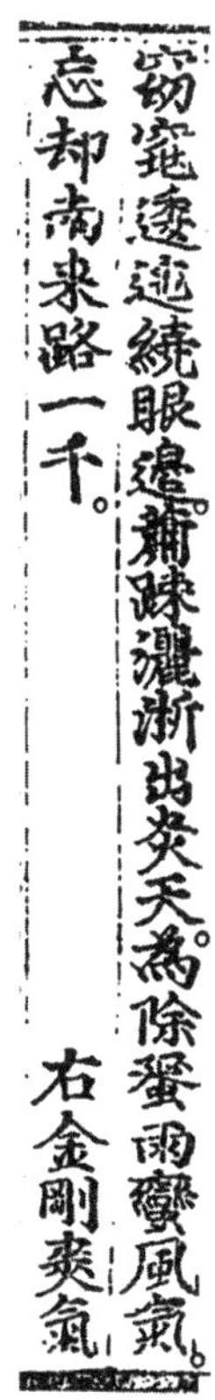
窈窕逶迤繞眼邊。蕭踈灑淅出炎天。為除蜑雨蠻風氣。忘却南來路一千。

右金剛爽氣

작가 고산이 태어난 곳은 해남이 아닌 한양 연화방(蓮花坊 ; 현 서울 종로구 연지동)이다. 8세에 양부인 관찰공(觀察公) 윤유기(尹唯幾)의 양자(養子)로 들어가 명례방(明禮坊 ; 현 서울 종로구 명동)에서 살았고, 해남으로 내려가 본격적인 생활을 하게 된 것은 귀양살이가 끝난 37세부터라고 할 수 있다. 해남은 대대로 조상들이 살아온 삶의 터전으로, 양부모와 친부모가 해남에서 살았던 것을 상기하면, 4구에서 '남으로 천리 길을 내려온 수고를 잊게 해주네.'라는 표현을 이해할 수 있고, 따라서 해남은 제2의 고향인 셈이다. 굳이 해남 집에 머무른 까닭은 이제는 해남 윤씨의 종손(宗孫)으로서 종가(宗家)인 자신의 집이 있기 때문이기도 하지만, 금강산을 중심으로 한 해남의 아름다운 경치도 한 몫을 하고 있는 것이다. 주 내용은 금강산의 상쾌한 정기이다.

[其三]

遙岑與目恰相圖
요 잠 여 목 흡 상 도
嵐翠空濛捲又鋪
람 취 공 몽 권 우 포
粧點此山殊不惡
장 점 차 산 수 불 악
但愁遮却此山無
단 수 차 각 차 산 무
* 右大芚嵐光
우 대 둔 람 광

먼 산등성이들은 흡사 그림처럼 보이고
저물녘 푸르스름한 이내[1]는 어렴풋이[2] 모였다가 흩어지네.
(남취가)이 산을 단장하는[3] 것이니 과히 싫지는 않으나
다만 이 산을 덮어서 가릴까 걱정되네.

* 오른쪽 시는 '대둔산(大芚山)[4]의 저녁 이내'를 노래한 것이다.

---

1) 嵐翠(남취) : 푸르스름한 남기(嵐氣). 저녁 무렵에 먼 산에 떠오르는 푸르스름한 기운. 이내.
2) 空濛(공몽) : 어렴풋함. 희미함.
3) 粧點(장점) : 화장함. 단장함.
4) 大芚(대둔) : 대둔산(大芚山). 두륜산과 함께 해남 대흥사를 안고 있는 산.

【해설】

전문은 9수로 된 연시 중 제3수로 형식은 7언 절구다. 전라남도 해남의 대둔산의 저녁 안개를 노래한 시다. 원경(遠景)으로 보이는 대둔산의 경치는 해가 넘어가는 해질녘이 으뜸이다. 슬금슬금 산등성이로 기어오르는 저녁 안개는 멀리 보이는 촌가의 저녁 밥 짓는 연기와 더불어 평화롭고 한가로운 정경이 아닐 수 없다. 전반부 1·2구에서는 멀리 보이는 산등성들의 모습이 흡사 한 폭의 그림 같다고 한다. 또한 멀리 바라보이는 산등성이로 저물녘 안개가 피어오르는데 잠시 동안 흩어지는 것 같더니 다시 모이고 흩어지기를 반복하는 모습을 정중동(靜中動)의 모습으로 묘사하고 있다.

후반부 3·4구에서는 그러한 정경을 바라보는 작가의 소회를 쓰고 있는데, 저물녘 푸르스름한 이내는 산을 단장하는 것이니 싫지는 않지만, 다만 걱정되는 바는 너무 많거나 짙어서 산을 온통 가리는 것이 아닐까 하는 것이다. 석양의 경치를 있는 그대로 그려내는 일상적인 묘사 속에 마음속에 걱정되는 바, 또 다른 이면(裏面)이 있음을 추측할 수 있다. 그러나 가장 순수한 마음으로 고향의 승경(勝景)을 묘사하고 있다고 그대로 감상함도 좋겠다.

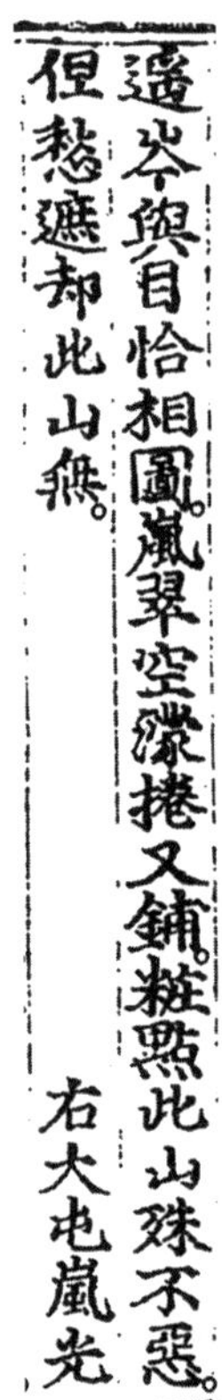
遙岑與目恰相圖。嵐翠空濛捲又鋪。粧點此山殊不惡。
但愁遮却此山無。
右大屯嵐光

전반부에서는 한 폭의 그림을 연상시킬 정도로 묘사가 빼어나고, 후반부에서는 작가의 내면 심정과 소회(所懷)를 쓰고 있으니, 전형적인 선경후정(先景後情)의 수법을 따르고 있다. 멀리 보이는 잔잔한 산등성이가 정물(靜物)이라면 산자락 사이로 피었다가 흩어지는 이내[嵐翠]는 동적(動的) 묘사이다. 정과 동을 교차하는 가운데, 다시 후반부의 작가의 근심[愁]은 '산을 가릴까' 하는 심상한 근심은 아니다. 자신의 앞날이라거나, 한양에서 벌어지고 있는 작금의 정치 현실이라고도 볼 수 있다.

[其四]

雲逐凉風斷雨蹤
운 축 량 풍 단 우 종

月將淸興置吾胸
월 장 청 흥 치 오 흉

兒童驚喜向人道
아 동 경 희 향 인 도

白玉盤來掛小峯
백 옥 반 래 괘 소 봉

* 右東峯霽月
우 동 봉 제 월

서늘한 바람이 불어 구름을 몰아내고 비의 자취를 끊어내니
달은 이내 청아한 홍취[1]를 북돋아 내 가슴에 안겨 주네.
아이들은 놀라고 기뻐하면서 사람들에게 말하기를
백옥 같은 쟁반이 와서 작은 봉우리에 걸렸다고 하네.

* 오른쪽 시는 '동쪽 봉우리의 제월(霽月)'[2]을 노래한 것이다.

---

1) 淸興(청흥) : 청아한 홍취(興趣).
2) 霽月(제월) : 비가 갠 날의 밝은 달.

【해설】

전문은 9수로 된 연시 중 제4수로 형식은 7언 절구다. 제월(霽月)은 일 년 사계절 중 특별히 여름에 뜨는 달이다. 여름날 저녁 짙게 깔린 먹구름 속 사이로 한바탕 소나기가 지나간 다음 휘영청 동쪽 산봉우리에 떠오르는 달이다. 더위를 몰아가고 삽상(颯爽)한 밤기운과 함께 동쪽 산봉우리에서 떠오르는 달을 바라보는 감상을 쓰고 있다. 전반부 1·2구에서는 가슴속까지 시원한 여름밤이고 밝으면서도 맑은 달이다. 그러한 달을 바라보는 심정은 어른이나 아이들이나 다를 수 없다.

후반부 3·4구에서는 아이들의 동요를 쓰고 있다. 아이들은 '백옥 같은 쟁반이 작은 봉우리에 걸렸다'고 한다. 어린애들이 부르는 동요 가운데 '달 달, 무슨 달 쟁반같이 둥근 달'이라고 했던 동요의 가사와 같다. 지금이야 대수롭지 않은 표현이 되었지만, 사물을 바라보는 아이들의 순수한 눈이 그대로 투영되어 있다. 이러한 민요나 동요·노동요 등에 대한 고산의 관심과 개작이 여과 없는 인용을 통한 현장감을 살려내고 있는데, 이러한 표현 수법은 훗날 「어부사시사(漁父四時詞)」 등 국문 시가 창작의 큰 동인으로 작용하고 있음을 볼 수 있다.

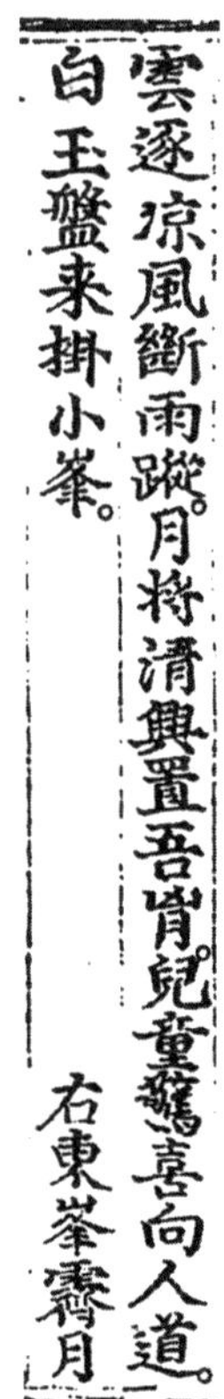
雲逐凉風斷雨蹤。月將清興置吾胸。兒童驚喜向人道。
白玉盤來掛小峯。
右東峯霽月

고산은 제월(霽月)을 바라보고 느끼는 맑은 흥취를 아이들의 표현을 빌려 대신하고 있는 점이 오히려 미사여구(美辭麗句)를 동원하여 아름답게 쓰려고 한 것보다 한층 신선한 느낌을 준다. '백옥 같은 쟁반이 작은 산봉우리에 걸렸네'라는 표현 속에는 하늘에 떠가는 달을 순간적으로 정지한 장면으로 바라보고자 하는 시인의 마음이 그려져 있다. 또한 둥글게 차오른 달을 하나의 쟁반으로 바라보는 아이들의 순진무구한 심정을 인용하여 찰나적 심상으로 그려내고 있다.

[其五]

疎簷夢覺整烏紗
소 첨 몽 각 정 오 사
獨向斜陽望落霞
독 향 사 양 망 낙 하
翠袖竹邊無限思
취 수 죽 변 무 한 사
如何說與這村婆
여 하 설 여 저 촌 파
* 右西嶺落照
우 서 령 낙 조

성근 처마 밑 꿈에서 깨어나 오사건(烏紗巾)[1]을 바르게 하고
홀로 해를 향해 지는 노을을 바라보네.
푸른 소매를 걷어 올리고 대숲에서의 헤아림은 한량없어
마을 할미와 말이라도 나눈다면 어떨까?
* 오른쪽 시는 '서산 고갯마루에 지는 해'를 노래한 것이다.

---

1) 烏紗(오사) : 오사건(烏紗巾). 검은 깁으로 만든 관모(官帽).

【해설】

전문은 9수로 된 연시 중 제5수로 형식은 7언 절구다. 연보에 의하면 작가 고산이 이 시를 쓸 무렵(1627년, 41세)은 해남에서 과시(科試)를 위해 공부하고 있을 때이다. 그리고 이듬해인 42세에(1628년)에 한양으로 올라가 봄 별시초시(別試初試)에 당당히 장원 급제하고 당시 이조판서(吏曹判書)였던 계곡(谿谷) 장유(張維)의 천거로 봉림(鳳林)·인평(麟坪) 두 대군(大君)의 사부(師傅)가 된다. 이 작품은 해남 향리의 승경(勝景)을 노래했다고는 하나, 경물(景物)을 노래했다고는 할 수 없을 만큼 내용상으로는 다소 거리가 멀다. 그리고 시대적 배경을 통해 음미하자면 이 시를 쓴 1627년은 정묘호란(丁卯胡亂)이 일어난 해이니, 걱정 근심은 나라의 안위(安危)일 수밖에 없다.

위에서 약술한 바에 의거하여 추론하자면, 전반부 1·2구에서 여러 가지 걱정으로 마음이 석양 노을처럼 무겁게 가라앉아 있다. 그러니 의관을 정제하고 지는 해를 바라본다고 한 것이다. 후반부 3·4구에서는 생각은 얽히고설켜 오만가지 사색 속에 잠겨 풀기 어려운 답답한 심사를 알 수 있다. 그러한 답답한 심정을 '마을 할미와 말이라도 나눈다면 어떨까?'하고 풀길 없는 마음을 표현하고 있음을 알 수 있다. 여기서 '할미'는 어떤 인물인가? 다음 작품 [其六]과 연계해서 해석하자면 '점치는 할미(무당)'라고도 추측할 수 있다. 곧 과시(科試) 공부는 해서 벼슬길에 나아가기는 해야 할 것인데, 과거에 합격할 것인지도 기약할 수 없고, 그것이 잘하는 것인지 잘못한 것인지 알 수 없으며, 들려오는 오랑캐의 침략 소식은 더욱 작가를 불안하게 만들었을 것이다. 이러한 답답한 마음을 토로하고 있는 시라고 할 수 있다.

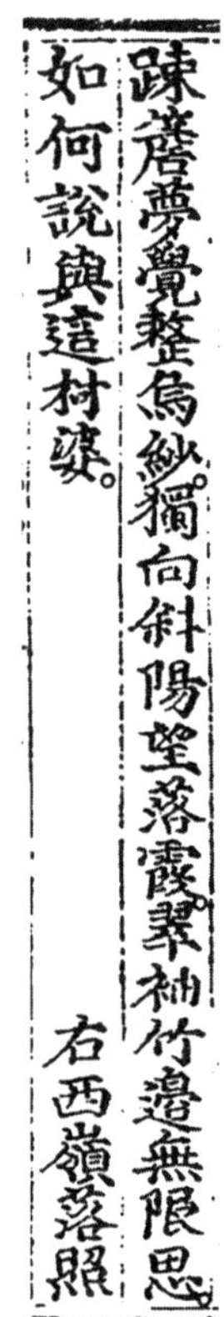
踈簷夢覺整烏紗。獨向斜陽望落霞。翠袖竹邊無限思
如何說與這村婆。
右西嶺落照

[其六]

人居星散兩溪潯
인 거 성 산 양 계 심
旭日炊烟一洞深
욱 일 취 연 일 동 심
今日安危何處卜
금 일 안 위 하 처 복
且看多少羃前林
차 간 다 소 멱 전 림
* 右海村朝烟
우 해 촌 조 연

사람들은 두 줄기 시냇가에 흩어져[1] 살아
아침 해가 오르자 밥 짓는 연기에 온 고을이 잠겼구나.
오늘의 운세(運勢 ; 安危)를 어느 곳에 가서 점쳐볼까?
가리어진 앞 수풀을 자주 바라보네.
* 오른쪽 시는 '바닷가 마을의 아침 밥 짓는 연기'를 노래한 것이다.

---

1) 星散(성산) : 사방으로 흩어짐. 산산이 흩어짐.

【해설】

전문은 9수로 된 연시 중 제6수로 형식은 7언 절구다. 이 시의 감상은 앞 작품 [其五]와 연계해서 살펴볼 수 있다. 앞 작품 특히 3·4구에 나타난 내용의 연속이라고 할 수 있다. 먼저 전반부 1·2구에서 묘사하고 있는 내용은 여느 시골의 정경과 별반 다르지 않다. 한국의 전형적인 취락 구조인 배산임수(背山臨水)와 아침 밥 짓는 연기가 피어오르는 모습을 사실적으로 그려내고 있다. 그러나 후반부 3·4구에서 작가는 상당히 심적으로 불안해하는 모습을 드러내고 있다. 특히 유자(儒者)에게는 해당되지 않는 '점[卜]'을 쳐볼 생각까지 하고 있음을 볼 수 있다. 앞선 시 [其五]의 내용을 상기하자면, '안위(安危)'는 북녘 오랑캐들인 금(金)나라의 침략인 정묘호란(丁卯胡亂)이고, 이로 인한 나라와 나랏님의 안위임을 추측하기는 그리 어렵지 않다. 이런 상황 속에서 작가는 한가하게 시골에서 은자(隱者)를 자처하고 오불관언(吾不關焉)하며 팔짱을 끼고 바라볼 수만은 없었을 것이리라. 그렇다면 4구의 '가리어진 앞 수풀을 자주 바라보네'는 앞날의 나라에 대한 걱정의 다른 표현임을 알 수 있다.

유유자적(悠悠自適)하며 해남의 승경을 노래하고자 하여 쓰기 시작한 '팔경시(八景詩)'가 본의 아니게 작가의 술회시(述懷詩)가 되어버렸고 우국충정(憂國衷情)의 시가 되어버렸음을 알 수 있다. 이러한 내용은 다음 작품들에서도 발견된다. 작가는 본격적인 경물시가 못되었다는 사실을 깨닫고 해남의 승경을 노래한 본격적인 경물시(景物詩)를 쓰고자 이 팔경시에 이어 동일 제명(題名)으로 <재차(再次 ; 거듭 차운하다)> 8수와 <우차(又次 ; 또 차운하다)> 8수를 썼을 것이다. 따라서 첫째 작품 9수, 둘째 작품 8수, 셋째 작품 8수 등 모두 25수가 있다. 감상자들은 모두 25수 이 작품들을 비교 연구하는 것도 의미 있는 일일 것이다.

右海村朝烟

人居星散兩溪潯。旭日炊烟一洞深。今日安危何處卜。且看多少冪前林。

[其七]

角聲悲壯遏行雲
각성비장알행운
拄杖支頤盡夕曛
주장지이진석훈
靜裏還生飛動意
정리환생비동의
天山何日掛弓聞
천산하일괘궁문
*右城門暮角
우성문모각

뿔피리 부는 소리[1] 비장하여 떠가는 구름을 가로 막는데
지팡이에 지탱하고[2] 턱을 괴니 오늘 저녁 이내[3]도 스러지네.
고요함 속에 도리어 날고자 하는 뜻이 생겨나는데
천산(天山)[4]에서 전쟁 끝났다[5]는 소리를 어느 날에나 들을까?
* 오른쪽 시는 '성문에서 들리는 뿔피리 소리'를 노래한 것이다.

---

1) 角聲(각성) : 화각(畵角) 소리. 옛날 군중에서 화각을 불어 아침과 저녁을 알렸다. 본문에서는 전쟁 중임을 의미하며, 오랑캐들의 잠입을 막기 위해 출입을 제한하는 성문을 여닫는 시각을 알리기 위해 부는 뿔피리 소리. 곧 전쟁을 의미.
2) 拄杖(주장) : 지팡이에 지탱함. 지팡이를 짚음.
3) 夕曛(석훈) : 저녁 이내. 황혼.
4) 天山(천산) : 중국에 있는 연연산(燕然山)을 말하나, 본문에서는 백두산(白頭山)을 이름.
5) 掛弓(괘궁) : 활을 걸어둠. 전쟁이 끝남을 이름.

【해설】

전문은 9수로 된 연시 중 제7수로 형식은 7언 절구다. 주 내용은 전쟁(丁卯胡亂 ; 1627년 後金 곧 淸의 침입으로 일어난 조선과 후금 사이의 전쟁으로 1월 중순부터 3월까지 약 2개월 동안 계속됨)에 대한 걱정이다. 전반부 1구에서는 성문에서 들려오는 '뿔피리 소리'를 말하며, 나라가 전쟁의 시국임을 알 수 있다. '비장(悲壯)'하게 들리는 것은 걱정과 근심이 어우러진 소리이기 때문이다. 2구에서 작가 자신은 그런 가운데 가던 길을 멈추고 지팡이에 의지하고 턱을 괸 채로 멍하니 또 하루해가 저무는 것을 바라보고 있다. 한때는 나라를 걱정한다고 임금께 상소하여 7년 동안이나 유배생활의 고통을 경험한 작가로서 작금의 상황에 마음이 편할 리 없다.

후반부 3·4구에서는 지금 비록 자연 속에 파묻혀 살고 있는 한가로운 선비이나 무엇인가 나라를 위해 다시 일어나야 한다는 간절한 생각[憂國衷情]이 가슴 속에 요동치고 있는 것을 표현하고, 4구에서는 지금 당장 바라는 것은 하루 빨리 전쟁이 끝났다는 소식 듣기를 바라는 것이다. 작가의 연보와 비교하여 본 작품을 감상하면, 해남에서 한거하며 유유자적하던 고산의 심경에 중대한 변화를 예고하는 시임을 알 수 있다. 곧 선비는 '세상과 끊고 살 수는 있으나[避世] 세상을 잊고 살아서[忘世]는 안된다.'는 옛 성현의 말처럼, 나라와 세상을 위해 무엇인가를 해야 한다는 심적 갈등이 일어나고 있음을 알 수 있다.

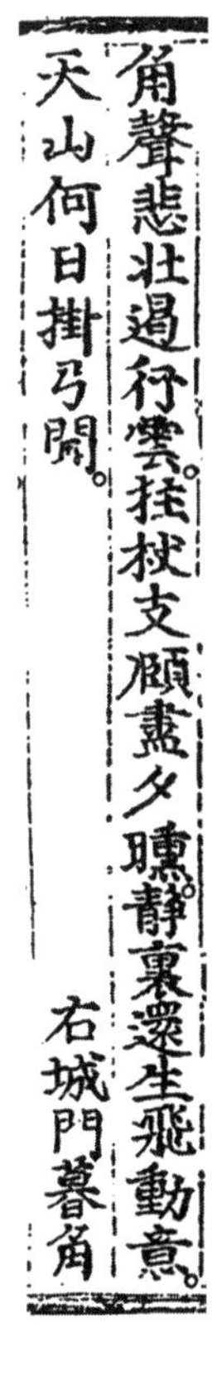
角聲悲壯遏行雲。拄杖支頤盡夕曛。靜裏還生飛動意。天山何日掛弓聞。
右城門暮角

[其八]

望裏提鋤有幾儔
망리제서유기주
勞歌相應起平疇
노가상응기평주
誰知惡莠田家志
수지악유전가지
欲向南風殿上酬
욕향남풍전상수

* 右前郊農歌
우전교농가

바라봄에 호미 잡은 농부는 몇 쌍이나 될까?
화답하며 일하는 노래 소리 평평한 밭두둑에서 일어나네.
잡초[1]를 미워하는 농부의 마음을 누가 알리오?
남쪽의 악곡(농요)[2]을 임금[3]께 알리고 싶어라.

* 오른쪽 시는 '앞 들녘의 농부가'를 노래한 것이다.

---

1) 惡莠(악유) : 강아지풀. 본문에서는 오곡의 생장을 방해하는 잡초(雜草) 또는 악초(惡草)로 풀이하였음.
2) 南風(남풍) : 남쪽 지방의 악곡(樂曲) 곧 농부들의 농요(農謠).
3) 殿上(전상) : 궁전이나 전당(殿堂)의 위. 곧 제왕이 있는 전각을 이름. 본문에서는 '임금'으로 해석.

【해설】

전문은 9수로 된 연시 중 제8수로 형식은 7언 절구다. 농부들이 일하면서 부르는 농가(農歌)・농요(農謠) 또는 노동요(勞動謠)의 참뜻은 무엇일까. 겉으로 보고 듣기에는 격양가(擊壤歌 ; 농부들이 땅을 치며 태평성대를 노래함)로 들릴 수 있다. 그러나 그 이면에는 농부들의 힘들게 농사짓는 노동의 고통을 상쇄(相殺)하고자 하는 마음이 담겨있다. 본 작품에서는 '밭매기 노래' 정도로 여겨지는데, 그 이면에는 잡초를 미워하는 농부들의 뜻이 담겨 있고, 그리고 그러한 마음을 임금께 전하고 싶다고 한다. 임금께 전하고 싶다면 '잡초'의 의미는 달라진다.

전반부 1・2구에서는 '바라봄에 호미 잡은 농부는 몇 쌍이나 될까?'는 농부들이 밭고랑에 앉아서 밭을 매고 있으니, 몇 명이나 되는지 알 수 없고, 농부들의 모습은 잘 보이지 않으나 일하며 부르는 노래 소리만 들려온다고 한다. 평범한 농부들의 밭 매는 모습을 그려내고 있다.

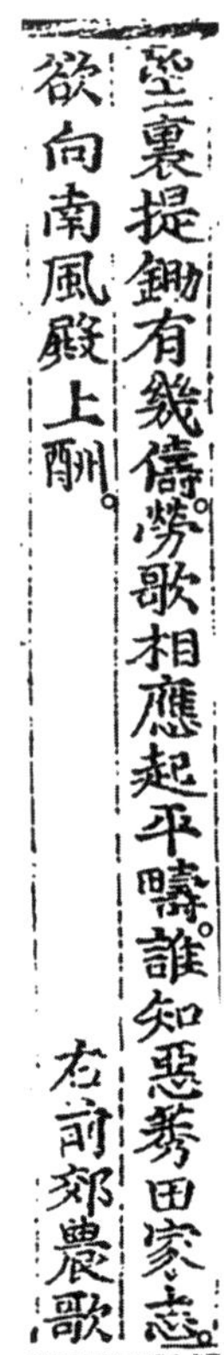
壟裏提鋤有幾儔。勞歌相應起平疇。誰知惡莠田家志。
欲向南風殿上酬。
右前郊農歌

후반부 3・4구에서는 그러한 노동요를 자세히 들어보면 잡초를 미워하는 마음이 있는데, 아는 사람이 별로 없다는 것이다. 그러니 잡초를 미워하는 마음을 궁궐의 임금께 남풍에 불려 알리고 싶다고 한다. 여기서 밭 속에 나는 잡초 또는 악초는 탐관오리(貪官汚吏)일 수 있고, 가렴주구(苛斂誅求)하는 지방 목민관일 수 있다. 그러면 농부들의 노래는 학정에 시달리고 도탄에 빠진 백성들의 원망 섞인 한탄일 수 있다. 사물의 이면을 바라보는 작가의 관찰력이 돋보임과 동시에 백성을 사랑하는 애민정신이 짙게 깔려 있음을 볼 수 있는 작품이다.

[其九]

鏘然宮徵(치)響仙廊
장연궁 향선랑
流出金剛山一方
유출금강산일방
到此定知孤客在
도차정지고객재
耳邊悽切變爲商
이변처절변위상
＊右後溪水聲
우후계수성

맑고 은은한[1] 오음(五音)[2] 소리가 신선의 회랑(回廊)에 울리더니
금강산(金剛山)[3] 한 쪽으로 흘러가네.
이곳에 이르러 외로운 객이 있음을 정히 알아차리고
귓가에서 처절한 상성(商聲)[4]으로 변했다오.
＊오른쪽 시는 '뒷 시내의 물소리'를 노래한 것이다.

---

1) 鏘然(장연) : 금이나 주옥 따위가 부딪치는 소리가 맑고 은은함을 형용하는 말.
2) 宮徵(궁치) : 궁음(宮音)과 치음(徵音). 악곡(樂曲) 또는 성조(聲調)를 이르는 말. 본문에서는 오음(五音) 곧 궁(宮)·상(商)·각(角)·치(徵)·우(羽)의 다섯 음.
3) 金剛山(금강산) : 전라남도 해남읍에 있는 산 이름.
4) 商聲(상성) : 5음(音)의 하나로 가을의 소리.

【해설】

전문은 9수로 된 연시 중 제9수로 형식은 7언 절구다. 사물에서 나는 소리가 귀에 들리는 모양은 각자 사람들의 마음 상태에 따라 다르게 들린다. 어떤 사람은 '새가 운다.'라고 말하고, 어떤 사람은 '새가 노래한다.'고 말하는 것과 똑 같은 이치이다. 전반부 1·2구에서 뒷개의 시냇물 흐르는 소리는 원래 맑고 은은하여 선신이 사는 회랑을 울려 흐르는 오음의 조화를 이루어 내는 소리였다. 그리고 그 시냇물은 고산이 살고 있는 고향의 뒷산 골짜기를 흘러가는 것이었다.

후반부 3·4구에서는 외로운 나그네의 귀에는 처절한 소리로 들린다고 한다. '외로운 나그네[孤客]'는 결국 작가 자신인데, 고향에서 있으면서 왜 자신을 외로운 나그네라고 했을까. 고래(古來)로 시가 속에서 '외로운 나그네'는 '임금의 은총을 잃은 신하', 또는 '귀양살이하고 있는 신하'를 말한다. 자신은 비록 지금은 인조반정으로 귀양살이에서 풀려났지만 아직 임금의 은총을 입지 못한 신하이기 때문이다.

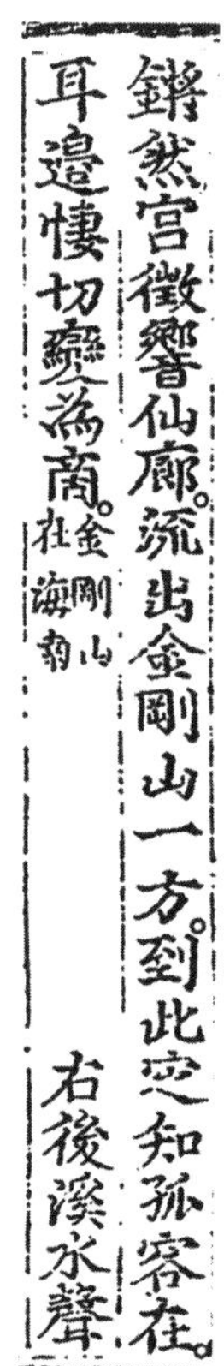

鏘然宮徵響仙廊。流出金剛山一方。到此定知孤客在。耳邊悽切變爲商。金剛山在海南

右後溪水聲

이러한 원인은 두말 할 것 없이 마음으로 듣기 때문이다. 그 마음의 상황과 상태가 어떠냐에 따라 각양각색으로 들리는 것을 말하니, 일체유심조(一切唯心造)인 셈이다. 4구에서 처절한 소리로 들리는 것은 듣고 있는 순간의 상황이 편안치 못하기 때문이다. 왜 편안하지 못한 이유는 이미 앞선 시들에서 누차 암시된 대로 나라가 전쟁 중에 있기 때문이다. 상성(商聲)은 금풍(金風 ; 가을바람)을 몰고 오는 죽음의 소리이다. 그러니 한가하게 시냇물 소리에 귀를 기울이며 시흥(詩興)이나 일깨워주는 소리는 아니다. 주 내용은 시냇물 소리에 얹힌 나라를 걱정하는 우국충정(憂國衷情)이다.

다시 차운(次韻)[1]하다 - 8수

再次-八首
재 차

[其一]

腥臊安得到身邊
성 조 안 득 도 신 변
山氣淸冷散海天
산 기 청 냉 산 해 천
北客從今無可恨
북 객 종 금 무 가 한
莫敎衰髮白三千
막 교 쇠 발 백 삼 천
* 右金剛爽氣
우 금 강 상 기

비리고 퀴퀴한 것[2]을 어찌 몸 가까이 할 수 있으리오?
산 기운 맑고 서늘하여 바다와 하늘에 흩어지네.
북에서 온 나그네는 이제부터 한탄할 것이 없으니
백발(白髮) 삼천 장(杖)[3]을 쇠지 않게 하여주오.
* 오른쪽 시는 '금강산의 상쾌한 기운'을 노래한 것이다.

1) 再次(재차) : 앞선 작품 「황각노송붕팔경(黃閣老松棚八景)」의 운(韻)을 그대로 차운하여 지은 것을 말함.

2) 腥臊(성조) : 비리고 퀴퀴함. 또는 비리고 퀴퀴한 냄새. 본문에서는 세속의 잡사에 얽매이는 것을 뜻함.

3) 髮白三千杖(발백삼천장) : 백발삼천장(髮白三千杖). 이백(李白)의 「추포가(秋浦歌)」 17수 중 제15수에 나오는 시에서 연유한 것으로, 이백의 시구는 「3천장이나 되는 백발 / 근심으로 이렇듯 길어졌는가? / 모르겠네 거울 속에 비친 모습 / 어디서 가을 서리 맞고 왔는고.(白髮三千杖, 緣愁似箇長, 不知明鏡裏, 何處得秋霜)」이다.

【해설】

전문은 8수로 된 연시 중 제1수로 형식은 7언 절구다. 앞선 해남 지방의 팔경을 읊은 「황각노송붕팔경(黃閣老松棚八景)」의 운(韻)을 그대로 차운하여 다시 지은 연시로 제목과 운은 첫 번째 팔경시와 같다. 다시 팔경을 읊은 이유는 앞서 살펴보았듯이, 첫째 팔경시 8수가 경물시(景物詩 ; 자연경관을 읊은 시)라기보다는 술회시(述懷詩 ; 마음에 품은 생각이나 회포)에 치우쳐 작가 자신의 의도와는 다른 시가 되었기 때문으로 여겨진다. 물론 그 원인으로는 당시 나라가 처한 정묘호란의 상황이 작가로 하여금 한가롭게 자연이나 노래하고 있을 수 없게 했기 때문으로 여겨진다.

전반부 1·2구에서는 금강산의 상쾌하고 삽상한 기운과 반대되는 '비리고 퀴퀴한 것'을 서두로 놓아 대비시키고 있다. 곧 금강산 아래 있으면, 또는 금강산의 정기를 받은 몸에는 비리고 퀴퀴한 것들을 받아들일 수 없다고 한다. 그러한 금강산의 정기는 바다와 산에 널리 퍼지고 있다고 한다.

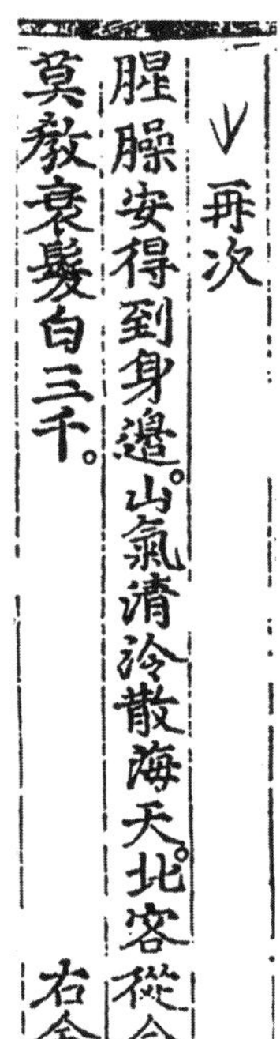
再次
腥臊安得到身邊。山氣清泠散海天。北客從今無可恨。
莫教衰髮白三千。
右金剛爽氣

후반부 3·4구에서 '북객'은 작가 자신으로, 태어난 곳이 한양이기 때문에, 또는 멀리 함경도 경원에서 귀양살이를 하다가 온 처지임을 강조한 것이다. 더 이상 과거를 떠올리며 누구를 한탄할 것도 탓할 것도 없다고 한다. 모든 것을 나름대로 마음속에 정리한 상태임을 강조하고 있다. 그래서 더 이상 걱정거리나 없게 해달라는 것이고, 곧 금강산의 정기를 받아 맑고 상쾌한 가운데 남은 여생을 보낼 수 있게 해달라고 한다. '흰 머리 3천 장'은 걱정 근심을 말하며, 그 내용은 전쟁의 와중에 있는 나라의 안위임은 더 말할 것 없다.

[其二]

休展營丘水墨圖
휴 전 영 구 수 묵 도
且看嵐翠大芚鋪
차 간 람 취 대 둔 포
朝昏異態從他畵
조 혼 이 태 종 타 화
可使羣峯乍有無
가 사 군 봉 사 유 무
* 右大芚嵐光
우 대 둔 람 광

영구(營丘)[1]의 수묵화(水墨畵)를 펼치지 않으리
잠깐 사이에 펼쳐지는 대둔산에 이는 이내[2]를 바라보리.
아침 저녁으로 모양을 달리하며 다른 그림을 그려내니
가히 뭇 봉우리들을 잠깐 사이에 있다가 없다가 하게 하네.
* 오른쪽 시는 '대둔산의 저녁 이내'를 노래한 것이다.

---

1) 營丘(영구) : 송대(宋代)의 화가 이성(李成)을 이르는 말. 영구(營丘) 사람으로 산수화로 유명함.
2) 嵐翠(람취) : 부람난취(浮嵐暖翠). 산간에 피어오르는 이내와 화창한 날의 푸르른 산 경치.
3) 乍有無(사유무) : 잠깐 사이에 있다가 없다가 함. 홀현홀몰(忽顯忽沒 ; 문득 나타났다가 갑자기 없어짐)함.

【해설】

전문은 8수로 된 연시 중 제2수로 형식은 7언 절구다. 대둔산에 이내(아지랑이와 산안개)가 피어오르는 경치를 그려내고 있다. 전반부 1·2구에서는 중국의 유명한 화가 영구(營丘)의 수묵화(산수화)를 굳이 펴볼 필요가 없다고 한다. 그 이유는 대둔산에 이는 이내를 바라보면 되기 때문이다. 그림 속의 잘 그린 아름다운 산수화도 좋지만 실제 눈앞에 펼쳐지는 진경(眞景 ; 실제의 경치)이 더 낫지 않느냐는 것이다.

후반부 3·4구에서는 대둔산의 경치가 유명 산수화보다 더 좋은 이유는 아침저녁으로 자연이 그려내는 시각에 따라 변화하는 경치의 달라지는 모습은 고정된 경치를 그려낸 그림, 또는 그림 속의 고정된 경치보다 낫기 때문이다. 이러한 그림은 자연만이 그래 낼 수 있는 절경(絶景)이다. 변화하는 모습의 대표적인 것은 푸른 이내 속에 홀현홀몰(忽顯忽沒)하는 산봉우리들의 아름다운 모습으로, 아무리 잘 유명한 화가의 산수화로도 그려내기 불가능하다 하겠다.

빼어난 자연경관을 그린 유명화가의 명화(名畵 ; 수묵화)와 실제 눈앞에 펼쳐지는 아름다운 자연경관을 비교하여 진경을 예찬하는 시적 발상이 단연 빼어난 시다. 우리는 그림 속의 자연을 보고 감탄하는 경우가 실제 자연을 보고 감탄하는 경우보다 훨씬 많다. 그러나 실재(實在)하는 경물의 좋은 점은 시시각각으로 변화하는 모습이고, 그런 모습의 그림은 조물주만이 가능한 것이며, 아무리 유명한 화가라도 그려낼 수 없다는 점에 착안하여 대둔산의 경치를 쓰고 있다. 조물주가 만든 자연경관과 화가가 그려내는 자연경관에는 어떤 차이가 있을까? 변화하고 있는 동적 상태를 그려낼 수 있느냐 없느냐에 있을 것이다. 자연의 변화를 주도하는 조물주만이 그려낼 수 있는 것은 곧 변화의 모습이다.

休展營丘水墨圖。且看嵐翠大屯鋪。朝昏異態從他畫。可使羣峯乍有無。

右大屯嵐光

[其三]

氷輪離海忽無蹤
빙 륜 이 해 홀 무 종
桂魄隨盃已下胸
계 백 수 배 이 하 흉
爲是新晴明分外
위 시 신 청 명 분 외
誰言一樣上東峯
수 언 일 양 상 동 봉
＊右東峯霽月
우 동 봉 제 월

바다를 떠나 홀연 자취 없어진 달[1]이
(술잔에 비쳐진)달[2]이 잔을 따라 가슴으로 내려왔네.
이렇게 새로 개어 뜻밖에도 밝으니
누가 한 모양으로 동쪽 봉우리에 떠오른 것이라고 말하리오.
＊오른쪽 시는 '동쪽 봉우리의 제월(霽月)'을 노래한 것이다.

---

1) 氷輪(빙륜) : 달의 별칭. 빙경(氷鏡). 얼음처럼 맑고 밝으며 차게 보이는 달.
2) 桂魄(계백) : 계수나무의 넋이라는 뜻으로 달의 별칭.

【해설】

전문은 8수로 된 연시 중 제3수로 형식은 7언 절구다. 동쪽 산봉우리에 밝고 둥그렇게 떠오르는 달을 노래하고 있다. 그런 달의 아름다움을 노래하기 위해서 작가는 세 개의 달을 등장시키고 있다. 전반부 1·2구에서 '바다를 떠나면서 자취 없어진 달'은 구름 속으로 들어가 숨은 달이다. 다른 해석도 가능한데 2구의 내용을 감안하자면, 술잔에 비춰진 달을 작가가 잔에 담아 마셔버렸기 때문이다. 마셔 버린 달은 어느새 내 가슴(뱃속)으로 내려왔다고 한다. 적어도 오늘 저녁에 달은 더 이상 없다. 달과 유희(遊戲)하며 한 잔을 술을 마시는 한껏 고조된 풍류(風流)를 노래하고 있다.

후반부 3·4구에서는 그런데 없어진 달이 갑자기 새로 갠 구름 사이로 뜻밖에 나타난 것이다. '제월(霽月)'의 참맛은 그냥 '개인 달'이 아니라, 여름날 밤에 짙은 먹구름이 끼고 한 바탕 소나기가 내린 다음 다시 맑게 갠 하늘에 둥그렇게 떠오르는 달이다. 1·2구에서 없어진 달은 구름 속에 가려진 달이거나 시인이 술잔에 넣어 마셔버린 달이다. 그런데 먹구름이 물러가고 거뭇하고 푸르스름하게 개인 밤하늘에 둥두렷이 새로 나타났다. '분외(分外)'는 '분수에 넘침'을 말한다. 그러나 시의 분위기상 '뜻밖에'로 해석하였다. '분에 넘치게'로 보아도 하등 문제 될 것은 없다.

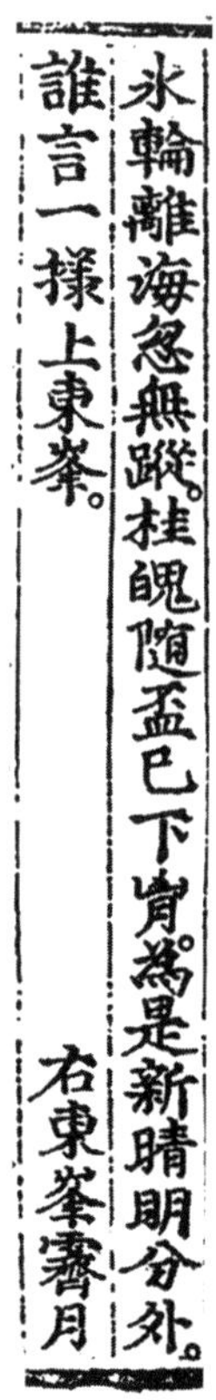
氷輪離海忽無蹤。桂魄隨盃已下胸。爲是新晴明分外。
誰言一様上東峯。
右東峯霽月

4구에서 새롭게 나타난 달[霽月]은 조금 전의 자취를 감추고 없어진 그 달인가? 물음을 해본다. 아닐 것이라고 말한다. 이유는 자신이 술잔에 넣어서 마셔버렸기 때문이다. 그러니 아까와는 다른 달일 것이라고 한다. 여름밤의 무료함을 달래기 위해서 제월을 노래하고, 그 가운데 하늘에 뜬 달과 술잔 속에 뜬 달과 강물 위에 비춰진 달 세 개의 달을 노래한 풍류는 일찍이 이백(李白)의 시에서 볼 수 있으나, 술잔 속에 넣어 마셔버린 달은 이 시가 처음이 아닐까 한다.

[其四]

西偏初不設窓紗
서 편 초 불 설 창 사
爲倚踈簷看暮霞
위 의 소 첨 간 모 하
直望閬風如不遠
직 망 낭 풍 여 불 원
欲隨羲御訪仙婆
욕 수 희 어 방 선 파
＊右西嶺落照
우 서 령 낙 조

서편에 애시당초 사창(紗窓)[1]을 만들지 않은 것은
트인 처마에 기대어 저녁노을[2]을 보기 위함이었네.
바로 보이는 낭풍(閬風)[3]이 만약 멀지 않다면
희화(羲和)의 수레[4]를 따라가 신선을 찾아가고 싶네.
＊오른쪽 시는 '서산 고갯마루에 지는 해'를 노래한 것이다.

1) 窓紗(창사) : 사창(紗窓). 깁으로 바른 창.
2) 暮霞(모하) : 저녁노을.
3) 閬風(낭풍) : 낭풍전(閬風巓)의 준말. 신선이 산다는 전설상의 산. 곤륜산(崑崙山) 꼭대기에 있다고 함.
4) 羲御(희어) : 태양의 별칭. 희화(羲和)의 수레. 희화는 신화 상의 인물로 태양을 몰았다는 신화에서 비롯됨.

【해설】

전문은 8수로 된 연시 중 제3수로 형식은 7언 절구다. 하루 종일 서책과 싸우다가 저물녘에 서산으로 넘어가는 해를 바라보는 선비들의 마음은 어떠할까? 하루 동안 공부한 내용을 생각하면 마음이 뿌듯하겠지만, 다른 한편으로는 한량없는 학문의 세계에서 답답함도 느꼈을 것이고, 하는 공부가 곧 과시(科試 ; 과거)를 보기 위한 공부라면 장원급제의 기대감과 낙방의 불안감이 교차할 터이다. 학문의 길에서 느끼는 학문 완성에 대한 착잡한 마음은 퇴계(退溪) 이황(李滉) 선생의 「만보(晩步)」라는 시에서도 잘 나타나고 있다. 그럴 때 서편으로 지는 해를 바라보노라면 온갖 감회가 떠오를 것이다.

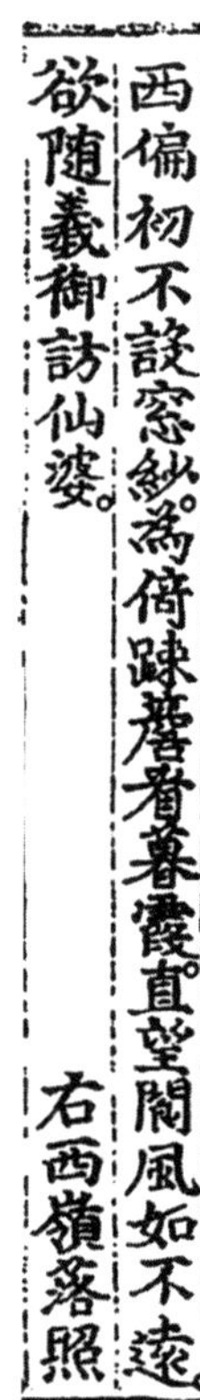
西偏初不設窓紗。爲倚疎簷看暮霞。直望閬風如不遠。欲隨羲御訪仙婆。

右西嶺落照

전반부 1·2구에서 서쪽으로는 창을 바르지 않고 처마 밑을 훤하게 터놓은 것은 지는 해의 낙조(落照)를 보기 위함이라고 한다. 서실에서 바라보는 아름다운 석양의 경치다. 후반부 3·4구에서 문득 이 선비는 '신선'을 생각한다. 동양적 사고에서 만들어낸 이상향(理想鄕)이자 이상적 공간(空間)이다. 이상향을 생각한다는 것은 현실에서 무언가 불만이 있기 때문이다. 그러면 그 불만은 무엇에 대한 불만인가? 현실에서 이루고 싶은 소망은 무엇인가? 과거에서 장원급제하는 것인가? 그리하여 입신출세하고 부귀영화를 이루는 것인가? 세속적 욕망일 수도 있고, 좀 더 이상적으로는 수신(修身) 수양(修養)하여 인격을 완성하는 것일 수도 있다. 무어라 단정할 수는 없지만 저물어 가는 해를 바라보며 작가 자신의 속마음에는 내보일 수 없는 무언가가 꿈틀거리고 있음을 알 수 있다.

[其五]

一村紅旭小溪潯
일 촌 홍 욱 소 계 심
出沒青烟竹屋深
출 몰 청 연 죽 옥 심
應解騷人方覓句
응 해 소 인 방 멱 구
故教生色抹千林
고 교 생 색 말 천 림
* 右海村朝烟
우 해 촌 조 연

한 마을 붉은 해가 솟아 작은 시냇가를 비추니
나타났다 사라지는 푸른 연기가 대나무집에 자욱이 깔리네.
시인이 시구(詩句) 찾는 줄을 알아차리고
일부러 색을 풀어 온 수풀을 칠해주네.
* 오른쪽 시는 '바닷가 마을의 밥 짓는 연기'를 노래한 것이다.

【해설】

전문은 8수로 된 연시 중 제5수로 형식은 7언 절구다. 시골의 정겨운 경치 중의 하나는 아침저녁으로 밥 지을 때 나직하게 깔리는 연기의 모습이다. 안개와 섞여 마을을 감싸고 피어오르다가 해가 지면 슬그머니 자취를 감춘다. 그 중에도 가장 늦게 안개와 연기가 걷히는 것은 시냇가나 개울가 등 물과 가까이 있는 곳의 집이다. 더구나 대숲으로 둘러싸인 집은 더욱 그렇다.

전반부 1·2구에서는 그러한 농촌의 정겨운 아침 밥 짓는 연기를 묘사하고 있다. 평화스런 정경을 바라보는 시인은 한 폭의 수묵화를 그려내듯 쓰고 싶은 시심(詩心)이 꿈틀거린다. 아직 아침 안개와 연기는 가시지 않았다. 아니, 일부러 시인의 그런 마음을 알아주기나 하듯 천천히 사라지지 않고 자욱하기만 한 안개와 연기가 푸른 대숲과 어울려 엉겨있다. 강구연월(康衢煙月 ; 태평한 세월의 풍경)이다.

후반부 3·4구에서는 전반부의 내용이 멀리서 바라보는 농촌의 원경(遠景)이라면, 후반부에서는 한 걸음 다가서서 푸른 대숲과 조화를 이루는 연기를 정겹게 바라보면서 고마움까지 느끼고 있는 서정이다. 잠깐 동안 머무르다가 사라지는 안개와 연기가 만들어내는 아름다운 농촌의 정경을 놓치고 싶지 않은 시인의 마음이 여실하게 나타나 있다. 첫 번째 팔경시의 「해촌모연」에 비해 매우 안정되고 편안한 심정을 보여주고 있다. 첫 번째 작품의 시속의 주인공은 무언가 불안하고 쫓기는 듯한 심정이었음에 비해 오로지 좋은 시를 쓰고자 하는 마음만이 표현되고 있다.

一村紅旭小溪潯。出沒青烟竹屋深。應解騷人方覔句。
故教生色抹千林。
右海村朝烟

[其六]

城上龍音吼海雲
성 상 용 음 후 해 운
也知西日已成曛
야 지 서 일 이 성 훈
休吹出塞關山曲
휴 취 출 색 관 산 곡
恐有去年征婦聞
공 유 거 년 정 부 문
* 右城門暮角
우 성 문 모 각

성문 위의 용 우는 듯한 소리가 바다의 구름에 울려 퍼지니
서쪽의 해가 이미 기운지 알겠도다.
출새곡(出塞曲)[1] 관산곡(關山曲)[2]일랑 불지 마오
지난해에 싸움터로 간 남편의 부인[3]들이 들을까 두렵다오.
* 오른쪽 시는 '성문에서 들리는 뿔피리 소리'를 노래한 것이다.

---

1) 출새(出塞) : 출새곡(出塞曲). 악부(樂府) 횡취곡(橫吹曲)의 이름으로 군대에서 연주하는 악곡.
2) 關山曲(관산곡) : 관산월(關山月). 한 대(漢代) 악부(樂府) 횡취곡(橫吹曲)의 이름으로, 변방을 지키며 오랫동안 고향에 돌아가지 못한 병사의 슬픔을 노래한 내용이 많음.
3) 征婦(정부) : 남편이 싸움터로 나간 부인. 남편이 출진(出陣)함.

【해설】

전문은 8수로 된 연시 중 제6수로 형식은 7언 절구다. 소재는 성문에서 저녁에 부는 뿔피리 소리다. 저녁때가 되었음을 알리기도 하지만 전시(戰時)에는 성문을 닫고 출입을 금하는 신호이기도 하다. 전반부 1·2구에서는 성문에서 뿔피리 소리가 들려옴을 쓰고 있다. 뿔피리 소리를 용이 우는 듯한 소리[龍音]라고 묘사하고, 저녁이 되었음을 알리는 소리이기도 하다. 곧 저녁이 되었으니 성문을 닫겠다는 신호이기도 하다. 전시가 아닌 평상시의 뿔피리 소리는 이와 같은 의미의 소리일 수 있다.

후반부 3·4구에서는 시대적 상황이 평상시가 아닌 비상시[戰時]임을 암시하고 있다. 작가의 연보에 의하면 1627년에 일어난 후금의 침입으로 인한 정묘호란이 일어난 시기이다. 따라서 남편을 전장에 보내고 남편의 무사귀환을 기다리고 있는 부인들의 심정에서 듣는 성문 위의 뿔피리 소리는 의미가 남다를 수밖에 없다. 중국 당(唐)나라 현종(玄宗) 때 일어난 안록산(安祿山)의 난리를 배경으로, 전쟁에 출진하는 지아비들을 배웅하는 시인 「병거행(兵車行)」의 「부모와 처자 따라가며 배웅하니 / 일어나는 먼지에 함양 다리 안 보인다. / 옷에 매달려 발 구르며 길 막고 통곡한다. / 통곡하는 소리는 곧장 구름 위에 닿는다.」는 시구를 연상시킨다. 작가가 바라는 것은 다만 성문 위에서 부는 뿔피리 소리가 전장에 지아비를 내보내고 무사귀환을 기다리는 아낙네들에게 전쟁터에 있을 남편을 상기시키지는 말아 달라고 한다. 이 연시가 해남을 중심으로 한 승경을 묘사하려 하였으나, 결국 전시(戰時)라는 시대적 배경을 떨칠 수 없었음을 알 수 있다.

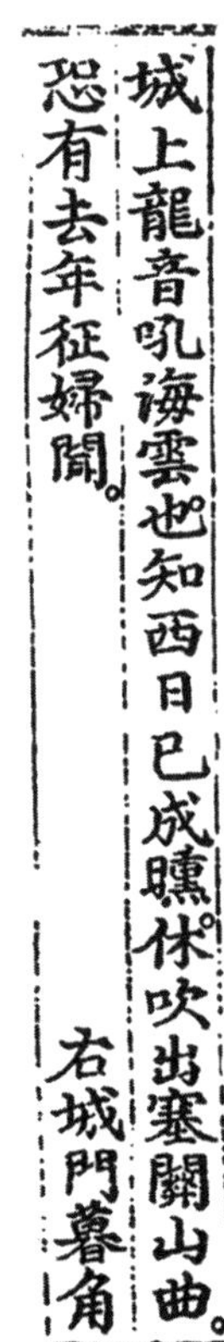
城上龍音吼海雲也知西日已成曛。休吹出塞關山曲。
恐有去年征婦聞。
右城門暮角

[其七]

謳吟相應自成儔
구 음 상 응 자 성 주
誰識眞聲在壟疇
수 식 진 성 재 농 주
勿語長安貴公子
물 어 장 안 귀 공 자
妖歌遮莫唱還酬
요 가 차 막 창 환 수
* 右前郊農歌
우 전 교 농 가

서로 주거니 받거니 노래[1] 부르며 저절로 짝을 이루니
참된 음악 소리[2]가 밭두둑에 있음을 누가 알리오?
장안의 귀공자들에게 말하지 마오
요망한 노래 소리 부르고 또 답[3]을 하든 말든.
* 오른쪽 시는 '앞 들녘의 농부가'를 노래한 것이다.

---

1) 謳吟(구음) : 구영(謳詠). 노래하고 읊음.
2) 眞聲(진성) : 솔직하고 꾸밈이 없는 소리. 원뜻은 '신선의 소리'.
3) 壟疇(농주) : 밭두둑. 밭이랑.
4) 酬(수) : 수창(酬唱). 시가를 서로 주고받으며 부름.

【해설】

전문은 8수로 된 연시 중 제7수로 형식은 7언 절구다. 소재는 앞 들녘의 농부들이 농사를 지으며 부르는 농요(農謠) 또는 농부가(農夫歌)이다. 전반부 1·2구에서 농부들이 농부가를 부르고 화답하는 모습을 묘사하고 있다. 농부가를 화답하는 사이에 농부들은 농사일이 힘든 줄을 모른다. 그리고 앞서거니 뒤서니 하다보면 저절로 짝을 이룬다. 따라서 농부들이 부르는 농부가야 말로 삶의 체취가 묻어나는 가장 진솔한 소리[眞聲]라고 하여 고산의 노래와 음악에 대한 가치관을 엿볼 수 있다.

후반부 3·4구에서는 전반부의 농부가와 대비되는 장안 귀공자들의 유락(遊樂)의 노래 소리를 들고 있다. 그런데 귀공자들의 노래 소리를 요망한 노래[妖歌]라고 부정시 하고 있다. 농부와 귀공자로 사람을 대비시키고, 농촌과 장안으로 공간을 대비시키고, 진솔하고 참된 노래와 요망한 노래를 대비시키는 가운데, 농촌의 농부들의 농요를 예찬하고 있다. 농촌 들녘에서 들리는 끊기는 듯 이어지는 듯, 흥겨운 듯 애절한 듯 들리는 농민들의 애환을 담고 있는 농부가야 말로 투박하고 어설픈 듯 하지만 꾸밈없고 가장 솔직한 마음을 담고 있는 진솔한 노래라는 것이다. 고산의 음율(音律)에 대한 가치관을 알 수 있으며, 고산의 이러한 농민들의 농요와 어부들이 부르는 어부가에 대한 관심과 사랑이 그로 하여금 「어부사시사(漁父四時詞)」 등을 짓게 했음을 알 수 있다.

謳吟相應自成儔。誰識眞聲在壟疇。勿語長安貴公子。
妖歌遮莫唱還酬。
右前郊農歌

[其八]

山溪何事繞村廊
산 계 하 사 요 촌 랑
混混盈科自有方
혼 혼 영 과 자 유 방
月下寒聲君莫愛
월 하 한 성 군 막 애
化爲霖雨可興商
화 위 림 우 가 흥 상
　　＊右後溪水聲
　　우 후 계 수 성

산골짜기 개울물 소리 무슨 일로 시골집을 둘러 흐르는가?
출렁출렁 흘러[1] 구덩이를 채우고[2] 스스로 가는 방향이 있구나.
달 빛 아래 차가운 물소리를 그대는 좋아하지 마오
장맛비[3]가 변하여 가을바람 소리가 일어난다네.[4]
　　＊오른쪽 시는 '뒷 시내의 물소리'를 노래한 것이다.

---

1) 混混(혼혼) : 혼혼돈돈(混混沌沌). 의성어. 물결소리.
2) 盈科(영과) : 물이 구덩이에 참.
3) 霖雨(임우) : 장맛비.
4) 興商(흥상) : 상풍(商風 ; 가을바람, 秋風)이 일어남.

【해설】

전문은 8수로 된 연시 중 제8수로 형식은 7언 절구다. 소재는 마을 뒤를 감싸고 흐르는 시냇물이다. 전반부 1·2구에서는 마을 뒤를 감싸 휘돌아 흐르는 시냇물을 범상하게 여기지 않고 필시 무슨 이유가 있다고 하는 의문으로 시작하고 있다. 그리고 구덩이에 차고 나면 다시 스스로 흐르는 방향이 있다고 한다. 자연물의 자연적인 현상을 인간과의 관계에서 파악하고 있다. 곧 무심히 흐르는 것처럼 보이는 개울물에도 어떤 목적과 의도가 있다는 것인 바, 물[水]의 보편적인 속성인 깊은 곳을 채우고 넘치면 다시 낮은 곳으로 향하는 속성을 말하고 있다. 물[氵]이 흘러가는[去] 것을 통해서 '자연의 법칙[法]'인 물의 천리(天理)를 말하고 있다.

후반부 3·4구에서는 무더운 여름밤 밝은 달빛 아래 시냇가에서 시원한 물소리를 듣는 것을 너무 좋아하지 말라고 경계하고 있다. 이유는 더위가 장맛비 속에 가고나면 이어 가을바람[商風]이 불 것이라고 한다. 다음 이야기는 생략되어 있지만, 이어지는 계절은 겨울이다. 무심히 흐르는 시간도 어떤 방향이 있다는 것이니 무한한 시간의 흐름 속에 있음을 상기하고, 인간은 그 흐름 속에 있다는 것을 깨우쳐 주고자 함이다. 전반부에서는 공간 속의 물의 흐름을 통해서, 후반부에서는 시간 속의 계절의 흐름을 말하여 유전(流轉)하는 삶의 모습을 파악하고자 한 것으로 여겨진다. 따라서 작가가 지금 속해 있는 시간과 공간 속에서 다음에 올 시간과 공간, 곧 상황을 대비해야 함을 은연중 마음속에 다짐하고 있는 시로 파악할 수 있다.

山溪何事繞村廊。混混盈科自有方。月下寒聲君莫愛。化爲霖雨可興商。

右後溪水聲

또 차운(次韻)하다[1]

又次
우 차

[其一]

何物青山南斗邊
하 물 청 산 남 두 변
能生爽氣祝融天
능 생 상 기 축 융 천
要非薈蔚朝隮者
요 비 회 울 조 제 자
不必尋思浪百千
불 필 심 사 랑 백 천
　　＊右金剛爽氣
　　우 금 강 상 기

무슨 물건이 청산의 남두(南斗)[2]가에 있어
능히 무더운 한여름[3]에 상쾌한 기운을 만들어내는가.
굳이 구름과 안개가 자욱한 아침[4]이 아니더라도
공연히 온갖 부질없는 생각[5]에 빠질 필요는 없으리라.
　　＊오른쪽 시는 '금강산의 상쾌한 기운'을 노래한 것이다.

---

1) 又次(우차) : 앞선 첫 번째 연시 8수 「황각노송붕팔경(黃閣老松棚八景)」과 두 번째 「재차(再次)」의 운(韻)을 그대로 또 차운하여[又次] 지은 것을 말함.
2) 南斗(남두) : 남두육성(南斗六星). ① 별 이름. 여섯 개의 별로 이루어진 별자리로 북두성(北斗星)의 남쪽에 있고, 모양이 말[斗]처럼 생겼다 하여 붙여진 이름. ② 남쪽이나 남부 지역. 본문에서는 ②의 남쪽 곧 '해남'의 뜻.
3) 祝融天(축융천) : 축융은 신(神)의 이름으로 불 또는 여름을 관장하는 신. 제곡(帝嚳) 때의 화관(火官). 후대에 높여서 화신(火神)으로 삼고 축융이라 부름. 축융천은 한여름의 계절.
4) 薈蔚朝隮(회울조제) : 구름과 안개가 자욱한 아침. 초목이 무성한 모양. 소인들이 득세(得勢)한 모양.
5) 尋思(심사) : 깊이 사색함.

【해설】

전문은 8수로 된 연시 중 제1수로 형식은 7언 절구다. 먼저 해설과 감상의 편의상 첫 번째 「차정자우운, 영황각노송봉팔경」 9수(서시 1수 포함)를 제1편(第1篇)이라 하고, 「재차(再次)」 8수를 제2편(第2篇)이라 하고, 본문 「우차(又次)」 8수를 제3편(第3篇)이라 하여, 세 차례에 걸쳐 지은 연시들을 연계하여 감상하기로 한다. 제1편의 「금강상기」로부터 제2편, 제3편의 「금강상기」로 이어지는 시상(詩想)에는 공통점과 차이점이 나타나고 있는데, 1·2구에서는 공통적으로 금강산에서 불어오는 상쾌한 바람(기운)을 예찬하고 있다. 그러나 3·4구에서는 '무더위의 습하고 더운 비와 바람의 독기(毒氣) 없애주니 / 남으로 천리 길을 내려온 수고를 잊게 해주네.'(제1편) → '북에서 온 나그네는 이제부터 한탄할 것이 없으니 / 백발(白髮) 삼천 장(杖)을 쇠게 하지나 마오.'(제2편) → '군이 구름과 안개가 자욱한 아침에 산을 오르지 않더라도 / 공연히 온갖 부질없는 생각에 빠지지는 않으리라.'(제3편) 라고 한다.

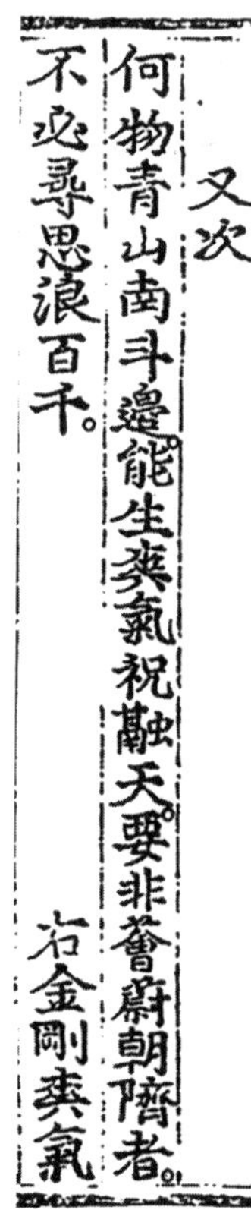

又次

何物青山南斗邊能生爽氣祝融天要非薈蔚朝隮者。

不必尋思浪百千。

右金剛爽氣

제1편에서는 물리적인 시원하고 상쾌한 기운을 노래했다면, 제2편에서는 걱정 근심을 없애달라고 하고, 제3편에서는 남녘 해남에서 멀리 떨어져 있는 한양 생각 등 부질없는 걱정을 하지 않겠다고 한다. 고산이 해남의 금강산에 높이 올라가 북쪽 하늘(한양)을 바라보고 있노라면, 마음속에 가졌던 온갖 부질없는 생각들(구름과 안개)을 금강산의 상쾌한 기운이 씻어준다는 것이다. 곧 금강산의 객관적 묘사(제1편)에서 주관적 소망과 기원(제2편)으로, 주관적 소망과 기원(제2편)에서 미래의 의지(제3편)로 변하고 있음을 볼 수 있다.

[其二]

曾見烟江疊嶂圖
증 견 연 강 첩 장 도
恨烟無捲却長鋪
한 연 무 권 각 장 포
爭如此峀嵐光好
쟁 여 차 수 람 광 호
時以施行時以無
시 이 시 행 시 이 무
* 右大屯嵐光
우 대 둔 람 광

일찍이 연강첩장도(烟江疊嶂圖)[1]를 보면서
길게 깔린 연무가 걷히지 않음을 아쉬워했었지.
어찌 이 산굴의 이내 낀 풍광(風光)의 좋음만 같겠는가?
때때로 펼쳐지고 때때로 없어진다네.
* 오른쪽 시는 '대둔산(大屯山)의 저녁 이내'를 노래한 것이다.

1) 烟江疊嶂圖(연강첩장도) : 송(宋)나라 왕진경(王晉卿, 또는 王詵)이 그린 그림.

【해설】

전문은 8수로 된 연시 중 제2수로 형식은 7언 절구다. 「대둔람광」을 노래하는데, 제1편, 제2편, 제3편 모두 그림을 들어 노래하고 있다는 점이 공통적이다. 특히 전반부 1·2구에서 명화(名畵)들을 들고 있는데, 제1편에서는 일반 산수화를, 제2편에서는 영구(營丘)의 수묵도(水墨圖)를, 제3편에서는 연강첩장도(烟江疊嶂圖)를 들고 있다. 소재는 '이내[嵐光]'이고, 이내의 공통적 이미지는 모두 '나타났다가 사라지는' 일시적인 것이다. 그러나 그림보다 좋다고 한 것은 그림속의 이내는 정지해 있거나 멈춰 있는 모습을 그릴 수밖에 없지만, 눈앞에 펼쳐지는 대둔산의 이내는 나타나고 사라지는 움직이는 이내이니 조물주가 그려내는 홀현홀몰하는 동적인 그림이 더 아름다울 수밖에 없다는 것이다.

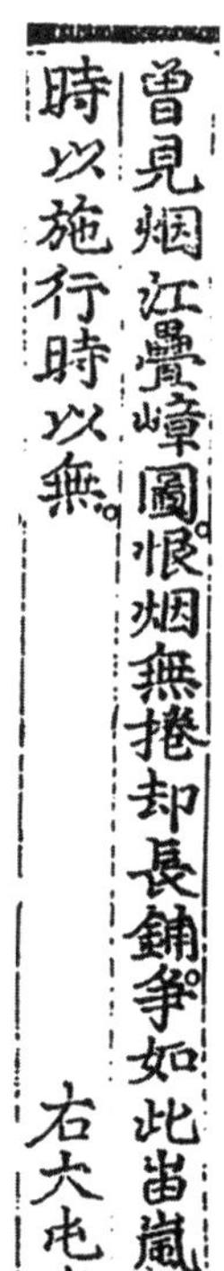
曾見烟江疊嶂圖。恨烟無捲却長鋪。爭如此當嵐光好。時以施行時以無。
右大屯嵐光

천하에 이름 높은 화가가 아무리 빼어난 그림을 그릴 수 있다하더라도 움직임 자체를 그려낼 수는 없다. 따라서 모든 그림은 정적(靜的)인 묘사일 수밖에 없다. 물론 요즘의 발달된 과학기술로 촬영하는 동영상을 제외하고, 한자 성어에 '화중지병(畵中之餠 ; 그림 속의 떡)'이라는 말이 있듯이 작가는 곧 실경(實景) 산수(山水)와 그림 속의 산수를 비교하면서 실경 산수의 우위를 말하고 있는 점이 특징이다. 제1편의 '저물녘 푸르스름한 이내는 어렴풋이 모였다가 흩어지네.' 제2편의 '가히 뭇 봉우리들을 잠깐 사이에 있다가 없다가 하게 하네.' 제3편의 '때때로 펼쳐지고 때때로 없어진다네.' 등이 그것이다. 더욱이 제1편에서 보여주었던 '봉우리들을 가릴까 염려 되네' 등의 노심초사(勞心焦思)하는 마음이 제3편에서는 탈색(脫色)되고 순연한 자연 그대로의 아름다움에 도취된 모습을 쓰고 있음을 볼 수 있다.

[其三]

天街已滅雨師蹤
천 가 이 멸 우 사 종
桂殿初分玉兎胸
계 전 초 분 옥 토 흉
飛轍每愁危不穩
비 철 매 수 위 불 온
却欣扶上有靑峯
각 흔 부 상 유 청 봉
* 右東峯霽月
우 동 봉 제 월

하늘 거리[1]에 우사(雨師)[2]의 자취 없어지니
계수나무 궁전[3]의 옥토끼[4] 모습이 비로소 분명하네.
날아다니는 바퀴[5]가 매양 위태롭고 평온하지 않음을 근심하다가
문득 푸른 산봉우리에 받쳐져 있는 것을 기뻐한다네.
* 오른쪽 시는 '동쪽 봉우리의 제월(霽月)'을 노래한 것이다.

---

1) 天街(천가) : 원뜻은 묘성(昴星 ; 이십팔수의 여덟째 별 중의 하나))과 필성(畢星 ; 이십팔수의 열두째 별) 사이에 있는 별. 본문에서는 '해와 달이 다니는 거리'라는 뜻.
2) 雨師(우사) : 비를 주관한다는 전설상의 신.
3) 桂殿(계전) : 달 속에 있다는 전설상의 궁전.
4) 玉兔(옥토) : 달 속에 있다는 전설상의 흰 토끼. 달.
5) 飛轍(비철) : 날아다니는 바퀴, 곧 달을 형용.

【해설】

전문은 8수로 된 연시 중 제3수로 형식은 7언 절구다. 구름을 헤치고 밤 하늘에 나타난 달을 보는 반가움을 노래함에 천진난만한 아이들의 눈으로 바라보는 것이 공통적이다. 제1편에서 '백옥 같은 쟁반'이라거나, 제2편의 '얼음 바퀴' 또는 제3편의 '옥토끼', '날아다니는 바퀴' 등이 그것이다. 제1편에서는 아이들의 눈에 비친 달이었다가, 제2편에서는 어른답게 '술잔 속의 달'을 말하다가 제3편에서는 늙은이의 노파심(老婆心)같은 마음으로 달을 바라보는 것으로 바뀌는 점이 다르다.

전반부 1·2구에서는 하늘에 비구름이 없어지자 달 속의 옥토끼가 보일 듯 달이 선명하다고 말한다. 이어 후반부 3·4구에서는 행여 구름에 갇힐세라, 하늘에 높다랗게 걸려 떠다니다가 떨어질세라 위태로운 모습을 바라보는 걱정스러운 마음을 쓰고 있다.

후반부 3·4구에서는 문득 환하게 푸른 산봉우리 위로 모습을 드러낸 밝은 달을 바라보는 기쁨을 노래하고 있다. 물아일체(物我一體)요 물심일여(物心一如)의 경지에서 달과 작가가 한 몸 한마음이 되어가는 경지를 그리고 있다. 초당(草堂)에 앉아 글을 읽는 선비에게 유일한 벗은 달이다. 그런데 오늘 저녁에는 초저녁부터 구름이 짙게 깔려 달을 볼 수 없을 것 같았다. 달구경을 포기하고 자리에 누웠노라니, 문득 창문이 환하게 밝아온다. 깜짝 놀라 문을 열고 밖으로 나서보니, 언제 그랬느냐싶게 밝은 달이 휘영청 하늘에 떠 있다. 빙그레 웃으며 뒷짐을 지고 뜨락을 한참이나 거닐다가 다시 서안(書案)을 당겨 글을 읽는 선비의 모습을 떠오르게 하는 시다.

天衢已滅兩師蹤。桂殿初分玉兔胄。飛轍每愁危不穩。
卻欣扶上有青峯。
右東峯齋月

[其四]

遙見紅光透絳紗
요 견 홍 광 투 강 사
始知西日照餘霞
시 지 서 일 조 여 하
憑君尙閱芸緗帙
빙 군 상 열 운 상 질
破暗猶賢廣漢婆
파 암 유 현 광 한 파
＊右西山落照
우 서 산 낙 조

멀리 보이던 붉은 빛이 비단 창문을 꿰뚫어오니
비로소 서산으로 지던 햇빛의 남은 노을임을 알겠네.
그대(낙조의 희미한 빛에)에 의지하여 서책[1]을 펼쳐보니
어둠을 물리치기로는 오히려 광한전(廣漢殿)의 노파(老婆)[2]보다 낫다네.
＊오른쪽 시는 '서산 고갯마루의 지는 해'를 노래한 것이다.

---

1) 芸緗帙(운상질) : 운질(芸帙)과 상질(緗帙). 운질(芸帙)은 운편(芸編)으로 만든 서적(書籍), 상질(緗帙)은 담황색의 비단으로 만든 서질(書帙)로, 모두 서책을 두루 이르는 말.
2) 廣漢婆(광한파) : '광한파(廣寒婆)'의 오기인 듯. '광한전의 노파'라는 뜻으로 달의 이칭.

【해설】

전문은 8수로 된 연시 중 제4수로 형식은 7언 절구다. 사물이 시인에게 어떤 모습으로 보여지고 느껴질까 하는 것은 일차적으로 시인 개개인의 상황에 따라 다르게 나타난다. 소재는 서산에 지는 낙조다. 하루 종일 서책과 씨름하며 해지는 줄도 모르다가 문득 창문으로 스며드는 빛이 불그레하니 비치다가 어두워지면 선비들은 비로소 날이 어두워짐을 안다. 호롱불을 밝히기 전에 몇 줄이라도 더 읽어야 할 글이 남아 있다면 마음은 조급해질 것이다. 아직 조금 남아 있는 석양빛이 고맙기만 하다.

전반부 1·2구에서는 석양의 지는 해가 지는 서실에 비춰들고 있는 모습을 그리고 있다. 저녁노을의 붉은 햇빛이 창문으로 스며들어 서실을 환하게 비추고 있다고 한다. 머잖아 어둑해 질 방에서 선비는 불을 밝히기 전에 서둘러 글을 읽는다.

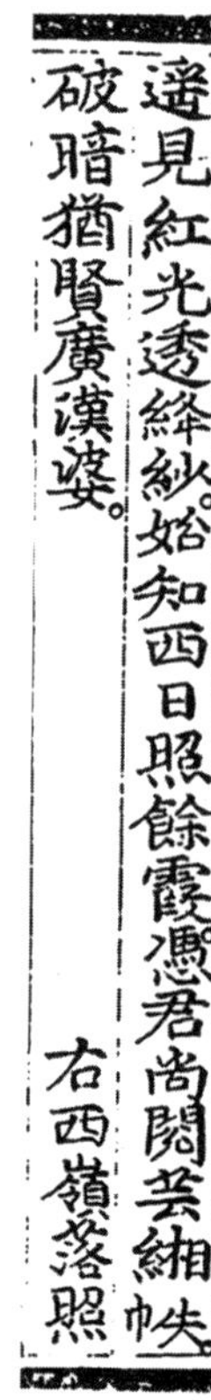
遙見紅光透絳紗。始知西日照餘霞。憑君尚閱芸緗帙。破暗猶賢廣漢婆。

右西嶺落照

후반부 3·4구에서는 아직 남아 있는 글을 더 읽을 수 있게 해준 저녁 햇빛에 고마워하는 마음을 그리고 있다. 해거름의 어슴푸레한 빛이 저녁에 뜨는 달빛보다 밝아 고맙기까지 하다.

서산마루를 넘어가는 일몰의 낙조는 농사꾼에게는 어둡기 전에 하루농사일을 마치고 집으로 돌아가라는 신호이고, 글을 읽는 선비들에게는 책을 덮고 하루 공부를 끝내라는 신호이다. 그러나 더 읽어야 할 책장이 남아있으니, 조금 남은 해가 고마울 수밖에 없다. 제1편에서 '마을 할미와 말이라도 나누고 싶다'는 하루 공부를 끝낸 다음의 답답한 마음이나, 제2편에서 '신선을 따르고 싶다' 등의 자세보다는, 서책에 더 열중하고 있는 안정된 모습으로 바뀌었음을 알 수 있다.

[其五]

村墟烟起曉溪潯
촌 허 연 기 효 계 심
看此令人發省深
간 차 령 인 발 성 심
如火始燃今更驗
여 화 시 연 금 갱 험
初生一縷竟千林
초 생 일 루 경 천 림
* 右海村朝烟
우 해 촌 조 연

시골 마을 언덕 새벽 냇가에 연기가 피어오르니
이것을 보라보자니 사람에게 깊이 살피게 하는 마음 생기게 하네.
마치 불이 처음 타오르는 것을 다시 징험(徵驗)[1]하듯이
처음(탈 때)에는 한 줄기였다가 마침내 온 숲을 불태운다네.
* 오른쪽 시는 '바닷가 마을의 아침 밥 짓는 연기'를 노래한 것이다.

---

1) 更驗(갱험) : 다시 어떤 징조를 경험함.

【해설】

전문은 8수로 된 연시 중 제5수로 형식은 7언 절구다. 제1편의 「해촌조연」에서는 '오늘의 운세(運勢 ; 安危)를 어느 곳에 가서 점쳐볼까?'라고 하면서 아침을 맞이해도 풀릴 길 없는 답답한 마음을 노래하더니, 제2편에서는 '시인이 시구(詩句) 찾는 줄을 알아차리고 / 일부러 색을 풀어 온 수풀을 칠해주네.'라고 하면서 유유자적하는 낭만적인 태도를 보여주고 있다. 그리고 제3편 본 작품에서는 바닷가 마을의 아침 밥 짓는 연기를 바라보는 태도가 매우 현실적으로 바뀌었음을 볼 수 있다.

전반부 1·2구에서 문득 밥 짓는 연기를 보고 '혹시 불이 난 것은 아닌가?'하는 의구심이 나타나고 있다. 한 시인이 바라보는 자욱한 아침 안개와 함께 번지는 밥 짓는 연기에 대한 감상이 '답답함(제1편) → 낭만적(제2편) → 현실적(제3편)'인 변화의 과정은 시인 자신이 현실을 대하는 태도가 보다 이성적이며 논리적 태도로 바뀌었음을 알 수 있고, 이러한 변화의 결과가 일신상의 변화와 어떤 관계를 갖게 되는가에 대해서 일대기를 통해서 살펴볼 필요가 있다.

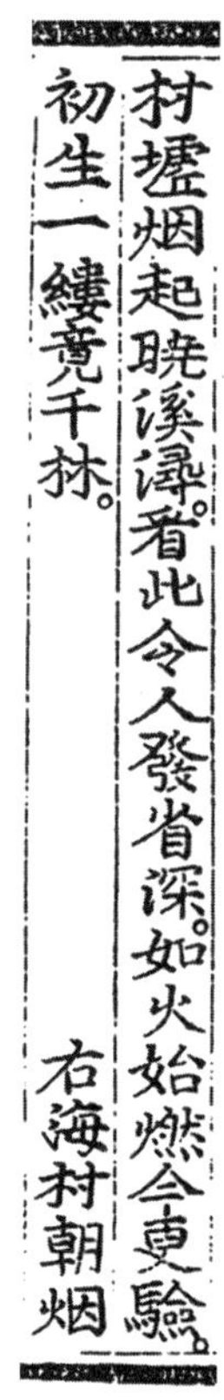
村墟烟起暁溪潯。看此令人發省深。如火始燃今更驗。初生一縷竟千林。 右海村朝烟

후반부 3·4구에서는 '자라 보고 놀란 가슴 솥뚜껑 보고 놀란다.'는 속담처럼 한 줄기 불을 어설피 보았다가는 초가삼간뿐만 아니라 온 숲을 태울 수 있다는 경구(驚句)식 표현이 두드러지고 있다. 이렇듯 시 속에 경구식 표현을 쓰기까지는 작가의 상당한 심적 변화를 암시받을 수 있으며, 주 내용은 '바닷가 마을의 밥 짓는 연기를 보고 불조심'을 연상케 한다고 하겠다.

[其六]

城頭畵角震山雲
성 두 화 각 진 산 운
鳳叫龍吟日向曛
봉 규 용 음 일 향 훈
安不忘危垂古訓
안 불 망 위 수 고 훈
重門此曲莫嫌聞
중 문 차 곡 막 혐 문
＊右城門暮角
우 성 문 모 각

성(城)머리의 화각(畵角)[1]소리 산 위의 구름까지 진동시키니
봉황이 울고 용이 노래한 듯하고 날은 점차 어두워지네.
편안할 때 위태로움을 잊지 말라[2]는 옛 교훈을 어찌 잊으리오
중문(重門)[3]에서도 이 곡 듣기를 싫어하지 마소.
＊오른쪽 시는 '성문에서는 들리는 뿔피리소리'를 노래한 것이다.

1) 畵角(화각) : 서강(西羌)에서 전해진 관악기. 대나무나 가죽을 사용해서 죽통(竹筒) 모양으로 만드는데, 겉에 채색 그림이 있다. 우렁차 군중(軍中)이나 제왕의 순행에 쓰임.
2) 安不忘危(안불망위) : 편안한 환경에 있으면서도 앞으로 도래할 수 있는 위기를 잊지 않음. 『周易, 繫辭 下』에 전함.
3) 重門(중문) : 본문에서는 '궁궐의 문'의 뜻.

【해설】

전문은 8수로 된 연시 중 제6수로 형식은 7언 절구다. 앞 서 이 시를 짓던 때는 정묘호란(丁卯胡亂)이 일어난 해이다. 정묘호란은 1월 중순에 시작하여 3월까지 약 2개월간 계속된다. 시의 내용을 유추해 보자면 정묘호란이 끝난 다음으로 여겨진다. 제1편과 제2편의 「성문모각」에서는 전쟁 중임을 알 수 있다. 제1편에서 '천산(天山)에서 전쟁 끝났다는 소리를 어느 날에나 들을까?'와 제2편에서 '출새곡(出塞曲) 관산곡(關山曲)일랑 불지 마오 / 지난해에 남편이 출정(出征)한 부인들이 들을까 두렵다오.'라고 한 것이나, 뿔피리소리를 '비장한 소리'(제1편)라고 한 것이나, '출새곡 관산곡'(제2편)에 비유한 것에 비해, 본 작품에서는 '화각(畵角 ; 웅장한 소리)'라고 표현한 것을 통해서 알 수 있다.

전반부 1·2구에서는 제목 그대로 '성문에서 들리는 저녁 뿔피리 소리'의 형용이다. 구름을 진동시키고 봉황과 용의 노래인 듯 하다고 다소 과장된 표현으로 묘사하고, 저녁에 부는 소리이니 곧 어두운 밤이 올 것을 알 수 있다고 한다.

후반부 3·4구에서 '편안할 때 위태로움을 잊지 말라는 옛 교훈을 어찌 잊으리오.'라고 한 것에서 전쟁의 끝나고 다소간 안정기에 접어들었음을 알 수 있다. 그러나 평화로울 때 전쟁의 위험을 결코 잊지 말아야 할 사람들은 누구인가? 다름 아닌 위정자들이다. 따라서 대궐 안에 있는 왕을 위시한 사람들에게 당부하는 내용으로 끝맺고 있다. 앞서 살펴보았듯이 팔경을 노래한 시들 중에서 제3편의 내용이 매우 현실적이고 이성적으로 바뀐 것의 일단이 이 시에서도 나타나고 있음을 볼 수 있다. 소재는 성문에서 들리는 뿔피리 소리이고, 주 내용은 편안할 때 위태로움을 잊지 말라는 당부이다.

城頭畫角震山雲。鳳呌龍吟日向曛。安不忘危每古訓。
重門此曲莫嫌聞。

右城門暮角

[其七]

野外田歌凡幾儔
야 외 전 가 범 기 주
東疇聞罷又西疇
동 주 문 파 우 서 주
同聲自古元相應
동 성 자 고 원 상 응
豈必調音互唱酬
기 필 조 음 호 창 수
　　　＊右前郊農歌
　　　우 전 교 농 가

앞 들녘 농부의 노래 소리는 무릇 몇 쌍인가
동쪽 밭두둑의 소리 듣고 나니 또 서쪽 밭두둑에서 들리네.
소리가 같으면 자고로 원래 서로 응답하는 것이니
어찌 반드시 가락이 맞고 서로 주고받아야만 맞이겠는가?
　　　＊오른쪽 시는 '앞 들녘의 농부가'를 노래한 것이다.

【해설】

전문은 8수로 된 연시 중 제7수로 형식은 7언 절구다. 농부가는 원래 서투르고 어설퍼서 가락과 리듬은 안 맞아도 좋다. 어디선가 몇 사람인 줄도 모르는 농부들의 노래 소리가 들린다. 홍겹고 평화롭기만 하다. 전반부 1·2구에서는 농부들이 논고랑 밭고랑에 김을 매느라고 엎드려서 노래하니 몇 사람인지 알 수 없으나, 다만 동쪽밭고랑에서 나는가 싶더니 서쪽 밭고랑에서 들리고, 서쪽 밭고랑에서 끝났는가 싶더니 동쪽 밭고랑에서 시작한다고 한다. 후반부 3·4구에서는 가사가 무엇인지 뚜렷이 들리지 않아도 좋고 박자와 리듬이 안 맞아도 좋다. 다만 서로 홍에 겨워 맞장구치는 것만으로도 듣는 사람의 홍이 절로 난다고 한다.

작가는 상당기간 오랑캐의 침입으로 가슴을 태운 사람이다. 전쟁 끝에 오랜만에 들려오는 농부들의 농부가가 그저 고맙고 아름다울 뿐이다. 그 속에는 전쟁에 징병 나갔다가 남편이 돌아오지 않는 아낙네도 있을 것이고, 안타깝게도 죽어서 돌아오지 못한 남편을 그리워하는 사람도 있으리라. 혹독한 시집살이 이야기를 싣기도 하고 속 태우는 자식들에 대한 원망을 담은 노래도 있으리라. 가지가지 사연과 삶의 애환을 담고 있는 가사에는 그러한 내용도 있으리라고 추측할 수 있다. 그러더라도 풍년을 바라며 평화롭게 들리는 농부가가 계속 되었으면 하는 바람이다.

野外田歌凡幾儔。東疇聞罷又西疇。同聲自古元相應。
豈必調音互唱酬。

右前郊農歌

[其八]

那及簫韶奏舜廊
나 급 소 소 주 순 랑
人間箏笛固難方
인 간 쟁 적 고 난 방
水聲自有眞聲在
수 성 자 유 진 성 재
莫道區區徵(치)與商
막 도 구 구 　 여 상
　　＊右後溪水聲
　　우 후 계 수 성

어찌 소소(簫韶)[1]를 연주한 순(舜)[2]임금의 음악에 미칠까마는
사람들의 쟁(箏)[3]과 적(笛)[4]은 참으로 조화 이루기 어렵구나.[5]
물소리에는 저절로 조화를 이룬 소리[6]가 있으니
구구(區區)하게[7] 치음(徵音)이니 상음(商音)이니[8] 말하지 마오.
　　＊오른쪽 시는 '뒷 시내의 물소리'를 노래한 것이다.

---

1) 簫韶(소소) : 순(舜)임금이 만들었다는 음악.
2) 舜(순) : 오제(五帝)의 하나. 임금의 이름. 우순(虞舜).
3) 箏(쟁) : 현악기의 하나. 슬(瑟)과 비슷하다. 몽염(蒙恬)이 만든 것으로 전함.
4) 笛(적) : 관악기의 하나.
5) 難方(난방) : 함께 하기 어렵다. '방(方)'은 '나란히 배열하다'의 뜻으로, 본문에서는 '조화를 이루다'로 해석함.
6) 眞聲(진성) : 신선의 소리. 본문에서는 '조화를 이룬 소리'의 뜻.
7) 區區(구구) : 어리석고 옹졸하게.
8) 徵與商(치여상) : 치음(徵音)과 상음(商音). 본문에서는 오음(五音)을 뜻하여, 궁(宮)·상(商)·각(角)·치(徵)·우(羽)의 다섯 음을 말함.

【해설】

전문은 8수로 된 연시 중 제8수로 형식은 7언 절구다. 눈으로 보는 사물만이 아니라 귀에 들리는 소리도 듣는 사람의 마음 상태에 따라 다르게 들리는 법이다. 제1편과 제2편의 「후계수성」에서는 공통적으로 시냇물 소리가 '상성(商聲 ; 五音 중에서 가을의 소리이자, 구슬픈 소리)'으로 들린다고 했다. 제1편에서 '귓가에서 처절한 상성(商聲)으로 변했다오.'와 제2편에서 '장맛비가 변한 후 가을바람 소리[商聲]가 일어난다네.'라고 한 것이 그것이다. 그러나 본문 제3편에서는 '자연에서 조화를 이룬 참된 소리'로 들린다고 한다. 제1편과 제2편에서는 자연의 소리인 시냇물 소리를 인간이 만들어낸 음계(音階)의 소리로 들어 상성으로 들었다. 그리고 인간이 처한 상황에 걸 맞는 소리 곧 '처절한 소리, 구슬픈 소리'로 들었다.

전반부 1·2구에서는 있는 그대로 보지 못하고 들리는 그대로 듣지 못하는 것에서부터 인식의 차이가 나기 시작하고, 인식의 차이에서 가치의 차이가 나고, 가치의 차이에서 갈등과 알력이 생기는 것이니, 인간 생활에서 갈등과 알력을 없애는 방법은 '산은 산이요, 물은 물이로다.'라는 법문(法文)의 의미대로 자연 그대로를 보는 것이다.

후반부 3·4구에서는, 그러니 인간은 궁상각치우라는 오음(五音)을 만들어 내고, 거기에 맞아야 좋은 소리이고 좋은 음악이라고 판단하는 것부터가 옹졸하고 어리석으며, 관념적 인식이 얼마나 많은 오류(誤謬)를 내포하고 있는가를 작가는 말하고 있다. 순임금의 음악[簫韶]처럼은 못 되어도 순수한 마음으로 들으면 자연에서 그런 소리를 들을 수 있다고 한다.

那及簫韶奏舜廊。人間箏笛固難方。水聲自有真聲在。莫道區區徵與商。

右後溪水聲

차운하여 동명(東溟)[1]에게 답하다

次韻酬東溟
차 운 수 동 명

桑麻陋巷斷來人
상 마 누 항 단 래 인
一室蕭然不掃塵
일 실 소 연 불 소 진
誰謂中書思世舊
수 위 중 서 사 세 구
自携居士意彌新
자 휴 거 사 의 미 신
傷風臥病從前夕
상 풍 와 병 종 전 석
盡日淸談負此辰
진 일 청 담 부 차 진
賴有麴生將馬走
뢰 유 국 생 장 마 주
林亭祗侍替相親
임 정 지 시 체 상 친

뽕나무 삼나무 우거진 누추한 거리[2]라서 오는 사람 끊기니
한 집안이 쓸쓸하여[3] 먼지마저 쓸지 않는다오.
누가 책 가운데 오래 사귀는 친구[4]가 있다고 했던가?
이제부터 거사(居士)[5]와 함께 하리니 뜻이 더욱 새롭도다.
감기[6]를 앓아 어제 저녁부터 누워있어
종일토록 청담을 나누지도 못하였네.
술기운[7]에라도 의지하여 말을 타고 달려가
숲속 정자에서 공경하며 모시어 함께 친히 하고 싶네.

---

1) 東溟(동명) : 조선 중기의 문신 김세렴(金世濂 ; 1593~1646년). 자는 도원(道源), 동명은 호.
2) 陋巷(누항) : 좁고 더러운 거리. 자기가 사는 곳의 겸칭.
3) 蕭然(소연) : 쓸쓸함. 적막한 모양.
4) 世舊(세구) : 대대로 맺어진 인척. 또는 여러 대에 걸친 친지.
5) 居士(거사) : 숨어살며 벼슬을 하지 않는 선비.
6) 傷風(상풍) : 바람을 쐬어 생기는 모든 병. 감기.
7) 麴生(국생) : 술[麴]을 의인화하여 부르는 칭호. 국선생(麴先生). 국수재(麴秀才).

【해설】

형식은 7언 율시다. 오랜만에 외진 시골에서 지내면서 적조하던 차에 벗으로부터 시 한 수를 받고나서 답장 편지 대신 반가운 마음을 진술하고 소박하게 시로 써서 보낸 화답시(和答詩) 성격의 시다. 옛날에는 시를 쓰는 친구끼리는 격식을 맞추어야 하는 편지보다는 자연스럽게 시를 써서 주고받으며, 안부도 묻고 근황을 말할 겸 하고 싶은 말을 시라는 형식을 통해 은연 중 표현하는 격조 높은 교우(交友)를 하는 것이 상례였다.

전반부 1·2구에서는 자신의 거처가 누추함과 적막감마저 들며 왕래하는 사람마저 끊겼다는 것을 말하고, 따라서 집안 청소마저도 게을리 하고 살아가고 있다는 근황을 적고 있다. 3·4구에서는 그러니 요즈음은 서책을 벗하며 지내고 있는데, 학문하는 선비들의 유일한 벗은 서책 가운데 있다고 말하는 사람도 있으나, 서책 속의 고인(古人)을 벗 삼는 것보다는 그대(東溟)와 함께 하는 뜻이 훨씬 더 새롭다고 한다.

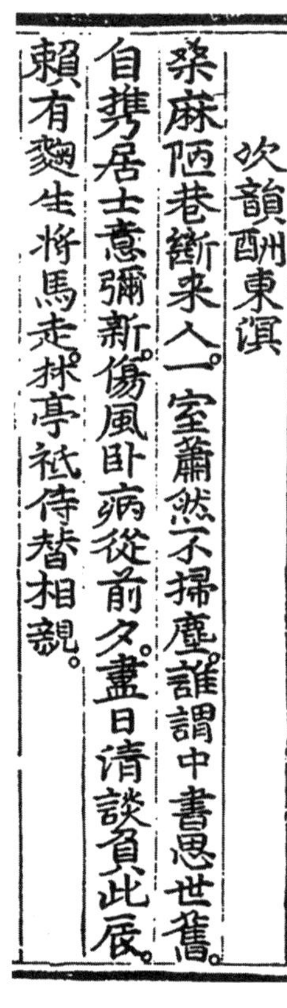

次韻酬東溟

桒麻陋巷斷來人。一室蕭然不掃塵。誰謂中書思世舊。自携居士意彌新。傷風卧病從前夕。盡日清談負此辰。賴有麴生将馬走。林亭祗侍替相親。

後반부 5·6구에서는 자신의 건강에 대한 근황을 쓰고 있는데 감기에 걸려 누워 있다고 하면서, 청담을 나눌 때마저 놓쳐버렸다고 아쉬움을 아울러 쓰고 있다. 이어 7·8구에서는 감기를 핑계 삼지 않고 술이라도 몇 잔 마셔 취기(醉氣)에 의지하여 말을 타고 그대에게 달려 싶다고 한다. 주 내용은 벗에 대한 그리움이다.

엄의주(嚴義州) 부인에 대한 만사(挽詞)

挽嚴義州夫人 / 愰
만 엄 의 주 부 인

/ 엄의주의 이름은 황(愰)이다

於今之子沒
어 금 지 자 몰
差事有如斯
차 사 유 여 사
閨範追三代
규 범 추 삼 대
家聲底一兒
가 성 저 일 아
早稱樛木惠
조 칭 규 목 혜
終抱隱雷悲
종 포 은 뢰 비
他日誰銘誄
타 일 수 명 뢰
多遺愧我詩
다 유 괴 아 시

지금 부인이 돌아가시다니
괴이한 일[1]이 이와 같구나.
규중(閨中)의 범절(範節)은 삼대를 이었고
집안의 명성은 한 아이에게까지 이르렀구나.
일찍이 규목(樛木)[2]의 은혜라고 일컬어지더니
끝내 은뢰(隱雷)[3]의 슬픔을 안았네.
다른 날에 누군가가 명뢰(銘誄)의 글을 지어
내가 지은 시를 많이 부끄럽게 하리라.

---

1) 差事(차사) : 괴이한 일. 이상한 일.
2) 樛木(규목) : 가지가 아래로 휘어진 나무. 『詩經, 周南, 樛木』에 의거. 본문에서는 망자의 부덕을 칭송하는 의미로 쓰임.
3) 隱雷(은뢰) : '은뢰(殷雷)'의 오기. 『詩經, 召南, 殷其雷』에서 사명(使命)을 띠고 멀리 떠난 채, 돌아오지 않는 남편을 그리워하는 노래.

【해설】

형식은 5언 율시다. 사람의 죽음은 늘 주위 사람에게 충격으로 다가온다. 노환(老患)이나 불치병(不治病) 등으로 미리 예견된 죽음일지라도 그러하기는 마찬가지고, 건강한 사람의 갑작스런 죽음은 더 말할 것 없다. 또한 덕이 높아 주위의 칭송을 받던 사람의 죽음은 더욱 우리의 마음을 아프게 한다. 그만큼 이승과 저승의 간극이 멀고 깊기 때문이리라.

전반부 1·2구에서는 이러한 급작스런 죽음의 충격을 '이상한 일, 괴상한 일'이라고 쓰고 있다. 이어 3·4구에서는 망자(亡者)의 부덕을 칭송하는데, 위로는 삼대에 걸친 규중의 예의범절을 따랐으며, 아래로는 하나 있는 자식 교육에 철저하여 가문의 명성을 잇게 하는데 골몰하였다고 한다.

후반부 5·6구에서는 널리 집안을 화목(和睦)하게 다스렸으며, 지아비를 공경으로 지극히 떠받들며 사랑한 명성이 인근에 자자했는데, 남편이 외방(外方)에 나가 있는 사이에 죽었으니 더욱 비통한 일이라고 한다. 7·8구에서는 작가 자신이 지어 올리는 만사(挽詞)에 대한 겸사(謙辭)이다. 훗날에 어느 누군가가 엄의주 부인의 부덕에 걸 맞는 훌륭한 만사를 지어 지금 자신이 지은 만사를 부끄럽게 할 것이라고 한다. 주 내용은 엄의주 부인의 죽음에 대한 추모다.

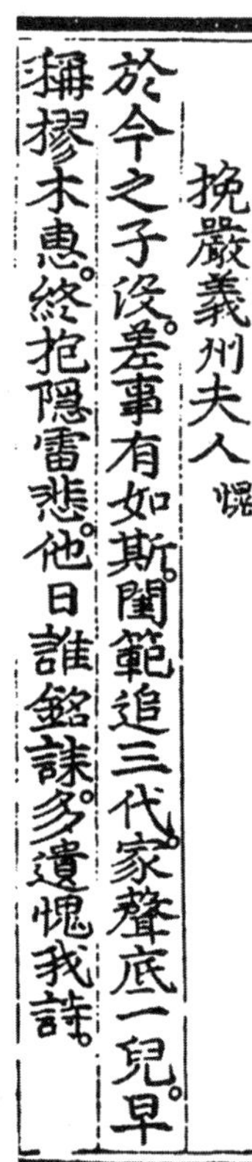
挽嚴義州夫人 [illegible]

於今之子沒。差事有如斯。閨範追三代。家聲底一兒。早擗摽未患。終抱隱雷悲。他日誰銘誄。多遺愧我詩。

참고 문헌

『고산 윤선도의 생애와 문학』, 박준규 저, 전남대학교 출판부, 1997.

『고산유고 1』, 이상현 옮김, 한국고전번역원, 2011.

『고산유고』, 한국문집총간 91, 민족문화추진회. 영인본.

『고산윤선도문학선집』, 윤주현・박호배 공역, 정미문화, 2003.

『고산윤선도시가와 보길도시원연구』, 용창선・지종옥 공저, 완도군, 2003.

『국역 고산유고』, 이형대 외, 소명출판사, 2004.

『보길도 부용동 원림』, 정재훈, 열화당, 2004.

『윤선도의 한시 연구』, 용창선, 우석대학교 박사학위논문, 2004.

역자 약력

양현승 梁鉉承

국민대학교 문과대학 국어국문학과 졸업, 동 대학원 문학석사·박사. 서정대학 겸임 교수.

현 국민대학교 국어국문학과 부교수.

주요 저서 『한국 '설'문학 연구』(박이정, 2001년), 역주 『편옥기우기』(공저, 박이정, 2002년), 『한국 '설'문학선』(월인, 2004년), 역주 『제주양씨세적』(월인, 2007년), 역주 『홍무왕실기』(월인, 2014년), 국역 『정곡집』(월인, 2015년) 외 논문.

용창선 龍昌善

국민대학교 문과대학 국어국문학과 졸업, 성균관대학교 대학원(석사), 우석대학교 대학원 박사과정수료(문학박사), 전 성화대학교 교수.

현 문태고등학교 교사, 시조시인.

주요 저서 『문학과 교양』, 『고산 윤선도의 시가와 보길도시원연구』(공저), 논문으로 「어부사시사연구」 외 학술논문 다수.

이 책은 전라남도 완도군의 지원으로 국역·출판되었다.

孤山 尹善道 漢詩의 譯註와 解說-(1)

초판 인쇄 : 2015년 4월 11일
초판 발행 : 2015년 4월 16일
역 자 : 양현승·용창선
펴 낸 이 : 박 성 복
펴 낸 곳 : 도서출판 月印
등 록 일 : 1998년 5월 4일
등록번호 : 제6-0364호
주 소 : 서울시 강북구 노해로25길 61
전 화 : (02) 912-5000
팩 스 : (02) 900-5036
전자우편 : worinnet@hanmail.net
홈페이지 : http://www.worin.net

ⓒ 양현승·용창선, 2015

ISBN 978-89-8477-594-7 94810
ISBN 978-89-8477-593-0 (세트)

* 책값은 뒤표지에 있습니다.
* 잘못된 책은 바꿔 드립니다.